# 紛争のなかの
# ヨーロッパ中世

服部良久［編訳］

京都大学学術出版会

# 目　次

序文　中世紛争研究の課題　　　　　　　　　　　　　　　服部　良久…i

## 第1部　法と友愛の秩序

第1章　「各人にその取り分を」
　　　――11-13世紀南フランスにおける法と紛争解決――
　　　　　　　　　　　　フレドリック・L・チェイエット（図師　宣忠　訳）…4

第2章　「合意は法に勝り、和解は判決に勝る」
　　　――11世紀西フランスにおける和解による紛争解決――
　　　　　　　　　　　　スティーヴン・D・ホワイト（轟木　広太郎　訳）…23

第3章　アングロ＝サクソン期イングランドにおける
　　　証書・法・紛争解決
　　　　　　　　　　　　パトリック・ウォーモルド（中村　敦子　訳）…57

## 第2部　紛争と和解の戦略

第4章　紛争行為と法意識
　　　――12世紀におけるヴェルフェン家――
　　　　　　　　　　　　ゲルト・アルトホーフ（服部　良久　訳）…90

第5章　中世イングランドにおけるフェーデ
　　　　　　　　　　　　ポール・R・ハイアムズ（西岡　健司　訳）…115

第6章　帝国都市ニュルンベルクとのフェーデに見る
　　　　チェコ貴族の自意識
　　　　　　　　　　　　　　　ミロスラフ・ポリーフカ（藤井 真生 訳）…151

第7章　「復讐するは我にあり」
　　　　——15・16世紀フリウリのフェーデにおける貴族クランと農村共同体——
　　　　　　　　　　　　　　　フリオ・ビアンコ（高田 良太 訳）…181

### 第3部　裁き赦す権力

第8章　ビザンツにおける殺人・アジール・法
　　　　　　　　　　　　　　　ルース・J・マクリデス（橋川 裕之 訳）…216

第9章　恩赦と死刑
　　　　——中世末期におけるフランス国王裁判の二つの相貌——
　　　　　　　　　　　　　　　クロード・ゴヴァール（轟木 広太郎 訳）…258

第10章　「都市は滅びうる」
　　　　——ブルゴーニュ・ハプスブルク期（14-16世紀）低地地方における
　　　　都市破壊の政治的動機——
　　　　　　　　　　　　　　　マルク・ボーネ（青谷 秀紀 訳）…278

### 第4部　祈る人・戦う人と平和

第11章　俗人と「神の平和」
　　　　　　　　　　　　　　　ジョルジュ・デュビー（高木 啓子 訳）…310

第12章　近年の研究が照らしだす「神の平和」運動
　　　　　　　　　　　　　　　ハンス＝ヴェルナー・ゲッツ（宮坂 康寿 訳）…326

　関連地図……361
　索　　引……363
　訳者紹介……371

## 凡　例

1　（　）内はすべて著者による補足あるいは注である。
2　訳者の補足または注は原則として本文中に〔　〕で示した。長文の訳注は、本文中にⅰ), ⅱ) のように番号を付し、各章の末尾に置いた。
3　原文中のラテン語（史料用語）やテクニカル・タームは、訳語にルビを付したが、原文中にラテン語とその現代語訳が併記されている場合や、ラテン語が２語以上にわたる場合などは、訳語の後にそのまま挿入した。
4　原注のうち、読者の理解に必ずしも必要ないと思われる部分は、著者の同意を得て一部カットした。
5　解題は各章の訳者が執筆した。
6　今日の意味での「調停」と「仲裁」の区別は行わず、これに相当する多様な原語には、原則として「仲裁」の訳語を充てた。
7　巻末に参考用の地図を付した。

序 文

# 中世紛争研究の課題

## 服部　良久

　フレドリック・L・チェイエットによれば、中世紛争研究は中世人の世界観に導く。紛争と紛争解決は、国家、地域、共同体、隣人関係など、その政治的、社会的秩序との相互密接な関係の中にあり、人々の日常に大きな影響を与えていた。そして紛争解決によるミニマムな平和維持は、その社会、コミュニティの維持にとって不可欠であることを思えば、チェイエットの認識は至当である。しかし紛争と紛争解決がその時代の社会と権力の構造、そして人々の価値意識、心性を映し出す行為であることは、中世ヨーロッパに限らない。人間が共同生活を行う限り、紛争は日常の中に遍在する。もちろん紛争はその社会、コミュニティに緊張をもたらし、場合によってはその秩序を危うくしかねない。そこで紛争を収拾する行為が始まる。そして近代の「法治国家」であれば、紛争処理は裁判所で法にもとづいてシステマティックに行われる、と考えたいところである。しかし法学者も指摘するように、紛争とは民事的係争から刑事犯罪までを含め、物的利害から感情面まで、きわめて多面的、複合的な要素の結びついた、その意味で人間的な行為であって、現代の法制でさえ規範的な法の枠内で、単純にその論理によって処理することは難しい。そこで実際には裁判における和解や、裁判外紛争処理（調停、仲裁）が試みられることになる。では紛争当事者の境遇、個性、関心を踏まえた仲裁を行う場合に、何が正しい法・規範として用いられるのか。このように考えると、「法治国家」における紛争解決と裁判・法の関係も、さほど厳密で固定的なものではないことは容易に理解されよう。そうであれば中世紛争研究の課題が、近代的司法制度の前史を描き出すことではないということも自明であろう。

マルク・ブロックは、人の裁き方を問うことが、その社会システムを知る最善の方法であると述べた。では中世ヨーロッパの社会システムとはどのようなものであったのか。それをブロックは著書『封建社会』において叙述したのだが、ここでは、中世の国家と社会の秩序が、制度的組織以上に、人的結合にもとづいていたことのみ強調しておきたい。この人的結合とは封建制やパトロネジのような垂直的な関係のみならず、親族関係、疑似的兄弟関係（コンフレリ、ギルド、修道士）、友好と同盟、その他のさまざまな共同体をも含むものである。このような人的結合は（親族を除いて）、原則として自発的に形成されるものであった。したがって国家と社会の秩序は、そのような結合を生み出す人々の相互交渉（コミュニケーション）と合意に支えられていた。法や制度は固定的な組織や規範ではなく、そのような合意のプロセスそれ自体であったとも言える。もちろん成文法と裁判は中世初期にも存在した。しかし王国の成文法からさまざまなレベルの地域的慣習法まで、法は中世後期にもなお多元的であった。法は紛争当事者にとって、絶対的な拘束力を持つ規範ではなく、戦略的、選択的に参照され、利用されるリソースだったのである。

　いささか図式的には過ぎるが、少なくとも中世のある時期までの国家と社会の秩序がこのようであったとすれば、当然ながら人的結合に大きな影響を与える紛争と紛争解決が、そうした秩序とダイナミックな相互関係にあったことは明らかである。人は何をめぐってどのように争い、それはどのようにして解決されたのか、そうした行為の繰り返しは、社会構造や政治の秩序にどのような影響を与えたのか。中世紛争研究の課題は、こうした視点からこの時代と社会の特質を明らかにすることにある。

　紛争研究は言うまでもなく、現代の社会や国際関係における紛争とその解決を意識したアクチュアルなテーマでもある。近年の欧米における紛争史研究の隆盛は、1970年代からのアメリカにおける、法人類学の紛争研究より影響を受けたチェイエットやスティーブン・D・ホワイトの研究、そして両者の影響を受けて、より広い学際的研究を行ったバーバラ・H・ローゼンワイン、パトリック・J・ギアリらの研究に負うところが大きい。ギアリも述べるように、アメリカの中世史研究は自らの「国民史的過去」やアイデンティティの解釈という重荷からは自由であり、それだけいっそう、ヨーロッパのナショナルな枠

を越えた比較史や学際的なプロジェクトによる研究が容易であったと言える（なお、このようなアメリカの紛争史研究と密接に関連するその後のドイツ、フランスの中世紛争研究の展開については、拙稿「中世ヨーロッパにおける紛争と紛争解決——儀礼・コミュニケーション・国制——」『史学雑誌』113-3、2004年、同「中世ヨーロッパにおける紛争と秩序——紛争解決と国家・社会——」『史林』88-1、2005年を参照されたい）。

　もちろん紛争史研究の盛行は欧米に限られない。裁判、訴訟の制度、手続きに関する研究は日本史、中国史研究においても厚い研究蓄積を持つ。国家とその司法制度が比較的早く発達をとげた東アジア社会では、紛争に関わる歴史的研究は、法と裁判を中心に置いて行われてきたと言えよう。その中には訴訟に臨む人々の意識と心性をも射程に収めた社会史的研究もみられる。近年の日本中世史研究においてとくに注目されるのは、藤木久志氏によって始められた、戦国期（農村）社会の暴力と平和、そしてとりわけ村落間紛争に関する研究である。武装暴力と「自力救済」の慣習は武士のみならず、農民を含めた同時期の社会全体に浸透していたのだが、「自力」の習俗は同時に、適当な形で武力紛争を収拾するルールをも生み出していた。本書では取り上げることができなかったが、近年ドイツでは非貴族身分、農民のフェーデや、農村共同体間の紛争に関する研究成果が現れつつある。藤木氏らの研究は、貴族フェーデを越える広い比較紛争史研究の可能性を示していると言えよう。何れにせよ今後の紛争研究においては、法と裁判を当該社会の中に位置づけること、そして実力行使から交渉・仲裁・和解に至る裁判外の紛争解決をも射程に収めることは、不可避の課題である。中世の裁判は近代国家の閉鎖的な司法空間とは異なり、しばしば、当事者、関係者らが構成するオープンなフォーラム（ないしアリーナ）だったからである。

　本書はこのような紛争史研究の意義と現状を踏まえ、ヨーロッパ中世の紛争を理解する上で重要と思われる欧米の研究論文を選び、訳出したものである。以下、本書所収の論文を簡単に紹介しておこう。本書は、紛争史研究の基本的な問題点、すなわち紛争解決の方法、紛争の実践と戦略、紛争への権力の対応、紛争の克服と平和という四つの領域に対応した論文からなる。

　第1部「法と友愛の秩序」に置かれた3篇の論文は、主として紛争解決の方

法に関する問題点を論じている。ヨーロッパにおける法と裁判は、一般にその規範的、制度的性格を強めると言われる11-13世紀において、実際にはどのような役割を果たしていたのだろうか。

キケロの言葉をタイトルとするチェイエットの論文によれば、1250年頃までの南仏、ラングドック地方における法は客観的規範ではなく、道徳感情をも含み込む慣習であり、紛争は当事者の名誉とプライドに配慮した仲裁、和解によって収められた。このような交渉と和解を可能にしていたのは、和解への圧力を生み出しうる社会的紐帯の存在に他ならない。この論文に示された、紛争解決、そして法をも当事者、関係者の相互交渉として捉えようとするチェイエットの視点は、自律的な規範としての法を前提にできない社会に対するサイモン・ロバーツやジョン・L・コマロフらの（法）人類学者の関心と共鳴し、アメリカの中世史研究に大きな影響を与えた。

続くホワイトの論文は、チェイエット説を11世紀の西フランス、マルムティエ修道院史料により検討し補完したものである。ホワイトによれば同修道院の所領をめぐる紛争の解決においても、実質的には裁判外の仲裁・和解が重要な役割を果たしていたのだが、このような和解への圧力となったのは、修道院の霊的手段（救霊）や、紛争当事者と在地貴族層の修道院を中心とする密な社会的結合であった。紛争、紛争解決、法の機能を社会的ネットワークとの関連において考察しようとする、チェイエット、ホワイトのローカル・コミュニティを対象とした紛争研究は、以後のアメリカにおける中世紛争史研究のパラダイムを形成し、多くの事例研究を生み出した。当然ながら、その影響はドイツ、フランスなどヨーロッパの中世史研究にも及んだ。

法や裁判制度の実証的研究の蓄積を持つイギリス中世史研究においては、紛争自体や裁判外紛争処理（仲裁・和解）に関する研究にはさほど関心が向けられなかった。本書で取り上げたウォーモルドと第2部のハイアムズの研究は、イングランド中世における紛争解決の実態について、新たな側面を照らしだすものである。ウォーモルド論文はアングロ＝サクソン期の紛争解決を、その法規範よりも裁判における具体的な係争の展開と解決の考察を通じて、メイトランド以来の「口頭、形式主義、単純、王の影響力は小」とする通説を批判する。とくに裁判において証拠文書が多用され、当事者が偽文書作成を含めたきわめ

て現実的な方策を講じていたことは、逆に裁判の柔軟な機能を窺わせる。

　第2部「紛争と和解の戦略」を構成するのは、中世における武力紛争、すなわちフェーデの実態と意味を各々ドイツ、イギリス、チェコ、イタリアの事例について詳細に論じた4篇の論文である。

　アルトホーフ論文は、豊かな叙述史料を持つヴェルフェン家に関わる一連のフェーデについて厳密な検討を加え、その中に儀礼的行為（リチュアル）をも含むさまざまな紛争のルールを確認する。アルトホーフによれば、ヴェルフェン家と諸侯、そして国王自身との紛争に対してシュタウフェン朝の王たちが選択した手段は、従来考えられてきたような裁判・判決と、その結果としての断罪（帝国追放）よりも、むしろ和解をめざして忍耐強く続けられる交渉であった。

　ハイアムズ論文は、近年その評価の高まっている後期アングロ＝サクソン王権のもとでも、紛争においてフェーデが重要な意義を有したことを確認する。そして聖人伝や説話の他、祈祷書などの宗教的テクストをも手がかりとして、ノルマン征服後においても一見無味乾燥な法や裁判記録の背後に、フェーデ的行為や報復を志す心性・態度が存続していることを読み取る。イングランドの早熟的に集権化された体制と大陸ヨーロッパのコントラストは、さほど強いものではないとのハイアムズの指摘は、紛争史研究者を勇気づける。

　ポリーフカ論文はフス派運動期におけるチェコ貴族と帝国都市ニュルンベルクの2例のフェーデについて、その一部始終を考察し、そこからチェコ貴族のアイデンティティを浮かび上がらせるというユニークな研究成果である。ニュルンベルクあるいは帝国の裁判への出頭要請に対し、チェコ貴族はチェコ王とチェコのラント裁判以外には従わないとして、頑なに拒否し続けた。フス戦争においても明確には現れなかった、チェコ貴族の身分意識と結びついた民族的自己主張が突如として噴出する。紛争はアイデンティティ形成にも関わったと言えようか。

　ビアンコ論文は、アクィレイア総大司教からヴェネツィア支配下に移り、ハプスブルク勢力の脅威にもさらされるというフリウリ地方の緊迫した、複雑な政治環境の中で、16世紀初に民衆を巻き込んで起こった貴族クランのフェーデ（ヴェンデッタ）を取り上げる。ビアンコは、自治権を保持する地方共同体、そして共同体と農民の慣習的権利を侵害しつつ支配強化を企てる封建貴族層、

他方でヴェネツィア政府と結びつき、共同体・農民を保護しつつ封建貴族に対抗する新しい家門勢力、という権力関係の中で、1511年のカーニヴァルの聖木曜日に起きた民衆蜂起による貴族の大虐殺と、その後の長く厳しいフェーデの顛末を活写する。

　第3部「裁き赦す権力」の3論文は、臣民の紛争（犯罪）に対する支配権力のプラクティスと戦略を論じる。君主（教会）による裁きと赦しの使い分けは、権力の技法であり、かつ社会の伝統的秩序に対応するものでもあった。

　マクリデス論文は12世紀の皇帝勅法を手がかりに、ローマ法と世俗法廷の伝統を維持するビザンツ帝国においても、教会は殺人犯に対して宗教的な救済理念を説きつつ頻繁にアジールを提供し、法秩序において大きな影響力を行使したと述べる。また「多くの事件は、それに関与した人々が調整した私的な和解のため、法廷に到達することもなかった。規範であったのは自力救済であり、法廷での解決ではなかったのである」とのマクリデスの指摘は、従来のビザンツ帝国のイメージに少なからぬ変更を強いるものではないだろうか。

　フランス国王の恩赦状に着目したゴヴァール論文によれば、中世後期のフランスにおける国王裁判では、「見せしめ」として死刑など過酷な身体刑が目立つようになると同時に、殺人犯に対する恩赦も増加する。国王権力はなお正義の峻厳さよりも憐れみに基礎を置く神の権力をモデルとし、また被害者との和解を前提とした殺害者への恩赦は、報復の連鎖を断ち、社会の価値観に合わせて「至高の仲裁者」としての国王の権威を示す行為でもあった。

　15、16世紀の低地地方における支配者にとって第一の紛争相手は、その支配に抵抗する都市であった。ボーネ論文によれば、ヴァロワ・ブルゴーニュ公家、そしてハプスブルク家の君主は反抗する諸都市に対して、見せしめの処罰として都市破壊を、そして恩赦・恩恵としてその免除と都市再建を行った。君主のこうした懲罰行為はイデオロギーにおいても、敵対都市（国家）の破壊を行ったカエサルやローマ皇帝の行為に重ねられ、また神的正義を具現する君主の処罰行為として正当化された。そのうえで君主権力の象徴をも刻印する都市再建においては、君主は「公益」の守護者として現れるのである。

　第4部「祈る人・戦う人と平和」は、「神の平和」、すなわち紛争・暴力に対する平和の追求を取り上げるのだが、紛争・紛争解決が社会的、政治的秩序と

の相互作用の関係にあったとすれば、平和運動が持つ射程の広さも自ずと明らかであろう。

　デュビーは「神の平和」を、グレゴリウス改革と十字軍において頂点に達する、西欧キリスト教世界の変革運動の一部とみる。初期の「神の平和」は、まず固有の霊的義務を持ち特別の保護を享受する聖職者を俗人から区別し、さらに俗人の中に、戦士階級である騎士と、武器を持たない貧者（農民）を区別した。「神の平和」はさらに騎士身分に対して禁欲、すなわち特定期間のフェーデ停止＝「神の休戦」を課し、彼らの攻撃性をキリスト教世界の外部へと誘導した（十字軍）。「三職分論」、「バン領主制説」と一体のデュビー説は、以後の「神の平和」研究の一指針となる。

　ゲッツの論文は、ドイツにおける法制史的な「ラント平和」研究と、前述のデュビー論文のようなフランスの社会史的な「神の平和」研究が示す、両平和運動とその研究の対照性を相対化し、自身の研究成果に照らしつつ、最近までの研究動向を批判的に整理する。なかでも「神の平和」運動における世俗権力と教会の協働、革新ではなく既存の法秩序の回復、強化であるというこの運動の目的、ドイツの平和令とフランスの「神の平和」の連続性、等の指摘は今後の研究方向にとって示唆的である。

　数年来、中世紛争研究に携わってきた編者は、京都大学大学院文学研究科西洋史研究室に属す若い中世史研究者たちとともに、「中世紛争史」の研究会を持ち、議論を重ねてきた。もちろんそのメンバーのすべてが狭義の紛争を研究テーマとしているのではない。しかしヨーロッパ中世のさまざまな地域における王国、都市、貴族、領邦などを対象としつつも、コミュニケーション、政治文化、文書利用（リテラシー）、アイデンティティ、支配の技法といった中世社会のベーシックな問題への関心を共有する研究会メンバーは、各々が広義の紛争研究との接点を持ち、また積み重ねた議論を踏まえて翻訳論集を編むことに賛意を示した。

　訳出した論文はその訳者であるメンバー自身が、自分の専攻する地域について選び出したものである。したがって各論文は多彩な内容を持つが、読者にはそこからヨーロッパ中世における紛争の実態について具体的なイメージを得る

とともに、紛争史研究者が目指すところについても、基本的なスタンスといくつかの方向性を理解していただけるものと期待している。冒頭に記したとおり、紛争とその解決が、当該社会における人びとの結びつき、コミュニケーション、日常の営み、価値観、心性、そしてもちろん権力や制度（裁判、法、国家）と密接な相互関係にあり、これらを映し出す行為であることは、これらの論文からいっそう明らかとなろう。

とはいえ本書の論文で扱われた紛争史の問題は、このテーマの持つそうした広がりからすれば、ほんの一部でしかない。紛争と紛争解決は中世社会のほとんどあらゆる領域に及ぶからである。その意味で紛争研究は、新たな視点からヨーロッパ中世社会全体を捉えようとする試みでもある。本書が日本におけるそのような研究になにがしかの貢献をなしえるとすれば、訳者一同にはこれに勝る喜びはない。

本書編集の過程では、論文選択の妥当性はもちろん、訳文や用語についてもメンバー全員で検討を重ねてきたが、とくに卓抜な語学センスにより、訳文の改善に尽力してくれた轟木広太郎氏には感謝したい。しかし本書の内容に関する最終的な責任はいうまでもなく編者にある。最後になったが、本書の出版をお引き受け頂いた京都大学学術出版会、そして編集のお世話になった小野利家氏にあらためて感謝を申し上げたい。

紛争のなかのヨーロッパ中世

# 第1部

# 法と友愛の秩序

『聖王ルイの法令集』(フランス国立図書館蔵、13世紀末)。左の絵は「各々にその取り分を与えよ」という和解の原則を，右の絵は犯罪者の追及と処罰を表している。
Fr. 5899, fol. 69v° (Bibliothèque nationale de France)

# 第 1 章

## 「各人にその取り分を」
―― 11-13 世紀南フランスにおける法と紛争解決 ――

フレドリック・L・チェイエット

図師　宣忠　訳

●解題・・・・・・・・・・・・・・・・・・・・・・・・・・・・・・

　本章は、Fredric L. Cheyette, "Suum cuique tribuere", *French Historical Studies* 6, 1970, pp. 287-99（B. H. Rosenwein and L. K. Little eds., *Debating the Middle Ages: Issues and Readings*, Malden, Mass. and Oxford, 1998, pp. 170-179 に "Giving Each His Due" のタイトルで再録）の訳である（なお、翻訳に際して、副題を付した）。著者フレドリック・L・チェイエットはプリンストン大学を卒業後、ハーヴァード大学で修士号（1954年）と博士号（1959年）を取得。1963年からアマースト大学で教鞭をとり、長らく歴史学の教授を務めたのち、2005年に退官した。現在は同大学から名誉教授のフェローシップを受け、継続して研究に携わっている。近著に、*Ermengard of Narbonne and the World of the Troubadours*, Ithaca and London, 2001がある（本論文との関連では、とくに本書10-13章「誓約と誓約者」「怒り、紛争、和解」「贈与交換」「愛と忠誠」を参照）。
　チェイエットは1960年代以降、中世フランスを対象として、仲裁と和解、国王裁判、国家の起源における法の役割など、法の歴史に関する諸論考を著

してきた。なかでも南フランスのラングドック社会を扱った本論文は、13世紀半ば以前の「法」のあり方を客観的基準に従う法規範とは異なるものとして示した点で重要な意味を持つ。チェイエットによると、11・12世紀のラングドック社会において紛争は、戦争によらない場合には、仲裁や和解によって解決されていた。そこでは仲裁者や朋友の介在によって、紛争当事者双方の名誉とプライドが保たれる形で和解が生み出されていたが、そうした当事者双方を取り巻く社会集団は同時に和解への圧力をもたらす存在でもあった。しかしこうした仲裁と和解の儀礼は、13世紀半ばを境として、客観的な基準にもとづく規範的な裁判や判決に取って代わられていく。この転換の原因としては、ローマ法の影響が挙げられるほか、アルビジョワ十字軍や常駐する国王役人などによって、それまで和解を生み出す要因となっていた社会集団の結束が解体していった点が指摘される。こうして13世紀半ば以降、国王主導の規範的な裁判が紛争解決の手段として徐々に用いられるようになっていったのである。本論文においてチェイエットが提示したテーゼは、西フランスを対象としたスティーヴン・ホワイトに引き継がれ（次章参照）、その後多くの中世研究者に紛争研究の新たな可能性を拓くこととなった。

・・・・・・・・・・・・・・・・・・・・・・・・・・・・・・・・・・・・・・・・

　「法」とは何か。この質問には数多くの解答が与えられてきた[1]。もし私たちが唯名論者になりきれるのであれば、14世紀にマルシリオ・ダ・パドヴァやウィリアム・オブ・オッカムが行ったように、この言葉のさまざまな用法をリストアップすることができる。また、もし私たちが（中世的な意味において）充分に実在論者であれば、法の類概念の定義を打ち立てるべく努力することもできる。あるいはまた、モンテスキューに倣って、「事物の本性から生じる必然的関係」のひとつの変種として人間の法を定義することもできる。さらには、オースティンに倣って、実証哲学流に法を主権者の命令と定義することもできるし、（近代特有の意味で）実在論的に「役人が紛争に対して行うこと」とか「法廷が行うであろうことの予測」と定義することもできる。法を倫理規範と同一視することも、また両者を区別することもできる。そして、裁判を法の典型的な特質にすることもできるし、良くも悪くも法は法だという説明も可能である。

裁判官どのは見下す調子で述べられる
　　明晰にして峻厳なるその声
　　〈法〉とは、すでに述べたごとく
　　〈法〉とは、おそらくご承知のように
　　〈法〉とは、もう一度説明させていただくならば
　　〈法〉とはつまり、〈法〉である[2]

　歴史家である私たちは、定義のことなどすべて忘れてしまいたくなるかもしれない。しかし私が思うにそれは誤りである。歴史的な事象として法を語る際に、定義をしないままであったなら、それは結局混乱を招き、ときとして顕著な時代錯誤に陥ってしまうことにもなる。現にこれまではそうであった。そこで私は、当面の問題を探るのに有益となる「法」の定義を二つばかり提案したい。そうすることで、このタームを有意義に活用できると思うし、先ほど遠まわしに触れたような哲学的な論争に巻き込まれずに済むはずである。
　第一に、ある社会の成員や社会の中の集団による習慣的な行動様式を指し示すために、「法」〔という語〕を用いることができる。この場合、彼らがその行動様式を意識的に言葉で表わしているか否かは関係ない。

　　〈法〉とは人の着る服のようなもの
　　いつだってどこだって
　　〈法〉とは〈おはよう〉や〈おやすみ〉のこと

　つまり、もしある社会において死んだ父親の財産を引き継ぐのがいつも長男であるなら、当事者がこの習慣を意識的に「規範」と言い表しているかどうかはともかく、それをこの社会の「法」と呼ぶことができるということである。
　たしかに、この定義では法と慣習、つまり明文化したルールと遵守されるべき慣行とを区別することはできない。また、法を倫理規範や然るべき振る舞いと区別することもできない。もしこの定義が他の目的で使われたなら、深刻な欠陥を抱えることになろう。しかし、11・12世紀のフランスの法を分析するためなら、その心配はない。というのも、当時の法は日々の実践に際して明確な区別などなされてはいなかったからである。

あるいは、こう定義する代わりに、〔第二の定義として〕「法」を意識的で言語化された諸規範の体系と呼ぶこともできる。こうした規範の体系とは、ある社会に属する人々が遵守しなければならないものであり、また紛争が権威によって解決される際に従っているものでもある。実は、13世紀のフランスにおいて、「法」の性質が先の定義からこの定義へと転換したのであるが、私が議論しようとしているのは、まさにこの点についてである。

13世紀の人々がこの転換を引き起こしたとき、意識的にせよ無意識的にせよ、彼らはヨーロッパ社会の行く末にとって重大な影響を持つ二つの選択を行った。そのいずれの選択をも私たちの定義に含めなければならない。第一に、彼らは、権威ある紛争解決を生み出すために用いられる諸規範を、人々の行動を決定するはずの諸規範と同一視した。彼らは法廷の法を、「良いことを命じ、害あることを禁ずる」法と同列に扱ったのである。こうした同一視は、私たちにとっては明白なことに思えるかもしれないが、それは実は必然的なことではない。というのも過去には、民事の紛争を解決するための法廷が存在しない社会もあったからである。中華帝国がそのひとつである。また、法廷の機能に執行力のある規則が含まれていない社会もあった。こうした社会では、紛争の解決は、なすこととなさぬこと、なすべきこととなすべからざることという両者の結びつきとはかけ離れた価値基準に従っていた。11・12世紀のフランス社会とはそのような社会だったのである。第二に、13世紀の人間による社会的な規範の定義には、特定の概念のセットが用いられた。すなわち、彼らの規則は、階層や状況などの客観的な基準に従い、「動産」と「不動産」、「相続権」と「贈与権」、「借地人」と「地主」、「貴族」と「市民」、「既婚女性」と「寡婦」といった用語を使って定義されたのである。ここではもはや、誇りや名誉、恥といった当事者の主観的な感情によって規則が決められることはない。

フランスの文書館を調べて、この種の客観的基準に従った権威ある法廷による紛争解決の証拠を探してみるならば、一体何がわかるだろうか。そのような文書の大多数は1300年前後のものである。しかし、13世紀をさかのぼっていくと、ある時点で文書の証拠がかなりまばらになり、そうした証拠が突如消滅してしまう地点に出くわす。ナルボンヌやカルカッソンヌ周辺の地域には、13世紀でもっとも貴重な諸都市の文書群と重要なある修道院文書群があ

り、また相当数〔の史料〕が他の主要なコレクションを通じて現存しているのだが、この地域における転換点は大体13世紀半ばである。正確に言うと、ナルボンヌの文書に残っている最初期の事例は1252年[3]のものである。ベジエでは1254年[4]、ラ・グラース修道院では1273年[5]、〔ナルボンヌ〕大司教のものでは1268年[6]の事例が残っている。〔史料状況に現れる〕こうした現象はこの地域に特有のものではない。比較として挙げるならば、国立古文書館所蔵のランとサン・カンタンに関する文書においては、同様の文書はフィリップ3世〔在位1270-85〕の治世にならないと出てこない[7]。たしかにこれは、文書量が多いか少ないかというおもに形式的な考察にもとづいた表層的な対比にすぎない。しかしながらこのことは、パリの高等法院で継続的な記録が残され始めたのが1254年であるというよく知られた事実と符合する。これ以前の時期における紛争は、暴力によるのでなければ、仲裁や和解によって解決されるものであった。仲裁や和解という紛争解決の形態は13世紀半ば以降にも同様に見出せはするのだが、これから見ていくように、その方法を支える精神は変容しているのである。

　それでは、なぜこうした変化が生じたのだろうか。中世ヨーロッパで教会や国王の裁判が広まった理由についての教科書のもっともありふれた説明は、（私自身にもその責任があるのだが）人間の本質に関する「より優れた新製品の理論」とでも呼べる考えに根拠を置いている。すなわち、より公平な法廷、つまり判決がより「合理的」であり、制定された客観的な行動規範にいっそう順応した法廷へと人々は押し寄せるものだという考えである[8]。この考えは批判に耐えうるだろうか。私の知る限りでは、そのような一般法則はこれまでに心理学者や人類学者によっても実証されてはいないし、見るからに疑わしい。個々人が、自分の好都合になるようなえこひいきより客観的な中立性を好む、などと信じる理由はない（それは、「民族(ネイション)」と呼ばれる集団と同様である）。実際、道徳主義者はいつの時代も、その反対のことを主張するための数多くの根拠を見つけてしまい、その結果を批判してきたではないか。中立的で客観的な制度とはきわめて学識的な価値観なのである。13世紀に生じたこの変化に対する説明は、まだしっかりとなされてはいない。

この点について二、三の特徴を示すことで、私の構想はより明らかになるであろう。
　第一に、13世紀以前にも以後にも、数多くの法廷が開かれ、たくさんの裁判が行われていたが、13世紀半ば以前に「支配階層」の成員が財産所有権をめぐって争う際には、公式な規範によって判決を下し不和を収めるような法廷に訴える者はいなかった。ところでこの階層の成員は従属民を支配しており、その支配は場合によって「ユスティティアjustitia〔正義・裁判〕」という風に呼ばれていた。11・12世紀の南フランスでユスティティアというと、とりわけ都市や農村の従属民が自分たちの領主に支払う慣習的な賦課租の名称であった。12世紀の文書においてこの用語が慣習的な賦課租以外の用法で用いられているかどうかを判別するのは難しいが、「裁判」というこの賦課租の名称自体が、ある種の法廷が行われているか、もしくはかつて行われていたということを示している。結局のところ、税そのものとしての裁判が、刑事裁判や民事裁判と区別されて証書に記されていることから、そのような法廷の開催は明らかとなる。低地ラングドックでのその最初期の事例は、1187年にアグドの副伯ベルナール・ダトが司教に自身の副伯領を寄進している証書にある。その証書には、金銭的な諸権利と並んで「ユスティティアエjustitiae」（複数形）という表現がみられ、その一方で別の条項の中に「刑事・民事裁判とその執行causas criminales et civiles et earumdem executiones」と記されている[9]。このようなローマ化された表現や「純粋な権力と混合した権力merum et mixtum imperium」といったローマ的な慣用句が、フランスの他地域におけるいわゆる「上級・下級裁判権」と対応するものとして同時期に現れていることから、領主が従属民の間の犯罪行為を見過ごしてはおらず、また他の争いの解決にも関与していた可能性があるということがわかる。しかしこうした関与はどの時期までさかのぼることができるのか。また、どのような訴訟や〔法的〕手続きや法が実際に関わっているのか。残念ながらこうした疑問に答えてくれる証拠はない。そこで以下の残りの議論は、私たちが情報を持っている集団、つまり社会の支配層を対象とすることになろう。
　第二に、現代でもそうであるが中世においても、法はあらゆる局面で一様に発展したわけではない。客観的で権威ある規範が早くに適用されている要素も

あれば、相変わらずさまざまな価値や義務に従ったままの要素もある。財産に関する法はさまざまな理由で遅咲きであった。しかし財産法は、中世後期の社会や統治に深く影響を及ぼしている。よってここでの私の関心はこの財産法に向けられる。

最後に、権威的な法廷のない権威的な規範は存在するかもしれないし、規範のない法廷も存在するかもしれない。中世にはそのどちらをも見出すことができる。だが、人間の活動のあらゆる領域において法廷と規範が一体となるときに、急速で根本的な変化の可能性が生み出される。まさにこのことが13世紀半ばに起きたことなのである。

13世紀半ば以前には財産をめぐる紛争は、戦争によらない場合、仲裁と和解によって解決されていた。それでは、これらの仲裁とは正確にはどのようなものだったのか。誰が仲裁を行ったのか。そしてどのようにして仲裁は決定されたのだろうか。

ナルボンヌ地域では13世紀の初頭から、またフランスの他の地域でも13世紀の終わりまでには、仲裁者はローマ法にもとづく名称を与えられていた。しかし、このことの意味を取り違えてはいけない。この制度は中世のものであって、ローマのものではないのである。仲裁者のローマ風の称号が三つの異なるローマの制度を混ぜ合わせたものであるという事実自体がそのことを充分に示している。彼らは、「判定者、仲裁者、あるいは友愛の調停者 arbiter, arbitrator, seu amicabilis compositor」と呼ばれていたが[10]、この仲裁の任務につく人物が行っていることは、まだこの称号では呼ばれていなかった11・12世紀の前任者が行っていたことと同様のことなのである。

それでは、これらの仲裁者とはどのような人物であり、彼らは何を行っていたのだろうか。ここで三つのケースを簡単に見ておこう。

1071年、二つの集団の人々がラ・グラース修道院に属する土地の裁判権(ウィカリア)をめぐって争っていた。彼らが仲裁者に選んだのは、「彼らの主君」と呼ばれていたラ・グラース修道院長であった。修道院長は次に、(このときカルカッソンヌに滞在していた)バルセローナ伯およびナルボンヌ副伯にこの事件をともに決着してもらうべく協力を求めた。彼らは紛争中の諸権利と収入を分配した[11]。

第二のケースの舞台であるベジエでは、1078年以前のある時点で、コンク修道院長が「悪しき慣習malis usis」を終わらせようと決心した。この悪しき慣習〔と呼ばれる賦課租〕は、ベルマン・ダグドなる人物が修道院のある「封土(ホノル)」において集めていたものである。当事者双方は当初合意に達しようと努力したが、うまくはいかなかった。そこで彼らは、ベジエ司教とサン・ポンス修道院長ならびにその他の「良識者たち」に解決を依頼したが、ベルマンはそこでなされた決定を受け入れることを拒んだ。それゆえに、〔コンク〕修道院長は〔トゥールーズ伯〕レーモン・ド・サン・ジルとベジエ女副伯に訴えた。こうしてレーモンが下した判決は、ベルマンの家屋を焼き払い、この抵抗する貴族が修道院の土地に所有しているものを修道院に与えるというものであった。ところが、この判決がすでに知れ渡っていた1078年に、ベルマンの息子が〔コンク〕修道院長と和解の交渉を行っている。彼は父親が要求していたものの半分を放棄し、その見返りとして50ソリドゥスと修道院長のヴィギエ〔所領の管理、賦課租の徴収、裁判などを行う代理人（11・12世紀）〕職を手に入れているのである。もし仮に、レーモン・ド・サン・ジルの決定が「法廷で裁かれる事件res judicata」としての効力を持っていたならば、あるいはまた二人の高位聖職者の決定が権威筋から出てくる支配力を持っていたならば、この一連の出来事（とくに終盤の話）はきわめて突飛なものとなってしまう。というのも、ベルマンの息子がいまだにコンク修道院長に要求を聞き入れるように求めているからである。実際、この相続人と修道院長は、一から紛争を再開しているのである。それはまるで、ベジエ司教とサン・ポンス修道院長とレーモン・ド・サン・ジルならびにすべての良識者がまったく何もなしていなかったかのようである[12]。

最後のケースは、トゥールーズとアルビの中間に位置し、すぐ後に異端で有名になる都市ラ・ヴォールが舞台である。1139年に3人の兄弟が、都市の城壁の所有およびいくつかの家屋と土地と水車の所有をめぐって叔父と争っていた。彼らは、かつて自分たちが城壁の防御の誓約を捧げたトランカヴェル家のベジエ副伯に紛争の解決を依頼した。副伯は「裁判官」と呼ばれる8人の男とともにラ・ヴォールにやってきた。この8人は、トランカヴェルの取り巻きの中にしばしば姿を見せる人物なのであるが、この「裁判官」たちが兄弟と叔父

の間で財産を分割し、当事者双方はこの決定を受け入れることを誓った[13]。

　さて、これらの事例は何倍にも増やすことができるだろう。私が思うに、これらの事例が示しているのは、仲裁者は「制度として」定義できるものではないということである。彼らは確立された権限を持つ司法機関ではない。彼らはいつも、合理的に適用される公式の諸規則にもとづいて判決を下すわけではない。仲裁者とは、紛争当事者に対して、判決を受諾するよう、あるいは合意に到達するよう、また自分の主張が不当であることを認めるよう、圧力をかけることのできる個人ないしは集団のことなのである。このようなことが可能だったのは、彼らが高い地位にあったから、あるいはまた当事者の朋友もしくはおそらく親族であったからである。いずれにせよ、彼らはかなりの親交を持つ者であった。

　それでは仲裁者は、自分たちの前に差し出された争いを、いかにして解決していたのか。非常に稀にではあるが、彼らが決定的だとみなす証書が存在している場合もあった。このことから、文書の機能が完全には忘れ去られていなかったことがわかる。また他にも、仲裁者が地域の有力者に解決を頼んだというケースも稀にあったようだ。しかし、もっとも頻繁にみられたのは、すぐ上で述べたケースのように、仲裁者が訴訟で紛争物件の分割を試みているケースであった。彼らは折りにふれて、一方の当事者にその物件を分割させてからもう一方に好きな方を選ばせるなど、兄弟げんかを収める父親のような智恵を示している。証書で一方の側に物件が引き渡されるよう書かれているときでも、もう一方はほとんど必ず何らかの補償を得た。空手で立ち去る者は誰一人としていなかったのである。低地ラングドックでは、すべての者に何かを与えるという慣行がごく当然のことのように広く行き渡っていたため、仲裁による判定について判断の客観的な規則を、少なくとも13世紀半ば以前には何ひとつ再現できないくらいである。客観的な規則を適用する、つまりその意味で「裁きを下す」ことがこれらの法廷の機能なのではない。当事者双方が満足すべし、というのが彼らの採用している規範なのである。ローマ的な法の伝統の中で客観的な規則の基礎として用いられていたカテゴリーは、セプティマニアでは10世紀には残っていたが、〔13世紀半ば以前には〕あいまいになってしまった。境界線はなくなってしまい、売却と贈与と権利放棄は同義になった。というの

も、一方から他方を分け隔てていた規則は、法廷ではもはや重要性を失っていたからである。紛争の結果は、もともとの財の移動の法規定的な「性質」によっては決まらない。財産に関する相反する要求があるときには、すべての者が満足するまで何ひとつ解決はなされないのである。

ところで、目録作成者が通常「和解契約」と分類している文書は、この主要なタイプの変形にすぎない。ここでは仲裁者はほとんど目立たなくなり、文書の中では当事者間の合意を「助言する」「朋友ならびに良識者」のカテゴリーに降格している。だが、文書の形式は異なっているものの、少なくとも「13世紀のローマ化」以前においては、覆い隠されている行為自体は同じものである。

こうした体制を成り立たせているものは何だろうか。私たちはまず、〔現代の〕私たちの体制が、紛争が訴訟に従っているときにどのように作動しているかを問うてみるのが良いだろう。少なくともある程度私たちの体制が作動しているのは、社会の成員が抽象的な規範に従うべき、つまり「法が存在するべき」だと信じているからである。そして法廷はこれらの規範に従って合法的に判決を下すべきであり、さらにはそれらの規範そのものをも決めるのである。これらの信念が大変脆くなりうることを、私たちは最近の経験から知っているが、いずれにしても、こうした信念は13世紀以前の体制を合法化した前提とは違うものである。その体制を何が合法化したかを正確に調べるために、少しの間、武勲詩をモデルとして仲裁の典型的な要素に目を向けてみよう。

武勲詩では、登場人物が不当に扱われたとき、詩人はどのような感情を彼に語らせるのだろうか。それは、恥や不名誉である。ラウール・ド・カンブレはルイ帝が彼を廃嫡したことを知ったときに、こう叫んだ。

> もし他の者が我が領地を手にするに指をくわえ
> 我、さらなる恥辱に甘んじるならば
> 今より、聖アマンの身体にかけて
> 貴賤貧富、我を誹謗するがよい[14]

『ニームの荷車』では、ギヨームが国王ルイによる〔家臣への〕土地の分配で頭数に入れられていなかったことがわかると、次のように不満を述べ立てた。

神よ……我は何と不当に扱われたるか
　　　これほど少ない手当てで済まされるとは
　　　もし貴殿に仕えつづけるなら、我は恥辱にまみれん[15]

　オリヴィエが角笛を吹き鳴らして援軍を呼ぶようにローランに頼んだとき、あるいはまた彼が自分の家臣たちを戦闘へと向かわせようとしたとき、ローランは不名誉について口にしたが、先に見た恥辱とはローランが述べたこの不名誉のまさにもう一方の側面である。騎士のように振る舞わない騎士は辱めを受けるし、騎士が騎士として扱われないこともまた不名誉なことなのである。この恥や不名誉とは何か。それは騎士であるのに騎士とみなされないことである。

　　　（ギヨーム、ルイに奏上す）
　　　貴殿はいまや恵まれておられるのに、我はほとんど報われておりませぬ
　　　我は、貴殿にお仕えいたす以上、前線をお守りいたしてまいりました
　　　しかるに、それにより一文も受け取っておりませぬゆえ
　　　宮廷の者たちは誰も我のことを騎士とは呼んでくれませぬ[16]

　最近のある注釈者が主張しているところによると、これらの英雄はみな「他人志向」である[17]。そこまで言うつもりは私にはない。彼らはただ、既知の内在化された掟(コード)に従っているだけなのだ。また私は「恥の文化」や「罪の文化」についての形而上学的な議論に参入したいとも思わない。しかし叙事詩の英雄たちが、自分が掟を破ったとき、または他人に掟を破られたときに感じているのは、罪〔の意識〕ではなく恥辱である。彼らは他人の評価において、自らの立場を失ってしまうのである。

　実は、朋友や良識者が賢明な助言を与え、仲裁者が問題の解決を図っていたのはこうした状況においてであった。朋友や仲裁者は、規則に従って判決を下すためにその場にいるのではない。彼らがその場にいるのは、当事者を苦境から救い出すためなのである。彼らは賢明さという美徳を代表している。それはオリヴィエが大きな戦いの前に見せたあまりにも好戦的な勇気の代わりとなる美徳である。彼らは暴力の脅威を取り除くような論拠や解決策を提示しなければならないのである。ちょうどこれと同じことを、戦いもほとんど終わりを迎

え、ローランが角笛を吹くべきか否かでオリヴィエと再び議論を始めたときに、テュルパンが行っている。また、ギヨームの甥ベルトランがギヨームに対して、征服の暁にはイスパニアとニームとオランジュを賜るようルイに願い出てはどうかと提案したのも、同じ類いの行為である。さらにラウールの家臣たちも、ラウールとベルニエの間の争いを鎮めようとしたときに同様のことを行っている。仲裁者は怒りを鎮め、傷ついた誇りを癒し、平和をもたらす解決策を見つけなければならないのである。武勲詩において人は、誰か別の人と対立しているときにはなかなか自分の心を変えることはない。私たちの手元にある和解に関する証書にはいつも、「よき助言」によって結果がもたらされたという言及がみられる。というのも、ひとたび対立の立場を態度に出してしまうと、他人の知恵により説得されずしてあっさりと退いてしまうことは臆病な行為になってしまうからである。これは従わなければならない儀式なのだ。実際の生活の中で仲裁者がこうした任務を成し遂げることができるのは、大領主や同輩、朋友、親族といった彼らの立場のおかげである。仲裁者のこうした立場によって、知恵に支えられた解決策が当事者双方に受け入れられることにもなるし、それだけではなく、一方に認めた不当な要求によって他方が公の場で恥辱にまみれずに済むような保証が与えられるのである。なぜなら、ときに仲裁者自身がまさに公的な存在そのものとなるからである。負けた側にいつも与えられる補償は、それが大きなものであれ象徴的なものであれ、騎士道の詩人が大いに推奨する節度といったほかの美徳にも適合するものである。

　さてもちろん、仲裁者や助言者は別の役割も果たさなければならなかった。それは、当事者集団双方あるいはそのうちの一方を説得し、あるいは圧力をかけて平和的な解決へと至らせるという等しく重要な役割である。これは常に容易であるわけではない。「おびただしい不和が生じていたのでcum multa discordia fuit」なる証書の定型句は、しばしば戦争ならびに暴言の婉曲語句であったようだ。先に見たコンクに関する事例でのように、意見の不一致が歴然たることもあった。

　しかしながら、仲裁者のこの二つの機能を実現させているのは彼らが属する社会集団である。その成員同士は、仲裁の圧力が功を奏し、〔和解の決着の〕儀式が首尾よくなされるのに十分なほど密接に、お互いに肩をすり合わせて生き

ていたのである。詩の中に現れる不名誉が効力を持つのは人々がお互いに顔見知りのときだけである。つまり、争いの渦中にある人物が、誰も自分を「騎士」と呼んでいないことを実際にわかっているときにのみ、不名誉が成立するのだ。

　13世紀になると、仲裁と和解の儀礼は規範的な裁判の新しい形態に取って代わられる。ただしその変化は滑らかでもなかったし急激でもなかった。それを示すフランスでの最初期の事例はパリ周辺地域のものである。そこではすでに1210年代には〔国王役人の〕プレヴォがこの種の裁判権を行使してはいた。だが1218年、パリ市民のグィド・ドーセールなる人物は、教皇特使の判事によりサン・ドニに対する13デナリウスの地代の支払いを命じられたが、その判決を受け入れることを拒み、破門される。ようやく彼が同意したのは、仲裁者によってほぼ同様の決定がなされてからであった[18]。ノルマンディでは、同じような裁判が早くに出現していたが、裁かれるべき問題は裁かれるべしという原則は、最高法院(エクスチェッカー)に有罪を宣告された人々には簡単には受け入れられなかった[19]。しかし、こうした抵抗はあったものの、かつての司法の形態は結果的に別の司法の形態へと道を譲っていくのである。

　上で軽く触れたように、この転換は突如として起こったものではない。だが、13世紀初頭の仲裁契約においてローマ化された定型句を採用したことが、ひとつの幕開けとなった。この新たな形態は、当初は明らかに、公証人がローマ風の手続きの知識を見せびらかすのに役立つだけであった。だが、ありふれた定型句に書かれているのはたいてい、仲裁者は要求について「真実を調査する」べきだという旨の内容である。またときには、これは「証人と証書によって」なされるべきであると明記していることもある。たいていはこの通りにはならないが、ときには扉が半開きになっていて規範的な判決がひそかに入り込み、このことが実現することもあった。変化の第二の兆候は、法の専門家の登場である。彼らは、南フランスの文書では「法律家」(ユーリスペリーティ)と呼ばれており、最初は大領主の取り巻きたちの中に姿を見せ、次いで仲裁者への助言者として登場する。彼らの影響力も〔ローマ法の定型句と〕同様に、客観的で規範的な判決に導く方向に働いたようだ。

　結局は、13世紀半ばにかけて、規範的な判決を下す権威ある法廷が登場し、

急速に広まっていく。仲裁は存続しているものの、その意味は変化することになった。仲裁者はますます判事のように振る舞い、調査を行い、証書を照合していく。そして、専門の法律家と法廷役人が登場して仲裁者となる。14世紀初頭までに仲裁は、法廷の階層的な構造の中に位置づけられることになった。つまり、仲裁の結果次第で上級法廷への上訴の道も開かれたのである。かつては「普通の」法廷だった仲裁は、今や「普通の」法廷を避けるための手法にまで変えられてしまった[20]。

ここで問わなければならないのは、なぜこのことが起こったのかということである。この質問に答えることは容易ではない。しかし、少なくともひとつの可能性は除かれるだろう。つまり、13世紀中ごろのフランスに突如新しい考え方が現れてこの変化を引き起こしたわけではない。実際、体系だった規範が紛争解決のあり方を決めるという考え方は、ヨーロッパから決して完全に消え去ったことはなかった。少なくとも、聖職者はそれをしっかりと維持してきた。ナルボンヌ地域においてさえ、グレゴリウス教皇の特使は、大司教に任命されると12世紀初頭に、俗社会との関わりの中にこの考えを導入しようと試みた[21]。とくに階層的な関係が問題となる聖職者の地位においては、教皇や特使の判事ならびに司教による規範的な決定は12世紀半ば以降にはよくみられるものであった。しかし聖職者の間でさえ、財産争いはしばしば別のカテゴリーに入れられ、仲裁によって解決されることになっていたのである。

〔変化の〕ひとつの原因となったのが、ローマ法の導入であった。南フランスにおいては、「法律家(レーギスペリートゥス)」と称されるアダルベルトゥスなる人物の1127年の文書にその影響が見え始めている[22]。その後、証書の定型句の変化や教会の法廷での手続き、あるいは公証人の登場などによって、その影響は明らかになっていく。長く継続する影響は、こちらでは受け入れられ、あちらでは抵抗にあった。しかしこのローマ法の影響は、あまりに長期間にわたってその精神が慣行に染み渡っていき、あまりに広大で、あまりに一般化してしまったため、1250年前後の数十年に起こった突然の変化の唯一の説明とはなりえない。

そこで私たちは別の方向へと調査の目を向けなければならない。手始めに仲裁に効力をもたせる社会構造やそこに内包される人々の態度を見ていこう。こうした態度はヨーロッパの多くの地域で共通した属性である。しかし社会構造

は、細部においては地域ごとに大いに異なっている。したがって、私たちがさしあたりその変化を追えるのは地域レベルにおいてのみである。再びナルボンヌ地域とカルカッソンヌ地域から事例を引いてみよう。

　ラングドックでは13世紀に、領主階層の古い社会集団が解体した。同時に外部の権力がこの地域への影響力を強めてくる。領主の法廷に集う人々は旧来の価値基準に重きを置きつづけていたが、南フランスでは13世紀半ば以降、王権とその代理人が領主たちに対して自らの利害と要求を押しつけ始めるのである。異端者から土地が没収され、トランカヴェル家の反乱の後にはより多くの土地が差し押さえられた。バイル〔南仏において所領管理や徴税・裁判を担う代理人〕とヴィギエ〔セネシャルの代理人（13世紀）〕とともに現れた常設のセネシャル〔北仏のバイイに相当する南仏の国王役人〕は、国王の権利の断片すら見逃さず追求する意図を持っていた。「外国人」であったこれらの役人は、地元の土地貴族との結びつきがなく、王権の援助を受けて活動していたため、伝統的な仲裁の圧力や論争には従わずにすんだ。もし彼らが争いを仕掛けられても、その地域で開かれる国王法廷という自陣で戦えばよかった。そのため、カルカッソンヌの古い家系は、北フランスに留まったままの土地貴族の代理人に取って代わられて消え去ってしまったし、ナルボンヌの副伯は、国王法廷の取り巻きの中に何人かの追随者とともに入り込んでいき、ナルボンヌ大司教やラ・グラース修道院長ならびにフォンフロワド修道院長は、パリやローマへと退いてしまった。そしてついに、王権は軍隊と金銭を要求し始めることになる。こうしてこの地域の有力者のもとに集っていた集団は解体し、仲間たちの関係は司法の判決に従う公的な規範の観点から再定義されることになった。1300年になって間もなく、ナルボンヌ副伯のおもだった家臣たちは、軍事奉仕を要求する主君を国王の法廷に訴えた[23]。領主社会がいかに徹底的に作り変えられたかを、これほど適切に示している例は他にはないだろう。

　このような訴訟手続きは、一度始まってしまうと、自らの勢いを力にして進んでいく。村落の住民も都市のコンシュルも、また小領主も大領主もみな、王権によって与えられた法廷の機構の利用法を知ると、国王法廷を利用すれば、自分たちにある種の支配を押しつけようとしたり、現に押しつけている人々に対抗できるということに気づいたのであった。ナルボンヌでは、国王法廷を利

用することで、コンシュルは副伯を、副伯は大司教を、大司教はコンシュルを打ち負かすことが可能となった。そして三者ともに、国王法廷を利用すれば国王やその役人をも打ち負かすことができるのである。逆に、特別な知的技能を備えた法廷の機構は、社会関係をさらに法に則したものへと変容させる。その結果、ある領主が別の領主に行っていたすべての行為は法的に慣例化し、法廷や廷吏、罰金や地下牢によって強制される規範的な体制に適合的になっていった。

　名誉を誇りとし恥を不名誉とするといった旧来のやり方、旧来の価値観は、未だに貴族たちの心を沸き立たせてはいた。しかし、お互いに要求を突きつけ合うときに長い間維持されてきた、その価値観の絶対的な影響力は衰えてしまった。そして、大学で奨励され、教会や王権の制度において表現されてきた、中世ヨーロッパ文化に長い間存在していたもうひとつの価値観がそれに取って代わったのである。名誉を重んじ恥を怖れていた集団が解体すると、人々は異なる観点から自分たちの「諸権利」を見始めるようになった。12世紀の『ラウール・ド・カンブレ』の中で、自分の領主に不当に扱われたベルニエは、「ベルニエよ、お前が正しい」とみなに言われるまでは[24]、領主のもとを去ることを拒んだ。しかし1300年までに人々は、まず自分たちの諸権利を客観的に定義されるものとして考え、次いでそれらを法廷によって、可能であれば国王法廷によって認可してもらうべく懸命に試みるようになっていたのである。

　同時に、農民や都市住民など、これまで自分たちの領主より上の者に助けを求めることができなかったすべての階層の人々は、継続する小規模な抵抗を正当化する手段と根拠を与えられた。他方、領主階層の人々は、直ちに王権を手本にして、「法律家(ユーリスペリーティ)」を雇って判事の役割を担わせ、その過程で、お互いに対抗または王権と競合しながら「通常の」裁判権を自らの手に独占していった。こうして数十年のうちに、体制の全体が整えられたのである。

　これは13世紀に中央山塊(マッシフ・サントラル)と地中海に挟まれた丘陵地帯と海岸平野で起こったことであるが、13世紀は、カペー朝の統治が非常に多様性のあったこの地域に統一性を押しつけ始めた時期にあたる。しかしそれだけではなく、13世紀はアルビジョワ十字軍の時期でもある。ラングドックはまさにこの時期に、北フランスの植民地になり、異端審問に追い立てられ、外部の権力にそそのか

され、モンペリエとトゥールーズおよび少しの間だけナルボンヌに設立された〔大学の〕新しいタイプの知識人によって掘り崩されていった。それゆえ、ラングドックの経験は典型的である。しかしだからと言って、それを一般化することはできない。なぜなら私たちは、ポワトゥとベリー、ブルゴーニュとピカルディ、それにフランスの他の地域ではこの同じテーマに対してどのような変化がもたらされたのか、まだ知らないからである。そもそも出発点が同じではないし、新しいやり方をどう受け入れるのかを決定する習慣や伝統も異なっている。法の領域でも、官僚養成地域としても、ラングドックは13世紀の終わりまで、カペー朝の王国の他の地域を先導していた。しかし、模倣と上からの押しつけが物語っているのは、1300年までに法に則した社会の再編成を達成したのはほんの少しの部分でしかなかったということである。最終的に全体のストーリーを語るには、地域ごとの調査を待つ以外にはない。

　それにもかかわらず13世紀末までには、ラングドックの人間と同様にラングドイルの人間も、新しいやり方を、つまり学問的な手続きの統一性や客観的な規範の必要性を受け入れる方向でかなり歩みを進めていた。その結果、早急に緊迫した事態が生じたことや、国王法廷による「侵害」に対する不平が大きく鮮明になってきたこと、またルイ9世〔在位1226-70〕が死後たった30年でよりシンプルな「黄金時代」を象徴することになったことも驚くにはあたらない。ルイの時代はシンプルな時代だったのである。1300年までにそのシンプルさは記憶のかなたへと消え去ってしまった。いまや法の時代を迎えたのである。

　　〈愛〉のように、〈法〉はたびたび涙を誘う
　　〈愛〉のように、〈法〉はめったに続かない


注
1) この論文は、現在進行中であるより大きな研究の一部である。資料収集ができたのは、社会科学研究評議会 Social Science Research Council の研究奨学金およびアメリカ哲学協会 American Philosophical Society とアマースト大学 Amherst College による追加の資金援助のおかげである。
2) ここの部分とあとで引用している英語の詩は、W. H. Auden, "Law Like Love," *The*

*Collected Poetry of W. H. Auden* (New York, 1945), pp. 74-76 (copyright 1945 by W. H. Auden; reprinted by permission of the publishers, Random House, Inc.).〔邦訳:「〈法〉は〈愛〉のように」W・H・オーデン(岩崎宗治訳)『もうひとつの時代』国文社、1997年所収。引用部分については適宜変更を加えた。〕

3) Archives communales de Narbonne, AA 105, fo. 36v.
4) Archives communales de Béziers (unnumbered).
5) Archives départementales de l'Aude, H 166 (unnumbered).
6) Arch. dépt. Aude, G 21, no. 2.
7) Archives nationales, L 731-35 (Laon), L 738 (Saint-Quentin).
8) もっともあからさまなのは、私の"La Justice et le pouvoir royal," *Revue historique de droit français et étranger*, 4me sér., XL (1962), pp. 373-94である。しかし、権威ある先例も同様であった。Ferdinand Lot and Robert Fawtier, *Histoire des institutions français au moyen âge*, II (Paris, 1958), pp. 298-99; George O. Sayles, *The Medieval Foundations of England* (Philadelphia, 1950), p. 342.
9) *Gallia Christiana*, VI, *instrum.*, cols. 331-32.
10) 1251年から53年にかけての一連の仲裁による解決は、ナルボンヌの古文書館ではこの専門の称号を用いた最初の事例である。AA 99, fo. 12 (*"arbitratores seu amicabiles tractatores"*); AA 105, fo. 82v; AA 99, fo. 76; AA 105, fo. 36v; AA 109, fo. 22v; しかし、「仲裁者 *arbitratores*」と称される人物によってなされた1217年の解決は、「友愛に満ちた和解 *amicabilis compositio*」と呼ばれている。(Bibl. nat., ms. Mélanges Colbert 414, no. 71). 中世ヨーロッパにおけるこの称号の使用についての全般的な調査に関しては、以下を参照せよ。Karl S. Bader, "Arbiter arbitrator seu amicabilis compositor," *Zeitschrift der Savigny-Stiftung, Kan. Abt.*, XLVI (1960), 239-76.
11) Bibl. nat., ms. Doat 66, fos. 163ff.
12) *Cartulaire de l'abbaye de Conques en Rouergue*, ed. Gustave Desjardins (Paris, 1879), pp. 25-27.
13) Société archéologique de Montpellier, ms. 11 (いわゆる「フォワの」カルチュレール), fo. 19.
14) *Raoul de Cambrai*, ed. Paul Meyer and Auguste Longon (Paris, 1882), lines 702-05.
15) *Le Charroi de Nîmes*, ed. Joseph L. Perrier (Paris, 1931), lines 112-14.
16) Ibid., lines 252-55.
17) George Fenwick Jones, *The Ethos of the Song of Roland* (Baltimore, 1963), p. 97.
18) Archives nationales, LL 1157 (*Cartulaire Blanc* of Saint-Denis), p. 302, no. 8; p. 303, no. 10. フランスの法制史家がこの現象に対してより関心を示せば、地域によってかなり年代的な幅があることが明らかになるであろう。トゥールーズ大学のアンリ・ジル Henri Gilles 教授が私に教えてくれたところによると、トゥールーズのコンシュルは12世紀の終

わりにはすでにそのような権威にもとづいた解決を生み出していたという。

19) Joseph R. Strayer, *The Administration of Normandy under St. Louis* (Cambridge, Mass., 1932), p. 30.
20) Bernard Guenée, *Tribunaux et gens de justice dans le baillage de Senlis* (Paris, 1963), pp. 117-20.
21) 少なくともこうしたことは、「その土地の悪しき慣習」といった言葉や「規則」や「規範」という意味で*consuetudo*を早くに用いていたその他の事例などによって示されている。*Histoire générale de Languedoc*, V (Toulouse, 1875), col. 801; Bibl. nat., ms. Baluze 82 fos. 55ff.
22) *Hist. gén. Landuedoc*, V, col. 905.
23) Bibl. nat., ms. Doat 49, fos. 296, 309.
24) *Raoul de Cambrai*, line 1385.

# 第 2 章

## 「合意は法に勝り、和解は判決に勝る」
―― 11 世紀西フランスにおける和解による紛争解決 ――

スティーヴン・D・ホワイト

轟木　広太郎　訳

●解題・・・・・・・・・・・・・・・・・・・・・・・・・・・・・・・・・・・

　本章は、Stephen D. White, *"Pactum... Legem Vincit et Amor Judicium: The Settlement of Disputes by Compromise in Eleventh Century Western France", The American Journal of Legal History* 22, 1978, pp. 281-308 の訳である。著者スティーヴン・D・ホワイトは、1972年にハーヴァード大学で博士号を取得し、現在エモリー大学歴史学科教授の地位にある、アメリカを代表するヨーロッパ中世史家の一人である。モノグラフとして、*Sir Edward Coke and "the Grievances of the Commonwealth," 1621-1628*, Chapel Hill, 1979; *Custom, Kinship, and Gifts to Saints: the Laudatio Parentum in Western France, 1050-1150*, Chapel Hill, 1988、論文集として、*Feuding and Peace-Making in Eleventh-Century France*, Aldershot, Hants, 2005; *Re-Thinking Kinship and Feudalism in Early Medieval Europe*, Aldershot, Hants, 2005 がある。

　本論文は、第1章のチェイエット論文と並び、その後の紛争研究の方向性を

決定づけた研究として、きわめてよく参照される評価の高いものである。ホワイトは、13世紀半ば以前の南フランスにおいて貴族間の紛争の大多数が和解により決着していたとのチェイエットの主張を、マルムティエ修道院の証書群を主たる史料として別の地方（西フランス）において検証しようとする。全体として、法に則した判決の存在を認める一方で、法廷そのもののアド・ホックな性格、裁判官と証人との区別の流動性、法廷外の交渉と仲裁の重要さ、和解の補償に隠された贈与観念など、西フランスでもインフォーマルな司法実践が支配的だった点を確認してチェイット説を補完しつつ、11・12世紀の領主間の権力関係を多角的に分析している。なおホワイトには本論文に密接に関係するものとして、フェーデに関わった俗人家門と、フェーデ被害者の死者記念を通じて彼らを仲裁した修道院との社会的結合を論じた以下がある。"Feuding and Peace-Making in the Touraine around the Year 1100", *Traditio* 42, 1986, pp. 195-263.

・・・・・・・・・・・・・・・・・・・・・・・・・・・・・・・・・・・・・・・・・・・・・

　中世史家は11・12世紀フランスの重要な裁判制度を綿密に研究してきたが、この時代、すなわちカロリングの裁判制度が消失した後の、しかし形式化・官僚化・中央集権化の進んだ司法システムがまだ発展してはいない時代に、紛争がどのようなプロセスによって解決されたかを体系的に描写したり分析したりすることはなかった[1]。とはいえ、この時代の司法の歴史に関わるほとんどの研究は、法廷と財産法をおもに対象としたことから、おおよそ次のような主張に傾いてきた。この時代の財産をめぐる紛争がともかくも解決されたのは、なんらかの管轄権を持った法廷のもとでだった。これらの法廷は常に既存の法規則を適用して、一方の当事者を勝訴とする決定的な判決を下す地位にあった。またこれらの規則は、個々の実質的な内容はともかくその性格においては、13・14・15世紀の慣習法書に示される規則と似通ったものであった、と。

　しかしながら、南フランス社会の上位階層の中で紛争がどのように解決されていたかを論じた最近のある研究は、これとはかなり異なる11・12世紀フランス司法のイメージを浮かび上がらせた。「各人にその取り分を〔与えよ〕」という意味深長なタイトルの論文においてフレドリック・L・チェイエット教授は、1250年頃までは、この地域での財産をめぐる紛争は、「戦争によらない場合に

は仲裁や和解によって解決された[2]」という事実を強調したのである。そしてこの和解による解決についていくつかの重要な指摘をしている。第一に、このような事件で仲裁を行うのは、

> 確立した管轄権を持つ法廷ではなかった……。それは、紛争当事者に判決を受諾するように、あるいは合意に到達するように、はたまた自分の主張が不当であるのを認めるように、圧力をかけることができる個人ないしは集団だったのである。このようなことが可能だったのは、彼らが当事者の朋友だったからか、あるいはおそらく親族だったから、いずれにせよかなりの親交を持つ者だったからである[3]。

第二に、こうした仲裁者のとりまとめた解決が、ほとんど決まって和解というかたちをとったという点である。チェイエットによると、たいてい仲裁者は、

> 紛争物件を分割するよう努めた。ときには一方にその物件を分割させてからもう一方に好きな方を選ばせるなど、兄弟げんかを収める父親のような知恵を絞った。証書で一方の側に物件が引き渡されるよう書かれているときでも、もう一方はほとんど必ず何らかの補償を得た。空手で立ち去る者は誰一人としていなかったのである[4]。

第三に、チェイエットは、仲裁者がこのような和解をまとめるときに従った原則についてもきわめて独創的な指摘をしている。彼は、「（このような事件で）すべての者に何かを与えるというのは実際あまりに当たり前の慣行であり、決定のための客観的な規則を再現するのが不可能なほどである」と述べたうえで、次のように主張する。すなわち、このような事件は、「たいていの場合、合理的に適用される公式の諸規則をもとにして」裁定されたのではなく、さらに仲裁者の役割は、「客観的な規則」を適用するという意味での「裁きを下す」ことではなかったと。むしろ、仲裁者の行動を支配したもっとも重要な一般的規範とは、「両方の当事者が満足する」ことであったというのである[5]。チェイエットは、一部の法学者や法人類学者の主張にならって、この時代のラングドック地方に現実の法はまったく存在しなかったと言っているわけではない[6]。そうではなく、およそ1250年以前にこの地方で認識されていた法は、

それ以後に発達する法とは基本的に異なっていたと言おうとしている。さらにチェイエットも、和解による紛争解決が1250年以前も以後も比較的ありふれていたという点は認めるであろうが、しかし彼の分析からは、中世後期の和解は、彼が問題とする中世初期の和解とははっきりと異なる法的・社会的脈絡の中で結ばれたということが示されるのである。13世紀半ば以前、南フランスの人々は、法と「遵守されるべき慣行」とを、あるいは「倫理規範や然るべき振舞い」とを相互に明確には区別していなかった、とチェイエットは示唆する。「階層や状況という客観的基準の観点から自分たちの法を」定義し、法廷がその規則を事件に適用するよう期待するかわりに、これらの人々は、「誇り、名誉、あるいは恥といった当事者の主観的感情」を考慮することによって紛争は解決されるべきだと信じた[7]。

　最後に、チェイエットの主張によれば、高い身分の人々の間でみられたこうした紛争解決策は、「他者の知恵により説得されずしてあっさりと退いてしまうこと」が、こうした人々にとり「臆病」とみなされる社会、また被害者がしばしば暴力をともなう自力救済に訴えることが正当とみなされる社会では適切な方法だった。それゆえ、こうした人々の間で和解をとりまとめる仲裁者は、「怒りを鎮め、傷ついた誇りを癒し、平和をもたらす……（であろう）解決策を見つける[8]」必要があった。チェイエットが言うには、このような役割は、「仲裁の圧力が功を奏し、（和解の決着の）儀式が首尾よくなされるのに十分なほど近しく接触して生きる社会集団」の存在があってはじめて遂行されるものであったと考えられる[9]。それゆえ、1250年頃の南フランスにおける「規則に照らした判決を下す権威ある法廷[10]」の出現は、単にこれら新たな司法機関が、それ以前に簒奪されていた司法権限を回復してゆくプロセスと捉えることはできない。また単にローマ法が復活したのが原因だとも、あるいはこれら新法廷の、より「合理的だ」と言われる手続きが訴訟当事者になんとなく好まれたためだとみなすこともできない[11]。かわりにチェイエットが強調するのは、後の司法制度の発展は、仲裁を支えてきたそれまでの「社会構造」とそれが「内包する態度」に何が起こったかを考慮しない限り説明不可能だという点である。旧来の和解による解決法が消えて、既存の法規則の適用に依拠する判決が紛争解決の支配的な方式となるのはなぜかを理解するには、ラングドック地方の支

配階層の中に確立していた社会集団が解体して、この地域に「旧式の仲裁による圧力と談判を受けつけない」国王役人が到来したという点を検討しなくてはならないのである[12]。

　本稿の目的は、以上の複雑なテーゼの全体を評価することではない。それよりも、1250年以前の南フランスにおける法と紛争解決についてのチェイエットの結論が、11世紀後半の西フランスの一部にも当てはまるかどうかを検証することにある。以下の考察はおもに、ヴァンドーム、ブロワ、トゥール、アンジェ、ル・マン、そしてシャトーダン周辺の地域において、俗人とマルムティエ修道院およびその分院の間でこの時代に争われた財産権をめぐる180以上の紛争の分析にもとづいている[13]。これらの紛争の伝来史料はたいていの場合簡潔かつ曖昧で、俗人の紛争当事者について、あるいは彼らが修道院と敵対するに至った経緯について決して多くを語らない。さらにこれらの文書は修道院の書記によって作成されたものであるため、偏った見方を免れてはいない。しかもその偏りぐあいも、たいていは正確に見定めることが困難である。最後に、これらの史料は相当な分量が残されているが、同修道院が関与した11世紀の紛争の典型的な事例を伝えているとも限らない。また、この時代の俗人間の通常の紛争解決法についても多くを語ってはくれないだろう[14]。とはいえ、マルムティエの文書の多くは、この地域に所領を有していた他のフランスの教会施設の記録よりも詳細である。ときには、修道院の財産をめぐる争いがどのように終結したか、そのプロセスを再構成することも可能である。この種の史料にもとづく結論は、どうしても推論のまじったものにならざるをえない憾みはある。しかし、ここに提示する結論は、北フランスの他の修道院の証書写本集やアングロ・ノルマン地方の文書から得られる証拠と少なくとも整合性があるように思われる[15]。また、部族社会や産業化以前の法システムについて一部の人類学的研究が打ち出している立場とも整合性があるだろう。もちろん、この種の研究の結論がそのまま自動的に西欧中世法にも適用可能であるとみなせるわけではないが、中世史研究者にとって、少なくとも近代ヨーロッパ法の研究を通じて得られる仮説と同じくらいは有益な仮説を見出すことができるであろう。

1

　一見したところマルムティエ修道院の証拠からは、西フランスでの紛争解決のプロセスは、南フランスの史料にもとづくチェイエットの分析の結果とはかなり異なるとの印象を受ける。早くも11世紀半ばには、伯とその下位の領主の法廷で、見たところフォーマルな法手続きがなされる訴訟にこの修道院はしばしば関与しているらしいからである。さらに、これらの法廷は明確に定義された管轄権を欠いてはいたようだが、どうやら訴訟当事者と緊密な個人的あるいは社会的紐帯を持つ者たちの干渉とは無縁に、一部の紛争を解決していたらしい。つまり、フォーマルで決定的な判決を下す権能をたしかに持っていた。俗人からマルムティエに対して起こされた訴えは、いつもきまって和　解や約　定により決着したのではなく、ときには、同修道院の勝訴を宣言する正式な法廷の判決によっても決着したのである。最後に、修道院の記録はこうした訴訟の規則に触れることはまずないが、こうした規則が現実に存在し、おそらく倫理規範や慣習的行動の規則とは区別されていたこと、そして、こうした規則が特定の事件の結果を決定したということがしばしば窺われる。
　しかし、マルムティエの証拠をよりつぶさに検証すると、こうした結論は全面的に間違いとは言えないまでも、短絡的で、誤解を生むものであることが見えてくる。つまり以上の結論を導いた証拠は再検討されるべきものなのである。
　マルムティエが関与したかなりの数の訴訟は、ヴァンドーム伯、アンジュー伯、ブロワ伯の諸法廷、シャトー・ルノー領主、モントワール領主、ラヴァルダン領主たち大物貴族の諸法廷、あるいは場所の明示されていない法廷の「封臣」や「裁判官」の前で争われた[16]。これらの法廷の手続きは、ときにかなりフォーマルだったようである。それは「プラキトゥム」という、時にフォーマルな裁判を指す用語で呼ばれる場合もあった。相争う当事者が正式に主張を陳述し、書面の証拠を提出し、証人が証言し、また神判や決闘の準備がなされることもあった。フォーマルというのは、こうした手続きの裁判がしばしば「判

決」によって決着している点からも言える。マルムティエの文書中のいくつかの場面から、この点ははっきりするだろう。11世紀後半の間、マルムティエはヴァンドーム近隣のナヴェイユという村落の教会に関わる権利をめぐる長期の紛争に見舞われていた。このうち多くの争いは、正式な法手続きに付された。原告アムラン・ド・ランジェの訴えに応じて、修道士たちはこの教会に対する自分たちの権利を裏づける書面を提出し、さらに従属民の一人に同じ内容の宣誓をさせた[17]。またアムランの息子ゴーティエとの間に紛争が起こったときは、ヴァンドーム伯フルクの面前で事件を決着させた[18]。ティボー・ド・ヴァンドームの起こした五つの異なる訴えも、法廷での手続きに付された。ひとつはヴァンドームの法廷で審理された[19]。二つ目は、ヴァンドームで決闘により決着した[20]。三つ目は、ヴァンドームでの裁判に付された[21]。四つ目の訴訟では、権利を守るために修道士たちは証人を出廷させた[22]。五つ目の紛争はまたヴァンドームでの裁判となった[23]。ラ・シャップ近くの粉挽き場をめぐる別の五つの訴訟でも、やはり正式な裁判手続きがとられたようである。修道士たちはフュルシェ・ド・ラ・トゥールの訴えに対して、証人を出して反撃した。証人たちは、ヴァンドーム伯フルクと地元のその他の貴顕の前で、複雑な（かつ曖昧な）手続きのもと、修道士の粉挽き場に対する権利を支持した[24]。オトラの息子サロモンの事件も同伯により裁かれた[25]。ジルベールの息子ニアールとの二つの紛争とアンゲバルト・ブリトーとの紛争も、ヴァンドーム伯ギーの法廷での裁判となった[26]。先の粉挽き場をめぐって対立がまた持ち上がったとき、修道士たちは、モントワール伯アルベリックの法廷でコンスタン・ド・ラネと決闘する代闘士を用意したし[27]、後にコンスタンとまた争いが起こったときも、紛争は同伯の法廷での裁判に付された[28]。

　修道院のブロワ近隣の財産権をめぐる紛争も、少なくとも何回かは法廷での審理に付された。1044年を過ぎてまもなくのこと、〔アンジュー伯〕ジョフロワ・マルテルの法廷は、ゴーティエという名の騎士が修道士たちに譲与した土地に関わる二つの事件を審理した[29]。そしてその少し後にも、同伯の法廷は修道士と騎士ベランジェとの訴訟の舞台となった[30]。数十年後、ブロワ伯ティボー3世の法廷は、マルムティエの関わった事件に判決を下しているし[31]、同院の別の紛争では、ギシェ・ド・シャトー・ルノーの法廷が判決を下してい

る[32]。また11世紀末には、ブロワの法廷で伯妃アドラ司宰のもと別の事件が争われた[33]。同じ頃、デュノワにある同修道院の所領をめぐる争いも法廷の審理に付された。1130年代後半には、修道士とシャトーダン副伯との紛争はブロワ伯ウード2世の法廷に持ち込まれた[34]。また数年後に同副伯の息子が争いを蒸し返すと、マルムティエの院長は、事件を新副伯となった息子とその妻、および副伯の封臣たちからなる法廷に持ち込んでいる[35]。マルムティエのある農奴が、同修道院の別の農奴が死に際に遺した財産を売却したとき、その農奴は修道士の一人から告訴されたが、両者は裁判に集まり、判決が下された[36]。アムラン・ド・ランジェによる別の訴訟では、シャトネで裁判が開かれたが、そこで決闘のための準備が整えられた[37]。またマルムティエの農奴オスケリヌスとその子孫をめぐる複雑な紛争のひとつでも、どうやら決闘の準備がなされた[38]。11世紀末には、この地域〔デュノア〕の修道士たちの財産をめぐる別の争いはブロワ伯エティエンヌの法廷で審理された[39]。

　このように、11世紀中にマルムティエの関与した多くの紛争が法廷の審理に付され、そしてときにはかなりフォーマルな手続きがとられたことを窺わせる証拠が多数存在するのである。同院の証書からは、これらの法廷が修道士に勝ち名乗りをあげた一方で、訴訟相手には何も与えない明確な判決を下したこともわかる。ロベール・ブラシェ、ピエール・ショタールの息子エリアス、ユーグの息子ギョーム、ウード・ランダヌスの義理の息子ダドー、アダ・ド・ヴァンドームの息子マニュランがヴァンドーム地方で起こした財産訴訟には、ことごとく「不当である」とか「過誤である」という判決が下されている[40]。ブロワ近隣の所領をめぐる複数の訴訟も、1040年代と50年代に伯ジョフロワによって[41]、また数十年後には伯ティボー3世によって修道院勝訴の判決が下された[42]。11世紀のほとんどの間、ブロワ伯の法廷は裁判手続きを採用し、明確な判決によってマルムティエ勝訴を言い渡す傾向がとくに強かったようである。1050年頃、同修道院はジルベールという騎士との紛争に巻き込まれたが、その際、この人物との法廷での論戦は次のように展開した。

　　そこで同院の修道士たちは争いをブロワの法廷の裁判官たちに持ち込み、以下のようにして判決が下った。

双方から自陣を弁護する主張が存分に叫ばれた後に、問題の土地は、聖マルタン〔マルムティエの守護聖人〕に裁判権があるのだから、同聖人に返還されるべしとの判決が下ったのである[43]。

　1090年代には、同法廷は、修道士たちとブロワのプレヴォ〔伯の所領役人〕との紛争[44]、またエルシャンバルドゥス・ペジョル・ルポとデュノワ副伯ユーグが起こした訴えにおいても、同様に決定的な判決を下している[45]。
　マルムティエの史料からは、フランス北西部での紛争解決の方法が、南フランスの場合とはさらに別の点でも異なっていることがわかる。すなわち、財産権についてのある「一般に通用する」法規則がこの地域では認められており、それが一定の事件には「合理的に適用され」、そしてこの規則は、行動の慣習的・道徳的規範とははっきりと区別されていたらしいのである。11世紀の証書は、訴訟当事者の権利要求あるいは法廷の判決の根拠となった規則に直接言及することはめったにないが、これらの史料の多くからは、訴訟当事者が自分の権利要求の根拠として、財産法の特定の規則をほのめかす陳述を行っているのがわかる。こうした陳述は、マルムティエがヴァンドモワ地方に持っている所領に関連する文書においてとくに広く見出される。たとえば、アムラン・ド・ランジェはナヴェイユ教会の聖職禄を要求する際に、同教会は彼の封（カサメントゥム）の一部であるから、彼の許可なくして、修道士が合法的にその聖職禄を獲得できたはずはないと主張している。おそらく彼は、〔物件の直接の贈与者である〕レテリウスの息子ティボーが修道士と交わした先立つ協約の中でその禄に対する修道士側の権利を了承していたという点を認めてはいたらしい。しかし、自分こそがティボーにその教会を封として与えた人物なのだと主張したのである。彼がどのような陳述を展開したか、その正確なところはわからないが、彼のものとされる陳述は、封臣が封主の許可なくその封の一部を譲渡することを禁じる規則に訴えていると仮定してはじめて意味を持つ[46]。これと同種の規則は、アムランの弟ユーグが修道院の所領に対して訴訟を起こしたときにも根拠となったようである。この「訴え」はアムランの封臣リゾワが修道士に譲与した土地をめぐるものであったが、ユーグは、アムランは封臣の贈与を承認する見返りとして修道士から金銭を受け取ったのに、自分は何も手にしていないと訴

えの根拠を述べた。こうした言い分は、少なくとも譲与がなされる際は、譲与者の封主の近親者たちから承認を得るという決まりがない限り、要求の根拠としては役立たないものであろう[47]。

　他の権利主張者の言い分からも、土地保有者が修道院へ財産権を移譲するのを何がしか制限するいくつかの規則や慣習があったことが推察される。ロベール・ド・マレイの息子ユベールが、父親が修道院に贈与した土地を要求したときの根拠は、単に父ロベールが贈与したとき自分は許可を与えなかったというだけで充分だった[48]。イザンバールがサンティエの修道院所領を要求したときの言い分も、これといくらか似通っている。彼は妻の代理として訴えを起こしたと述べた後、次の二つの言い分を示した。第一に、問題の土地は、修道士が妻の前夫ジョフロワから入手したものであるが、実際は彼女の嫁資（ドータリキウム）であったという点、第二に、彼女は夫ジョフロワのマルムティエへの譲与を承認していなかったという点である[49]。別のさらに込み入った訴訟では、修道院がギマンなる人物から獲得したラ・シャップの粉挽き場を要求したニアールによって、いくらか似た言い分が展開された。それによると、ギマンは、ニアールの父親ジルベールの妹エムリナと結婚した後、彼女との間に同名の息子ギマンをもうけた。しかし、粉挽き場はニアールの父方のおばであるエムリナの嫁資（マリーターギウム）だったのだから、父親のギマンも息子のギマンも、ともにマルムティエにそれを贈与することなどできなかったはずだというのである。ただし、どうしてニアール自身がこの粉挽き場に対して自分は権利を持つと考えたのか、その点は正確なところは不明である。とはいえ、妻の嫁資を処分する夫の権限に制限を加える何らかの規則に彼が依拠しているのは明白である[50]。

　訴訟当事者がどうやって自分の要求を根拠づけたかを示す証書よりもさらに重要なのは、マルムティエ勝訴の判決の根拠を記録したとされる二つのテキストである。ひとつは、ラ・シャップの粉挽き場に対するニアールの訴えに関わるテキストである。一人の証人が宣誓により、粉挽き場はギマンの妻の嫁資ではなく、ギマン自身の購入物件であると証言すると、ヴァンドーム伯ギーの法廷は、粉挽き場はギマンが購入したものなら、彼には何の支障もなくそれを贈与する権限があるとの根拠から、原告ニアールの要求を不当とする判決を下した[51]。1071年のもうひとつの証書では、修道院勝訴の判決の根拠についてさ

らに明確なイメージを得ることができる。この史料に記された紛争は次のようにして起こった。マルムティエの農奴イルドゥラは、領主ユーグがマテュー・ド・モントワールから受領する封のコリベルタ〔西フランスの隷属民の一種〕と結婚していた。この結婚により4人の子供が生まれた。ユーグの死後、その息子ギョームは、イルドゥラはじつは農奴ではなくコリベルトゥス〔前出コリベルタの男性形名詞〕なのだから、その4人の子供の半分を自分に引き渡すようにと訴えた。この訴えにより、マルムティエの分院のプレヴォ〔修道院の所領管理役〕アスランは、ギョームとともにユーグの封主だったモントワール領主の法廷〔プラキトゥム〕へと赴いた。そこでこのプレヴォは証人を立て、宣誓によりイルドゥラはコリベルトゥスではなく農奴であったと証明させ、イルドゥラの二人の子供に対するギョームの要求は不当であるとの判決が確定した。マルムティエの証書の言い分によると、この判決の理由は、農奴とコリベルタの子供は、二人の主人の間で分割されるのではなく、父親に従って、父親の主人に属する決まりだからということになる[52]。

　イルドゥラの子供をめぐるこの訴訟には、チェイエットの分析した南フランスの紛争解決のプロセスとは異なる北西フランスの特徴のすべてが示されている。この訴訟は、自分の封に関係する事件という理由から裁判を預かった封主の法廷により裁決された。マルムティエの敵方〔ギョーム〕の要求の根拠となった言い分は、正式の宣誓により間違いであると示され、それゆえ法廷はそれを不当と判決した。法廷は、証明された事実に、従属身分の農民の子供に関する規則を適用することによってこの判決に到達したのである。そしてこのマルムティエ勝訴の判決により、原告側は何の利益も得なかった。


## 2


　いま検討した証拠からは、紛争解決に関わる南フランスの法と手続きについてのチェイエットの結論は、11世紀西フランスの一部には少なくとも適合しないように思われる。二つの地域の間にみられる法と司法制度のこうした明白な相違は、北フランスと南フランスの社会的仕組みの差異とも何らかのかたち

で関連しているであろう。しかしながら、社会構造のこうした相違と司法制度と法観念の相違との相互関係をあまり強調しすぎるのも誤りというべきであろう。というのも、マルムティエの史料をより綿密に検討すると、紛争解決の方法に関わる二つの地域の差異は、一見したときよりも顕著ではないことが判明するからである。第一に、これらのテキスト全体を見ると、マルムティエが関与した11世紀の紛争のおよそ三分の二は、どうやらどんな法廷にも持ち込まれることなく、おおやけの立会い証人のもとで合意により終結したらしいのである。合意の和解や約定の中には、じつは証書中には言及されなかった法廷審理の後に結ばれたものもあったとの推測も成り立つかもしれない。しかしそれにしても、証拠として作成された多くの文書が、修道院の権利を保護するだろう正式あるいは準正式な訴訟に言及することなく済ましたというのは、かなり考えづらいことなのではないだろうか[53]。第二に、マルムティエの史料の中には、こうした合意の和解に至る司法外のプロセスについて直接的な証拠はほとんど見当たらないが、チェイエットが論じたような仲裁者や仲介者が合意形成において何らかの役割を担った可能性はまず打ち消すことはできない。こうした人々の活動が垣間みられる事件を記録したテキストもある。たとえばある証書では、ヴァンドームの法廷で修道士がティボーとの紛争を決着させる予定だった決闘を取り止めたのは、「朋輩」の助言にもとづいてのことだった[54]。また修道院の紛争相手が他の事件で同じような選択をしたとき、それは朋友からの圧力に応えてのことだったらしい[55]。さらに別の文書では、修道士とその敵対者の双方に関係のある女性が、理想的な仲介者として仲裁の役割を担ったことが触れられている。アルヌールという人物が、妻の両親が修道院に贈与した土地を要求した訴訟では、修道士に解決についての助言を与えたのが彼の義理の母親だった[56]。我々の史料の中で仲裁について直接伝える事件は他にはほとんどないが、別の多くの合意でも、個々の和解決着の立会い証人として名前だけが挙げられている人たちが仲立ちの役割をしたと考えられる。修道院に敵対する者が紛争地を掠奪し、後からようやく平和的な和解に応じたようなケースでは、こうした仲立ちがとくに必要とされる傾向があったように思われる[57]。

　紛争終結の方法についての南フランスと北フランスの相違は、マルムティエ

の財産権訴訟を審理した法廷の構成を分析してみても、やはりそれほど際立ってはいないように思われる。というのも、これらの司法機関は、一見したときよりもフォーマルな仕組みが備わっていないことがはっきりするからである。たとえば、ヴァンドーム伯の法廷は構成員がじつに曖昧にしか定まっていないし、ヴァンドームの法廷として知られる別の法廷との区別もはっきりしない。この地方の法廷は、あるときはヴァンドーム伯、副伯、ヴァンドームのプレヴォの名があるが、また別のときには、おおやけの職位が同定されない人たちのみから成り立っている。おそらくこの法廷の構成員が比較的インフォーマルなやり方でしか決まっていないことをもっとも明瞭に示すのは、そこにマルムティエと特別な結びつきを持つ人々が含まれているという事実である。この事実から推察されるのは、第一に、訴訟の当事者が誰かに応じて、ある程度法廷の構成が変わったらしいという点である。第二に、マルムティエの書記は、訴訟に判決を下した人たちと合意の立会い証人となった人たちを明確には区別していない点である。この第二の仮説は、複数の文書が、ヴァンドームの法廷の「裁判」や法廷による「判決」に言及しておきながら、法廷の構成員を裁判官ではなく立会い証人と呼んでいる点から裏づけられる[58]。

　マルムティエの書記が、訴訟に規則を適用しなかったと覚しき人々にも「裁判官」という言葉を使う傾向があったという点は示唆的である。かくかくしかじかのように審理が進んだと述べるテキストの中にたとえ裁判のフォーマルな特徴が書かれていたとしても、そのフォーマルさは額面通り受け取れないかもしれないからである。少なくとも、次のように疑ってかかる根拠にはなる。すなわちマルムティエの書記は、現実には俗語を使って営まれた複雑な社会的プロセスをどうにか文字に写しながら、こうしたプロセスを経て結ばれた解決案に、現実には備わっていなかった決定的で権威に満ちた色合いを施そうとして、古い史料から引き出してきた不適切かつ（あるいは）時代錯誤なラテン語の語句をときに使ったのではないか、と。もちろんこうした疑いがあるからといって、史料が使っている当の用語を無視してよいことにはならないけれども、証書に「裁判」「裁判官」「告訴」そして「判決」という用語が使われていても、すぐさま、正式な裁判が裁判官のもとで開催され、そこで当事者が正式な申し立てを行い、さらに正式の判決によって結審に至ったと決めてかかるの

は差し控えるべきだろう[59]。

　書記がこうした用語を使ったのは、読み手を欺こうとする意図からというよりも、紛争の解決までに正式さの度合いが異なる多くの討議を経なくてはならなかったとき、その長いプロセスを簡潔に要約するのがときに困難だったからだ。マルムティエの証書で、判決を下す裁判官と立会いの証人が一貫した方式で区別されていないという点は、たとえば修道院の関与した紛争がしばしば法廷に持ち込まれても、すっきりした判決によって決着するのはまれだったという事実に照らしてはじめて理解できる。開催された法廷の役割が、たぶん仲裁者の助力によって事前に準備された和解案におおやけに承認を与える機会にすぎないという場合もあったと思われる[60]。一方的な勝訴を告げる正式な判決で終結する運びだった裁判審理が途中で流れ、その結果当事者が和解を結んだ場合もある[61]。また、司宰者である伯を含めた法廷の面々が、自分たちの下した修道士勝訴の判決を保留にして、要求が棄却されたばかりの原告に何がしかの補償を与えるよう要請している訴訟もある[62]。ヴァンドームの法廷も、マルムティエとティボー・ド・ヴァンドームの間で起こった紛争のひとつを終結させるのに一役買ったが、実際には判決を下したのではなく、法廷の面々が当事者双方の結んだ合意の立会い証人になっただけだった。さらに、この立会いとて紛争の本当の終結をもたらすものではなかった。修道士たちは、代表者一人をティボーの屋敷に送る必要があると考え、五人の証人の立会いのもとに、ティボーの三人の幼い息子からこの決着への同意を得たのである[63]。ティボーとの別の紛争も同じようにして決着した。アムランという名前のヴァンドームの聖職者との争いも同様である[64]。修道院とマニュランとの争いの解決からも、法廷（クーリア）で開かれた裁判はときとして、紛争解決までのしばしば長期化した複雑なプロセスのほんの一段階にすぎないということがさらに明瞭にわかる。法廷がマニュランの要求を不当だと判決すると、彼は紛争物件に対する権利を放棄して、伯と法廷のその他のメンバー立会いのもとに修道士たちといったん合意を結んだ。しかし後から、マニュランが修道院の会堂を訪問したときに、当事者双方は、法廷で立会いのもとに承認された先の合意を修正して別の和解を結んだのである[65]。

　こうしたしばしば決定力を欠く裁判手続きの性格がもっとも劇的に現れるの

は、決闘や神判の挙行が決定されたにもかかわらず、結局はキャンセルされて平和的な解決に落ち着く場合である。こうした事例は、一方の当事者の勝訴という決定的な判決を導く正式な裁判手続きが存在する証拠ではあるけれども、同時に、一方あるいは両方の当事者がそれとは違った方法で紛争を解決しようと望んだ証拠でもある。マルムティエの修道士たちは、ヴァンドームの法廷でティボー・ド・ヴァンドームとの紛争のうちのひとつを決闘によって解決する用意があったが、いざ決闘の期日が目の前に迫ると、訴訟を平和裡に処理するようにとの説得に応じた[66]。自分が自由身分であることを証明しようとした「犬の足」とあだ名されたエティエンヌも、修道院を相手取って起こした訴訟で決闘の回避を選択した[67]。また、エルベール・ド・ボージャンシーの息子ジラールとの決闘でも、修道士側の代闘士が修道院の主張を証明する構えだったが、開始間際になって双方が決闘を中止することで合意し、和解を結んだ[68]。最後に、修道士たちは、アムラン・ド・ランジェが起こした訴えのひとつに対して、従属民の一人を使って証明させる構えだったが、最終的には合意に至り、正式な手続きは不要となった[69]。

　上記の証書のいくつかがはっきりと示しているように、マルムティエの関与した紛争は、たいていは正式な法廷の判決ではなく、いくつかの重要な点で正式な法廷の決定とは区別される和解により終結したのである。第一に言えるのは、チェイエットの議論した南フランスの合意と同様、当事者双方の手には常に何がしかが残ったということである。レベール・ド・マルシイーの息子アルヌールは、ナヴェイユ教会に自分は何の権利も持たないことを認めて、妻と義理の姉とともにおおやけに要求を放棄したが、マルムティエ院長はそれでも、将来のすべての訴訟相手に対してこの教会についての修道院の権利を擁護するという約束をさせて、この三人を修道院の祈祷兄弟盟約に加え、かつ20ソリドゥスを与えた[70]。ブルニエールの十分の一税をめぐる修道士とティボー・ド・ヴァンドームの争い、およびその他数十の紛争が決着したときも、同様の内容の合意が締結された[71]。これら和解や約定の第二の特徴は、和平を結んだばかりの敵とマルムティエの修道士との間に新しい社会的絆が創出される傾向があるという点である。いま見たばかりの事件では、院長は、アルヌールと二人の女性の親族を修道院の祈祷兄弟盟約に加えることで、これら三人と、院長

自身とその後継者、現在と未来の修道士、および聖マルタンと神との間に永続的な関係を創り出した。さらにこれら三人の俗人たちは、ナヴェイユ教会に対する修道院の権利を防衛することを約束することによって、現在と未来にわたって修道院と結び合うこの世とあの世の人々に対する、生涯続くだろう義務を引き受けた。そしてこの義務により、将来ナヴェイユ教会やそれに付随する権利が争われたときに、彼らは非公式の仲裁者として立ち回ることが求められるのである[72]。アダ・ド・ヴァンドームの息子マニュランの事件では、それまで争っていた二者の間にフォーマルな絆が生まれることによって紛争が終結するに至る経緯がいっそう明瞭に見てとれる。アダは繰り返し修道院の会堂にやってきて、二度目にはサンティエの土地に対する権利を放棄する。その際、彼は院長と修道士たちの封臣となり、修道士とその領民たちに対して完全な忠誠を尽くすと約束する。さらに院長は、この新たな封臣が修道士により良き奉仕を果たせるようにと、10ソリドゥスの金銭と20ソリドゥス相当の乗用馬を与え、さらには、彼が以前サンティエの土地への要求を実力で貫徹しようとした際の暴力行為の賠償30ソリドゥスまでも免責したのである[73]。

　マルムティエとマニュランの合意のこの最後の条項は、多くの和解にみられる第三の特徴を良く示している。修道院の所領に対して権利要求する者は、修道院の所領を掠奪したり、修道士やその領民を攻撃したりして、言うなれば、しばしば修道士にフェーデを仕掛けている。しかし、こうした者たちがマルムティエと合意を結ぶに至ると、修道士は彼らの損害にたいてい赦しを与え、暴力行為の罰金も免除してやっているのである。たとえば、ジョフロワ・ド・サン＝タマンがサンティエの土地に対する要求を取り下げたとき、修道士たちは彼を祈祷兄弟盟約や慈善行為のリストに加えただけでなく、修道士を苦しめた強奪や横取りを赦している[74]。

　こういった種類の合意には、注目すべき第四の特徴がある。これら合意の正式な締結は、いつも複数の儀礼的行為によってなされるのである。マルムティエの所領に対する訴えを取り下げる者は、いつも決まって、ナイフを祭壇に置くなど、権利の移譲〔放棄〕が行われたということを示す特定の象徴的行為をなした[75]。また、要求を取り下げた相手に修道院の代表者が何らかの特典を付与するときも、同じような象徴的動作がなされたと信じるに足る理由があ

る[76]。それだけではない。かつての権利主張者と院長（あるいは誰か他の修道院の役人）は、いつもではないがときに、キスを交わしたり、同じ食卓を囲んだりして、自分たちの和解にフォーマルな装いを加えたのである[77]。同じく重要なのは、権利主張者の親族、あるいは少なくとも近親者が、要求の取り下げや合意の締結を象徴する儀礼にたいてい一役買ったということである。たとえば、修道院とティボー・ド・ヴァンドームが交わした合意のひとつでは、ヴァンドームの法廷の面々が立ち会う中、ティボーの妻と息子の一人が同意を与えた後、修道士の一人がティボーの屋敷に出向き、三人の幼い息子たちから、交わされたばかりの和解への同意を確保した。この子供たちは、あまりに幼くてまだ言葉を話すこと、あるいは少なくとも宣誓することができなかったのだが、次のようにして合意への同意を示した。マルムティエの修道士が合意を記した証書を子供たちに触れさせ、そして一人一人に1デナリウスを与えたのである[78]。マルムティエとティボーの別の合意を記した証書からわかるところでは、こうした儀式は追加の象徴的行為によって誇示されることもあったらしい。この合意がヴァンドームの法廷で立会い証人のもと結ばれると、ティボーと分院長の当事者二人、そして伯をのぞく法廷のすべてのメンバーが、ティボーの屋敷に赴いた。そこで分院長は、合意への承認の見返りとして、ティボーの妻に3ソリドゥス、息子アルヌールに6デナリウス、アルヌールの弟たちにそれぞれ3デナリウス、二人の娘それぞれに4デナリウスを与えた。さらにそこで、次のようなことがあった。皆が集うティボーの屋敷にちょうど、ティボーの〔成長した〕息子たちに奪われたロバを取り戻そうと、一人の農夫がやってきた。すると法廷のメンバーたちは、ティボーとその妻と息子たちが修道士との争いを取り止めて合意を結んだことの「記念」として、分院長にこの農夫のためにロバを買い戻してやるよう求めた。分院長はこの願いを聞き入れ、17人がこの奇妙な儀式の証人となった[79]。

　マルムティエと修道院所領を要求した者との紛争を終わらせる解決策の第五の、そして最後の特徴は、当事者の一方あるいは双方が、一方だけが紛争物件を獲得するフォーマルな判決での解決を望まないとの明確な意思を示した後に、しばしば合意に至っているという点である。修道士かその敵対者の一方あるいは双方が神判や決闘をキャンセルするとき、それは、まだ続行可能な手続

きを現実には迂回する道を選んだということを意味した。フォーマルな判決によって紛争を解決するという選択肢のかわりに和解を選択したのである。こうした事例は、修道士と俗人の訴訟相手がともに和解による解決をいかに好んだかをきわめて明瞭に浮き彫りにする。これまでに見た他の多くの事例では、紛争解決についての同じ態度を示す証拠として、これほど劇的なものはなかった。さらに、マルムティエの修道士が、近隣の伯や下位の領主の法廷で審理の機会を得るのにさほど苦労しなかったとの推測が成り立つならば、〔法廷に持ち込まれた訴訟が多い分、仮に記録に残りにくくとも、審理を取り止めて和解に至ったケースもそれに応じて多かったのではないかと見込まれるから、〕正式な判決ではなく仲裁を選択した修道士と俗人の訴訟相手の11世紀の和解の数は、見かけよりもさらに多くなると主張できないだろうか。

3

なぜ修道士はこれほど頻繁にこうした選択をしたのだろうか。少なくともその理由のひとつは、チェイエットの分析するように、彼らが領主となっていた社会では、礼節や道徳上の振る舞いに関わる一般的な規則とは明瞭に区別される法規則が欠けており、そのため一方の当事者の勝訴を告げる決定的な判決を導くような合理的な規則の適用がなかったことにあるのか。逆にもしそうでないなら、修道士たちが合意による和解を好んだのは、単純に、11世紀の西北フランスに存在した法とは何の関連もない現実的な思惑のせいなのか。あるいは、こうした好みはこれら特定の修道士——あるいはひょっとするとすべての修道士——が、紛争に対して世俗社会の人間とは相異なる態度の持ち主だったためか。以上の仮説のどれひとつとして完全な同意に値するとは思われない。マルムティエのある証書では、この修道院のメンバーはすべてのことを「平和」裡に運ぶのを好むと[80]、また別の証書では、修道士はいつも「平和」と「平穏」を努めて求める習慣を身につけていると述べられているが[81]、北フランスの他の多くの修道院も、11世紀のマルムティエ同様に和解を好んだし[82]、その点は俗人もたぶん同様だった[83]。それゆえ、大量の証拠史料からは、ラング

ドック同様にフランスのこの地方でも和解による紛争解決が一般的であったと推察できる。とはいえ、これらの史料からは、西フランスの法廷では、訴訟の事実に法的な規則を適用することによって時々は紛争が決着したこと、そして訴訟当事者もこうした規則が自分の事件に適用される可能性を認めていたことも言える。したがって、南フランスでなぜ和解による解決が支配的だったかについてのチェイエットの説明は、本論文で論じた地域の類似の現象には完全には当てはまらない。だが、マルムティエの修道士に、和解か正式の法廷の判決かを選択する余地がときに残されていたとしても、彼らが前者を好んだという事実は、彼らが領主となっているこの社会で認められている規則や慣習の性格とまったく無関係ではないだろう。

 チェイエットの論文が示唆するように、敵と和平を結ぶ方が法廷で抗弁するよりも良い[84]とする修道士の信念は、その他の複数の要素を考慮してはじめて説明可能となるだろう。第一に、北西フランスの領主の法廷はときにマルムティエ勝訴の判決を下したけれども、おそらく敗訴者による嫌がらせを停止させるほど十分規則的に判決を執行できはしなかった。だから、修道院の代表者が次のように考えたのももっともなことと言える。まず、訴訟相手とできればその近親者に金銭と霊的な恩恵を与えるなら、要求実現のための実力行使をそこで食い止めることができるだろう。次に、こうやって事を運べば、平和と安全を確保して、敵が自力救済の暴力に訴えるのを現在と将来にわたって止めさせることができるだろう、と[85]。さらに、マルムティエの所領をめぐる紛争は、どうやら上位階層の構成員が複雑な社会的絆のネットワークでたいてい結ばれた比較的小さな社会の中で生じており、こうした紛争に関わったのは、概して近親婚により相互に結びついたエリート支配層の人々であった。したがって、この社会のさまざまな人々は、こうした紛争が平和裡に解決されることに強い関心を抱いていたと思われる。修道院とその敵対者の間に、紛争に先立って存在した紐帯が緊密であればあるほど、彼ら訴訟相手との間に平和を再構築する修道士たちの動機もますます大きくなったことだろう。

 法廷にはなるほど、一方の要求を不当と判決し、もう一方に紛争物件の権利を引き渡す権限があったが、少なくともその正式な権限の範囲内では、訴訟当事者の和解にはたいした力を発揮できなかったようである。さらにこれ

らの司法機関で採用されるフォーマルな証明方法は、現在進行中の紛争におおやけの儀式的な装いを持たせるだけで、最初の争いが生み出したり拡げたりした社会の溝を反対に深める方向に傾きがちだった。つまり、判決が紛争を終わらせることもときにはあったが、平和を打ち立てることはできなかったのである[86]。こうした社会においては、かつて争っていた両者は、相互的な権利・義務を含む社会的な絆によって結ばれる友愛の合意により和解する可能性がかなり高かったと考えられる。正式な法廷の判決の場合、おそらく敗訴者の側には、不当に扱われておおやけの席で辱められたという気持ち以外は何も残らないだろう。しかし、和睦により金銭やマルムティエとの霊的・社会的つながりを得れば、満足感を覚えて、もはや修道士を苦しめようとは思わなくなるかもしれない[87]。さらにこうした和解がまとまれば、相手は再び要求の訴えを起こしてもせっかくの特典を普通はふいにしてしまうだろうから、修道院との平和関係を継続させる動機ができる。それだけではない。たとえ権利主張者が朋友から譲歩するよう忠告されたのにこうした和解が成立しないときでも、まだ世間的に容認可能なやり方で主張を取り下げる手立ては残されていた。というのも、たいていは取り下げの見返りに、何らかの贈り物を得ることができたからである。その際、権利主張者は自分の過ちをおおやけに認めなくてはならないにしても、修道士による正式なおおやけの赦免の儀式を取りつけた。最後に、和解による解決では、主君や主君のバロンよりも、和解の内容を受け入れるように訴訟当事者に圧力をかけやすい立場にいる人々が立会い証人を務めたことからして、紛争を終結させるうえで法廷の判決よりも効果的だった。少なくともいくつかの事例では、最終的に合意に至った交渉を開始させたのは、いずれかの当事者ではなく、証人たちだったようである。権利主張者と親密なつながりを持つ人々は、恐怖によって法廷の判決を遵守させる伯のごとき強力な領主権[88]こそ持ってはいないが、自分たちの助力により成立した合意が、しかも自分たちが立会いの証人を務めた合意が破棄されることは、この名誉ある行為への侮辱だと考えたであろう[89]。さらにこうした人々は、紛争が再燃するのを阻止する強力な動機を持っていたろう。そうなった場合、彼ら仲裁者の「朋友〔ここでは権利主張者を指す〕」は、仲裁者の支持を強力に求めるぐらいはできたであろうが、そもそも彼らのおおやけの助力のおかげでせっかく解決した紛争

を蒸し返したのだから、すんなりと彼らの加勢を頼みにすることはできまいと知ったであろう。自分の朋輩の支持さえ当てにできないと思えば、修道士との悶着を蒸し返すのには二の足を踏もうというものである[90]。

以上のような推論が適切だとするならば、個々の紛争解決のプロセスと和解のあり方は、対立する当事者と社会の他の成員とを結びつける特定の社会的絆にいきおい大きく左右されるものであると思われる。したがって、こうした社会での紛争解決の方法は、社会組織のその他の側面と密接に関連していると考えられる。さらに、和解という解決の形態は、社会の成員の贈与に対する態度と結びついていたようにみえる。権利主張者がおおやけの儀式を通じて紛争物件への権利を放棄（よく「グエルピティオ」という用語で呼ばれた）すれば、修道士には、それは法廷での勝訴の判決よりも大きな保障となったと思われるから、敵対者にこうした行為を求めるのは自然なことであった。ところが、当時の支配的な慣習では、贈り物には贈り物をもって応えなくてはならなかったらしい。したがって、ある意味修道士は、ひょっとしたら実現したかもしれない要求を放棄してくれた相手には、何かを与えずに済ますことはできなかった[91]。さらに、放棄された物件に対する修道院の権利主張の強さ、そしてその正しさでさえも、放棄した人物の態度次第で変わりえた。その人物の側も、じつは後からお返しの贈り物を受け取るつもりだからこそ、然るべき振る舞いによって自分からまず贈り物をしたのである。権利放棄は、その他の贈り物と同様に、自由に、喜んで、強制されることなくすることになってはいる。しかし、このようにするのは、相手も同じく自由に、喜んで、強制されることなく贈り物を与えてくれることになっているからこそなのである。それゆえ、権利主張者は、自分が満足する何がしかを修道士から受け取らない限りは、「はっきりとした」完全な権利の放棄を意味するグエルピティオを行わなかったにちがいない。たとえ、「要求の放棄」に際しては何らかの代価が与えられるべし、といった規定が明記されることはまずなかったとしても、現実はこのようだったのである。

11世紀の贈与に関わる態度のその他の点も、先に述べた種類の和解を修道士と俗人が明らかに好んだということと関連があろう。単にこの時代に、贈り物は贈り物をもって返されるべしとする信念がみられるというだけでなく、同

じく財産をめぐる争いにはその他の信念も絡んでいたようなのである。第一に、贈り物の交換は、一般的に永続的な社会的関係を創り出す。しかもそこには、じかに贈与を行った当事者だけでなく、その他の生者、死者、後代の人たち、また神とその聖人たち、さらに神と聖人たちの生ける代理人も含まれた。第二に、財産はこのように交換されると、今度は、交換の際に創出された関係を象徴化するはたらきを持った。第三に、特定の物件の贈与に何らかの変更が後から加われば、この物件が象徴する関係も影響を被ることがあった[92]。これまで見てきた事例の中の人々にこうした信念が潜んでいたとすれば、マルムティエが所有を主張した物件をめぐる争いのいくつかは、実際は、さまざまな種類の社会的・宗教的関係をめぐって深層で起こっている紛争の表面的現れだったと言えるのではないだろうか。たとえば、ある俗人が修道院に物件を要求したのは、必ずしもそれを所有したいと思ったからではなく、その物件が最初修道士の手に渡ったときに生み出されたさまざまな関係の中に自分も場所を占めたいと思ったからではないか。あるいは、はじめに修道士に物件を譲った人物や譲渡により霊的な恩恵を受けた人物との家族的・封建的・霊的つながりを正式に認めさせるために要求を起こした場合もあろう。こうした場合には、紛争物件に対する俗人の権利主張の有効性についてストレートな判決が出されたとしても、争議を解決するのには役立たないであろう。それは、権利主張者の主要な関心である社会的絆には何の変化ももたらさないからである。特定の社会的役割を付与してはじめて、彼の関心に対する回答は与えられるだろう。それゆえ、上記の事例の多くでは、要求を放棄しても修道士から特典を得た権利主張者は、第一の希望を多かれ少なかれ獲得したと言えるかもしれない。たとえ望むものが手に入らない場合でも、修道士と和解すればともかく何らかの補償は確保できたのである。

　最後に、正式な法廷の判決よりも和解が多くの場合好まれたのは、少なくとも修道士や敵対者やその他の社会の成員が、単に和解が判決よりも「強固だ」と信じたというだけでなく、「正当だ」と信じたからとも言える。では、伯法廷やその他の法廷が、同じように正当かつ強制力があるとされる規則によって修道院勝訴の判決を言い渡しえた一方で、どうしてそうしたことがありえたのか。この問いに対しては、財産法の規則の存在が西フランスのこの地域で認め

られるにしても、修道院の関与した多くの訴訟でそれを適用するのがいつも容易とは限らなかったからだと答えることができるだろう。この答えが正しい理由を納得するためには、修道院財産に対する権利要求の根拠について語ってくれるテキストを再検討しなければならない。そこから見えてくるのは、修道院への権利要求とそれに対する解決方法の間には相互連関があるらしいということである。修道士勝訴のストレートな判決が下った事件が二つあるが、それは、ともに比較的あからさまな事実問題が争点で、訴訟相手の主張をくつがえすフォーマルな解答が得られたためらしい。ラ・シャップの粉挽き場は、自分の父方のおばであるエムリナの嫁資であり、それゆえエムリナの夫ギマンがマルムティエに譲与したものではありえないとするニアールの要求は、法廷により「不当」と判決されたが、判決の理由は、主張が間違いと証明された言い分にもとづいていたからである。ギマンの息子が粉挽き場に対する修道士の権利を擁護するために立てた証人も、粉挽き場は実際にはギマンが購入したものであり、彼の所有する「嫁資」ではない点を証言したのである[93]。同じくギョームがイルドゥラの子供の半分を要求した事件でも、ギョームが敗訴したのは、やはり根拠とした陳述が宣誓により反駁されたからである[94]。ところが他の事件では、はっきりとマルムティエ勝訴で決着したものはまったくなく、またどれひとつとして明確な事実に関する意見の対立に関わるものではなかった。修道士は、イザンバール、ヒルゴドゥス・クネアリウス、アムラン・ド・ランジェの弟ユーグ、アルヌール、ロベール・ド・マレイの息子ユベール、レテリウスの息子ティボーのいずれの主張に対しても、まったく異議を唱える努力をしなかったようにみえる[95]。なぜこれらの人たちの言い分は反駁されなかったのか。おそらくはそれが真実だったからであろう。しかし、言い分が真実で、訴訟で既存の法規則から正しいと証明されるものならば、なぜ権利主張者は修道士と和解を結ばずに、単純に訴訟での勝利を追求しなかったのだろう。逆に、こうした言い分が有効な根拠を欠く場合、なぜ修道士は、ニアールとギョームの事件と同様に勝訴判決を求めず、こうした者たちと和解したのか。

　もちろんこうした問いに対しては、これまでの議論を踏まえて、修道士と敵対者は相手の要求がおそらくは不当でもとにかく和解すれば特典を手にできたから、と答えて満足することもできよう[96]。しかし、先の事例の分析をヒント

に、別の解答を考えることもできる。ロベール・ド・マレイの息子ユベールが、父親の修道士への譲渡に自分は同意していなかったと主張してフォントナイユの土地について起こした、あのありふれた訴訟を考えてみよう。この紛争は、非常に単純な和解により解決した。すなわち、修道士がユベールに15ソリドゥスを与え、かわりにユベールが父親の遺贈を承認し、権利放棄した。この紛争の終結の仕方はどのように説明できるだろうか。第一に、ユベールの発言は真実だったかを問うべきだろう。ニアールとギョームの事件から類推できるのは（もちろん確証されるわけではないが）、修道士が、ユベールは本当は父親の譲渡に承認を与えていたこと、もしくは自分たちは別の経路で土地を入手したことを仮に証明できれば、ユベールは何ひとつ手にできなかったろうという点である。次に反対に、ユベールの言っていたことが真実だと前提すると、続く疑問は、彼の言い分は権利主張の根拠として充分だったかという点である。さまざまな歴史家の仕事を手がかりにすると、この問いに対する答えは少なくとも三通りありうる。第一の答えでは、ロベール・ド・マレイ〔ユベールの父〕のごとき人物は、すべての親族、近親者、子供、少なくとも長男の同意を、合法的な所領譲渡の条件とみなしたはずだと考える。それゆえこの場合、ユベールの訴えは根拠があるということになろう[97]。別の歴史家の見方では、そうした同意は、用心深い贈与者や受贈者があくまで予防措置として取りつけるもので、所領譲渡の法的有効性にとって本質的な要件とはならない。すなわちユベールの訴えはまったく法的根拠がないことになる[98]。これら二つの歴史家の見方は、ユベールの主張の正当性については意見が食い違うが、現実的な思惑から当事者は結局和解したと見る点では一致する。しかし、チェイエットの主張を敷衍すれば、この事件には次の第三の解釈もありうる。まず、慣習的規範や道徳的規範とはっきりと区別される明確な法規則が存在しない社会では、事件の諸事実に法的規則を合理的に適用して判決に達するということはありえないということ、次に、和解こそが紛争当事者と立会い証人にとり公正とみなされたのだから、和解はこうした紛争解決の規準、すなわちすべての当事者が満足するという規準に適うものだということである。

　以上の分析のどれひとつとして完全に満足のゆくものとは思われない。しかし、今ひとつ別の解釈の可能性もある。それは、一方でチェイエットの南フラ

ンスの事例分析に大きく依拠しながらも、この地方では財産権について未分化の慣習とははっきり区別される法的規則が認められており、ときに特定の事件の諸事実への適用から明確な判決が出された可能性が強い点を踏まえた解釈である。第一に、膨大な分量の史料から、11世紀に財産権を譲渡する者は、親族の同意を得ることになっていたということがわかる（もっとも、われわれには、同意を与えるグループの構成を正確に決定するのは難しいのではあるが[99]）。こうした同意（普通「親族の同意」と呼ばれる）は頻繁にみられ、それを与える者は、たいてい金銭、衣服、馬や豚、宝石、さまざまな霊的特典などのお返しの贈与を受け取った。親族が進んで同意を与えないときは、贈与者や受贈者はよくそれを取りつけるのに大変な苦労をした。他方で、譲渡に同意していなかった親族が、ユベールのように「訴え」を起こす可能性があった。では、フォントナイユの土地の売買に、本来は、ロベール・ド・マレイの息子ユベールの同意が必要だったとするならば、なぜユベールの要求は成功しなかったのか。おそらくその理由は、親族の同意に関する規則や慣習の他に、この事件特有の、しかもユベールの主張に不利になる規則か規範が存在したからだと推測される。それは、修道院への贈与は変わらず維持されるべしとの約束事のことである。ロベールのような土地所有者には、贈り物を修道院に与えることによって、生きている親族と死んだ親族の双方にとりなしの祈りを確保する宗教的義務がある。修道士の側にも、そのような贈与を受けるに際しては、いくつかの拘束的な義務が生じた。修道士は、ロベールが指定した贈与の霊的受益者の魂のために祈りを挙げる義務を負うのである。また、ロベールが移譲した土地の支配を維持する責務も負うことになろう。というのも、修道士がその土地を所有するという事実は、彼らの祈りを受け取る当の人物たちが天上の遺産〔魂の救い〕を取得するプロセスと分かちがたく結びついているからである。また修道士たちは、ロベールの贈与を邪魔する者たちの頭上に宗教的制裁の鉄槌が落ちるように祈る役目を負った。ロベールの息子ユベールのような立場にある人たちにも、関連する義務が生じる。ユベールは、父親が行った永遠の譲渡を、たとえそれが宗教施設に対するものではなくても維持するある種の義務を負うのである。また、ユベールはロベールと同じ宗教的・家族的義務のすべてを負うにとどまらない。ロベールがマルムティエに行った所領の移譲を将来もそのままの

かたちで維持するという、もっと特別な義務も負うのである。

　こうした義務の存在は、ユベールとマルムティエの紛争の帰趨にどのような影響を与えただろうか。この問いには、この種の紛争が数世紀後の法廷ではどう扱われたかをまず考えてみると、より明確な答えを得られよう。中世後期の法廷の構成員は、上記の義務すべてと、それに対応する規則を認め、それをしっかりと踏まえたであろう。しかしそれだけでなく、11世紀の仲裁者たちが多分しなかった、あるいはできなかったと推測される少なくとも二つのことをしたであろう。第一は、中世後期の法廷は、これらの義務について一部は正式に考慮し、他はそうしなかったろうということである。なぜなら、一部だけを法的規則から演繹される法的義務とみなしたであろうからである。第二に、法的な力を持つ者が〔判決とは〕別の解決法を要求した場合にも、普通中世後期の法廷には、独自の方法で、事件の裁定を左右する優先的な規則を決定することが認められていた。それゆえ、マルムティエかユベールかのいずれかに有利なかたちで紛争を解決する立場もとりえたかもしれないのである。だが、11世紀の法廷や仲裁者グループはこのような措置をとろうとはしなかった、あるいはそうはできなかったろう。以上は仮定の話ではあるけれども、この推論によれば、11世紀の人々は、ユベールと修道士のいさかいに関係があるさまざまな規範、規則、慣習、あるいは原則すべての存在を承知していたにしても、しかし、法的規則と道徳的・宗教的規範のはっきりとした区別は彼らの関与するところではなかったことになる。この人々が、われわれが財産法と呼ぶものに対してきわめて繊細で複雑な観念を持っていたのは疑いがない。しかし、関連する規則に応じて判決が変わってくるようなかたちで、明確な決定を導くのに足る体系的な財産権の理論を何ら持ってはいなかったのである。理論上は、神判や決闘による決着を命ずることによって、法廷は事件をストレートな判決で裁くことができた。しかしながら、こうしたプロセスによって達した判決は安直であり、しかもおそらくはあからさまに不当だとみなされたことであろう。もっとも効果的かつ正当な紛争解決は、和解による解決を通してはじめて達成されえたであろう。この種の解決だけが、両当事者にそれなりの理があるという事実を踏まえることができたのである。

## 4

　この論文の二つの大きな結論は、次のように簡単に要約することができよう。第一に、少なくとも西フランスの一部では南フランスよりもフォーマルな司法機関がより一般的に見出され、そしておそらく南フランスよりも紛争解決のプロセスで際立った役割を担ったようである。さらに、西フランスのフォーマルな司法手続きでは、当事者を勝者と敗者に分割する法的な決定が導かれることもあった。そしてこれらの決定が、法規則を紛争の諸事実に適用した結果の場合もあった。しかしながら、この地方の大多数の紛争は正式な法廷の決定によって決着したのではなかった。かなりの数は、どうやらいかなる法廷に持ち込まれることもなしに解決したらしいのである。また、非公式の仲裁者が調整し、後で法廷のメンバー立会いのもとに承認された合意によって解決される場合もあった。それに、はじめ法廷に持ち込まれたが、正式な手続きが終結する前に和解により解決した場合もある。他に、最初法廷の判決によってけりがついたものが、後になって和解による解決によって修正されることもあった。第二に、この地方において和解という解決法が支配的だったのは、たいていの場合、必然的結果というよりも選択の産物だった。とはいえ、判決よりも宥和を選択する傾向が顕著だというのは、おそらく既存の社会的・政治的構造と支配的な社会的態度の所産であろう。和解は判決と違い、紛争に法的に関連するとみなされるほんの一握りの規則の適用によっては導かれない[100]。そのかわり、相反する義務と社会的絆および所有権への思惑が考慮に入れられた。こうした和解はやはり判決とは異なり、紛争当事者を仲直りさせ、紛争が起こりかつ解決される当の場である共同体において、そのフォーマルな社会的構造の骨組である社会的絆をむしろ創り出すのに一役買ったのである。それゆえこうした和解は、下される可能性のあった判決よりも、むしろ強固で、拘束力があり、そして正当とみなされたのである。こうした紛争解決の態度は、11世紀のマルムティエの証書からは、漠然とした姿でしか浮かび上がってこない。とはいえ、少なくともそうした態度のいくつかは、数十年後『ヘンリ1世の法』のア

ングロ・ノルマンの著者によってはっきりとかたちを与えられることになると思われる。その著者は言う。判決は訴訟人たちを分裂させるが、和解はひとつにまとめると。また、こうも述べている。「合意は法に勝り、和解は判決に勝る[101]」と。

## 注

1) この時代の司法制度についての重要な研究として、L. Halphen, "Les institutions judiciaires en France au XI$^e$ siècle, région angevine," *Revue historique*, LXXXVIII (1901), rpt. as "La justice en France au XI$^e$ siècle, région angevine," in Louis Halphen, *A Travers l'histoire du moyen âge* (Paris, 1950), pp. 175-202; M. Garaud, *Essai sur les instituitons judiciaires du Poitou sous le gouvernement des comtes indépendants: 902-1137* (Poitiers, 1910); F. L. Ganshof, "Etude sur l'administration de la justice dans la région bourguignonne de la fin du X$^e$ au XIII$^e$ siècle," Revue historique, CXXXV (1920), 193-218; F. L. Ganshof, "Contribution à l'étude des origines des cours féodales en France," *Revue historique de droit français et étranger*, (1928), 644-65 ; Y. Bongert, *Recherches sur les cours laïque du XI$^e$ au XIII$^e$ siècle* (Paris, 1944); and Georges Duby, "Recherches sur l'évolution des institutions judiciaires pendant le X$^e$ et le XI$^e$ siècle dans le sud de la Bourgogne," *Le Moyen Age*, LII (1946), 149-94 and LIII (1947), pp. 15-38, rpt. in Georges Duby, *Hommes et structures du moyen âge. Recueil d'articles* (Paris, 1973), pp. 7-60.
2) Fredric L. Cheyette, "*Suum Cuique Tribuere*," *French Historical Studies*, VI (1970), 287-99 at 291. 11世紀のブルゴーニュ南部において和解による解決が優勢だったことについては、以下を参照。Duby, "Institutions judiciaires," pp. 11-12.
3) Cheyette, "*Suum Cuique Tribuere*," p. 292.
4) Cheyette, "*Suum Cuique Tribuere*," p. 293.
5) Cheyette, "*Suum Cuique Tribuere*," p. 293.
6) チェイエットが論じた地方には、本当の「法」は存在していなかった、と示唆するような「法」というタームの用い方をしている書き手の見解についての有用かつ簡潔な議論としては、以下を参照。Max Gluckman, *Politics, Law and Ritual and Tribal Society* (Chicago, 1965), pp. 178-183.
7) Cheyette, "*Suum Cuique Tribuere*," pp. 288-89.
8) Cheyette, "*Suum Cuique Tribuere*," p. 295.
9) Cheyette, "*Suum Cuique Tribuere*," p. 295.
10) Cheyette, "*Suum Cuique Tribuere*," p. 296.

11) Cheyette, "*Suum Cuique Tribuere*," esp. pp. 289-90.
12) Cheyette, "*Suum Cuique Tribuere*," p. 297.
13) これらの事例は次の文献の中に見つかる。P. Marchegay, *Les prieurés de Marmoutier en Anjou*, in *Archives d'Anjou*, II (1853), I-XLVIII and 1-90（以下 *MA* と略）; C. Métais, *Marmoutier, Cartulaire blésois* (Chartres and Blois, 1891)（以下 *MB* と略）; E. Mabille, *Cartulaire de Marmoutier pour le Dunois* (Châteaudun, 1874)（以下 *MD* と略）; E. Laurain, *Cartulaire manceau de Marmoutier*, 2 vols. (Laval, 1911-45)（以下 *MM* と略）; L'abbé Ph. Barret, *Cartulaire de Marmoutier pour le Perche* (Mortagne, 1894)（以下 *MP* と略）; Dom C. Chantelou, *Marmoutier. Cartulaire tourangeau*…(Tours, 1879)（以下 *MT* と略）; and A. de Trénault, *Cartulaire de Marmoutier pour le Vendomois* (Vendôme, 1893)）（以下 *MV* と略）.

　*MA* には21、*MB* には27、*MD* には54、*MM* には8、*MP* には2、*MT* には9、*MV* には81の事件が含まれている（四つの事件は *MB* と *MV* 両方に印刷されている）。しかし、これらのテキストで言及されている紛争には、互いに重なるものもいくつかあるので、正確な数ではない（正確には確定できない）。本稿で議論される事件の大多数は *MV* からのものである。*MV* はマルムティエが関与した11世紀の紛争の史料としては、ずばぬけて豊富なのである。私は、他の修道院証書写本集からの事例と合わせて、マルムティエの事件について、より大きな論文あるいはモノグラフで検討する計画を立てている。
14) こうした史料を用いる際の問題点について大変有用な議論として以下を参照。Bongert, *Les cours laïques*, pp. 31-32; and Duby, "Institutions judiciaires," p. 8 and *passim*.
15) 注13で挙げた計画中の研究の中で私は、サン・トバン・ダンジェ、トリニテ・ド・ヴァンドーム、サン・ヴァンサン・デュ・マンとサン・ペール・ド・シャルトルの修道院証書写本集から得られる事例を論じようと思う。
16) さらに、いくつかの紛争がヴァンドームの法廷に持ち込まれたが、伯法廷との関係が正確にどのようなものかは不明である（36頁参照）。11世紀のヴァンドモワ地方の歴史は以下で論じられている。Oliver Guillot, *Le comte d'Anjou et son entourage au XI$^e$ siècle*, 2 vols. (Paris, 1972); and André Chédeville, *Chartres et ses campagnes, XI$^e$-XIII$^e$ siècles* (Paris, 1973).
17) *MV*, no. 4.
18) *MV*, no. 5. フルク・ド・ヴァンドームについては以下を参照。Guillot, *Le comte d' Anjou*, vol. 1, p. 45 n. 218, pp. 48-50, p. 88 n. 393 and pp. 93-94.
19) *MV*, no. 7.
20) *MV*, no. 9.
21) *MV*, no. 11.
22) *MV*, no. 12.
23) *MV*, no. 12.

24) *MV*, no. 31.
25) *MV*, no. 32.
26) *MV*, no. 32.
27) *MV*, no. 87. この事件は*MB*, no. 93としても掲載されている。モントワール城については以下を参照。Guillot, *Le comte d'Anjou*, vol. 1, p. 465.
28) *MV*, no. 87. この地方の財産権をめぐる他の紛争については以下を参照。*MV*, nos. 37, 47, 49, 50, 53, 57, 60, 75, 91, 115, 116, 124, 161, 166, 170, 172, 177; and *MV*, Appendix, nos. 21 and 28.
29) *MB*, no. 26.
30) *MB*, no. 28.
31) *MB*, no. 60.
32) *MB*, no. 58. シャトー・ルノーについては以下を参照。Guillot, *Le comte d'Anjou*, vol. 1, pp. 328-30.
33) *MB*, no. 74. この地方の他の紛争については以下を参照。*MB*, nos. 40, 42, 49 and 96.
34) *MD*, no. 1.
35) *MD*, no. 1.
36) *MD* no. 8.
37) *MD*, no. 10.
38) *MD*, no. 16.
39) *MD*, no. 145. また以上も参照。*MD*, nos. 4, 13, 30, 83, 98, 102, 145, 146 snd 156.
40) *MV*, nos. 47, 60, 115, 161, 172. また以下も参照。*MV*, nos. 32, 37, 53, 75, 91, 166, 177, and *MV*, Appendix, nos. 21 and 28.
41) *MB*, nos. 26 and 28.
42) *MB*, nos. 34 and 49.
43) *MD*, no. 98.
44) *MD*, no. 145.
45) *MD*, nos. 146 and 156.
46) *MV*, no. 4. 修道士はこの主張に対抗して、アムランの親族とかつて交わした合意を記した証書を提出した。この合意によれば、彼らの血族すなわち家系(スティルプス)は決してナヴェイユ教会についていかなる要求も起こさないことになっていた。この証拠にアムランが満足しないと、修道士たちは従属民の一人に、アムランの家系(ゲヌス)との合意によれば、アムランもその他の彼の一族の誰もナヴェイユ教会にいかなる権利も有していないという旨の宣誓の証明をさせた。これと多少とも似た訴えの記述については、以下を参照。*MV*, no. 25, 32（アンジェルボー・ル・ブルトンの訴え）and 38; and *MD*, nos. 10, 23, 141.
47) *MV*, no. 55.
48) *MV*, no. 79. ロベールが単にその土地をマルムティエに「売った」ということもありう

第 2 章　「合意は法に勝り、和解は判決に勝る」　　53

るが、この取引の一部として彼がさまざまな霊的特典を得たという可能性もある。この事件についてのさらなる議論は、46-48頁参照。
49) *MV*, no. 44.
50) *MV*, no. 32. この事件の記述は、エルミナの夫と息子がともにギマンと呼ばれていることによってかなり複雑になっている。
51) *MV*, no. 32. この文書のいくつかの箇所では、二人のギマンのうちどちらのことを述べているのかを決めるのが困難なため、いくつかの異なる解釈が可能だろう。しかし、どの解釈をとるのであれ、この事件から引き出され、かつ本文中に示されている結論は依然として成り立ちうる。
52) *MV*, no. 161. マルク・ブロックが示唆したように、この子供たちとコリベルタは父親の身分に従うという判決が言い渡される後まで、ギョームはイルドゥラがコリベルトゥスだとは主張しなかった可能性もある。しかし、本稿の目的にとってのこの事件の重要性は、仮にブロックの読みを採用するにしても変わらない。この事件に対する彼の意見については、Marc Bloch, "The '*Colliberti*.' A Study on the Formation of the Servile Class, " in Marc Bloch, *Slavery and Serfdom in the Middle Ages*, trans. William R. Beer (Berkeley, 1975), p. 97.〔この史料についてのホワイトの記述は、「ギューム」とすべきところを「ユーグ」と書くなどいくつか不適切な点があるが、史料に即して修正を施してある。〕
53) もちろんマルムティエの書記が、修道院の主張に敗訴を宣告した法廷手続きについてまったく言及しなかったというのはありうることである。しかし、修道院の敵対者が修道士たちに対してどうやら要求に成功したとおぼしき事例が少なくともひとつある。*MV*, no. 28.
54) *MV*, no. 9.
55) 以下を参照。*MD*, nos. 10 and 16; and *MV*, no. 149.
56) *MV*, no. 73.
57) 修道院の敵対者が要求を貫徹するために起こした暴力行為については　　頁参照。
58) 以下を参照。*MV*, nos. 5, 7, 9, 11, 12, 31, 32, 47, 49, 60, 104, 115 and 177; and *MV*, Appendix, no. 22.
59) 28-29頁で論じた事件を記録した証書の中のこうした語句のいくつか、もしくはすべてである。
60) たとえば以下を参照。*MV*, nos. 5 and 7.
61) 37頁と注66-69を参照。
62) *MV*, no. 116.
63) *MV*, no. 7.
64) *MV*, nos. 11 and 104.
65) *MV*, no. 47.

66) *MB*, no. 9.
67) *MV*, no. 159.
68) *MD*, no. 16.
69) *MV*, no. 101.
70) *MV*, no. 3.
71) *MV*, no. 71. 同様の合意としては以下を参照。*MV*, nos. 5, 6, 7, 10, 11, 12, 16, 23, 25, 30, 32（オトゥラの息子サロモンの事件）, 38, 39, 42, 44, 45, 47, 49, 51 and 53; *MD*, nos. 1, 5, 7, 8, 10, 15, 16, 23 and 50; *MB*, nos. 26, 27, 39, 42, 46 and 51; *MP*, no. 6.
72) マルムティエへの寄進者は、修道院へ移譲した財産に対する修道院の権利を防衛する義務を自動的に被ったわけではない。以下を参照。*MV*, no. 5.
73) *MV*, no. 47.
74) *MV*, no. 42. また以下も参照。*MV*, no. 37; *MD*, no. 16; and *MB*, no. 60.
75) たとえば以下を参照。*MD*, no. 60.
76) 以下を参照。Charles Métais, ed., *Cartulaire de l'abbaye cardinale de la Trinité de Vendôme*, 5 vols. (Vannes, 1893-1904), vol. 1, no. 338.
77) *MV*, no. 11; *MD*, nos. 16 and 66.
78) *MV*, no. 7. 証書を「魔術的な手段」とみなすこの時代の人々の傾向については、A. Gurevic, "Représentations et attitudes à l'égard de la propriété pendant le haut moyen âge," *Annales. E. S. C.*, XXVII (1972), pp. 523-47, at p. 533.
79) *MV*, no. 11.
80) *MV*, no. 115.
81) *MV*, no. 124.
82) ここに述べた見解は、注15で挙げたものを含む、さまざまな北フランスの修道院証書写本集の中にある11世紀の大量の証書を事前に調査した結果にもとづいている。
83) 俗人同士の紛争の解決について叙述している記録はきわめてまれである。残っている場合でも、一般に宗教施設がプロセスに関与して終結した紛争に関わるものである。たとえば、*MM*, vol. 2, pp. 57-58 (Sablé, no. 1) では、一方の当事者の親族であるマルムティエの二人の修道士の仲裁によって落着し、その際にはマルムティエに贈与がなされた（また以下を参照。*MD*, no. 113 and *MB*, no. 21.)。11世紀末の他の証書からは、殺人、とくに事故による殺人から生じた紛争では、被害者の魂のための祈りと交換で殺害者が修道院に財産を譲渡するという決着がよく見られた。以下を参照。*Trinité de Vendôme*, no. 116; Le vicomte Menjot d'Elbenne, ed., *Cartulaire de l'abbaye de Saint-Vincent du Mans* (Mamers, 1886), nos. 275 and 350; and les Bénédictins de Solesmes, *Cartulaire des abbayes de St-Pierre de la Couture et de St. Pierre de Solesmes* (Le Mans, 1881), St-Pierre de La Couture, no. 18.
84) この態度は以下に表現されている。*MV*, no. 128.

85) マルムティエの敵対者の暴力行為への言及については、たとえば以下を参照。*MV*, nos. 6, 11, 30, 32, 37, 42, 47, 55, 56, 57, 87, 91, 92, 94, 108, 116, 128, 169; and *MV*, Appendix, no. 12.
86) こうした見解は、多少違った言葉で『ヘンリ1世の法 *Leges Henrici Primi*』の名で知られるアングロ・ノルマン地方の文書に表現されている。後出49-50頁と注101参照。
87) ある証書では、権利要求者が修道士から支払いを受けた後、修道士といさかいを続ける性向が薄れたと述べている。*MV*, no. 16.
88) マルムティエ修道院の敵幾人かに対して伯が怒りをあらわにした事件として、*MV*, no. 49.
89) 判決が尊重されなかったときに裁判官が侮辱されたと考えたことをはっきりと示す事件としては、以下を参照。Louis Falletti, *Le retrait lignager en droit coutumier français* (Paris, 1923), p. 26 and n. 3.
90) 注85に引いたテキストは正確には、訴えを起こした相手が要求を実力で貫徹しようとした際の暴力行為に誰が参加したかを示してはいない。しかし、こうした権利要求者はめったに単独で行動することはなかったと想定してよかろう。
91) 贈与についてのこの考え方はマルセル・モースにより打ち出され、最近グレーヴィチやジョルジュ・デュビーによって中世ヨーロッパの贈与にも当てはまるとみなされるようになった。Marcel Mauss, *The Gift. Forms and Functions of Exchange in Archaic Societies*, trans. Ian Cunnison (New York, 1967); A. Gurevic, "Représentations et attitudes à l'égard de la propriété"; Georges Duby, *The Early Growth of the European Economy. Warriors and Peasants from the Seventh to the Twelfth Centuries*, trans. Howard B. Clark (Ithaca, N.Y., 1974), pp. 48-57.
92) この第三点は中世盛期の財産の象徴的機能に関するグレーヴィチの叙述の中でも示唆されている。A. Gurevic, "Représentations et attitudes à l'égard de la propriété," esp. p. 529.
93) この事件については、32-33頁と注51と52を参照。
94) この事件については、33頁と注52を参照。
95) *MV*, nos. 10, 44, 52, 73, 79.
96) 加えて、修道院の敵対者の社会的地位を綿密に検討すれば、特定の種類の解決の形態とこうした解決に関与した者たちを結びつけている社会的関係の性格との間にはっきりとした相互関係が見出されるかもしれない。
97) たとえば以下を参照。Georges Duby, *La société au XI^e et XII^e siècles dans la région mâconnaise* (Paris, 1971), esp. pp. 215-24. いわゆる「親族の同意」について過去の分析の試みを批判的に総括したものとして、Stephen D. White, "The '*Laudatio Parentum*' in Northern France in the Eleventh and Twelfth Centuries: Some Unanswered Questions," in *American Historical Association Proceedings 1977* (Ann Arbor, 1978).

98) この見方は、特別に支持されているわけではないが、次の研究で提示されている。P. Ourliac and J. de Malafosse, *Histoire du droit privé*, vol. 2, 2nd ed. (Paris, 1971) p. 424.
99) 以下を参照。White, "The '*Laudatio Parentum*.'"
100) しかし、神判や決闘といったフォーマルな判決に到達する手続きは、「事実」と「法」の区別をあやふやにしてしまうというS. F. C. ミルソムの意見を受け入れるなら、この「判決」と「和解による解決」の区別は、ここでの議論よりももっとあいまいなものとして扱わねばならなかったかもしれない。S. F. C. Milsom, "Law and Fact in Legal Development," *Toronto Law Journal*, XVII (1967).
101) *Leges Henrici Primi*, ed. and trans. L. J. Downer (Oxford, 1972), c. 57, la (pp. 176-77) and c. 49, 5a (pp. 164-65).

# 第3章

## アングロ＝サクソン期イングランドにおける証書・法・紛争解決

パトリック・ウォーモルド

中村　敦子　訳

●解題・・・・・・・・・・・・・・・・・・・・・・・・・・・・・・・・・・・・・

　本章は、Patrick Wormald, "Charters, law and the settlement of disputes in Anglo-Saxon England", in: W. Davies and P. Fouracre eds., *The Settlement of Disputes in Early Medieval Europe*, Cambridge, 1986, pp. 149-168, 262-265の訳である。原著には史料原文がついているが、紙幅の都合上割愛した。本論文は、著者の論文集*Legal Culture in the Early Medieval West*, London, 1999に、初版発表後に公刊された関連文献の紹介を補完して再録されており、訳出にあたってはこちらも参照した。

　著者パトリック・ウォーモルドは1947年生まれ、オクスフォード大学で学んだアングロ＝サクソン史研究者である。オクスフォードで、そして1974年からはグラスゴー大学で教鞭をとった後、母校に戻った。主要な共著として、アングロ＝サクソン史のスタンダードのひとつとなったJ. Campbell ed., *The Anglo-Saxons*, London, 1982、また*Ideal and Reality in Frankish and Anglo-Saxon Society*, Oxford, 1983がある。主著である長年の研究の集大成*The Mak-*

*ing of English Law: King Alfred to the Twelfth Century*の第1巻、*Legislation and its Limits*, Oxford, 1999は、徹底した史料調査をベースにアングロ＝サクソン期からノルマン征服後まで対象とした大著である。中世イングランド法制史の古典であり、今なお基本書でもあるPollock and Maitland, *The History of English Law*, 初版1895を修正補完するものとして高く評価されている。

　本論文は、土地をめぐる二つの係争をたどりながら、背景に潜む長期にわたる争い、駆け引きを生き生きと解き明かしていく。規範的な法を根拠に、当時の裁判を形式的、口頭重視ととらえる通説に対し、紛争解決の現場の記録としての証書史料を綿密に解読することによって、偽文書作成をはじめとするさまざまな手段を駆使した現実的な決着を浮かび上がらせつつ、王の積極的な役割、ノルマン征服後の司法との連続性を指摘する。また、著者の注目する紛争解決の場での文書利用の重要性は、近年脚光を浴びている中世初期ヨーロッパにおける識字の再評価とも重なっていよう。

　ウォーモルドは2004年9月、*The Making of English Law*の第2巻を完成させることなく亡くなった。アングロ＝サクソン史にとっては言うまでもなく、中世初期ヨーロッパ史における逸材の早すぎる死が惜しまれる。

・・・・・・・・・・・・・・・・・・・・・・・・・・・・・・・・

　イングランド法制史研究者も、初期イングランド史研究者も、現存するアングロ＝サクソン期の紛争解決や裁判手続きの記録には、実はほとんど注目してこなかった。たった一度、判例集の編集と検討が試みられただけである。この「精選」35例には、1066年より後の時代の三例、同じ紛争にかかわる二組の例、より適切に分類するなら政治的メロドラマとでもいうような一例（ただし、本当に起こっていたとしたらだが）が含まれている。しかし、それ以外の、直接にアングロ＝サクソン期の裁判に関係する部分でさえ、より詳細な当時の記録の20パーセントにも満たない[1]。古典となっている、メイトランドによる初期イングランド法史の書物では、この判例集はごく簡単にふれられているだけである[2]。リーバーマンが著した非常に厳密で学究的な『アングロ＝サクソン法』のための用語集では、もっと十分に、そしてある程度掘り下げて利用されている。だが、『アングロ＝サクソン法』本編では、その内容は常に副次的な扱いしか受けていなかった[3]。こうして40年以上もかけて築かれた正統学説は、そ

の後80年に渡りしっかり定着してきたのである。本稿では主に証書を利用し、そこから得られる、具体的で叙述的なある証拠全体を詳細に分析する。それによって、アングロ＝サクソン期の訴訟について、規範的な法典から導かれた結論に対し、根本的な再評価を迫るつもりである。だが、まず初めに「正統学説」とは何か、その学説がどのように生き延びるようになったかについてもう少し説明する必要があるだろう[4]。

　メイトランド自身からの一連の引用が正統学説の最良の要約となる。

　　アングロ＝サクソン法が、全体の特徴として、古めかしいだけでなく、非常に純粋な形でゲルマン的な古い習慣を示していることを知れば十分である。……アングロ＝サクソン法において、何らかの体系的な裁判制度があったと言いうる限り、それは非常に古風なものだった。……裁判手続きの主要な部分は、原始的で単純だった。書かれた法を信じることができる限り（傍点著者─以下同様）、唯一、普遍的に重要な問題は、殺人、傷害、牛泥棒であった。……手続きは、時に複雑で、常に堅苦しく、融通がきかなかった。形式上のミスは、いかなる段階でもおそらく致命的だった。いささかでも近代的な意味での、事実かどうかを問う審理は知られていなかった。古い習慣では、個々の事例に関して証拠の蓋然性をはかる方法をまったく適用していないのである。宣誓は、立証の第一の方法だったが、ある事実が真実かを誓う宣誓ではなく、主張あるいは抗弁全体の妥当性を誓うものだった。宣誓は決定的であったため、もし滞りなく行われたなら、証明責任と現在呼ばれるような点においては、古代ゲルマン的手続きのもとでは、他の方法よりもむしろ有利だった。……王は、司法上の機能を持っているが、近代的な意味での正義の源泉としての王という概念からは、はるかに隔たっている。王の仕事は、正しい過程を経て王の名のもとに正義が実行されるよう監督することではなく、特定の、制限された力を行使することである。人々は、自分の郡（ハンドレッド）の裁判で訴訟が扱われなかった場合以外、その力に頼ることができないのである。……他のゲルマン法と同様、アングロ＝サクソン法でも、ある個人、あるいはその親族に対する悪という概念がいまだ主要であることがわかる。もっとも深刻な場合においてさ

え、公共の福利に対する危害という概念は副次的なのである[5]。

この見解がほぼ普遍的に受け入れられてきたことは不思議ではない。賢明な歴史家は、メイトランドに反論しようとする前にはよく考えるし、メイトランドのこの見解は、博学のリーバーマンにより支持されているのだ。だが、このような考え方の根拠をつきとめておくことが重要である。同時代のほとんどのゲルマン法と異なりアングロ＝サクソン法典が俗語だったため、研究者たちは、とりわけアングロ＝サクソン期において「ゲルマニアの森」の根幹や枝葉の多くをともなって、不変で由緒ある手続きが残っていると簡単に思ってしまったのだ。アングロ＝サクソンの法的手続きについての1876年の論文で、ラフリンがとった態度はこのようなものだった。その後、メイトランドは、ブルンナー（リーバーマンの『アングロ＝サクソン法』の3巻で、彼も献辞を捧げられている）の説により、裁判審問が、そして事実上イングランドのコモン・ロー〔イギリスの基本的法体系で、王国全体の共通の法の意〕もまた、起源はアングロ＝サクソンにあるのではなく、フレンチ＝ノルマンだと確信したのだった[6]。その後議論は循環してしまった。つまり、アングロ＝サクソン的証拠は、何であれ後世に見つからないものを求めて調査され（少しでも探す努力がなされたにせよ）、そのためイングランド法の歴史とは「関係ない」とされた。征服前の手続きで、ヘンリ2世期と共通性があったかもしれないものは何であれ、ほとんど、いやまったく注目されなかった。初期イングランドの法的手続きは、たかだか魅力的な古い習慣として大事にされるだけだったのだ[7]。

同時に、再検討作業の基盤となる証拠史料には重大な限界があることを認めなければならない。まず、アングロ＝サクソン期の訴訟記録には判決文書(プラキトゥム)のような形式（プラキトゥムという用語自体、征服前には決して使われなかったらしい）がまったくない[8]。ソーヤー教授が編集したアングロ＝サクソン証書の貴重なリストでは、証書は王証書、俗人証書、司教証書や他の聖職者による証書、「雑文書」（なんと最大の割合をしめている）、遺言書、「紛失、または不完全文書」に分類されているが、相当数は証書の形式ではないという理由で省かれている。また、それらが雑多な性質であるせいで、作成の経緯がまったく不明なこともある。実際、ある紛争がたしかに法的訴訟と呼べるかしばしばあいまいなのに

第3章　アングロ＝サクソン期イングランドにおける証書・法・紛争解決　　61

対し、表面的にはまったく明白な取引の裏に紛争の証拠が隠されているかもしれない。私は別稿で、選択基準を明確にしたうえでアングロ＝サクソン期の判例リストを公表した。85もの文書に記録された102あるいは103の事件が見つかっており、さらに77の事件が広い意味で叙述史料と呼べるものに含まれている。これら179あるいは180の事例のうち、少なくとも30例は法的問題点についてほとんど教えてくれない[9]。従って、二点目の、もっと明白な欠点は、ヒュブナーが集めたフランク時代の616例（1020年まで）や、イタリアの815例（1066年まで）、ファン・カネヘム教授が出版した『アングロ＝ノルマン判例集』改版の664例に比べ、相対的にサンプルが乏しいことだろう[10]。

だが、三点目の、このような史料のおそらくもっとも深刻な問題は、不均衡で不規則にしか残っていないことである。中世初期ヨーロッパのおよそすべての地域と同様、イングランドで見つかっている事例のほぼ全部は、直接的か否か、直後にか最終的にかにせよ、教会に有利なように決着がつけられたものであり、そのために現在まで伝わっているのである。一見例外的なある事例もその点を示している。カヌート王時代に、ヘリフォードの州法廷で処理された件は、教会に明白な利害関係はなかったが、勝利者はヘリフォード大聖堂の福音書に記録させた。その後、ドゥームズデイ・ブック〔ウィリアム1世が作らせた土地・財産調査簿〕が編集された際（1086年）、問題だった二つの財産のうちひとつを大聖堂の聖堂参事会員が保有していたのである。これはまったくの偶然といえるだろうか[11]。史料の問題はまだある。とくに899年以前については、事例の多くはケント州の教会の文書庫、その中でもとりわけカンタベリ大聖堂に残されているものか、あるいはウェストミッドランズ地方、その大部分がウースタ教会に残されているものである。一方、後の時代の最適な例のいくつかは、フェンランド地方の修道院、つまり、イーリとラムジ両修道院の証書年代記にある。これほどわずかの（おそらく例外的な）地域をもとに、一般的な構図を作りあげるのは明らかに問題だ。最後の難点は、証拠はある時期に「ピークを迎える」ことである。つまり、マーシアのオファ王〔在位757-96〕とウェセックスのアルフレッド王〔在位871-99〕それぞれの治世後半とその直後、エドガ王治世〔在位957-75〕、そしてとりわけエゼルレッド2世治世〔在位978-1016〕である。理由は外国からの侵攻や、有力な王たちの積極的な行動だろう。両方に

共通するのはおそらく、一度に多くの教会に被害をもたらした点であり、そのため記録に残る多くの紛争を生み出すことになったのである。それほど危機的ではない時代には、法的リズムは違ったかたちで広がっていただろう。

したがって、再評価は「典型的な」アングロ＝サクソン的紛争解決は（もしそのようなものが存在するなら）やはりとらえにくい、と理解することから始めねばなるまい。われわれの手元にある記録は、日常的な例を示すものではないかもしれず、貴族間の私闘の代表例とすら言えないかもしれない（メイトランドは、まさにその理由で無視した[12]）。それでも最良の方法は、状況をそのまま受け入れ、詳細に分析するために、例外的に情報の豊富な二例を取り上げることだろう。必然的に、両方とも教会財産をめぐる争いであり、それぞれウースタとケントの教会に関わっている。これらが重要なのは、アングロ＝サクソン期の紛争解決における可能性の範囲を予想以上に、そして、これまで見過ごされていた方面にまで広げてくれる点である。少なくとも、ある社会的そして文化的レベルでは、問題は「殺人、傷害、牛泥棒」にとどまらなかったことがわかる。さらに、最初の例が9世紀はじめの四半世紀、次の例が10世紀の最後の四半世紀の例であるため、ノルマン征服ではなく〔10世紀前半の〕「イングランド人」の王国の成立が、イングランド法にどのような大きな変化をもたらしたかも示してくれる。

最初の事例は、824年10月に下された判決である。これはマーシアの王たち、つまりオファ、ケンウルフ〔在位796-821〕、ベオルンウルフ〔在位823-26〕の治世にまたがり、全聖界と政治的「有力者」の会議を明らかに巻き込んだ一連の事件の一部である[13]。この事例を記録する証書の証人リストには、ベオルンウルフ王、カンタベリ大司教ウルフレッド〔在位805-32〕だけでなく、イングランド南部のほぼすべての司教たち、四人の修道院長、一人の教皇特使、王の兄弟一人、9人のマーシアの有力な伯(エアルドルマン)たち、一人の聖職者、他6人、一人の「徴税人」が連なっている。文書は、日付とこれら「もっとも賢明なる人々」による集会の描写で始まり、以下の話が続く。「その他の議論の中で、（ウースタ教会の）司教ヒーベルフトとバークリ修道院に起こった紛争が持ち出された。エゼルムンドの息子エゼルリックの遺産、すなわち、ウェストベリと呼ばれる修道院をめぐる問題であった」。そして、簡潔に次のように述べられる。つまり、

第3章　アングロ＝サクソン期イングランドにおける証書・法・紛争解決　　63

司教は「権利証書群 libris とともに、問題の土地を保持していた。エゼルリックが、その地がウースタ教会に返還されるよう命じていたとおりに」。そして、「大司教と聖なる教会会議全体によって、以下のことが述べられ、宣言された statuta est...atque decreta。すなわち、当該修道院と当該地域を権利証書とともに保持していた司教は、当地が彼のものになったことを、神の僕たちの宣誓により誓うべし。……紛争はこのように決着をつけられ、書きとめられ finita et proscripta illa contentione、ウェストミンスタ（当のウェストベリ修道院のことである）において、30日後にその宣誓がなされた」。最後に破門の脅し〔取り決めが守られなかった場合、破門が下されるという脅し文句〕、10月30日の日付、前述の証人リスト、そして宣誓を行った56人の聖職者たちの名がある[14]。

　まず注目すべきはこの文書の性質である。これは、同時代の他の多くの文書と同様、ある会議のラテン語の記録であり、会議ではさまざまな問題について協議されたと伝えられるが、記録はただひとつの判決に集中している[15]。同年の会議では、カンタベリ大司教ウルフレッド自身に有利な判決が下された。825年の同様の集会は、ウースタ、カンタベリだけでなく、セルジ教会[16]からも訴訟を受けつけた。これらの記録群で重要なのは、それぞれが同じ「教会会議」の議事録であることを示す証拠がある一方、古文書学的検討によれば、それぞれが勝利者側の教会によって書かれている点である[17]。したがって、ウェストベリ事件の証書の「教会会議の場が設けられた factum est pontificale conciliabulum」は、ウースタの写字室（スクリプトリウム）が、他の所でも使用した定型句だったし、カンタベリ〔大司教ウルフレッドに下された有利な判決を記録した〕証書では、教会会議や会議（シノドゥス、コンキリウム）が〔「設けられる」ではなく〕「集合する」「集まる」という動詞が使われる[18]。ウェストベリ事件の証書では、ウースタ関連の他の証書のように、証人が「署名する」という動詞は過去形だが、カンタベリの証書では、現在形や未来形もある。おそらく決定的な点は、このウェストベリ事件の証書の破門の脅しで、ウースタの町を指して単に「都市 ceastre」という語——ウースタ〔Worcester〕の他にたくさんの司教座「都市 chester」があるのに——を使っていることである。ウースタ教会の書記以外にはこれはありえない。つまり、教会のみが裁判記録を保存しただけではない。この時代は各教会だけが書き記した。そして、形式面での規定が実質上なかったため、書記は自由に都合よく

書くことができたのである。

　二点目に、この文書が教えてくれ・な・い・ことは何か、を考えねばならない。もしも、後述するさらなる証拠がなければ、紛争の原因は他の多くの例と同様あいまいだろう。本当に判決を下したのが誰かは不明で、「大司教と聖なる教会会議全体」とあるだけであり、王はおそらく「主宰する」役割に留められていた。ウースタ司教ヒーベルフトの「権利証書」が何度も言及されるほかは、な・ぜ彼らがその判断に至ったのかわからない。同時期のカンタベリの紛争でもほぼ同様である[19]。何よりも、「堅苦しく、融通が利かない」形式主義を示す証拠は乏しい。ヒーベルフトがどのように申し立てたかは述べられていない。同じ会議において、カンタベリ大司教ウルフレッドの場合は「事件の流れのすべてとその真実を詳細に述べ、読みあげられるべく贈与の文書を提示した[20]」。アングロ＝サクソン的手続きにおいて「形式面の過失は……致命的であった」という先入観からすると、大司教は形式に沿った訴えを行い、もし彼がとちったり、くしゃみをすれば、証書すら効力を失ったかもしれない。だが、証拠からは、大司教がしっかりと、そして文書を提示しつつ雄弁に訴えたことがわかるのみである。

　したがって、これが三点目だが、ウェストベリ事件は立証についての伝統的理解に異議を呈することになる。ウースタ司教ヒーベルフトへの援助としてなされた宣誓が重要だったのは、「神の僕たち」が文書の末尾に凧の尾のように証人として名をつらねていることから明らかだ。たしかに宣誓は法的手続きを締めくくった。だが、それだから宣誓が「決定的」で、「特定の事実の真実性」が無関係だったとは言えない[21]。文書からはむしろ、会議の方向を決定づけたのは司教の「権利証書」だったことがわかる。実際、宣誓の前に、訴訟が結審〔フィニータ〕され、記録〔プロスクリプタ〕された、とあるのだ。宣誓は普通、初期の裁判記録では驚くほどまれである。カンタベリ大司教ウルフレッドの824年の事件では、権利証書と「誠実に、そして口頭〔ウィーウァーウォーケ〕で」文書の正当性を請合った証人たちに依拠して判決〔リブリース〕が下されたようだ。彼らは証拠の正当性を宣誓したとされているわけではなく、彼らが事実についての証人というより宣誓補助者だったことが（区別が存在すれば）窺えるわけでもない[22]。825年の会議はウースタ教会に関わる他の事件を扱ったが、そこでは文書証拠はなかったらしい。そして、司教と聖職者

たちはここでも主張について宣誓させられたが、同じ会議のカンタベリの事件では宣誓はなかった。重要なのは、勝利したカンタベリ大司教が、問題となった財産の記録をすべて対立側の文書庫から除去せよと主張したことだ[23]。また、以前ウースタの関わった三つの事件では、一例は「文書の……証拠により」決定され、次の例は、文書証拠がないため「証人」により勝利した。三例目も文書はなかったが、和解が成立してウースタ司教はそれを書きとめておくよう要求した[24]。一方、カンタベリのやや後の時代の訴訟では、証書は対立側を納得させることができず、四つの修道院がカンタベリ大司教を支持して宣誓を行った[25]。よって、このような紛争での宣誓について最大限言えることは、宣誓は他の方法で解決不能な場合に重要となりえたこと、また訴訟を終わらせる形式的方法であったらしいこと──しばしば言及されなかったほど形式的だった──である。逆に、これらの事例はかなりの率で、「蓋然性を確認する試み」を、確実に含んでいたようにみえる。しかも、文字の記録に重要性が置かれていたのだ。

　では、紛争そのものに移ろう。824年の記録はあいまいだが、二つ目の文書が説明を加えてくれる。すなわちウェストベリの寄進者であるエゼルリックの遺言である[26]。これにより、父エゼルムンドの死後、エゼルリックが、ある他の大「教会会議」に召喚され、彼が親族から以前与えられた「当該所領、つまりウェストミンスタの権利証書を持って」現れていたことがわかる。その教会会議（カンタベリ大司教がここでも活躍した）では文書が精査され、エゼルリックはその地と証書を自由に処理してよいと決定された。それから彼は、「友人たち」に権利を委託し、ローマ巡礼に赴く。帰国した際「お互い争わぬよう、かつて取り決めた分の金額」を払い戻し、返却してもらった。その後、さらに他の教会会議で彼は、自分の「先の特権」を主張し、公式に自分の相続財産を分割した。遺贈のなかで母チェルブルフにウェストベリ、ストークを与えるのだが、「彼女がバークリ修道院の人々に訴えられたら、ウースタ教会から保護と庇護を得るよう」、彼女の死後、それらの地をウースタの教会に復帰させる、という条件付きであった。彼女はウースタの援助が得られなければ大司教に訴え、その支援も得られなければ「望む保護を選択」〔するために権利証書と土地を自由に処分〕できることとされた。この贈与措置の写しを他の司教と二人の「誠

実な友人」(俗人であろう)に与えることで、さらなる紛争に対する防衛措置がとられた。文書には以上の内容に続いて破門の脅しと証人リストがある。

　この文書が、ウースタ教会とバークリ修道院が争うようになった過程を教えてくれるとしても、なお不明な点は多い。バークリは、ウェストベリをどのような根拠で要求していたのか。バークリ(チェルブルフは、女子修道院長としてここで亡くなった)が、彼女の「家族」修道院であるのに対し、ウェストベリはエゼルリックの家族修道院となっていたこともありうる(Westminster〔minster:修道院〕である)。そのため、チェルブルフに彼自身の修道院の終身利用権を与えながら、ウースタへの最終的復帰という代価を払っても、チェルブルフの親族からの要求を排除しようとしたのだろう[27]。だが、最初の会議でエゼルリックを訴えたのは、バークリか、他の関係者か。エゼルリックは、ローマ巡礼に出かける前「相当の額を払って」一体誰と和解したのか。その相手は、カンタベリ大司教ウルフレッドのように、管区内の私有修道院の改革を進めようとしていたウースタ司教自身ではなかったか[28]。エゼルリックが、チェルブルフはウースタからもカンタベリからも援助を受けられないと見越していたのは重要ではないか。とにかく、彼が問題を予見したのは正しかった。ウースタは824年までに攻撃を受ける側になっていた。その過程でのウースタの役割は、大変重要な意味をもつさらなる二つの文書から明らかになる。

　母に与え、だからこそ824年に問題になったウェストベリとストークについてのエゼルリックの権利は、もともと父エゼルムンドに与えられた二つの証書に由来する。ウェストベリとストークについて、それぞれ二つの版で残っており、それぞれ一方がより明らかにウースタに有利である。ウェストベリについては、オファ王が55ハイド〔ハイド:アングロ=サクソン期の土地面積および課税単位〕をエゼルムンドに与えた原本で残っている証書(793-96年)と、ウースタの証書写本集(カーチュラリ)に書き写された文書で伝来している。日付は同じ頃だが、証書写本集の版では証人リストは異なり、またオファはウースタに60ハイド与えたことになっている[29]。これは、普通、古文書学者が偽文書とにらむ状況である。だが、オファはたしかに教会財産について無頓着だったし、証書写本集の文言では、エゼルムンドの証書と違い、偽文書作者がわざわざ考えつくとは思われないような、〔ウースタに不利な〕食物による重い現物地代が課されているため、

信用できるとされている[30]。しかし、オファもさすがに、彼自身の恩顧供与をそれほどすぐに取り消しはしなかったろう。また、文言のほかの要素も疑わしい。まず、一点目はハイドの数え方である。エゼルムンドの証書では55ハイドなのに、証書写本集で60ハイドとなっているのは、エゼルリックがウェストベリとストークをまとめたからだ、と説明できるかもしれない。ストークは5ハイドと評価されていたのである。二点目は証人リストである。エゼルムンドの証書では、後に失脚したリッチフィールド大司教ヒゲベルフトの名が、カンタベリ大司教より前にある。これは〔リッチフィールドに大司教座におこうとした〕オファの教会政策から想像できる。だが、ウースタの証書写本集の版に彼の名はまったくない。つまり、ウースタの書記はもっともらしさを加えるために、食物での現物地代や、ほぼ同時代の証人リストが記された他の証書を使って、エゼルムンドの証書を自分たちに都合よく改竄した気配があるのだ。

　これだけでは、ウースタの証書写本集が編纂される11世紀以前の出来事としかいえないが、この史料と824年の紛争との関連を明らかにしてくれるのはストークに関する文書である[31]。ストークに関する証書の二つの版は両方とも、(オファ王の下の)ウィッケの副王が与えたエゼルムンドへの授与文書であり、18世紀の転写だけが残っている767年の証書と、原本とみなされている770年の証書である[32]。日付を別にして、これらの文書には二点の重要な矛盾がある。767年の証書では、エゼルムンドには完全な処理の自由があるが、770年の証書では、「二人の相続人」のみに土地を残すことができ、その後ウースタに「土地は、権利証書とともに戻される(原文ママ)」。767年の証書を転写する際に、これほど重要な条項が見落とされるとは思われないし、ウースタへの復帰が争われた824年の論争を考えると、この条項には作為が感じられる[33]。他の矛盾でさらに疑念は深まる。770年の証書の裏書に、書記はオファの王妃と彼らの子供たちという三人の証人を加えた。だが、770年という〔オファの治世〕初期には王妃キネシリスはめったに証書に登場せず、子供たちであるエグフリス、エルフレドが証書に現れるようになるのは、ずっと後になってからである[34]。さらに、古文書について私に助言してくれる人たちは、ウェストミッドランズ地方で比較できる史料はほとんどないにせよ、770年の証書の書体は9世紀初期のものという見解に傾いている[35]。仮に、770年の証書が〔ウー

スタの証書写本集のように〕11世紀、あるいは18世紀の複写でしか残っておらず、逆に767年の証書の原本が現存していたら、時代錯誤的な証人リストとウースタ寄りの態度が目立つ770年の証書は、間違いなく、信仰心ゆえの偽作として軽んじられていただろう。〔770年の証書は内容に沿う〕ほぼ同時代の書体で残っているという理由だけで信用されたうえ、「証拠についての古い習慣」の持ち主であるアングロ＝サクソン人たちが、証書をあえて捏造するなど誰も信じなかったのだ。しかし、ブルックス教授は、ウェストベリ紛争とまさに同時期に、カンタベリ大司教ウルフレッドが念入りな特権状をでっちあげたと明らかにした[36]。ウースタ司教ヒーベルフトが同じことをしたとしても、もはやそれほど疑いはない。

　以上のように、よく史料が残っているウェストベリ事件でもあいまいな点が多いにせよ、輪郭はみえてきた。はじめに、理由は不明だが、エゼルリックの相続財産について関係者が異議を申し立てた。エゼルリックは王国の有力者たちの会議で抗弁し、その後同様の場で、ウェストベリとストークが母に譲られるよう処理し、それらの財産が最終的にはウースタ教会に復帰する条件を付ける。だが彼が危惧したように、チェルブルフの家族修道院であるバークリがそれらを手放そうとはしなかった。ウースタ司教は、おそらくウェストベリにすでに利害を持っており、他の大教会会議でエゼルリックの寄進を弁護しなければならず、それには一部手を入れた証書群を使って勝利した。この事件は当時としては珍しくはなかったが、アングロ＝サクソンの法的手続きについての「正統学説」とは相容れない。まず、これは、王法廷と考えられる場（地方法廷ではないことは確かである）で扱われた。さらに、決着を見るのにほぼ一世代もかかっている。また、カロリングの教会改革に影響を受けたイングランドの高位聖職者たちが、司教の権限のもとに置くことで修道院の私有財産権を突き崩そうとする断固たる態度を生き生きと描いている[37]。ウェストベリに適用された将来復帰の原則は相手方〔チェルブルフとバークリ修道院〕に対する唯一の譲歩であり、（すべてとは言わずとも）初期の他の紛争と同様、最終的決着にはすこしの妥協もなかった[38]。最後に、この事件は、「合理的な」と言いうる方法、つまり、事実証拠、とくに文書に依拠して決着がつけられた[39]。エゼルリックの遺言の複数の写しからウースタ司教ヒーベルフトが胸にしっかりかか

えた文書類に至るまで、事件全体にインクの匂いが漂っている。おそらくもっとも注目すべきは「やりすぎ」の点だろう。ウースタの文書類にはたしかにエゼルリックの遺言が含まれていたが、補強が必要だと考えられたのだ。もし、宣誓や記憶で相手に勝てると思えば、書かれた証拠を不必要に操作することはない。

　二例目は、さらによく史料が残っているが、さらに込み入っている。あまりにわかりにくいので、中心となる二史料の内容を紹介するのでなく、少なくともさらなる四つを含め、利用できる史料すべてからまとめて説明するのがいいだろう。まず、958年より前のある日、エルフヘレ、あるいは彼の妻エスウィンが、ケント州スノドランドの土地を、ロチェスタの聖アンドルー大聖堂に寄進した[40]。だが、ある聖職者がその権利証書landbecを盗み出し、寄進者の息子エルフリックに売ってしまう。エルフリックはその後死ぬ。ロチェスタ司教は、エドガ王主宰のもと、前出の824年の大教会会議と同じような会議で、エルフリックの妻ブリフトワルに対して訴訟を起こした。その結果、盗まれた証書beccは、「窃盗の賠償bote」とともに、ロチェスタに戻されたうえ「未亡人の財産は王に没収されることになった」。彼女の財産には、ブロムリとフォクハムの所領が含まれており、ロチェスタはそれらの土地に前から関心があったらしい[41]。大難に直面したブリフトワルは、司教と交渉し話をまとめた。つまり王の代官（リーヴ）が彼女の財産をまさに没収しようとしたとき、彼女は王にブロムリとフォクハムの権利証書bocを引き渡し、司教は相当の価格で王からそれらを買い取り〔権利証書は司教が持ちつつ〕ブリフトワルに土地の用益権を認めてやったのである。エドガ王はやがて没し、ブリフトワルは、親戚のブリフトリックに、奪われた財産を即刻取り返すようそそのかされた。「彼ら〔ブリフトリックたち〕は、神の敵の一味に訴え、司教に〔ブロムリとフォクハムの〕権利証書bocaを引き渡すよう強制したのだ……司教は、おおやけにすべての人に許されていた三つ（の立証方法）、つまり訴えの陳述、根拠の裏づけ、所有権の証明tale ne teames ne ahnungaのどれも出すことが許されなかった」。以上の第一の主要史料は、ブリフトワルの土地を司教が購入したことについての証人リストで締めくくられているが、この段階での司教の敗北は明らかである[42]。

　しかし、ブリフトリックはどうも良心の咎めを感じたらしく、遺言で、ブリ

フトワルの死後はスノドランド、ブロムリ、フォクハムがロチェスタに復帰するよう指示している[43]。だが、ロチェスタが現実に権利を得るはずだったとき、エゼルレッド王が治世初期にしばしば行っていた〔教会財産に対する〕介入をここでも実行した。王は、986年にロチェスタを攻撃し、翌年の証書で、彼の側近の一人、エゼルシジにブロムリが与えられた[44]。「若気の過ち」を犯した者にありがちだが、10年後エゼルレッド王は〔この行為を〕後悔し、ロチェスタはブロムリの（縮小した）土地を受け取って問題は片づいた。エゼルシジは、彼が土地を入手するのを妨害した代官を殺した「人々の敵」だったと言われるのに対し、先のブリフトワルは単に郡代に先んじただけだった。「それゆえ、私〔エゼルレッド王〕は、彼〔エゼルシジ〕はその地位（ディーグニターテ）すべてを奪われるに値すると判断した。他人のものを不正に奪った人間は、まさに自らのものを失うのだ[45]」。しかし、スノドランドも、ロチェスタの手からすり抜けてしまっていた。ゴドウィンが995年にロチェスタ司教に就任した際、彼は「大聖堂で、先任者が持っていたまさにその権利証書 swutelunga を見つけた。その証書を根拠に（スノドランド）を要求し」「エルフヒーフの息子レオフウィン」に対し訴訟を起こした[46]。「その訴えが talu 王に知らされると、（王は）令状と印璽 gewrit ⁊ his insegl を大司教エルフリックに送り、彼と東西ケントの貴族（セイン）たちに争いを解決するように命じた」。大司教エルフリックと司教ゴドウィン、「州長官 scyresman レオフリックと……〔ケントの〕すべての有力者 duguð」がカンタベリに集い、そこで司教ゴドウィンは証拠を提示した。結局、彼は、スノドランドが最終的にはロチェスタ教会に復帰すること、レオフウィンが自分の権利証書 swutelunga を引き渡し、いくらかの土地をすみやかにロチェスタに譲ることを条件に、レオフウィンが生きている間スノドランドの用益権を持つことに同意した。この二つ目の主要史料には、続いて「この解決を取り決めた」人々の名、証人たちの名、そして破門の脅しが記されている[47]。

　この一連の紛争は、複雑だが重要性ははっきりしている。すなわち、より古い時期のウェストベリ事件のように、アングロ＝サクソン後期の手続きについていろいろ教えてくれるのだ。再度、記録の性質から始めれば、すべてはある一つの教会の情報源、この場合ロチェスタの文書庫にもとづくという事実はかわらない。ケインズ博士が明らかにしたように、エゼルシジにブロムリの権利

をいったんは認め、後には奪った〔エゼルレッド〕王の証書は、ロチェスタ教会の書記が書いたのではないが、前述の二つの主要史料を含め、ほかの三つはおそらくロチェスタの作成だろう。だが「王証書作成の中央集中化」とするだけでは、アングロ＝サクソンの司法を中央から検討するという機会をあまり生かせていない[48]。目新しさは証拠の多様性にある。アングロ＝サクソン時代初期の記録は、ほぼ常に大会議のラテン語の記録であり、曲がりなりにも証書らしい格好をとっているが、ブロムリースノドランド関係史料には、〔このような〕俗語で書かれたかなり非公式的な三点の文書が含まれている。アングロ＝サクソン時代後期では、王証書は、エゼルシジの例のように、犯罪だと申し立てられた際に処罰する重要証拠になっていた。だが、我々が紛争解決について得る知識の多くは古英語の覚書に由来する。ブロムリースノドランド事件のような文書に加え、割印証書(カイログラフ)、典礼書への書き込み、遺言や令状にたまたま言及されているものがあるのだ[49]。加えて、ノルマン征服後、各地の教会で、量の違いはあれ、財産と奇蹟への関心を混ぜこんで書き記した歴史叙述もある。このような素材は、証書よりも一層先入観に影響されやすい。しかし二つの情報源、つまり、イーリ修道院の「イーリの書」は明らかに、そしてラムジ修道院の「年代記」はほぼ確実に俗語の記録をもとにしており、貴重な情報を与えてくれる[50]。

　俗語の他にも、歴史家が一般的に社会の特徴としてきた「古い習慣」について、以前よりもっと適した証拠がみられるようになる。ロチェスタ司教は「すべての人々」に許された方法で自分の主張を弁護するのを阻まれたのであり、「訴えの陳述、根拠の裏づけ、所有権の証明」という言い方は十分形式重視に聞こえる。同時期にロチェスタが関わった他の大きな訴訟では大司教ダンスタン〔在位959-88〕が「（名を記された証人たち）……そして東西ケントのすべての人々の前で所有 ahnunga を証明した。彼が宣誓によって、そして十字架上においた権利証書 bocan によって領地の所有を確実にしたことは、サセックス、ウェセックス、ミドルセックス、エセックスに知らされた。王の代理として、州長官 scirigman ウルフシジが宣誓を受け入れ……千人もが宣誓をなした[51]」とされている。書かれたものに言及されずに結論が出された例もあるのだ[52]。また、「イーリの書」に目を引く訴訟があるが、そこではケンブリッジシァの

「賢明で年老いた人々」が、エドワード兄王の時代を「よく覚えており」(60年前である!)、イーリ修道院に対するある要求を「ばかげている」とした。まず、要求を押し付けてくる人々は過去について「うそをついた」し、次に「彼は、証書を持っていたのだから、持っていなかった人間より、土地を所有するにふさわしいはずだ(つまり、より宣誓するのにふさわしい)」。イーリの寄進者になるであろうその人物は〔だからこそ「イーリの書」にこの記録が残されたのだが〕、千人以上もの宣誓をなした「誠実な人々」を持ち出し(相手側は宣誓を拒否した)、彼らの宣誓によりその人物が勝利したと「皆が判決を下した[53]」。

だが、824年までに形成されていたアングロ＝サクソンの手続き上の優先順位のイメージを修正しなければならない確たる理由はない。一点目に、宣誓は、ウェストベリの時代の多くの例と同様、ブロムリー－スノドランドの長い物語においても、決して明らかではない。前述のように、宣誓は手続きを締めくくったかもしれず、その程度の意味では「決定的」であった。しかし、990年の、いささかあいまいだが興味をひくバークシャの法廷紛争の例では、宣誓は免除された。というのも、敗北者を大きな問題に陥れることになるかもしれなかったからだ(その理由は後に触れよう)。このことは、有力な証人グループの支持を得た相手方のほぼ完全な勝利に影響しなかった[54]。何千人もの宣誓が、(厳粛なのは疑いないが)すでに決定された、あるいはもう見越された決定を追認する以上の意味をもったとは考えにくい。二点目として、こうした結論に達する基準は、初期の例と同様、合理的にみえる。彼らの定型句が何と響こうと、talu、team、ahnungは、「訴えの陳述」(司教ゴドウィンがスノドランドの件で王に訴えでたときのように)、「根拠の裏付け」(ドゥームズデイ・ブックで一貫して明らかなように、主張の情報源をたどるという論理的な方法である)そして、「所有権」(の証明)(ロチェスタの同時代の他の例のように)を意味するだけであり、「現実的」証拠は、この三つすべてに潜在的に含まれている。イーリの寄進者が「より宣誓にふさわしい」と考えられた二つの理由のうちのひとつは、〔証書を持っていたことであり、もうひとつは〕どれほど珍しいとはいえ、人々が、何が実際に起こったのか覚えていたことだ[55]。「イーリの書」は、普通口頭の、あるいは時にはこの例のように証書で補強されるような、訴訟の実質的な論拠に注目するのであって、宣誓にはそれほど関心を示さないのである[56]。

三点目は、文字による証拠は、少なくとも初期と同じくらい後期の裁判記録においても際立っていることである。ブロムリースノドランド事件は証書の盗みで始まり、司教〔ゴドウィン〕が彼の文書庫にそれらを取り戻して終わった。大司教ダンスタンの宣誓がロンドンをとりまく諸州に知れ渡ったとき、彼は〔ウェストベリ事件におけるウースタ〕司教ヒーベルフトのように、証書bocanを根拠として振りかざしてもいた。文書が重要だと言えるさらなる根拠が、古いものと、新しいものと二つある。ひとつ目は、文書は紛争に勝つために捏造されたことだ。ロチェスタ自体おそらくそうした。エドガ王がブロムリをロチェスタ教会に与える証書が、10世紀末の書体で存在するのだ。ウースタ教会のウェストベリ証書のように〔負担となる〕対価義務を課している点で、完全な創作とはいえない。だが、その日付（955年）はありえないし、証人リストはその時点あるいは後世としてもありそうもない。そこに書かれた所領の境界線は、9世紀のものではなく、987年にエゼルレッド王が仲間〔エゼルシジ〕に与えたときのものでもなく、怪しいことに、998年にロチェスタが得たときのやや縮小された境界に酷似している。今や後悔している王〔エゼルレッド〕に、その父〔エドガ〕の敬うべき例を思い起こさせるため、何らかの代価を払ってエドガ王の証書が捏造されたのではないだろうか[57]。これには同時代の類似例がいくつかあるのだ[58]。二つ目は、10世紀初期から、対立する文書の出現を予期するような破門の脅しが証書に書かれるようになることである。ある例では、人々が「正義に反し相続文書を不正に奪った、それは後になってようやく見つけられ、取り消された[59]」。文字による証拠も万全ではないという意識は、後期アングロ＝サクソン社会のかなりの「証書インフレ」といえる状況を窺わせる[60]。

　「古い習慣」的手続きの情報が増えるにつれ、文書が増加するきざしを伴うという矛盾は明らかだろう。口頭の手続き（そこでは儀礼は合理性を阻害しなかった）は重要であり続けた[61]。しかし、〔将来得られるはずの〕財産を待っている段階ですら、ゴドウィン司教はレオフウィンの権利証書swutelungaを手に入れておこうと決心した。それは、9世紀はじめの〔ウェストベリ事件における〕エゼルリックと同様、アングロ＝サクソン後期の俗人たちが自分たちの証拠書類を注意深く扱っていたことを示す例のひとつである[62]。このように、まさに

文字を利用しない取引によく慣れている人々が、文字の力を活用していたのだ。だからこそ、なぜ裁判記録がずっと非公式的で、これほどしばしば俗語なのかわかる。つまり、俗人自身が読むのでないにせよ、彼らに読み聞かせることができたのだ[63]。割印証書が、聖職者のみよりも俗人の関わる取引でよく使われたことはおそらく重要である。というのは、それらが真正かどうかは、字の読めない人間によっても〔形を確かめることで〕熟練した目で確認しえたからである[64]。別の言い方をすれば、俗語を使うという俗人の習慣が、文字を使う教会的手続きの勢力内に吸収されつつあったために、いわゆる伝統的方法の新たな証拠を見つけることができるのだろう[65]。

次に、紛争解決の場（つまり、法廷）について考えねばならない。そこにまたアングロ＝サクソン初期と後期の間の連続性と対比がみられる。ロチェスタ司教ははじめ、ウェストベリ事件に判決を下した会議と同様の場に訴訟を持ち込んだ。しかし、最終的にはカンタベリで、ケントの「貴族たち」「有力者たち」の前、つまり、ケントの州法廷で決着がついた。ロバートソンのプロソポグラフィー研究によれば、その解決を取り決め、証人となったのは、地域の名士たちだった[66]。王の法廷（おもしろいことに、しばしばロンドンで開催されている[67]）で下された他の判決の例もあるのだが、アングロ＝サクソン時代後期のずっと多くの事件は、州法廷、ときに複数の州にまたがる法廷で扱われている（州の下位区分である郡もまた裁判の役割を持っていたが、その判決がそのまま文書に記録され現存している例はない）。ブロムリースノドランド事件と比較したこれまでのすべての例でそうであった。つまり、大司教ダンスタンが影響力のある宣誓を行った例でも、60年に渡る民衆の記憶が左右したイーリの例でも、990年のバークシャの訴訟でも、先に少し触れたヘリフォードシャの紛争でも。さらに例を挙げることはできるが、不必要だろう。

強調すべきは、これらの集会の本質が常に誤解されてきたことである。疑いなく、ひとつには12世紀の〔司法制度の〕発展という観点から、王法廷と州法廷は対照的なものとして扱われたため、さらには、古代ゲルマンの「民会」というロマン主義的な概念のせいで、ノルマン征服前の地域法廷は本質的には民衆の制度であり、地域が主導し、地域の正義を担うとみなされてきたためである。メイトランドにとっては、「近代的」意味での王の裁判は存在せず、王は

最後の切り札であるにすぎなかった。しかし、起源が何であれ、10世紀にはすでに州法廷は王法廷であった。〔エドガ〕王の法律は、王法廷が年2回開催されること、司教と伯が主催し、各大都市（州もそうかもしれない）は36人の、そして小都市、郡は12人の選ばれた証人が必要で、彼らは見聞きしたものの真実を宣誓しなければならない、と制定した[68]。メイトランドが王の役割は限定されていたと考える根拠となったカヌート王とエドガ王の法は、司法の階層を確立することを目指したものである。つまり、訴訟当事者が、地方法廷のレベルで連続して公正な裁きを得ることができなかったときのみ、彼らは「王に訴える」ことができる。これは、イングランド王が煩わされるのを嫌ったことを意味するにすぎないのだ[69]。990年のバークシァの事件は、当事者の片方が強力な援助を背景に〔エゼルレッド〕王に訴えた時に始まった。その相手方が訴訟を州に任せるよう主張し、それが認められた点で、エドガ王の法ときちんと一致している。エゼルレッドは、介入を手控えるどころか、スノドランド事件にみられるように、集会に印璽を送っている[70]。司教と伯の地位は、少なくとも潜在的には王が与えることになっていたのであり、少なくとも理論的には、彼らが王のためにはたらいたことを疑う理由はない。われわれが知っている事例で実際に法律が引用されたことはないが、それらの手続きは公的な指示とよく合致している。

　とりわけ、裁判記録では州長官の役割がかなり強調されている。州の人 se scyresman レオフリックは、スノドランド紛争の解決で重要な役割を果たした。彼が王の代理であるという証拠がとくになくとも、ロチェスタ教会が関与した他の例で、彼の先任者は、大司教ダンスタンの宣誓を〔王になりかわって〕「王の手に」受けたとされている。990年のバークシァの訴訟で、紛争解決の証人となった人々の中に「王の代官」エルフガーが含まれていた。カヌート王時代のヘリフォードシァの紛争では、州代官 scirgerefa であるブリニングが出席し、またトフィも「王の職務で出席した」。州長官はアングロ＝サクソン後期の紛争解決のすべての記録に現れるわけではないし、その語も比較的まれである。それでも、司法手続きの中で、王の利害は常に代弁されていたと考えることができるだろう[71]。この「おおやけ」の存在がいつも感じられるのに対し、その頃までに大陸側で一般化していた「私的」裁判のはっきりした例はな

い[72]。

　だからといって、「民衆」が司法手続きにおいて何の役割も担っていなかったのではない。誰が判決を下し、それがどのように実効力をもったのかは、初期の記録と同様、後期においてもあいまいである。もっとも情報の多い、フェンランド地方の修道院の年代記は「デーンロー」にもとづいており、イングランドの規範というよりスカンディナビアの慣習を反映しているかもしれない。エドガ王が規定した選出証人と同じものかもしれないのだが[73]、職業的裁判官(ユーディケース)がみられるのは、デーン人の影響を受けた可能性のある地域だけである。また、アングロ＝サクソン後期の「刑事」法でこそ公的な保証人は重要であったが[74]、ここでのみ、財産に関する紛争の際の保証人の役割を幾分か（わずかだが）知ることができる。そして、「悪い評判」のある人々については一般に適用されていたらしいのだが[75]、ここでのみ、わずかながらもまさに「民事」の手続きで宣誓審問があった可能性がみられる。

　だが、一般化できる三点を挙げるなら、一点目は、ほぼすべての文言で、判決、命令、解決の動詞は複数形で書かれていることである。つまり、アングロ＝サクソンの手続きの文体は、参加型で共有型のままだった。二点目は、必要とされた技術は、基本的には素人のものだったことである。60年前のことを覚えているには、「賢明」であるだけでなく「年寄り」でなければならないだろうが、イングランドでは一般的にもっとも重要だったのは、それが生まれのよさによるものであれ、知識や専門性によるものであれ、地位ある人間の意見だった。たとえばスノドランド事件の最後の文書にみられる有力者duguðという語は、古英語の詩の「ベオウルフ」では、王の恩顧で報いられるような長期にわたる価値ある勤めという意味で用いられている[76]。「イーリの書」は普通、法に通じた賢者(ウィリーレーガーレース)、あるいはただ「優れた人」の見解にも従う[77]。三点目は、しかしながら、法廷の主宰者も同様にやはり重要だったことである。20世紀の初め、スティーヴンソンが、アッサーの「アルフレッド王伝」のテクストの真正性を全体として保証したのに、最後の章のみ不本意ながら留保したことはよく知られている。〔最後の章で述べられた〕アルフレッドが裁判員に期待した内容が、ゲルマン法について「知られている」ことと矛盾していたからだ。現在は、スティーヴンソンの懸念が誤っていたことは共通見解となっている。王た

ちは、もし手続きに影響力を行使できないと思っていれば、代官の責務は、知識があり、公平で、清廉であることだ、などという法をつくりはしなかっただろう[78]。後に見るように、訴訟当事者たちも同じように考えていた。

もしアングロ＝サクソン時代後期の司法が、どの程度上から指示されるのか（委託されたにせよ）について疑いが残るなら、事件の結果から最終的に明らかになるだろう。レオフウィンはスノドランドについて、以前のウースタ司教たちの相手方のような〔生きているあいだ用益権を確保するという〕合意に達することができた。しかしブロムリについては、常ではなくとも時にあったように、エドガ王のロンドンの法廷が未亡人の肩をもって、盗まれた権利証書 landbec を〔ロチェスタに〕返すだけでよし、としていたら事件は存在しなかったろう。そうではなく、ブリフトワルは、少なくとも事後共犯として「賠償金」を払わなければならず、しかもそれだけでは十分ではないかのように彼女の財産は王の没収物となった。王の代官が、ブロムリとフォクハムを没収しようとして初めて彼女は司教と和平を結んだのだ。同様に、ロチェスタは最終的に、エゼルシジが「地位」喪失に値する「おおやけの敵」である、という表面上の理由からブロムリを得た。アングロ＝サクソン期の紛争において、和解は可能性のある解決法だったが、以前と同様、評決は当事者の片方を重く罰することがありえた。そして、「不正」とみなされた結果が重大となる可能性があったことから、さらに新しい要素が出現した。

おそらくもっとも重要なこの点は、ほかでしっかり扱う必要がある。しかし、派生的問題のいくつかはここで考察すべきだろう。その決定的な要素とは、宣誓だったと考えられる。ただしメイトランドの言った手続き的な宣誓ではなく、公的に忠誠を申し立てる宣誓である。つまり12歳以上のすべての人々が、生命と財産没収を賭け、裏切り行為をせず、王の敵を助けないというだけでなく、「泥棒あるいは泥棒の仲間」とはならないと誓うのである[79]。窃盗と偽証がかかわる問題は、アングロ＝サクソン後期のイングランドで拡大した。極悪の窃盗は常に即座に復讐の対象となっていたが、今や、盗みが証明されれば、泥棒は、被害者ではなく国家の手のうちに置かれた。偽証は、定義上魂を危機にさらす。従って、10世紀の立法者にとっては、偽証者は当然キリスト教的葬式から除外されることを意味した。こうして泥棒は裏切り者、偽証

者とされる可能性があり、そうなれば将来はこの世でもあの世でも締め出される[80]。その結果、財産紛争で訴訟に負けた者すら、泥棒とみなされ、よって裏切り者とされ、現世、来世の処罰に値するという危険にさらされることになったのである。彼らが宣誓のもと自分の主張を弁護しようとし、それでも敗北したなら、彼らの立場はいっそう悪くなった。メイトランドの見解で一番誤解を招くのは「公共の福利に対する犯罪についての……アングロ＝サクソン的概念は、副次的なもの」という見解だろう。それとは逆に、反逆罪とみなされるあらゆることから、魔術、婚姻関係における罪、税逃れに至るまで、償うことのできない犯罪という概念が拡大した[81]。初期のイングランド王国は、公的な責任について野心的で積極的な考えを持っていた。背信行為と立証できない訴訟の間には観念的な連続性があったのだ。

　証拠からは（相手方によって提供されたものとはいえ）、ブリフトワルが犯罪者であったとみなしても誤りではなさそうだ。しかし、990年のバークシァ事件に戻ってみよう。そこでは、「宣誓はなされるより免除されたほうがよい、というのはその後友情の可能性がなくなってしまうだろうから。そして、（敗者は）盗んだものを返し、王に賠償金と贖罪金を支払わねばならない」と決定された。「友情」への言及で、アングロ＝サクソン的手続きにおいて決着をつけたと普通考えられてきた希望の持てる和解の存在が窺われるが、文言の後半は、偽証した敗者は、彼らの人命金を払わねばならない立場にあったことを示している[82]。同時代のラムジ修道院の例でも宣誓は避けられたが、それでも相手方は「偽りの誹謗と、信心深い人々に対する不正な妨害をなしたので、彼のすべての土地と家畜を代償に、王の慈悲のもとに置かれると宣告された」。（最終的な処遇はそれほど厳しくなかったが[83]）。ドゥームズデイ・ブックでもっともよく現れる通達のひとつに、王の没収(フォリースファクタ)の権利がある。もちろん、その語は「没収」を意味するが、ヘンリ1世の戴冠憲章では、「特別罰金」——王の「慈悲」を得るための罰金——を意味しており、「マグナ・カルタ」の時代までには、特別罰金は、過酷でよく行使される恣意的なものとなっていた[84]。強調すべきは、ヘンリ自身の証拠からすると、自由裁量というより固定されていた点が異なっていたにせよ、特別罰金はノルマン征服前からあった点である。ヘンリは、ある訴訟での敗北（とくに、偽証を含むとき）においては、敗者は王の慈悲

に置かれるという原則を参照しただろう。それは、敗者は泥棒で裏切り者ということになるからだ。このような慈悲は（文字通りに）その人間の生命を代償とされえた。この慈悲がどのようなものであれ、アルフレッドの時代から、とくにエゼルレッドの時代、犯罪とみなされた行為を根拠に土地が没収された豊富な証拠がある[85]。おそらくこのため、内容が対立する証書への言及が見られるようになったのだろう。王の命令（フィアット）のもと、土地が所有者を変えるのだから、その財産に二つ以上の権利証書が存在したのも十分ありうることだった。

　国家がアングロ＝サクソン時代後期の裁判の世界で重要な役割を果たすことができたとしても、常に「公平」、あるいは効果的だったとは限らない。まず、窃盗を反逆罪とみなせば、窃盗が反逆罪と同様「政治」犯罪となることを意味する。ブロムリ―スノドランド紛争の本質は、ウェストベリをめぐる紛争のように、ある家族の権利意識とその価値体系にかかる教会の圧力との間によく起こる緊張関係だったし、ラムジ修道院の年代記には、このような緊張が訴訟上どう結果したかを示す印象深い一節がある[86]。しかし、〔エゼルレッド王の「仲間」だった〕エゼルシジの運命には、もっと深い意味がある。彼は、たしかに救いようもない悪人だったかもしれない。とくに、ほかで豚泥棒として非難されているエゼルシジと同一人物であるとすれば、さらにその可能性は高い。だが、ケインズ博士はそれよりも、エゼルシジの本当の「犯罪」は、かつてエゼルレッド王を「悪い方向に導いた」党派に所属していたことであり、王は980年代に「若気の過ち」を後悔しその党派を見捨てた、という重要な証拠を明らかにした。やがて、続く党派も同様の運命に見舞われ、彼らの犯罪は同様に激しい言葉で書かれた[87]。言い換えれば、エゼルシジは、まず地位を失い、そして、地位につきものの収益に固執した態度のせいですべてを失った王の側近だった。

　次に、ロチェスタ教会が権利を得るのにウースタと同じくらい長い時間かかったことが挙げられる。理解のある王でさえ、地域の有力者により拒否される可能性があった[88]。政治は教会に有利にはたらくこともあれば、逆に作用することもあった。ロチェスタの惨めな記録のような文書がほとんど保管されないのは明らかなため、この点は見逃されやすい。しかし、証書年代記の目的のひとつは、不満の種の記憶を保管することである。「イーリの書」は、輝かしく続く訴訟の勝利に（ずっと簡潔な）いくつかの敗北を加えて仕上げており、

登場する悪人どもの中には、まさにラムジの英雄であった、伯のエゼルウィンがいる。彼の主な犯罪は、イーリから賄賂をとったのに約束を守らなかったことのようだ[89]。まず手ごわい司教エゼルウォルド、そしてモールドンの英雄、ビルフトノス伯の庇護下にあり、1086年の段階でイングランドで二番目に富裕なイーリ修道院にさえこんなことが起こったのなら、俗人はさらにごまかしに弱かったに違いない。カヌート王時代のヘリフォードシァの紛争では普通のアングロ＝サクソンの裁判例よりも不明な部分が多いが、明らかなことがひとつある。勝利者側がもっとも有力な地域の名士の妻であることを考えれば、敗者にそもそもチャンスはなかった、ということである[90]。

　取り上げた主要例二点と、それらと比較した例から五点の結論が導ける。一点目は、アングロ＝サクソン期の訴訟についての「口頭―形式的」アプローチと呼べるような考えは、実際の訴訟記録からは導き出されないことである。宣誓は重要だったが、現代の司法が証拠とみなすようなものも、これまで考えられてきたよりずっと重要だった。そしてそのような証拠として、文字の記録が好まれていた。二点目として、ウェストベリ事件とブロムリ―スノドランド事件の大きな違いは、前者は王法廷と呼んでも時代錯誤ではないかもしれない場所で解決された程度だが、後者は、首尾一貫していないとはいえ、王権の容赦ない行使に決定的に影響されたことである。アングロ＝サクソン国家は、訴訟手続きに積極的で介入主義的な役割を果たすようになったのだ。もちろん、古代、現代の国家がそうでないのと同様、正当で効果的だったというのではない。三点目は、判例証拠は社会的、知的エリートに限定されているとはいえ、社会の広い階層にとって、訴訟にかかわることが縁遠くて親しみのないものとするのは間違っているだろう。裁判手続きは、地域の名士ではあっても貴族ではなかった者たちも巻き込み、家族と宗教団体の間の〔財産をめぐる〕軋轢は、今日と同様、金持ち層ばかりに限定されていた必要はない。

　四点目は、大司教ウルフレッドとエドガ王の例のように、このような緊張は教会改革期に最高潮に達することである。だが問題は正義だけと考えては誤解を招く。権力や恩顧も関わっていた。つまりウルフレッドと同時代の司教たちの強さの理由は、少なくとも一部は、マーシア王家が救いがたいほど弱体化し、司教たちの支援を得ようとして与えた権限にもとづいていた。また、

第3章　アングロ＝サクソン期イングランドにおける証書・法・紛争解決　　81

ロチェスタ司教は、エゼルレッド王の政治の犠牲者でもあり、受益者でもあった。そして、ブロムリースノドランド事件と同様、「イーリの書」でも、ほぼすべての事件がエドガ王の死後に始まったり再開されたりするのは、単なる偶然の一致ではないだろう。エドガ王は、ただの宗教的改革者ではなく、後世のどのイングランドの君主にも引けをとらないくらい、恩顧政治を無慈悲に実行できたのである。最後に、以上から、エドガ王の時代までのイングランドの司法はこれまで考えられてきたよりずっとヘンリ2世期に近かったといえる。メイトランド自身、かつて「反論する材料を他の人にたくさん与えたと考えて、自分を元気づけている」と書いている。本稿は、たしかにメイトランドに反論しているが、また彼の問題のひとつを解決しているだろう。単に「書かれた法を信じる」（メイトランドの助言者たちがそうしたように）べきではない。そうすれば、イングランドにおけるコモン・ロー出現の「驚くべき突然さ」もないだろう。記録された手続きから判断すれば、征服前の紛争解決は「古い習慣」ではなく、その語の最大限の意味で「中世的」だったのである[91]。

注

1) J. L. Laughlin, 'The Anglo-Saxon Legal Procedure', 'Appendix: Select cases in Anglo-Saxon Law', in H. Adams et al., *Essays in Anglo-Saxon Law*, Boston, 1876; 征服後の例は、nos. 31-33。nos. 8-9 と nos. 19, 25 が組。メロドラマは no. 29。
2) F. Pollock and F. W. Maitland, *The History of English Law*, 2nd edn, ed. S. F. C. Milsom, Cambridge, 1968, vol. I, p. 41, n. 6.
3) *Die Gesetze der Angelsachsen*, ed. F. Libermann, 3 vols, Halle, 1903-16, vol. 2, p. 625, s.v. *Rechtsgang*, section 2 のクロスレファランス参照。また、*Anefang, Beweisnähe, Bocland, Eid, Eideshelfer, Gerichtsbarkeit, Grafschaft, Grafschaftsgericht, Hochverrat, Hundred, Mord, Rechtssperrung, Schiedsgericht*, Sheriff, *Strafe, Unzucht, Urteilfinder, Vermögenseinziehung*.
4) ニコラス・ブルックス教授、サイモン・ケインズ博士、マイケル・クランチー博士の助言に感謝する。また、いつも以上にジェニー・ウォーモルド博士に謝意を表したい。
5) Pollock and Maitland, *English Law*, vol. I, pp. 44, 38-9, 40-1, 46; cf. T. Plucknett, *A Concise History of the Common Law*, 5th edn, London, 1956, pp. 88, 105, etc.; Laughlin, 'Legal Procedure', pp. 185, 259, 275, 296, etc.

6) H. Brunner, *Die Entstehung der Schwurgerichte*, Berlin, 1871; cf. Pollock and Maitland, *English Law*, vol. I, pp. 138-50.

7) 包括的ではないにせよ、尊敬すべき例外は、N. D. Hurnard, 'The Jury of Presentment and the Assize of Clarendon', *English Historical Review*, 56 (1941)、また、注72で引用した文献を参照。本稿の草稿後、スーザン・レノルズ博士はこの問題全体に（該博さは言うまでもなく）常識に基づく爽快な新風を吹き込んだ：S. Reynolds, *Kingdoms and Communities in Western Europe, 900-1300*, Oxford, 1984, pp. 12-38.

8) もっとも近いのは、803年の会議の際の一連の紛争の記録にある placiti sunt というフレーズ：P. H. Sawyer, *Anglo-Saxon Charter*s, London, 1968, no. 1431.（以下、同著が出版された1968年以降の見解や版を参照する以外、アングロ=サクソン証書はソーヤーのリスト番号に基づく(S)。）

9) 〔P. Wormald, 'A Handlist of Anglo-Saxon Lawsuits', *Anglo-Saxon England*, 17 (1988); また Wormald, *Making of English Law*, chap. 3, part 2.〕

10) R. Hübner, 'Gerichtsurkunden der fränkischen Zeit', *Zeitschrift der Savigny-Stiftung für Rechtsgeschichte; Germanistiche Abteilung*, 12 (1891), 14 (1893); R. C. van Caenegem, *English Lawsuits from William I to Richard I*, London, 1990-1. 出版前に参照を許可してくれた著者に感謝する。

11) S 1462.

12) 注2参照。

13) E. B. Fryde *et al.*, *Handbook of British Chronology*, London, 1986, pp. 587-9のケインズのリスト参照。また Wormald, *Legal Culture*, pp. 310-11.

14) S 1433; 日付は、集会か宣誓の日だろう。

15) S 1431は好例。S 1260が処理されたのと同じ集会であり、明らかに「同じ日に」(エオーデムディエー)他の2つの案件に判決を下している。

16) SS 1434-37.

17) N. Brooks, *The Early History of the Church of Canterbury*, Leicester, 1984, pp. 168-70 と、彼の 'The Pre-Conquest Charters of Christ Church Canterbury', Oxford, D. Phil., 1969, pp. 133-85 を参照。

18) たとえば、SS 1433, 1436.

19) SS 1434, 1439.

20) S 1434.

21) この事件について、D. Whitelock ed., *English Historical Documents*, vol. I, 2nd edn, London, 1979,（以下 *EHD*）p. 516のホワイトロックのコメントと、イーリの例についてのラフリンの重要な所見を参照。'Legal Procedure', pp. 252, 380, また、注53）を。

22) S 1434.

23) S 1436. W. Levison, *England and the Continent in the Eighth Century*, Oxford, 1946, p.

252, ブルックスの独創的な見解を参照。Brooks, *Church of Canterbury*, pp. 175-97.
24) SS 137, 1430, 1431.
25) S 1439.
26) S 1187. 文書に書かれ、証人リストからもわかる（大司教エゼルヘアルドは805年に亡くなっている）804年という日付は、エゼルレッドの遺言公表の年というより、彼の権利が最初に審査された会議の年である。エゼルムンドは、802年に殺されたウィッケの伯であるのはほぼ確実（*EHD*, pp. 183, 512）。最初の会議から次の会議が開かれるまでの間で、しかもその間エゼルリックの巡礼がなされた「数年<small>パウコースアンノース</small>」は、確実に「2年」より長い。
27) 私はすでにこの見解を公表（J. Campbell ed., *The Anglo-Saxons*, Oxford, 1982, p. 123）。
28) Brooks, *Church of Canterbury*, pp. 175-206.
29) それぞれ、SS 139, 146. ベーダによれば、アングロ＝サクソン期の1ハイドは自由人一人とその家族を養うだけに足る土地であったが、土地の単位として、移動と政府が税を課す際に使われた。
30) S 146はウースタのヘンベリの権利も承認。この内容の証書で失われてしまったものが、現存する証書のそれらしい特徴の見本だったのかもしれない。
31) ウースタ教会自体に有利になるよう書きかえられた1100年以前の証書の例がいくつかある。S 60はその一例。
32) SS 58-9. これらの文書に関しホワイトロックは、S 58に引用された私的コメントで私と根本的に異なる結論を示す（*EHD*, p. 512の、ホワイトロックが当該所領の場所を確定している箇所を参照）。また、A. Brückner ed., *Chartae latinae antiquiores* IV (Lausanne, 1967), no. 274.
33) ウースタに返還する前に二人の相続人が継承できるという770年証書の規定は、824年までにエゼルリックとチェルブルフに渡っているという事実を反映している。
34) S 50のような明らかな例外は、マーシアの権威者たちにより後に承認されたことで説明できる。P. Wormald, 'Bede, the *Bretwaldas* and the Origins of the *Gens Anglorum*', in Wormald *et al.*, eds, *Ideal and Reality*, pp. 116-17.
35) ブルックス教授、ミルドレッド・バドニー博士、ミシェル・ブラウン氏である。もちろん、彼らが私の見解を完全に支持したわけではない。決定的な点は、2つの証書がそれぞれの年号に対応する15年期の表記を同じ年数だけ間違えてずれるという同じミスをしていることである。もし767年の証書が一葉のオリジナルで残っている770年の証書の単なる転写ミスとするなら、間違いが重なったおどろくべき例ということになる。
36) Brooks, *Church of Canterbury*, pp. 191-97. ブルックナーによれば、(*Chartae latinae* IV, no. 274) これはM. P. Parsonsの見解でもある。M. P. Parsons, 'Beiträge zum angelsächsischen Urkundenwesen bis zum Ausgang des neunten Jahrhunderts', Universität Wien, Unpublished Dissertation, 1937.

37) SS 89 + 1411+ 1257, あるいはSS 53+ 1177+153+1430+1260+1432, またブルックス (注28) 参照。

38) SS 137, 192, 1257, 1429-31, 1437. 敗北に等しい和解の興味深い例は、S 1446.

39) 対応する例（S 1446と同様珍しいが、897年という日付を考慮すれば、アルフレッド王が裁判員の識字能力にこだわっていたことに影響されているだろう。*Asser's Life of King Alfred*, ed. W. H. Stevenson, 2nd edn, Oxford, 1959, ch. 106, pp. 92-5) はS 1442.

40) S 1511. これは A. Campbell ed., *Charters of Rochester*, Oxford, 1973 (以下 *Roch*.) に編集された（no. 35）。

41) ウェセックスのエゼルベルフト王が側近(ミニステル)にブロムリを与えた862年の証書は、おそらくロチェスタで作成され保管された：S 331= *Roch*. 25; Campbell, *Anglo-Saxons*, p. 159. *Bot*は被害者側への賠償で、witeは支払いを意味するが、とくに王に対してのものである。アングロ＝サクソンの危害の修復システムである。

42) S 1457=*Roch*. 36.

43) S 1511.

44) S 864=*Roch*. 30. *EHD*, p. 233参照。

45) S 893=*Roch*. 32.

46) レオフウィンの父の名からスノドランドの当初の譲渡者との親戚関係が推測されるが、アングロ＝サクソン後期の貴族では一般的な名である。

47) S 1456=*Roch*. 37.

48) S. D. Keynes, *The Diplomas of King Æthelred 'the Unready' 978-1016*, Cambridge, 1980, pp. 39-153, esp. pp. 89-90, 103.

49) 本稿の他所で検討した事例について、SS 1454, 1462, 1511; また、S 1077。

50) *Liber Eliensis*, ed. E. O. Blake, London, 1962 (以下、*El.*), esp. p. xxxiv; *Chronicon abbatiae Rameseiensis*, ed. W. D. Macray, London, 1886 (以下 *Ram.*).

51) S 1458=*Roch*. 34.

52) ヘリフォードシァ紛争のように。S 1462.

53) *El.*, pp. 98-9. 多数の宣誓については、現在、*The Will of Æthelgifu*, ed. D. Whitelock *et al.*, London, 1968として出版されているS 1497の全文を参照。

54) S 1454.

55) （同時代の）*Anglo-Saxon Chronicle*, s.a. 917の文章は (*EHD*, pp. 215-16) ケンブリッジシァの法廷が断言したように、エドワード王はケンブリッジシァより前にハンティンドンシァを征服したとしている。

56) たとえば、*El.*, pp. 80-2, 86-7, 100-1, 107など。

57) S 671=*Roch*. 29.

58) Brooks, *Church of Canterbury*, pp. 240-3; Keynes, *Diplomas*, pp. 98-100. また、H. P. R. Finberg, *The Early Charters of Wessex*, Leicester, 1964, pp. 214-48;ウェストミンスタの

悪名高い偽造活動の初期時代については、SS 670, 1450, 1451.

59) S 884; またS 1242. 900年以前のこれら3つの定型句に対し、私の調査では900-1066年の間には70以上も存在する。

60) もしS 985 (1017-20)が信頼できるとすれば、カンタベリ大司教ライフィングの強い不満が示すように。P. Chaplais, 'The Anglo-Saxon Chancery', *Journal of the Society of Archivists*, 3 (1965-9), p. 174.

61) Swerianとして知られる宣誓の集成は、*Gesetze*, vol. I, pp. 396-99.

62) アングロ=サクソン後期の訴訟のこの(そしてさらなる)重要な側面が鮮明にあらわれている例については、紙幅の関係から扱うことができないが、S 1447を参照。

63) エゼルレッドの証書には、境界条項だけでなく、土地没収の原因となった「犯罪」の記述にも古英語が使われているものがいくつかある。土地を奪われた人物が権利主張を再開するなら、明らかに意味のある配慮である。たとえば、S 877.

64) 私の計算では、全64通の割印証書とそれと同様の文書中、完全に教会だけに関わるのは、たった5通にすぎない。

65) かつての私の見解を取り消しておく。P. Wormald, 'The Uses of Literacy in Anglo-Saxon England and its Neighbours', *Transactions of the Royal Historical Society* 5th s., 27 (1977).

66) *Anglo-Saxon Charters*, ed. A. J. Robertson, 2nd edn., Cambridge, 1956, p. 385.

67) S 877, *El.*, pp. 85, 110参照。

68) III Edgar, cl. 5-5ii; IV Edgar, cl. 3-6ii, in *Gesetze*, vol. I, pp. 202-3, 210-11.

69) III Edgar, cl. 2-2i; II Cnut, cl. 17-19ii in *Gesetze*, vol. I, pp. 200-1, 320-23.

70) S 1454. スノドランドの例のように、彼が令状を送ったかは疑わしい: Chaplais, 'Anglo-Saxon Chancery', 171-72. 王法廷についてやや異なる結論は、A. Kennedy, 'Disputes about *Bocland*', *Anglo-Saxon England*, 14 (1985).

71) S 1458=*Roch.* 34; S 1454; S 1462 (修道院長エルフハンは、スノドランド事件で王の特別な代理だったかもしれないことに注意。*Anglo-Saxon Charters*, pp. 384-85. 一方、バースの修道院長エルフヘレは、王の令状をバークシァの法廷に持っていった―*ibid.*, p. 380). また、S 1497=*Æthelgifu*; *Ram.*, p. 79. 地方官一般についてP. Stafford, 'The Reign of Æthelred II', in D. Hill ed., *Ethelred the Unready*, Oxford, 1978, p. 29; Campbell ed., *Anglo-Saxons*, pp. 237-38.

72) メイトランドが受けた批判の大半は、征服前の領主裁判の範囲についての彼の考えである。J. Goebel, *Felony and Misdemeanour*, reissue, Philadelphia, 1976, pp. 339-78; N. D. Hurnard, 'The Anglo-Norman Franchises', *Eng. Hist. Rev.* 64 (1949); H. Cam, 'The Evolution of the Medieval English Franchise', *Speculum*, 32 (1957).

73) これらの問題については、F. M. Stenton, *Anglo-Saxon England*, 3rd edn, Oxford, 1971, pp. 510-13.

74) III Edgar, cl. 6-7iii in *Gesetze*, pp. 202-5.
75) *Ram.*, p. 166; R. C. van Caenegem, *Royal Writs in England*, London, 1958-59, pp. 69-71 参照。審問、少なくともその原則の、アングロ＝サクソン期のその他の適用例については、P. Wormald, 'Æthelred the Lawmaker', in Hill ed., *Ethelred*, pp. 66-69.
76) D. Whitelock, *The Audience of Beowulf*, Oxford, 1957, p. 90.
77) *El.*, pp. 81, 88, 89, 99, etc.
78) *Asser's Life*, ed. Stevenson, ch. 106, pp. 92-95 また 注pp. 342-43. しかし、再版へのホワイトロックの序文参照pp. cxlv-cxlvii。また、M. Rintelen, 'Die Urteilfindung im angelsächsischen Recht', in M. Krammer ed., *Historische Aufsätze Karl Zeumer zum sechzigsten Geburtstag als Festgabe dargebracht*, Weimar, 1910; アルクインからの翻訳で、裁判官の義務に関するアングロ＝サクソン期の小冊子が知られている：*Eine altenglische Übersetzung von Alcuins De Virtute et Vitiis, Kap. 20* ed. R. Torkar, Munich, 1981.
79) II Cnut, cl. 20-1; Alfred, cl. I, 4参照。II Edward, cl. 5-5ii; III Edmund, cl. I; *Swerian*, cl. I; すべて *Gesetze*, vol. I, pp. 322-25, 46-51, 142-45, 190, 396-97. また、J. Campbell, 'Observations on English Government from the tenth to the twelfth century', *Trans. Royal Hist. Soc.*, 5th s., 25 (1975), pp. 46-47.
80) IV Æthelstan, cl. 6, II Æthelstan, cl. 26 in *Gesetze* vol. I, pp. 172, 164. SS 1447, 883で宣誓を破った者の魂が明らかに危険にさらされている。
81) SS 1377, 901; また M. K. Lawson, 'The Collection of Danegeld and Heregeld in the Reigns of Æthelred II and Cnut', *Eng. Hist. Rev.*, 99 (1984), pp. 723-26.
82) S 1454.
83) *Ram.*, p. 80.
84) Coronation Charter of Henry I, cor 8, *Gesetze*; A. L. Poole, *Obligations of Society in the XIII and XIII Centuries*, Oxford, 1946, pp. 80-82.
85) アングロ＝サクソン証書に没収の可能性が示された最初の例がアルフレッドの治世とその直後だったのは、単なる偶然ではないだろう。SS 1441, 1445, 362.
86) *Ram.*, pp. 46-47.
87) Keynes, *Diplomas*, pp. 184-85. 訴訟当事者の運命に政治がどう影響したかという点でもっとも注目すべき例は、S 1211、エアドギフ王妃の事件である。6代の王の治世にも渡って続き、新しい王が即位するたびにほぼ毎回大きく変更された。
88) S 877は悪名高い例。
89) *El.*, pp. 101, 104, 114-17, 126-27.
90) S 1462.
91) 本稿が校正段階に入ったあと、ジョン・ハドソン氏が、ここで批判されているアングロ＝サクソン法についての見解は、メイトランドではなく、もともとはポロックに責任があるという根拠を教えてくれた。C. H. S. Fifoot ed., *The Letters of Frederick William*

*Maitland,* London, 1965, no. 109. それでもやはり、一般的に受け入れられている（そしてポロック自身によっても勧められた）説では『イングランド法史』の意見はメイトランドのものとされている。そして、そのためにこそ、征服前の手続きについての『イングランド法史』の見解の長い影響力が確定的になったのだ。

# 第2部
# 紛争と和解の戦略

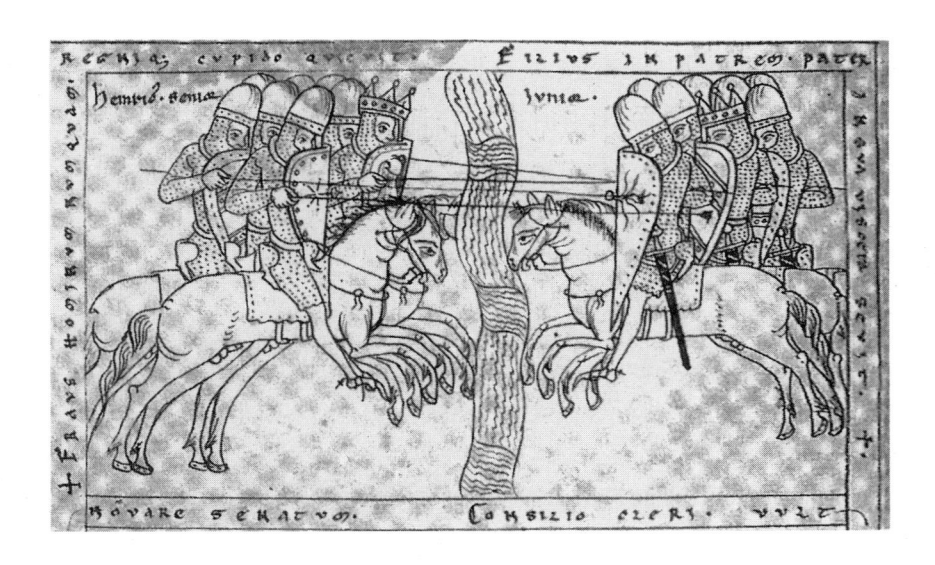

オットー・フォン・フライジング『年代記』(イェーナ写本、イェーナ大学テューリンゲン州立図書館蔵、1170年頃)。1105年にハインリヒ4世・同5世の父子の軍がレーゲン河を挟んで対峙する場面。

Ms. Bos. q.6, fol. 91b. (ThULB, Friedrich-Schiller-Universität, Jena)

# 第4章

# 紛争行為と法意識
―― 12世紀におけるヴェルフェン家 ――


ゲルト・アルトホーフ

服部　良久　訳


●解題・・・・・・・・・・・・・・・・・・・・・・・・・・・・・・・・・・・・・・・・・・・・・・・・・・・
　本章はGerd Althoff, "Konfliktverhalten und Rechtsbewußtsein. Die Welfen im 12. Jahrhundert", in: Ders., *Spielregeln der Politik im Mittelalter*, Darmstadt, 1997.（初出は*Frühmittelalterliche Studien* 26, 1992）の訳である。著者ゲルト・アルトホーフは1943年生。フライブルク大学のカール・シュミットのもとで中世初期国制史、貴族史研究に携わり、現在はミュンスター大学教授。他に著書として *Verwandte, Freunde und Getreue. Zum politischen Stellenwert der Gruppenbildungen im früheren Mittelalter*, Darmstadt, 1990; *Otto III*, Darmstadt, 1996; *Macht der Rituale*, Darmstadt, 2003; *Inszenierte Herrschaft*, Darmstadt, 2003. また邦訳に『中世人と権力』（柳井尚子訳、八坂書房、2004年）、「中世盛期の戦士貴族社会における紛争のルール」（服部良久訳）（笠谷和比古編『公家と武家の比較文明史』思文閣出版、2005年）がある。
　アルトホーフは1980年代までK・シュミット門下として、祈祷兄弟盟約簿やネクロロギウム（死者記録）を用い、貴族のゲノッセンシャフト的な人的結

合に着目して、オットーネン時代の政治史を再考する研究を行ったが、90年代からは射程を広げ、儀礼、象徴、コミュニケーションといった視点から中世政治史の特色を明らかにしようとしている。アルトホーフによれば、フェーデのような暴力に満ちた中世社会においても、その秩序を維持するための不文の行動ルールSpielregeln が存在した。このようなルールに沿った行動においては、言葉以上に、シンボリックな儀礼的行為が重要な役割を果たしたのである。こうした儀礼的、象徴的コミュニケーションがとくに明確に現れるのは、紛争とその仲裁・降伏・和解などの行為においてであった。アルトホーフは本章では、12世紀ドイツの最有力家門ヴェルフェン家の一連の紛争プロセスの中に、このようなルールを読み取ろうとする。そしてシュタウフェン家の国王もこのようなルールに配慮し、こうした紛争を近代的意味での裁判と判決ではなく、忍耐強く交渉、仲裁・和解によって解決しようとしたことを強調する。中世の紛争解決における仲裁・和解の重要性や、その裁判・判決との流動的関係は、今日では研究者の共通認識となりつつある。

・・・・・・・・・・・・・・・・・・・・・・・・・・・・・・・・・・・・・・

　国王と有力貴族の間の武力紛争は、有力貴族相互の暴力をともなう争いと同様、中世のあらゆる時期において、政治的事件の重要な構成要素であった。にもかかわらずこうした紛争の研究は中世研究の中で、さほど確かな位置を占めてはいない。もちろんフェーデは、国家による暴力独占権が欠如している時代においては、適法な政治的抗争の手段だったので、ずっと以前から相応に考慮されてきたのではあるが[1]。そして国王と有力貴族の間の紛争も、史料がそうした争いに他の、よりネガティヴな表現を用いている場合でも、実際にはフェーデとして行われたのである[2]。また有力貴族の抵抗権は、常に彼らの要求するところであり、不正な国王を廃位したり、実力により排除することを目論むものであるが、これも中世国家の機能のあり方に関する法制史、国制史の解釈において、独自の意義を有している[3]。そしてこれらに劣らず、中世における紛争解決の一形態として、ハインリヒ・ミッタイスの権威により長く、また広く意識されてきたのが、「政治的訴訟」である[4]。この概念によってミッタイスは一連の、華々しい事例をも含む訴訟を考察しているが、そこでは国王は、さまざまな理由により自分と紛争に陥った有力貴族を、その同輩身分の者

たちにより断罪させ、彼らの官職と封を奪わせた[5]。中世史研究においては、11世紀以後、有力貴族が国王から訴訟と裁判判決による解決を強いられることにより、国王と有力貴族の争いは、いっそう法的性格を強めたのだという認識は、ミッタイスに負うところが大きい。裁判手続き的な措置によりハインリヒ獅子公を失墜させたフリードリヒ・バルバロッサ〔在位1152-90〕の訴訟は、その典型的な例である[6]。しかし12世紀のその他の紛争においてもまた、最近の研究に至るまで、法形式を重視する立場からの訴訟への関心や、国王の適正な、あるいは不適正な法的行動という視点が優勢である[7]。この間、10・11世紀の紛争解決の研究は、この時期において紛争解決に用いられたテクニックや方法は、たしかに当時の法的秩序と法的意識に強く結びつけられてはいるが、しかし裁判、訴訟と判決が用いられることはほとんどなかったことを、きわめて明確に示しているのである[8]。むしろ紛争解決の重点は、仲裁者により明らかに慣習法的な規範に従って行われる、裁判外の和 解(コンポシティオー)にあった[9]。12世紀についてはこのような研究は未着手のままである。おそらくハインリヒ・ミッタイスの権威により、訴訟に沿った、そして訴訟に結びつけられた紛争への視点が優勢だからである。

　12世紀のヴェルフェン家はこうした理解を批判的に検討するために、格別に有益な教材を提供してくれる。というのはハインリヒ獅子公のみならず、この時代の他のヴェルフェン家のメンバーも紛争において裁判判決を下され、あるいは少なくともそのおそれがあったからである。すなわち12世紀半ばにおけるコンラート3世〔在位1138-52〕のハインリヒ傲慢公、ハインリヒ獅子公、そしてヴェルフ6世に対する行動は、フリードリヒ・バルバロッサのハインリヒ獅子公に対する行動と同じほどには成果を上げなかったにせよ、同様に注目に値するのである。さらに第二の理由から、ヴェルフェン家は12世紀の紛争研究においてとくに良好な出発点となることを明示しているが、それは史料状況である。『ヴェルフェン家の歴史 Historia Welforum』は周知のように、この貴族家門の歴史が鮮明に描かれている証拠文書である[10]。ヴェルフェン家の自己理解を示す証拠としてこの作品はすでに、しばしば利用され、また大きな研究成果を生み出してきた[11]。しかし『ヴェルフェン家の歴史』は中世における紛争の研究にとっても同様に、印象的な素材を提供している。『ヴェルフェン

家の歴史』が——またいくつかの他の史料が——ヴェルフェン家が関わった紛争について提供する詳細な報告を、以下では、中世における紛争の独自性を、その本質において考察するための出発点としよう。

　例としてまずはじめに、ヴェルフ6世と同7世がテュービンゲン宮中伯フーゴと行った、いわゆるテュービンゲン・フェーデを考察しよう。その次に、コンラート3世時代に起こったハインリヒ傲慢公、ハインリヒ獅子公に対する訴訟を取り上げる。考察の対象とされるのは、紛争の原因や、仲裁のような紛争解決の諸形態である。法的に多少とも重要な記述をあらかじめ選別するのではなく、紛争経過全体における史料の証言をすべて取り上げることになろう。とくに興味深いのは、これまで研究の中心にあった裁判による争いが、どの程度、紛争遂行における他の措置や手段をもともなっていたのか、そして訴訟法的な手段は紛争解決の領域全体においてどのような意義を持っていたのか、という問題である。同様な問題として、裁判判決の受容がある。というのは、ヴェルフェン家の幾人か、あるいはまた他の当事者たちも、そのような裁判審理を避け、法廷に出席するより、むしろあえて不出頭により断罪されることを選んだからである。加えて留意すべきは、そのような断罪判決の結果が、これに続く追放宣告(エヒトゥング)でさえ、当事者へのあらゆる援助を不可能にし、彼を平和喪失とすることはなかったということである。それどころか、親族、友人、封臣は、そのような判決について何も聞いていないかのごとく、あるいは判決が彼らにとって意味を持たないかのように、彼を引き続き支援していたのである。

　根本的な留意点をひとつ、あらかじめ示しておこう。従来の研究は、言及したヴェルフェン家の紛争の分析において、同時代の史料が与える証言よりも、明らかに19・20世紀の訴訟、法、国家の理解に結びつけられた法制史的な通説の影響を受けていた。それによって置かれたアクセントの位置は、多少とも移動させなければならないのである。

　まずテュービンゲン・フェーデについて。このフェーデに対して研究者が強い関心を持ったのは、ほとんどすべてのシュヴァーベン貴族に加え、同地方の高位聖職者も関わっていたことによるところが大きい[12]。このフェーデはかつて次のような観点から議論された。すなわちシュヴァーベン大公であるシュタウフェン家のフリードリヒ・フォン・ローテンブルクの官職的権力は、他

のシュヴァーベン貴族、つまりこの場合はヴェルフェン家が伯たちを自分の封臣として動員できたことにより、著しく阻害されていたことがこのフェーデからわかる、というものである[13]。このように解釈する研究者はすでに、史料、この場合は『ヴェルフェン家の歴史』の証言から大きく隔たってしまっていることを指摘しておこう。『ヴェルフェン家の歴史』の第30章には次のようにある。「ヴェルフは彼に加えられた侮辱を彼の友人、親族、そして家臣たち amicis, cognatis et fidelibus に知らせ、その結果すべての者が同盟者としてヴェルフの側についた[14]」。この叙述の後に、ヴェルフェン家が動員できた人びとのリストが続き、その中には、アウクスブルク司教、シュパイア司教、ヴォルムス司教、ツェーリンゲン大公ベルトールト、フォーブルク辺境伯ベルトールト、バーデン辺境伯ヘルマン、プフレンドルフ伯ルードルフ、ハプスブルク伯アルブレヒト、カルウ伯家の二人の兄弟、その他の幾人かの伯が含まれる。こうして総勢2200人以上が武装して結集したとされる。この叙述の文言からは、記名された伯たちはヴェルフェン家の封臣として行動したとは考えられない。彼らはまたヴェルフェン家の、あるいはその個々人の友人、あるいは親族 (コグナーティー) であったかもしれない。決して引用された箇所からのみで言えることではないが、中世の紛争解決においては支配関係による結びつきのみならず、同様に親族関係、友好的、仲間的関係もまた動員に利用されたのである。すべての伯が大公に服し、したがってフェーデにおいては大公を支持しなければならないというシュヴァーベン大公の官職権力に関する通説は——大公はテュービンゲン宮中伯フーゴを支持して戦ったのだから——ここでは役に立たない。というのはそのようなフェーデはもっぱら支配関係から理解できるというものではないし、場合によっては支配関係が主たる要因でさえないからである。『ヴェルフェン家の歴史』の引用した箇所はこのことを明示している。しかし従来の研究が史料の証言からかけ離れているのは、この事例のみではない。

『ヴェルフェン家の歴史』によれば、このフェーデの原因は、テュービンゲン宮中伯フーゴがヴェルフ6世から授封されていたある伯領において、ヴェルフ6世のミニステリアーレンの幾人かを絞首刑にしたという事実であった。ザンクト・ブラージエン修道院のオットーはこの記事を補って、フーゴは自分のミニステリアーレンを逃れさせ、ヴェルフェン家のミニステリアーレンのみ

を死刑に処したと伝えている[15]。研究者はこのような理由説明には納得せず、史料には述べられていない、より広い原因をさぐり、双方のフェーデ当事者が要求していたブレゲンツ伯の遺領をめぐる争いを想定して、その中にそのような原因を見出したのである[16]。このような歴史的事件の再構築の方法は、よく考えると大変問題である。もちろんあらゆる紛争には、ある程度の蓋然性を持つ実に多くの誘因が考えられる。しかし史料に述べられた原因をより説得的な他の原因に置き換えるには、立ち入った史料批判的理由づけが必要である。この場合にはこうした置き換えは二重に問題である。というのは史料に述べられた原因——ミニステリアーレンの正当化できない処刑——は充分に説得的なフェーデの理由を示しているからである。封臣の殺害はなんと言ってもヴェルフ6世の名誉を大いに損なうものであり、自身のプレスティジが損なわれることを望まないなら、対抗策を講じねばならなかった。中世には、われわれの感覚からすればまったくふつうの出来事が、武力紛争の引き金になったのである[17]。これまでの研究が行ってきたように、テュービンゲン・フェーデの史料に述べられていない原因を推測することは、したがって無益なことである。

　紛争を説明する際には、史料の証言に密着し続ける方が賢明である。というのも、それにより、このような紛争経過の理解にはきわめて重要であるにもかかわらず、ほとんど注目されてこなかった記述に出会うことになるからである。すなわち上に述べられた事件は、ヴェルフ6世に以下のような対応をなさしめた。ヴェルフ6世はquerimonia、つまり非難の声を上げた。重要なのは、ヴェルフ6世がこのために裁判に訴えることをせず、その非難を直接彼の敵対者に向けたことである[18]。それは、もし適切な償いを行おうとしないのなら、自分に対するフェーデの開始を覚悟せねばならないというフーゴへの警告を意味した。償いの概念、あるいは意味については、少し厳密にみておく方がよい。というのは、それは紛争の平和的解決との関連で重要な意味を持つからである[19]。ふさわしい償い（サティスファクティオー）による紛争の平和的解決は、中世の紛争においてしばしば用いられた慣行であるが、歴史研究においてこれまで不当に軽視されてきた。そうした償いが実際にどのように行われるべきかは、必ず仲介者によって交渉され、過失の重さ、当事者の身分、あるいはまた敵対する当事者の一方がいかに不利な状況にあるかによって左右された。多くの場合、償いは、

争った一方の側が衆人環視の中で他方の側に屈服し、その足下に平伏するという行為であった。その後になされるべきことは、すでに仲介者の交渉により決められていた。それは、平伏した者が恩顧を回復されることもあれば、虜囚の境遇に置かれる、あるいは財産の一部を失う場合、あるいはそうした損失を完全に免れる場合もあった。中世における紛争のプロセスは、まさにこのような裁判外の領域における平和的な合意によって特徴づけられており、それは当時の法意識の中に確固とした位置を占め、また確かな行動ルール(シュピールレーゲルン)を持っていたのである[20]。この点に関して10世紀から12世紀の間に驚くべき発展があったことを考察するなら、それは中世における国王統治の評価、そして国家の機能にとってきわめて興味深いものである。この間に、優位にある側は平和的な和解に向かうよりも、その要求をより強硬にしていったことが確認できる。このことはたとえば、国王の態度においてはっきりと読み取れる。オットーネンのもとでは、常に統治者としての慈悲深さ(クレメンティア)が国王の態度を規定していた。降伏する者はただちに赦され、元の官職と地位を回復されるか、または短期の、ほとんど象徴的な投獄――きわめて名誉ある待遇のもとに――の後にそれらを回復された。慈悲深さは君主のもっとも重要な徳たるべしProxima sceptris semper clementiaという聖書からの引用をもってヴィドゥキント・フォン・コルファイは、王たちが行う紛争行為を叙述し、同時に王たちをそうした慈悲へと促した[21]。しかしすでにザリア時代には、やり方はより荒々しく、処罰はより厳しく、投獄はより長くなり、そのことで憤激したのは紛争当事者ばかりではなかった。続く時代にはオットー・フォン・フライジングがフリードリヒ・バルバロッサを讃えて、この王はこのような状況において、赦しの過ち(ウィティウム・レミッシオーニス)よりも法〔正義〕の厳しさ(リゴル・ユスティティアエ)を信奉したと述べた[22]。オットーは、償いの後にすぐに赦しが続くような、長く行われ維持されてきた慣行を、過ち、あるいは悪習とまでみなしたのである。

　このことを背景として『ヴェルフェン家の歴史』を評価しなければならない。宮中伯フーゴは、要求されたように、一定の償いを行った。彼はhumile responsum、すなわちへりくだった、恭しい対応を行うことにした。そこでヴェルフ6世はフェーデをやめることにしたのだが、この件を完全に落着したものと考えたわけではない。ともあれ『ヴェルフェン家の歴史』の著者はこの

点について、ヴェルフ6世を大変温厚な人(マンスエティッシムス)と述べている。しかしより重要な問題のためにヴェルフ6世は、まずはイタリアに赴くことになる。しばらくしてヴェルフ7世が、前述の非難(クエリモニア)をあらためて行い、宮中伯に再度償いを行うように促した。このたびはフーゴは異なる態度を示したが、そのように煽り立てたのは、『ヴェルフェン家の歴史』の語るところでは、シュヴァーベン大公フリードリヒであった。今回はフーゴはへりくだった対応ではなく、responsio contumax ac minax、すなわち反抗的で威嚇的な態度をとった[23]。ヴェルフ7世にとってこのような態度は、フェーデを始めるという合図であった。こうした叙述をどのように理解したらよいのだろうか。

　ここでは明らかに、紛争の始まりにおける儀礼的な行為が取り沙汰されているのである。非難に対するへりくだった答えは、交渉の余地をつくり出し、これに対して威嚇的な答えは、武力にものを言わせるという合図である。このような見方にたてば、紛争の最初にドラスティックで威嚇的な発言がなされるような他の多くの中世史料をも、よりよく理解できる。「もし私の友人や親族が私に同意するなら、汝はもはや生きてライン河を越えることはないだろう」。あるテューリンゲン人は、カール大帝が彼に、自分に伝えられたことは真実かと問うたとき、このように答えたのである[24]。バイエルン大公タッシロは、同じくカールに対し、自分がカールに行った誓約を守るくらいなら、10人の息子を失う方がよいと述べたとされる[25]。このような発言はおそらく、抑えの効かなくなった感情から生じたものではないだろう。それはむしろ相手と聴衆に、自分が武力行使を覚悟しており、譲歩するつもりはないことを表明する役割を持っていた。中世の公共性における儀礼的な語りという重要なテーマについては、ここでは以上を示唆するにとどめたい。それは別途考察するに値するテーマである。

　テュービンゲン・フェーデの場合、威嚇的な返答は、まもなく双方が招集した大規模な軍が、いざ戦わんと相対峙する事態をもたらした。一方にはヴェルフ7世と、先に挙げた彼を支持する多数の有力者たち、他方にはローテンブルク大公フリードリヒおよびその他のシュヴァーベン貴族をともなったテュービンゲン宮中伯フーゴ[26]。このような状況においてもなお常に和解が可能であったことを、『ヴェルフェン家の歴史』の著者は、「一部の人びとは夜通しの祈り

に没頭し、他の人びとは不安げに、行われるべき償いと和解について考えていた」との記述により示している[27]。ブルハルト・フォン・ウルスペルクはこの事件について、内容的に同じことをこう語っている。「多数の貴顕や諸侯が和　解(コンコルディア)と平和(パークス)を実現するべく懸命に努力し、また祈っていたとき」、軽率な人びとによって戦いが始められた[28]。この二つの史料が語るところから明らかなのは、多くの人びとが武力衝突の直前になってもなお、平和的な解決のために尽力していたということである。このような行動を考慮してのみ、なぜしばしば武力衝突の前に、交渉により平和的合意が成立したのかを理解することができる。フェーデにおいて事態は激情のままにエスカレートしたのではなく、ある種の行動ルールと慣習をともなっていた。たとえば、城塞の包囲はたびたびその明け渡しにより——守備兵の安全な退去の保障を条件として——終了したことを思い出すべきである。それに続く城塞の破壊が、完全な破壊とはほど遠いものであったことも稀ではない。そうした場合常に、いわば目的にかなった適切な手段への配慮が行われたのである。

　テュービンゲンにおける武力事件はヴェルフ７世にとって屈辱的な敗北であり、その際900人もの家臣が捕虜となり、敵方は夥しい戦利品を獲得した。ヴェルフ６世はイタリアから戻り、フーゴ・フォン・テュービンゲンと限定的な和を結んだ。この和　解(コンポシティオー)の条件には、捕虜の引き渡しも含まれていた[29]。１年後にフェーデは再開されるのだが、ここではその軍事的な紛糾に立ち入った考察を加えることはひかえる。最後に宮中伯は降伏することを決めた。興味深いことに『ヴェルフェン家の歴史』の著者は、宮中伯の気持ちの変化が何によるのか述べてはいない。しかしフリードリヒ・バルバロッサがこの紛争仲裁に関わった中心的人物であったことは、他の史料が明らかにしている[30]。宮中伯の降伏は、皇帝の臨席のもとにウルムの帝国集会でも行われた。従来の研究では、バルバロッサが裁判手続きにおいてフーゴ・フォン・テュービンゲンを断罪させたとの見解が通説をなしてきた[31]。しかし史料にはそのようなことは見出せない。バルバロッサの行動についてはザンクト・ブラージエン修道院のオットーが、もっとも明確に述べている。それによればまず皇帝の命令により、フーゴ・フォン・テュービンゲンは捕虜を釈放した。それから皇帝はウルムに宮廷集会を招集し、そこで皇帝はヴェルフ６世とその息子を丁重に迎えた

第 4 章　紛争行為と法意識　　99

が、宮中伯フーゴにはヴェルフ父子に、彼らに加えた不正のために無条件に身を委ねるか、さもなくば帝国を去る──すなわち亡命する──ことを命じた[32]。これによりザンクト・ブラージエン修道院のオットーが、国王裁判の判決を述べているのだとは考えがたい。さらに、裁判手続きによる判決を表現するには、決まりきった、ほとんど型どおりの用語が存在する[33]。それゆえこの場合、国王裁判において訴訟が行われたのではなく、おそらく別に紛争の調整が行われたのだと想定しなければならない。ではどのような紛争解決が考えられるだろうか。

　この問いに答えるために、さまざまな観点から比較しうる事例を取り上げてみよう。数年後のハインリヒ獅子公とザクセンにおける彼の敵対者たちとのフェーデにおいてもバルバロッサは、両当事者を宮廷に召喚し、彼らに和を結ぶよう命じ、その担保として双方から人質まで取った[34]。ここでも史料には、裁判判決については述べられていない。しかしテュービンゲン・フェーデとは異なりバルバロッサは、ザクセンではフェーデを行った一方の側に、他方に対して加えた不正の償いをするよう要求することにより、責任の所在を明確にするといったことは行わなかった。このような皇帝の異なる態度が、もっぱらその法意識に由来するのか、あるいは政治的な配慮が要請するところなのかについては、議論の余地がある。いずれにせよ皇帝はウルムにおいては、彼のイタリア政策にその援助が不可欠である人物の側についた[35]。しかしこのようなことを考えるのは無益である。なぜなら史料はここでも、何ら明確な指示を与える証言を行ってはいないからである。法〔正義〕の厳格からか、あるいは政治的計算からか、いずれにしても皇帝によるフェーデへの強い介入は強調されてよい。しかしそれは裁判外の領域で行われたのである。

　テュービンゲン・フェーデの最後の場面は、宮中伯フーゴによるヴェルフ7世の前での平伏である。『ヴェルフェン家の歴史』の著者はその細部を次のように記している。

　　　復活祭の火曜日に彼はウルムの帝国集会において大公ハインリヒ、われわれの主君（ヴェルフ6世：アルトホーフ）の立会いのもと、皇帝ご自身と大公フリードリヒ、若殿ヴェルフに対して平伏した。その後、彼はこの

ヴェルフ公の死まで、すなわち1年半の間、拘禁された[36]。

ザンクト・ブラージエン修道院のオットーは、ヴェルフに受け容れられるまでフーゴは、三度も平伏しなければならなかったという、特徴的とも言える事実を補足している[37]。

中世盛期における他の平伏行為をみると、次のような点を指摘できる。帝国集会の公的な場での〔フーゴの〕平伏は、そのような平伏儀礼の伝統的な行為に属している[38]。他方ではこれに続く、手かせ・足かせをつけて連行するという行為は——そこではとくに手かせ・足かせによる拘束という事実に注目すべきなのだが——きわめて異例である。それは先に言及した、このような行為が行われる条件の厳格化を示している。バルバロッサがフーゴに要求したように、平伏は実際に保留条件なしに行われ、したがって宮中伯フーゴは、不名誉な手かせ・足かせを衆人環視の中で甘受しなければならなかった。このような措置が真の紛争解決に貢献しなかったことは、容易に想像できる。この関連において想起すべきは、フーゴをフェーデへとそそのかし、またフェーデにおけるもっとも重要な援助者でもあり、『ヴェルフェン家の歴史』では庇護者（プロプグナートル）と表現されたシュヴァーベン大公フリードリヒ・フォン・ローテンブルクも、ウルムの宮廷集会に出席していたという事実である[39]。フリードリヒ・バルバロッサはどのようにして彼の親族であるフリードリヒに、そのパートナーのこのような扱いを拱手傍観させることができたのか。従来の研究においてこの点が問われたことはなかった。おそらく、このシュタウフェン家の大公フリードリヒは、おりしも問題の1166年に、ハインリヒ獅子公の義理の息子となったことを想起すればよいだろう。婚姻はそれゆえ、おそらくシュタウフェン家とヴェルフェン家の和解を促す要素であった。同時にこの婚姻は、12世紀半ばにおけるシュタウフェン家とヴェルフェン家を、根深い対立によって隔てられた二つの家門として理解することのないように注意を促している[40]。しかし次のことは是非とも強調されねばならない。すなわち、ここでフリードリヒ・バルバロッサが示した態度は、まったく異例である。それは彼が一方の側に味方して争いに介入したからではなく、彼が命じた、宮中伯のプレスティジを通例よりもはるかに強く傷つけた平伏儀礼のゆえである。バルバロッサがこのことを国

王の権威によってのみなしえたのか、それとも仲裁者として彼が紛争解決のために指示したことには、両当事者が従わねばならなかったということなのか、史料からは確かな判断は不可能である[41]。しかし、いずれにせよフーゴ・フォン・テュービンゲンへのバルバロッサの命令に現れるヴェルフェン家側への肩入れは、それ以前には類例のない、センセーショナルな事実である。以上より、次のことが強調されるべきである。すなわち、テュービンゲン・フェーデに関連して史料に記された細部は、当時の他の紛争においても確かめられる。たとえば償いの要求、仲裁者による和解への尽力、とくに紛争の最後に行われる平伏儀礼。こうした平伏の無条件の遂行、平伏行為の厳格さと、慈悲(クレメンティア)の行為の欠如はしかしやはり、紛争処理の古くからの形態が、実質的に変化したことを示唆している。とはいえこの場合、史料は裁判訴訟を問題にはしていない——そしてまたそのために従来の研究においては、細部の解釈は無用とされたのである。

即位後に国王コンラート3世が行ったヴェルフェン家との争いにおいては、事情は異なっていた。このときは実際に国王は、裁判判決によって国王のヴェルフェン家に対する措置を事後的に正当化しようとした。エゴン・ボスホーフは最近この紛争の詳細な考察の中で、この措置に関してコンラート3世を、「法を損ったり、曲解したと咎めることはできない」と述べた。「ヴェルフェン家(ハインリヒ傲慢公)に対する措置」は、「法規範どおり正確に遂行された」というのである[42]。しかしそもそも12世紀に、「法規範どおり正確に」が何を意味するかを厳密に述べることはできるのだろうか。ここで扱っている時代の法秩序は、たしかに慣習にもとづいているが、当時の慣習は裁量と衡平に、今日的法理解の通例とはまったく異なる余地を与えていた[43]。では慣習の内容がどのようにして確認されたのかという問いは、根本的な問題を示唆している。つまり文書によって確定され、利用されえた、一般的な効力を持つ慣習の規範といったものは存在しない。慣習はむしろ権威者あるいは長老に問うことによって「発見された」のであり、またそのような手続きは、疑わしいケースにおいては、さまざまな結果をもたらしたのである。そしてコンラート3世とヴェルフェン家の争いが、一般的に認められた慣習は何ら存在しない、そのような疑わしいケースの一例であることには疑問の余地がない。

それでは、史料が語る紛争経過を子細にみてみよう。争いは周知のように、いさかか奇襲のごとく行われたコンラートの国王推戴の後、ハインリヒ傲慢公がコンラートを国王として認めることを拒否したことから始まった[44]。ハインリヒはこのコンラートの大博打によって、自身が王位を得るという望みを奪われてしまい、まずは帝国権標の引き渡しと忠誠誓約を拒否した。それによって不可避的になった紛争は、実際にはどのようにして始まったのだろうか。オットー・フォン・フライジングの論争をかき立てる叙述、そしてこれにもとづきつつも、異なるアクセントを持つ『ヴェルフェン家の歴史』から、おそらく次のように理解してよいだろう。すなわち国王コンラート3世は宮廷集会における交渉への呼びかけと和解によって、争いを除去してしまおうと試みた[45]。バンベルクにはハインリヒ傲慢公は未だ来なかった。しかしレーゲンスブルクにはおそらく来た。そこでハインリヒは、争っているからにはむろん直接にではなく、人を介して行われた交渉の後、ともかく帝国権標を引き渡しはしたが、和解には至らなかった[46]。アウクスブルクにおける三度目の試みでも和解は成らなかった。これについてはオットー・フォン・フライジングが何らふれていないのに対して、『ヴェルフェン家の歴史』はきわめて詳細に報じている。アウクスブルクでも直接的な交渉ではなく、仲裁者 internuntii ac mediatores が和解、平和的な合意を実現させるために、3日間にわたって両陣営の間を往き来した。しかし和解の試みは、ハインリヒ傲慢公が彼の二つの大公領のひとつを放棄すべきだという国王の要求によって頓挫した[47]。

　ここまでは両当事者は、完全に伝統的な紛争解決の軌道の中を動いている。すなわち可能な限り長期にわたって、和解への努力が行われているのである——もちろん根深い不和のために、仲裁者を通じて。こうした行動ルールに従えば、和解への努力が挫折した後には武力による争い、つまりフェーデが続くはずであった。この場合はしかしまず、裁判判決が行われた。

　『ヴェルフェン家の歴史』はコンラート3世の行動を次のように記している。

　　大公が拒否し（つまり大公領のひとつを放棄することを：アルトホーフ）、むしろ我が身を不確かな運命に委ねようとしたので、交渉は平和に至ることなく中断された。そこで国王は、自分に対して何事かが企てられるのでは

ないかと恐れ、夕食の後床につくふりをして、ひそかに馬を用意させ、わずかな供を連れて、諸侯の誰にも別れを告げずにその場を去ってヴュルツブルクへと向かった。国王は彼の騎士たちをきわめて危険な状態に置き去りにしたのである。ヴュルツブルクにおいて大公は幾人かの諸侯の判決により追放宣告を受け、両大公領を奪われた[48]。

『ヴェルフェン家の歴史』の著者は最後の文章を、オットー・フォン・フライジングの年代記から借用し、またこの文章に一語を加筆して少なからぬ変更を加えている。すなわちこの著者は「諸侯の」に「幾人かの」を加え、判決にはわずか数人の諸侯しか関わらなかったことを明示した。さてコンラート3世のこの措置は、法形式的に正しかったのだろうか。

これまでの研究は有罪判決の法的根拠、あるいは不履行〔を断罪する〕判決の根拠を見つけ出すことに多大の努力を払ってきた[49]。しかし史料の沈黙のゆえに、多少とももっともらしい推測をなすこと以上は不可能であった。判決の理由はこれまで知られていないが、この判決をあまりに固定的に考えることはやめた方がよい。というのはそうした考え方は、近代裁判の判決がそうであるように、判決はその後の紛争解決の進捗を確定するという、近代人の誤解にもとづいているからである。12世紀には判決はむしろ政治的な争いにおけるひとつの手段であるが、もっとも強力な手段ではなかった。このような認識が正しいことは、たとえばコンラート3世の側近、スタブロ・コルファイ修道院長ヴィーバルトが証言している。彼はコンスタンツ司教ヘルマンへの手紙の中でハインリヒ獅子公に対する措置に関連して、裁判判決はほとんど知られることがないので頼らない方がよいと助言している。それよりはるかに有効なのは、ぬかりなく始められた戦いである。これなら至る所に知れわたるものだから、と彼は記す[50]。換言すればヴィーバルトは、伝統的なフェーデ行為を勧めているのである。

実際にはヴュルツブルクの判決も、ハインリヒ獅子公のバイエルン大公領所有を否定したゴスラールにおける第二の判決も、あるいはまたexpeditio regis in Saxonum、すなわちコンラート3世の〔ザクセンへの〕帝国軍遠征も、ハインリヒ獅子公に服従する者たちに、ハインリヒのもとを去らせることはなかっ

た[51]。事態は逆で、武力紛争は何ら成果をもたらさなかった。そこで国王は休戦することを考えねばならなくなった。このことは興味深い。なぜなら司教たちは双方の軍隊において武力行使を妨げた——すなわち司教たちは仲裁者としての伝統的な役割を果たしたからである[52]。つまり12世紀には裁判判決と追放宣告は、決して和解を目指して続けられる交渉の試みを妨げはしなかったのである。

よく知られたフリードリヒ・バルバロッサとハインリヒ獅子公の争いに関する史料も、このことを示している。いずれもハインリヒ獅子公が応じなかった二度目と三度目の宮廷集会への召喚の間に、バルバロッサは直接に獅子公と会談(コロクィウム)を行い、そこで高額の金銭を条件に獅子公とザクセン諸侯の間の仲介を申し出た[53]。しかし5000マルクは余りに高額だと思われたので、獅子公はこの申し出を拒否した。この後もさらに仲介者を通して交渉が行われ、獅子公への追放宣告の後も、なお会談が見込まれていた[54]。

これらの事例とその示唆するところは、このような判決の意義と受容をよりよく認識させるものである。コンラート3世とハインリヒ傲慢公の争いは、ハインリヒへの追放宣告によっても何ら解決しなかった。解決はむしろ傲慢公の突然の死が、新しい状況を生み出したことによって実現された。コンラート3世は新たな紛争においては——ヴェルフ6世はハインリヒ傲慢公の死後、バイエルン大公領を相続権により要求し、この要求が拒否されたときフェーデを始めていた——もはやヴェルフェン家に対する追放宣告という手段に訴えることはなかった。紛争は伝統的な規則に従って経過し、双方は交渉と軍事行動を交互に行いつつ、和解あるいは相手を打ち負かすことに努力した。興味深いことには、こうしたフェーデも国王コンラートとヴェルフ6世がこの間に、第二回十字軍に出征することを妨げなかった。彼らは同時にこのことを決心するに至ったのである。相手〔ヴェルフ6世〕の十字軍参加はおそらく交渉によって決まった。しかもこのたびの十字軍においては国王コンラートは——少なくとも『ヴェルフェン家の歴史』の語るところでは——ヴェルフ6世のために大そう気を遣い、ヴェルフを自分の戦友(コンミリトーネム)とさえ呼んだということである[55]。両人が十字軍から帰還した後、このフェーデの終結へと仲介したのは、ほかならぬ若きフリードリヒ・バルバロッサであった。『ヴェルフェン家の歴史』は、

第 4 章　紛争行為と法意識　105

　この仲介がどのようにして行われたのか、きわめて正確に述べている。「このとき、国王の兄弟の息子、そしてヴェルフの姉妹の息子であるフリードリヒが和解のための仲裁者として現われ、十分な思慮の後に次のように裁定した provida deliberatione confrimavit. 大公ヴェルフには捕虜が返還され、国王は今後、ヴェルフの前では安全を保障されるべきである。国王はこの提案を受け入れ、ヴェルフにメルティンゲン村とともに帝国領からの幾らかの収益をも与えた[56]」。ここでは、公正と思われる和解の条件を提案する、仲裁者の自立的な活動がきわめて鮮明にされている。ここに明確に述べられていないことも、他の事例から知ることができる。すなわち、一方の側のみが和解条件を拒否した場合、仲裁者は他方の側に味方した。このことが他の人びとの立場選択に対して与えるあらゆる影響をも考慮してのことである。したがってヴェルフ 6 世との紛争においてコンラート 3 世は、訴訟を行うことなくやり通し、伝統的な手段によって争いを遂行したようにみえる。つまり、軍事的な威嚇的ポーズや行動、そして仲裁者による交渉によって。

　こうした事情は——少なくとも従来の研究によれば、1150/51 年にバイエルンに対する自分の要求を敵対行動の開始によって強調しようとした、ハインリヒ獅子公との争いにおいて再び変化した[57]。獅子公に対してコンラート 3 世は、再び訴訟手続きによって対処したとされている。しかし研究者が証拠として引用した史料の箇所——とくにコンラートのスタブロ・コルファイ修道院長ヴィーバルトへの書簡——をよくみれば、そこでは獅子公に対する訴訟については何ら問題になっていないことが確認されるのである。むしろコンラート 3 世は諸侯の助言と依頼により、封主として公正にふるまうよう求めるために ad expostulandam beneficialem iustitiam ハインリヒをまずウルムの宮廷集会に、次いでレーゲンスブルクの集会に召喚した[58]。しかしハインリヒは出頭せず、武装してバイエルンに侵入した。そこでコンラートは彼の、すなわち大公〔ハインリヒ〕の訴えを神助のもとに取り上げるため querimonie ipsius deo auctore satisfacturi、諸侯の意見により ex iudicio principum ハインリヒを新たにレーゲンスブルクの宮廷集会に召喚した。同じこの件に関するハインリヒ獅子公の修道院長ヴィーバルトへの書簡も伝来している。そこでは獅子公はヴィーバルトに宮廷集会での支持を依頼している。この書簡によれ

ばコンラートは、正義〔裁判〕あるいは諸侯の助言によりsecundum iustitiam vel principum consiliaｑ、決定を下すことを約束した[59]。ここではおそらく、協議〔和解〕か判決かconsilio vel iudicioというよく知られた法の慣用表現が用いられている[60]。決定は諸侯の協議か、または彼らの判決によって下されるべきであった。ハインリヒはこの宮廷集会にも現れなかったが、研究者を驚かすのは、このことが何ら不出頭者断罪判決(コントゥマツィアルウアタイル)をもたらさなかったことである。むしろコンラートがハインリヒに対してザクセンに軍事行動を行ったことのみが知られるのだが、それもほとんど成果はなかった。ハインリヒが交渉による、あるいは諸侯の助言による和解に応じなかったとき、国王はこうして同じように伝統的な仕方で対処した。この場合、獅子公に対する訴訟は問題にならないのである。

　ヴェルフェン家が関与した12世紀半ばのいくつかのよく知られた紛争の事例は、これらの争いに関する中世の史料が語るところを、入念に読むことが有益であることを明示している。そうした史料証言は従来の研究における、この事件の訴訟法的な傾向の強い解釈とは相容れない。このことはヴェルフェン家が関わった紛争にとどまらない。実際には、和解を目指す交渉と仲裁が、12世紀の紛争の経過を裁判以上に強く規定していたことは、特例的に史料に恵まれたその他の事例によってのみ検証されるだろう。エノー伯ボードワン5世とその伯父、ナミュール辺境伯ハインリヒとの紛争については、ジルベール・ド・モンスの「エノー年代記」によってよく知られている。この記録はエノー側にあって交渉に強く関わった人物の、経験談にして顛末報告書に他ならない。この紛争にはその政治的関心から、両当事者以外にフリードリヒ・バルバロッサ、ハインリヒ6世〔(共治王として)在位1169-97〕、ケルン大司教フィリップ、フランス王、シャンパーニュ伯、さらには下ロートリンゲン地域の全ての諸侯が関与した[61]。争点は、ナミュール辺境伯ハインリヒ盲目がボードワンに約束していた、彼の遺産であった。この約束の実行をハインリヒは避けようとしていた。それはとりわけ、遅くに生まれた娘のためであり、この娘がまだ1歳のときにすでに、関心を持つ人びとによって婚姻の約束が交わされていた。他方、エノー伯ボードワンは緊急にこの遺産を必要としていた。それは辺境伯への昇格により、当時形成されつつあった「帝国諸侯身分」に加わるためであ

り、またそのために彼はシュタウフェン家の恩顧と恩恵(グラティア)を必要とし、かつ与えられてもいた[62]。争いは数年にわたり、ジルベール・ド・モンスは、シュタウフェン家の国王もしばしば加わった頻繁な交渉と仲裁の試みについて、詳細に述べている。そこではまた双方の武力行使、すなわちフェーデ行為についても報じられている[63]。しかし裁判判決によりこの争いを解決する、あるいは裁定する試みがなされなかったことは明らかである。このような判決に至るのはむしろ争いの最後においてであり、またそれは国王ハインリヒ6世には不本意なことであった。同王が1190年頃シュヴェービッシュ・ハルにおいて、ナミュール辺境伯領を設定し、これをボードワンに与えるという、すでにずっと以前に王が決定していたことをおおやけにしたとき、諸侯集会において異議が持ち上がった。ブラバント大公はその弁護人(プロロクートル)たるフランドル伯を通じて、彼の大公領においては誰も諸侯になることができないことをおおやけに知らしめた[64]。このような論拠に対してジルベール・ド・モンスは、エノー伯ボードワンの擁護者として次のように反論している。すなわち、エノー伯は辺境伯領を諸侯と同様に、皇帝から直接与えられたのだ、と。加えて彼は、自分の主人は正当に下された判決に服すlegitimo sibi constituto iuri et iudicio stareつもりであることをも明らかにしている。このような状況に至ってようやくハインリヒ6世は二人の判決人、すなわちフランドル伯とマイセン辺境伯を任命し、両人はエノー伯が適法に辺境伯に、そして諸侯に昇格させられるかどうかという法的問題に対する判決を告知した[65]。判決にはその都度、他の諸侯も賛同した。ここでは、長く続いた争いの中で、ようやくはじめて裁判が現れるのである。しかし決してこれをもって、この争いが決着したのではない。今度はブラバント大公が、興味深いことには判決人の内の一人の助力を得、アウクスブルクにおける新たな帝国集会において、他の諸侯によりこの判決が撤回されるように働きかけたからである。その際エノー伯に与えられた特許状の撤回のために、国王と国王の宮廷に対して500マルクが約束された。これが決して公職にある者の買収の企てという悪しき例などではなく、ごく普通の慣行であったことは、ジルベールの別の箇所でのこだわりのない叙述が示している。そこでは彼は次のように述べている。すなわち、〔ナミュール辺境伯領の相続をめざす〕シャンパーニュ伯はフリードリヒ・バルバロッサに5000マルク、ハインリヒ6世にも

5000マルク、王妃に1000マルク、宮廷に1000マルク、そして個々の助言者に再度700マルクを、伯自身に有利な決定のために提供したが、自分〔ジルベール〕は1550マルクの約束で有利な宮廷の決定を得た、と[66]。ブラバント大公の要請もその目的を達成できず、判決は撤回されなかった。それでもナミュール辺境伯の遺産をめぐる争いは、12世紀の紛争がどのような手段と方法で解決されたかを示す教材である。

　史料を読めば、ヴェルフェン家紛争の例におけるように、従来の研究においてほとんど注目されなかった、きわめて多くのことがらについて知ることができる。もっぱらではないにしても、とりわけ、19・20世紀の法制史の研究は、中世の紛争の評価においていくつかの誤解を生み出しているように思われる。というのはそうした研究は近代の裁判、訴訟の理解を、異なった条件のもとに置かれていた事象について持ち込んだからである。あれやこれやのケースにおいて、何が「法形式的に正し」かったかを読み取ることができる基準としての「帝国裁判制度」なるものは、存在しなかった。紛争解決はむしろ慣習に従い、またしかし大きな裁量の余地をも与える、まったく異なった規則のもとにあった。こうした規則のもっとも重要な特質として、仲裁者の働きによって実現される和解が、裁判手続きよりはるかに大きな意義を持っていたことが挙げられる。仲裁者は適切な償い、あるいは補償を通じて争いを終わらしめたのである。イングランド王の法令においてこのことは明確に次のように表現され、またそれはドイツの中世盛期についても妥当する。すなわち、合意は法に勝り、和解は判決に勝る Pactum legem vincit et amor iudicium[67]。中世の紛争を評価する際にはやはり、何よりも判決を優先し、判決に紛争経過に対する重要な作用を——多かれ少なかれ無反省に——認める近代的な訴訟理解に支配されてはならない。ここで論じた紛争はこの時代における他の多くの紛争と同様に、常に和解による解決をめざして行われる交渉と、相手を譲歩させるための武装行動の、独特の組み合わせの中で経過した。このような紛争においては、なるほど相手を不正と断ずる判決（iudicia あるいは sententia）も現れる。しかしこうした判決は中世盛期においては、近代人なら多分本能的に認めるような効果を持ってはいなかった。ヴェルフェン家の誰も、またどの諸侯もそのような判決のために、その親族、友人、家臣によって見捨てられることはなかった。それ

は紛争解決の一手段にすぎず、またたしかにもっとも重要な手段でもなかった。なぜなら和解はいつでも判決を無用のものにしたからである。

注
1) ここではBrunner,O., *Land und Herrschaft*, Wien, 5.Aufl., 1965のみ挙げておく。またその他多くの示唆を与えるBoockmann, Art. Fehde, Fehdewesen, in: *Lexikon des Mittelalters*(LexMA), Bd.4, Sp.331-334を参照。
2) Leyser,K., *Rule and Conflict in Early Medieval Society. Ottonian Saxony*, London, 1979, S.20ff.; Keller,H., Reichsorganisation, Herrschaftsformen und Gesellschaftsstrukturen, in: *Il secolo di ferro; Mito e realtà del secolo X* (Settimane di studio del Centro Italiano di studi sull'Alto Medioevo 38), Spoleto 1991, S.186ff.
3) Kern,F., *Gottesgnadentum und Widerstandsrecht im früheren Mittelalter. Zur Entwicklungsgeschichte der Monarchie*, hrsg. von Buchner,R., Leipzig 1914.
4) Mitteis,H., *Politische Prozesse des früheren Mittelalters in Deutschland und Frankreich*, Heidelberg 1927; Niese, H., Zum Prozeß Heinrichs des Löwen, in: *Zeitschrift der Savigny-Stiftung für Rechtsgeschichte*(ZRG), GA 34, 1913, S.197ff.; Güterbock,F., *Der Prozeß Heinrichs des Löwen*, Berlin 1909. とくに191頁以下の付論ⅠからⅢを参照。
5) 国王裁判の手続きについてはFranklin,O., *Das Reichshofgericht im Mittelalter*, 2Bde, Weimar 1867/69; Kaufmann,E., *Aequitatis iudicium. Königsgericht und Billigkeit in der Rechtsordnung des frühen Mittelalters*, Frankfurt a.M. 1959; Kaufmann, Art. Königsgericht, in: *Handwörterbuch zur deutschen Rechtsgeschichte*(HRG), Berlin 1971ff., Bd.2, Sp.1034-1040; *Die Urkundenregesten zur Tätigkeit des deutschen Königs- und Hofgerichts bis 1451*, Bd.1. *Die Zeit von Konrad I. bis Heinrich VI. 911-1197*, bearb. von Diestelkamp,B./Rotter,E., Köln/Wien 1988. 残念ながらこのレゲステンは証書史料に限定され、歴史叙述の記事は考慮していない。
6) 多数の文献から次のもののみ挙げる。Jordan,K., *Heinrich der Löwe. Eine Biographie*, München 1979, S.197ff.; Theuerkauf,G. Der Prozeß Heinrichs des Löwen. Über Landrecht und Lehnrecht im hohen Mittelalter, in: Mohrmann, W-D.(Hrsg.), *Heinrich der Löwe*, Göttingen 1980; Engels,O., Zur Entmachtung Heinrichs des Löwen, in: Fried,P./Ziegler,W.(Hrsg.), *Festschrift für Andreas Kraus*, Kallmünz 1982.
7) Boshof,E., Staufer und Welfen in der Regierungszeit Konrads III.: Die ersten Welfenprozesse und die Opposition Welfs IV., in: *Archiv für Kulturgeschichte* 70, 1988, S.313-341.
8) Althoff,G., Königsherrschaft und Konfliktbewältigung, in: Ders., *Spielregeln der Politik*

*im Mittelalter*, Darmstadt 1997, S.21ff.; Reuter,T., Unruhestiftung, Fehde, Rebellion, Widerstand. Gewalt und Frieden in der Politik der Salierzeit, in: Weinfurter,S.(Hrsg.), *Die Salier und das Reich*, Sigmaringen 1991, Bd.3, S.318ff.

9) Krause,H., *Die geschichtliche Entwicklung des Schiedsgerichtswesens in Deutschland*, Berlin 1930, S.41f.; Bader,K.S., Arbiter arbitrator seu amicabilis compositor. Zur Verbreitung einer kanonistischen Formel in Gebieten nördlich der Alpen, in: ZRG KA. 77, 1960; Schneider,R., Zum frühmittelalterlichen Schiedswesen, in: Kurze,D.(Hrsg.), *Aus Theorie und Praxis der Geschichtswissenschaft*. Festschrift für Hans Herzfeld, Berlin/ New York 1972; Weinberger,S., Cours iudicaires, iustice et responsabilité sociale dans la Provence médiévale. $IX^e$-$XI^e$ siécle, in: *Revue Historique* 267, 1982; Geary,P.J., Vivre en conflit dans une France sans état: Typologie de méchanisme de règlement des conflits(1050-1200), in: *Annales E.S.C.* 41, 1986.（邦訳「紛争に満ちた中世フランス社会」（杉崎泰一郎訳『死者と生きる中世』白水社、1999年、所収）; Althoff, Colloquium familiare―colloquium secretum―colloquium publicum. Beratung im politischen Leben des früheren Mittelalters, in: *Spielregeln der Politik im Mittelalter*, S.175ff. ここで強調しておくべきは法民族学が、国家的制度の未発達なあらゆる社会において仲裁者の同様な役割がみられることを確認していることである。この点については Roberts,S., *Order and Dispute. An Introduction to Legal Anthropology*, New York 1979; dtsch.: *Ordnung und Konflikt*, Stuttgart 1981, S.76ff.

10) Wattenbach,W./Schmale,F-J., *Deutschlands Geschichtsquellen im Mittelalter*, Bd.1, Darmstadt 1976, S.198ff.

11) Wattenbach/Schmale, a.a.O., S.299に挙げられた文献に加えて以下をも参照。Schmid,K., Welfisches Selbstverständnis, in: Fleckenstein,J./Ders.(Hrsg.), *Adel und Kirche*. Festschrift für Gerd Tellenbach, Freiburg/Basel/Wien 1968; Oexle,O.G., Adeliges Selbstverständnis und seine Verknüpfung mit dem liturgischen Gedenken―das Beispiel der Welfen, in: *Zeitschrift für Geschichte des Oberrheins* 134, 1986; Althoff, Anlässe zur schriftlichen Fixierung adligen Selbstverständnisses, in: Ebenda, bes.S.40f.

12) その経緯と解釈についてはSchmid, *Graf Rudolf von Pfullendorf und Kaiser Friedrich I.*, Freiburg 1954, S.158ff.; Büttner,H., Staufer und Welfen im politischen Kräftespiel zwischen Bodensee und Iller während des 12. Jahrhunderts, in: *Zeitschrift für Württembergische Landesgeschichte* 20, 1961, S.151ff.; Schwarzmaier,H., *Königtum, Adel und Klöster im Gebiet zwischen oberer Iller und Lech*, Augsburg 1961, S.103ff.; Maurer,H., *Der Herzog von Schwaben*, Sigmaringen 1978, S.248ff.

13) Maurer, a.a.O., S.248ff.

14) *Historia Welforum*, neu hrsg., übers. und erl. von König,E., Stuttgart/ Berlin 1938, cap.30, S.60.

15) Otto von St.Blasien, Chronik, *Monumenta Germaniae Historica, Scriptores Rerum Germanicarum in usum scholarum*(MGH SSrG) 47, cap.18, S.20.
16) Schmid, a.a.O., S.161ff.
17) ランクを反映する席次争いを想起されたい。Fichtenau,H., *Lebensordnung des 10. Jahrhunderts*, Stuttgart 1984, Bd.1, S.32ff. を参照。
18) *Historia Welforum*, cap.30, S.60.
19) Kaufmann, Art. Genugtuung, in: LexMA, Bd.4, Sp.1261; Ders., Art. Buße, in: HRG, Bd.1, Sp.575-577; Scherner, Art. Kompositionensystem, in: Ebenda, Bd.2, Sp.995-997; Althoff, Huld. Überlegungen zu einem Zentralbegriff der mittelalterlichen Herrschaftsordnung, in: *Spielregeln der Politik im Mittelalter*, S.205ff.: Ders., Genugtuung(satisfactio). Zur Eigenart gütlicher Konfliktbeilegung im Mittelalter, in: Heinzle,J.(Hrsg.), *Modernes Mittelalter*, Frankfurt a.M. 1994, S.247ff.
20) Althoff, Königsherrschaft und Konfliktbewältigung, S.21ff.; Ders., Colloquium familiare, bes.S.180ff.; Reuter, a.a.O., S.321f.
21) Widukind von Corvey, Sachsengeschichte, in: MGH SSrG 60. この第1巻序言の他、clementiaへの言及は第2、3巻への序言においてもみられる。第2巻(II, 29, S.91)ではオットー大帝の性格を讚える表現として vicina sibi semper clementia が現れる。10世紀における慈悲の意図的な表出については Althoff, a.a.O., S.32ff.
22) Otto von Freising und Rahewin, *Die Taten Friedrichs*, hrsg. von Schmale, *Ausgewählte Quellen zur deutschen Geschichte des Mittelalters* 17a, Darmstadt 1986, II, 3, S.286ff.
23) *Historia Welforum*, cap.30, S.60.
24) Annales Nazariani, MGH Scriptores(SS) 1, a.786, S.42.
25) Annales regni Francorum, MGH SSrG 6, a.788, S.80.
26) *Historia Welforum*, cap.30, S.62. フーゴの側についたシュヴァーベン貴族としてはツォレルンのみが挙げられている。
27) *Historia Welforum*, cap.30, S.62.
28) Burchard von Ursperg, Chronik, MGH SSrG16, a.1164, S.47.
29) *Historia Welforum*, cap.31, S.64.
30) Otto von St.Blasien, Chronik, cap.19, S.21f.; Burchard von Ursperg, Chronik, a.1166, S.48.
31) Schmid, *Graf Rudolf von Pfullendorf und Kaiser Friedrich I.*, S.164; Sydow,J., *Geschichte der Stadt Tübingen*, Bd.1, Tübingen 1974, S.106.
32) Otto von St.Blasien, Chronik, cap.19, S.22.
33) 注5の文献を参照。国王裁判では原則として二人の判決人が国王より判決 sententia, iudicium の提案を要請され、彼らの判決提案には他の諸侯や国王も従った。このことに

ついてオットー・フォン・ザンクト・ブラージエンはふれていないことからも、皇帝の命令という表現は、国王裁判とは別の紛争解決を示唆している。

34) 関連史料は *Regesten der Markgrafen von Brandenburg aus askanischen Hause*, bearb. von Krabbo,H., Berlin 1910-1955, Nr.354ff. 研究文献としては Jordan, a.a.O., S.116ff.; Claude,D., *Geschichte des Erzbistums Magdeburg bis in das 12. Jahrhundert*, Teil 2, Köln/Wien 1975, S.148ff.

35) Burchard von Ursperg, Chronik, a.1166, S.48. 研究者はバルバロッサの政治的打算を強調する。Opll,F., *Friedrich Barbarossa*, Darmstadt 1990, S.93f.

36) *Historia Welforum*, cap.31, S.66.

37) Otto von St.Blasien, Chronik, cap.19, S.22.

38) この点についてなお多くの有益な事例を示しているのは Vogeler,A., *Otto von Northeim in den Jahren 1070-1083*, Minden 1880, S.136ff.; Reuter, a.a.O., S.320ff.

39) *Historia Welforum*, cap.31, S.66.

40) この婚姻については Chronicon Montis Sereni, MGH SS 22, a.1167, S.152. ただしこの婚姻の記事は同じ年の記事と同様、明らかに1166年に属す。中世における「家」という概念の理解については Oexle, Haus und Ökonomie im früheren Mittelalter, in: Althoff/Geuenich,D/Oexle/Wollasch,J.(Hrsg.), *Personen und Gemeinschaft im Mittelalter*, Sigmaringen 1988; ders., Adeliges Selbstverständnis, S.74f. が正当にも次のように指摘する。すなわちシュタウフェン家、ヴェルフェン家を、対抗する確立された集団と考えることは、両者の頻繁な親族的結合を考慮するなら、それは12世紀の現実にそぐわない近代的な偏見である。

41) 注9の文献および Rennefahrt,H., Herkunft des Schiedsgerichtswesens besonders nach westschweizerischen Quellen, in: *Schweizer Beiträge zur Allgemeinen Geschichte* 16, 1958, bes. S.9ff. 宮中伯フーゴが三度にわたって跪き、また縛られたというウルムにおける次第の異例さは Arnold von Lübeck, Chronica Slavorum, MGH SSrG 14, II, 22, S.67 に記された、1181年のエアフルトにおけるハインリヒ獅子公のフリードリヒ・バルバロッサに対する降伏を参照すればよくわかる。アーノルトによればここでは皇帝は、足下に伏した獅子公を抱き起こし、涙とともに接吻した。しかしこの慈悲が真正であったかどうかは疑わしい。皇帝は獅子公にすぐに元の地位を回復はしなかったからである。それはこのことに関するバルバロッサの誓約により妨げられていた。アーノルトの叙述は美化されているにせよ、勝者が降伏する者に対してとるべき期待される態度というものを示している。

42) Boshof, a.a.O., S.330.

43) Kroeschell,K., „Rechtsfindung". Die mittelalterlichen Grundlagen einer modernen Vorstellung, in: *Festschrift für Hermann Heimpel*, hrsg. von Max Planck Institut für Geschichte, Bd.3, Göttingen 1972; Althoff, Gewohnheit und Ermessen. Rahmenbedin-

gungen politischen Handelns im hohen Mittelalter, in: Leidinger,P./ Metzler,D.(Hrsg.), *Geschichte und Geschichtsbewußtsein*, Münster 1990; Kaufmann, Art. Billigkeit, in: HRG, Bd.1, Sp.431-437.

44) 以下の事実については Bernhardi,W., *Konad III.(1138-1152). Jahrbücher der Deutschen Geschichte*, Leipzig 1879, S.40ff.; Schmidt,U., Königswahl und Thronfolge im 12. Jahrhundert, Köln/Wien, 1987, S.34ff.; Boshof, a.a.O., S.314ff.

45) Otto von Freising, Chronica sive Historia de duabus civitatibus, MGH SSrG 45, VII, 23, S.345; *Historia Welforum*, cap.24, S.44ff.

46) Otto von Freising, Chronica sive Historia de duabus civitatibus, VII, 23, S.345.

47) *Historia Welforum*, cap.24, S.46.

48) *Historia Welforum*, cap.24, S.46f.

49) 諸見解をめぐる議論については Boshof, a.a.O., S.323ff.; Mitteis, a.a.O., S.43.

50) Wibaldi epistolae, hrsg. von Jaffé, Ph., in: *Wibaldi opera(Bibliotheka rerum Germanicarum I., Monumenta Corbeniensia)*, Berlin 1864, Nr.234, S.354.

51) Bernhardi, a.a.O., S.110ff.; Boshof, a.a.O., S.322.

52) Bernhardi, a.a.O., S.112 mit Anm.24f.; Annalista Saxo, MGH SS 6, a.1139, S.777; 仲裁の試みはトリア大司教アルベーローの伝記でも述べられている。Gesta Alberonis archiepiscopi auctore Balderico, MGH SS 8, cap.15, S.252.

53) Arnold von Lübeck, Chronica Slavorum, II, 10, S.48; Heinemeyer,K., Der Prozeß Heinrichs des Löwen, in: *Blätter für deutsche Landesgeschichte*, S.46f. はこの colloquium を「通常の裁判手続き」の一部とみなしているが、バルバロッサの仲裁には対価が支払われねばならなかったことを見逃している。

54) Arnold von Lübeck, Chronica Slavorum, II, 22, S.66; Jordan, a.a.O., S.208.

55) *Historia Welforum*, cap.27, S.54.

56) *Historia Welforum*, cap.28, S.56.

57) この事実については Bernhardi, a.a.O., S.865, 881; Jordan, a.a.O., S.44f.; Boshof, a.a.O., S.336f.

58) スタブロ・コルファイ修道院長ヴィーバルトへの書簡においてコンラート自身が述べるところによる。*Die Urkunden Konrads III. und seines Sohnes Heinrich*, MGH Die Urkunden der deutschen Könige und Kaiser, Bd.9, Nr.243, S.424.

59) *Die Urkunden Heinrichs des Löwen Herzogs von Sachsen und Bayern*, MGH Laienfürsten- und Dynastenurkunden der Kaiserzeit 1, Nr.16, S.24. 獅子公はヴィーバルトが真実を述べ、おおやけにする勇気と知恵において他にぬきんでているとして、彼に助力を要請している。国王の召喚に応じぬことが違法であるとのハインリヒの意識は、この書簡には何ら見出せない。

60) Krause, Consilio et iudicio. Bedeutungsbreite und Sinngehalt einer mittelalterlichen

Formel, in: Bauer,C. u.a.(Hrsg.), *Speculum historiae*. Festschrift für Johannes Spörl, Freiburg/München 1965.

61) *La Chronique de Gislebert de Mons*, hrsg. von Vanderkindere,L., Bruxelles 1904; Ficker,J., *Vom Reichsfürstenstande*, Bd.1, Innsbruck 1861, S.107ff.; Engels, Der Niederrhein und das Reich im 12. Jahrhundert, in: Ders., *Stauferstudien*, S.189ff.

62) *La Chronique de Gislebert de Mons*, cap.109, S.161. このことは有名な1184年のマインツ宮廷集会で行われ、ジルベールはそれゆえこの集会について詳細に報じている。この点についてはBumke,J., *Höfische Kultur*, Bd.1, München 1986, S.276ff.

63) フェーデ行為については*La Chronique de Gislebert de Mons*, cap.143, S.219ff., cap.151, S.235, cap.158, S.244. こうしたフェーデに対しては、国王ハインリヒ6世やケルン大司教フィリップの仲裁が行われている。

64) *La Chronique de Gislebert de Mons*, cap.170, S.250f., 252ff.; Toeche,Th., *Kaiser Heinrich VI(1189-1197), Jahrbücher der Deutschen Geschichte*, Leipzig 1867, S.164; Regesta Imperii IV, 3, *Regesten des Kaiserreichs unter Heinrich VI. 1165(1189)-1197*, Köln/Wien 1972, Nr.108f.

65) *La Chronique de Gislebert de Mons*, cap.170, S.251f.

66) Ebenda., cap.148, S.229. 裁判が金銭によって妨げられたとされる同様な例は、オットー3世時代にも指摘されている。Franklin, a.a.O., S.36ff.; Althoff, Gewohnheit und Ermessen, S.165.「贖罪」とか「賠償」といったカテゴリの思考が、今日なら収賄とされるこうした金銭支払いを、受容させたのであろう。こうした思考は国王選挙における票の買収をも可能にした。Stehkämper,H., Geld bei deutschen Königswahlen des 13. Jahrhunderts, in: Schneider,J.(Hrsg.), *Wirtschaftskräfte und Wirtschaftswege*. Festschrift für H.Kellenbenz, Bd.1, 1978.

67) White,S.D., „Pactum…legem vincit et amor iudicium": the Settlement of Disputes by Compromise in Eleventh-century Western France, in: *The American Journal of Legal History* 22, 1978.

# 第5章

# 中世イングランドにおけるフェーデ

ポール・R・ハイアムズ

西岡　健司　訳

●解題・・・・・・・・・・・・・・・・・・・・・・・・・・・・・・・・・・・・・・・・・・

　本章は、Paul R. Hyams, "Feud in Medieval England", *Haskins Society Journal* 3, 1992, pp. 1-21 の訳である。著者のハイアムズは、1968年に英国オクスフォード大学で博士号を取得した後、1969年から20年にわたり同大学ペンブルック・コレッジに研究員(フェロー)として在籍した。1989年には米国コーネル大学に籍を移し、現在も同大学で歴史学科の教授ならびに中世研究プログラムの主任を務めている。著書には、*King, Lords and Peasants in Medieval England: The Common Law of Villeinage in the Twelfth and Thirteenth Centuries* (Oxford, 1980); *Rancor and Reconciliation in Medieval England* (Ithaca and London, 2003) がある。

　ハイアムズは、中世イングランド法の展開に関して、従来の法制史的な解釈に加え、社会史的・文化史的アプローチから得られる成果を織り交ぜることによって、法と社会の関係の解明に精力的に取り組んでいる。制定された法の分析のみならず、訴訟記録や叙述史料などの広範な材料を精査する中から当時の

社会の実情を明らかにし、それらの対比を通して数多くの示唆に富む解釈を提示し続けており、通説に再考を促すことも少なくない。本章に関わる大枠の議論の流れとしては、強力な王権のもとでコモン・ロー（第3章60頁訳注参照）を発達させたノルマン征服以降のイングランドの特異性を相対化し、アングロ＝サクソン期との連続性と漸次的な推移を重視する。一方で、大陸との比較検討を通しても、その対照性を強調するよりも、中世社会に共通する要素に注目する姿勢を示している。

　本章では、ハイアムズの研究のひとつの核となるフェーデに関する議論の概要が提示されている。ここでも上記の手法を駆使して、アングロ＝サクソン期に引き続き、ノルマン征服以降のイングランドにおいてもフェーデが行われていたことが例証され、フェーデとコモン・ローとの共存関係の実態を解明することが、中世イングランドの法と秩序の歴史を読み解く鍵であると説かれる。

　ところで、ハイアムズは本章の原文が公刊されてから10年余りの研究の成果を近著 *Rancor and Reconciliation* にまとめているが、そこでは、本章の議論の要点のひとつである「強いフェーデ」と「弱いフェーデ」を明確に区別する考え方は放棄されている。しかし、両者を含めたかたちでフェーデを広く捉えて議論することの重要性に変わりはなく、本章におけるハイアムズの議論の持つ意義は、いささかも損なわれるものではない。

・・・・・・・・・・・・・・・・・・・・・・・・・・・・・・・・・・・・・

　本稿は、現在私が取り組んでいる仕事、すなわち、フェーデに関する研究の概略を提示するものである。近年の歴史研究において、フェーデに関するものは驚くほどその数が少ない。その理由のいくつかは以下で明らかになるであろう。しかし、私が望んでいることは、単にその欠落を補うばかりではない。思うに、フェーデを通じて中世イングランドの社会および文化にアプローチすることは、格別に実り多き手段となりえる。もしこの仕事によって、通例私の専門領域とみなされている法制史の範囲を大きく超えることになれば、なおさら結構なことである。現在の私は、経歴においても人生においても、頭を悩ます問いのいくつかが、かつて試みようとしていた以上に、より深く人間の在り様へと探りを入れることに繋がるようになってきている。常日頃信ずるところでは、歴史家が自分の関心対象とする時代について、何らかの問いかけをなす際

に求められるべき回答は、私自身のケースを引き合いに出すならば、10-13世紀のみならず、1990年代のことにも関係してくるはずである。現代の政治に関する分析を進めれば進めるほど、より多くの紛争が、根本的なところにおいて、ある程度個々人の心理状態から生じる個人的行為に深く影響を受けており、回避ないし解決することが可能であるようにみえる。また、私自身の紛争に対する姿勢についても、あるいは、そこから生じる私の歴史的な物差しについても、どれほど自分の子供時代、生い立ち、そして家庭的、制度的、社会的な背景に由来することであろうか。

　たとえば、親から受けた教え、すなわち、一般的に怒りをあらわにしたり、あるいは仕返しをしたりしてはいけないという言葉は、私の中に深く染み込んでいる。今から思えば、私はこの応化(アコモデーション)の代償として、本当の感情を押さえ込むようになった。はたしてこうした条件付けが、国際関係に関する私の「リベラル」な態度や、ほとんどいかなる代償を払ってでも平和的解決を好み、非報復的制裁による犯罪の処理をよしとする私の考えに、どれほど密接に関わっているであろうか。このことについては、明らかにもう一度よく考えてみる必要があるが、それによって私のリベラルな立場がかき消されることがないように、心から願うものである。

　同様に、中世における法と秩序の歴史についても、その時代を満たしていたはずの感情のいくらかを再検討することによって、未知なる可能性が開かれるであろう。私は我が物顔にオリジナリティを主張するつもりは毛頭ない。以上のような見解のほとんどが、私以前にすでに考えられていたことは承知している。私は卑しくも、そうした達見をできる限り活用させていただければと思うのである。

　それでは、本稿で扱う時代背景を明らかにしつつ、1066年以降も引き続きフェーデが研究の題材となりえることを証明するために、いくつかの事例を詳細に紹介することから始めるとしよう。そのあとで、今後なされるべき包括的な研究の範囲を大まかに説明するつもりである。

## 仲裁者ウルフスタン

　ウースタ司教ウルフスタン〔在位1062-95〕については、この聖人司教のかつての司祭であったコールマンによって、はじめに古英語による聖人伝が書かれていた。しかし、後にマームズベリのウィリアム〔1090頃-1143頃〕が、すぐれたラテン語で、自身の『聖ウルフスタン伝』として書き直しを行っている[1]。彼の話の内容自体は、もともとはコールマンに由来するが、添えられている価値判断とコメントは、ウィリアム独自のものである。
　多くの群集が村の教会の奉献式のために集まっている。地域の重要人物は皆顔をそろえていた。すなわち、その教会のみならず、司教も近隣に滞在する際には寄付と支援とを求めることになる有力な関係者全員である。語られるところによれば、皆は贖罪と司教による祝福とを切に望んでいた。ウルフスタンはこの機を捉えて、その日の多くの時間を平和と愛についての説教に費やした[2]。『聖ウルフスタン伝』の中でウィリアムは、この聖人が自身のお得意のトピックについて行ったとされる説教、すなわち、彼が救済への鍵と主張する平和に関する説教について、簡潔な報告を読み手に提供している[3]。ところが、『聖ウルフスタン伝』には、彼の説教の技術と有効性についての賞讃が記されてはいるものの、彼が民衆に向けて話した例話自体は省略されてしまっている。ウィリアムが言うには、読み手である有識者(リーテラーティー)にとっては余分なものであろうからである。しかし、彼がウルフスタンの説教を極めて真摯に受け止めていたことに間違いはない。
　ウルフスタンの説教は満足のいく結果をもたらした。彼の説教によって、それまで反抗的であった多くの紛争当事者たちが、係争相手と和解するに至ったのである。あとにはなだめることが不可能な少数の者たちだけが残された[4]。ウルフスタンは、人々(ポプルス)が争いの前の状態へ戻ることを望み、お互いを和解へと促しあう状況を作り出すことによって、頭の固いこれらの残りの者たちに非難を加えた。司教ウルフスタンが果たした役割というのは、いったん進み始めると自動的に動き出すプロセスにおいて触媒として機能することであり、人々が

彼に相談を持ちかけたのは、解決が極めて困難な場合においてのみであった。中でも最大の難題は、ウィリアム・ボールドに関する一件で、彼はある6人兄弟のひとりを殺害していた。その事件は、明らかに不慮の殺人と述べられていることから、一定の補償金の支払いによって比較的容易に和解に至るはずであった。ところが、殺害された男の5人の兄弟たちは、いかなる補償が示されようとも、慈悲ないし赦免を求める嘆願をまったく受け入れなかったのである。彼らは今が盛りの大胆不敵な男たちであり、いかなる者であっても、単独で対抗するにはあまりに手に余る相手であった。兄弟を殺害された彼らの怒りは激しく、慣習としてウィリアムを支持することとなっていた者たちも、恐れのあまり彼の援助にかけつけることができなかった。そこで、他の訴訟における司教ウルフスタンの活躍を見知っていたウィリアムは、彼のもとに嘆願に赴くこととなった。聖人ウルフスタンは、ウィリアムの行いを不法行為(デーリクトゥム)とみなすことをよしとした上で、その兄弟たちに赦免を求めた。ところが、彼らの返答はすげない上に徹底したもので、「彼らは、兄弟の死に対する報復をなさぬくらいなら破門されるほうが間違いなくましだと考えていた」。そこで、ウルフスタンは、見事な祭服をまとった正装の身を彼らの足もとに投げ出して赦免を請い、さらに代償として亡くなった男の魂のためにミサを捧げ、他にも精神的な恩恵を与えることを約束した。しかし、結局すべては無駄であった。憤激(フロル)に駆られた兄弟たちは、その老いた司教の努力を一蹴してしまったのである。彼らは、決して妥協したりはしないという誓いさえ立てていたかもしれない。『聖ウルフスタン伝』は、兄弟たちが完全に人間性(フーマーニタース)を欠いてしまっていたことを非難し、彼らの傲慢さ(アッロガンティア)とウルフスタンの聖なる謙虚さ(フミリタース)をくっきりと対比させている。あまりに態度を悪化させすぎた兄弟たちは、とうとうさらなる過ちとして、もっともおぞましいことに、神に対して不正(インユーリア)を犯すこととなってしまった。こうして、そもそもウィリアム・ボールドに対して起こされたフェーデは、よくあることではあったが、より大きなフェーデへと組み込まれることとなり、さらに上位の権力、すなわち、ここでは神によって扱われる案件となったのである。

　ウルフスタンの態度は強硬なものとなり、その兄弟たちに対して次のような弾劾がなされた。すなわち、彼らがしていることは悪魔の仕業であり、彼らは

悪魔の子である。したがって、「平和を実現する人々は、幸いである」とのたまう神の敵である[5]。この宣告によって、その場は完全に二分され、人々はそろって兄弟たちに対して叱責を浴びせ始めた。すると兄弟たちの中でもっとも反抗的であった者が突然の発作に襲われ、ついには邪悪なものを吐き出し、あたりには紛れもなく悪魔を思わせる臭いがたちこめた。この劇的な一撃は、説得が失敗に終わった場面を成功へと導くことにつながった。とうとう兄弟たちは和解を申し出、今度はあたかも自分たちの方にフェーデが向けられているかのように慈悲を請うた。ウルフスタンは即座に承諾し、苦しんでいる者に手を置いて癒した。また、他の者たちには通行の安全と完全な身の保証を与え、それによって、すべての者がこれぞと認めるような平和を取り戻したのである。

　ここでわれわれは、『聖ウルフスタン伝』が結末を説明するにあたって、お馴染みの状況に遭遇することになる。つまり、決定的な拘束力となったのは、神の怒りに対する恐怖、すなわち、神の報復(ultio)への恐れなのであった[6]。それによって、兄弟たちは、先に彼ら自身の自由意志によって拒んだものを強制的に受け入れざるをえなくなったのである。聖人に対して畏敬(レウェレンティア)の念を抱いたことで、彼らに切に望まれていた謙虚(フミリタース)さが、遅ればせながらもついに引き出されたのであり、このことが鍵であった。また、ウルフスタンに具わっていた個人的なカリスマが果たした中心的な役割については、この出来事のすぐあとに述べられている別の仲裁の試みの記述において強調されている。この事件の際には、ウルフスタンが不在であったために、説教はもとの聖人伝の書き手であるコールマンによって行われた。ところが、彼の悲哀をこめたコメントによれば、ウルフスタンが平和についての説教をする場合には、聴衆はまさに彼の言葉に聞き入っており、誰ひとりとして敢えて反抗的な態度をとるような者はいなかったが、それとは対照的に、悲しいことながら、彼らは一介の修道士を軽んじたとしても、何の咎も受けずにすむだろうと思っていたのである[7]。

　実のところ、ここではわれわれは、いまだ中世初期の世界に身を置いている[8]。先の事例のような犯意なき殺人については、過ちが正されることが期待されており、第一には、名誉を損なわずに満足のいく取引をするための個人的な交渉の問題であった。ウィリアムは、最初は直接条件を提示しようと試みたであろうし、仲介者や第三者を通したのは、そのあとであった。成功如何につ

いては、おおやけの見解、すなわち、周囲の人々の意見が与える圧力による後押しを得て、説得できるかどうかにかかっていた。司教ウルフスタンは、大陸における「神の平和」運動で利用されたのと同種の方法を採用することによって、この社会的圧力を動員し結集することができたのである[9]。

マームズベリのウィリアムは、こうした仲裁に対して深い賛同を示した。彼が関連するテクストをコールマンの聖人伝に発見した後に、それを膨らませていることに疑いはない[10]。しかし、そうであっても、比較的よく文書として残されている王権による法制度の背後にあって、聖職者による仲裁と個人的な仲介が、記録されぬままに機能していたという可能性を軽視すべきではない。それでは、これからしかるべき順を追って、この議論の筋道へと戻ってくることとしよう。

## ナンナミンスタ祈祷書とドゥームズデイ・ブックの不服申立（クラーモル）

まず手始めに、ナンナミンスタのミサのテクストの冒頭に大きな文字で記された祈祷文句に目をむけてみることとする[11]。これは明らかに、あとに続くミサの目的（インテンティオー）を明示することを意図して添えられたものである。いささか意訳ではあるが、短縮の上で紹介してみよう。

　　ああ、主よ、すべての支配者よ、あらゆる正義を愛するあなたに、私たちは嘆願いたします。あなたの僕になされた不正に対して(injuriam)報復をお与えになり(vindicas)、今、この試練に置かれている私たちとともにあられますように。……それゆえ、ああ、主なる神よ、私たちをお助けになり、私たちが被っている不正に報復をなされますように。聖なるマリア様、永遠なる乙女よ、あなたもまた、助けを求める私たちのそばにおいでになり、このあなたの聖なる教会に捧げられたものを私たちの敵の手からお取り戻しください。……あなたのものに手を出す恐れ知らずの敵が、それを思いのままにすることがないようにお取り計らいください。あの者に、悪意の所業に見合う報復をお与えください。なぜなら、あの者は、あなたを信仰

する私たちの心をかき乱し、あなたの家に対して、しかるべき崇敬の念をまったく抱かなかったのですから。また、このことに加担しているあらゆる者たちにも、あなたの報復の力を(ultionis tue vindictam)身をもって感じさせ、その報いの理由が何であるかを、すなわち、彼らがあなたを侮って名誉を汚し、恥辱を与えた所業のゆえであることを思い知らせてください。さらに、聖マクトゥス、証聖者（聖マロ）、および尊き乙女聖エドブルガよ、あなた方が、父と精霊とともに生き世を統べておられる神に、私たちの苦難をお取り次ぎになり、その神が、私たちの敵の邪悪なる目論見を彼らへの永遠なる断罪と私たちへの永久の慈悲とに変えられますよう、お祈りいたします。

この祈りの中には、そこに集う修道女たちを啓発するような響きは、ほとんど感じられないであろう。では、いかなる説明が可能であろうか。それを解く鍵は、ドゥームズデイ・ブック〔第3章61頁訳注参照〕に記された、ある土地に関する不服申立の中に、ほぼ確実に見出される。すなわち、ボールドリックの息子ヒューが保有していたハンプシァの荘園(マナ)に関するものである。ヒューは、エドワード王〔証聖王、在位1042-66〕の時代にかなりの所領を有して権勢をふるっていた州長官(シェリフ)で[12]、その記述とは以下の通りである。

  ボールドリックの息子ヒューが、国王よりイチン（アバス）を保有している。エドワード王の御代には、ウィンチェスタの修道院（ナンナミンスタ）が、この荘園(マナ)を保有していた。……（所領についての詳細）……聖マリアの女子修道院（ナンナミンスタ）の院長が、この荘園(マナ)の権利を主張している。郡(ハンドレッド)全体、さらには、それを越えて州(シャイア)全体が証言するところによると、その荘園(マナ)は、エドワード王およびウィリアム王の御代には修道院のものであり、今もまさしくそうあるべきである。

この余白には別の手による注が添えられており、「ウィリアム王はそれを同教会に返還した」と記されている。ヒューがウィリアム〔1世、征服王、在位1066-87〕の治世のある期間に、この荘園(マナ)を修道女たちから奪っていたことは明らかである。彼女たちは、ドゥームズデイ調査の結果として、それを取り戻し

たのである。これは人々に対する審問と彼らの評決にもとづく判決に従った措置であったが、どうやら一番上でも同情がはたらいたようである。

　ドゥームズデイ調査は、まさしくこうした類の措置を講ずるために企画されたものであるが、失敗に終わることがあまりに多かった。州長官(シェリフ)に奪われた所領の権利を再び要求することは、あまりに困難なことであった。係争相手によって運営されている州(シャイア)の法廷において、いかにすれば勝機を得る望みが持てたであろうか。より理想的なのは、国王に直接訴えをなすことであった。しかし、そこでもやはりヒューが有力であり、修道女たちに力はない。王女の庇護のもとで、自信を持って王家に助けを求めることができた征服前のすばらしき日々に比べれば、修道女たちは痛ましいほど無力であった[13]。彼女たちが、この地上の世界において他と張り合うだけの力を持たなかったのであれば、さらにずっと上にある天上の法廷において聖人たちに神へのとりなし(スッフラーギウム)を求める以外に、いかなる手段があったであろうか。これが祈祷書の内容を説明する筋書きである。

　しかしながら、こうした訴えに実効力があったとは言えないようである。彼女たちや、恐らく法廷において味方を持たなかった他の多くの教会や修道院にも好機を与えたのは、前例無比で予測不可能なドゥームズデイ調査のみであった。彼女たちの祈願は、ある程度の助けにはなったのかもしれない。このような言い方をするのは、嘆願を受けた処女マリアや他の聖人たちが及ぼしえた影響力を評価するだけの力は、従来の歴史学的手段には備わっていないからである。修道女たちにとって、祈祷そのものが自らの苦悩に満ちた境遇をおおやけに知らしめるのに役立ったことは確実であろうし、そうして、地域の意見を彼女たちを支持する方向へと向かわせる手助けをした可能性は大いにある。したがって、少なくともこの呪詛の祈祷は、この場合に限っては、多くは不服申立(クラモーレース)や不法侵奪(インウァーシオーネース)を記載するだけの無味乾燥にみえるドゥームズデイの記録の背景に存在していたに違いない、ある種の感情を文書化しているのである。同様に重要なことは、修道女や他の者たちが、政治的なハンディキャップを乗り越えて、正当な要求だと確信している主張を押し通す必要があった場合に、その難題に対処するために検討したと思われる手段の範囲が暗示されているということである。法的立場がどのようなものであれ、朋友や隣人、あるいは同胞の

ネットワークから支援を集めることが第一であり、次に領主や上級領主（該当者がいる場合）、あるいは州長官〔シェリフ〕か国王（聞く耳を持つ見込みがありそうな場合）への訴えがなされ、そして最後に、もし必要であれば、彼らを越えて聖人や神自身への嘆願がなされたのである。この告訴人たちが祈りを通して求めたものは、単なる権利の回復以上のものである場合がたびたびであった。すなわち、彼らが望んだものとは真の正義であり、つまりは、彼らの権利や彼らの守護者——この世の者であろうと聖人であろうと——の権利を侵害した輩に対する報復なのであった。

## 「強い」フェーデ、「弱い」フェーデ

　これらの二つの事例の史料的文脈は、私が求めている一応有利な主張〔プライマ・フェイシィ〕、すなわち、フェーデがノルマン征服とともに死に絶えたわけではないということを立証している。二つのいささか状況を異にする事例は、ともに侵害行為に対する報復を熱烈に望む二つの極めて異なる男女の集団の存在を明るみに出しているが、どちらの事例においても、報復は神だけのものであるという議論や、補償は国王の法を通じて行われなければならないという議論は、まったくなされていないようである。したがって、ここにあるのはフェーデということになる。しかし、制度的には、フェーデとは正確に何を指すのであろうか。完全な定義づけについては今なお検討中であるが、基本的に私が議論しようとしていることは、事の要点が「血讐」の属性とされている目を見張るような制度的な形式よりも心性〔マンタリテ〕の問題にあるということである。ここでは、こうした議論の文脈を設定するための予備的な見解を提示しておくこととしよう。

　私自身の考えるところでは、フェーデは「強」「弱」二つの形態で現れるように思われる。「強い」フェーデとは、慣習によって規定されたかたちで、さらには、ときに正式な法によって認められたかたちで現れる血讐の儀礼を意味する。研究者たちの間では、最近になって、血讐の儀礼が制度的に存在していたと主張することに対して懐疑的な見解も出てきてはいるが[14]、その存在を特異なかたちで明示している事例があり、それらを否定することは難しいと

考えられている。儀礼的な形態をとるひとつの目的は、正当なフェーデによる報復を他の不正な殺人や暴力と区別することにある。「誅殺をも辞さない敵意 mortal enmity」を正式に表明することで、慣習的には犯罪として告発されることに対して、ある種の特権が与えられた[15]。報復者は、しかるべき手続きに従うことによって、平凡な犯罪の背後にあるもの以上の動機の存在を宣言することを望んだのである。不法行為の問題に対するこうしたフェーデ的なアプローチは、多くの「被害者」を自力救済へと駆り立てた。個人に対する不法行為が、個人が属する集団の名誉を毀損したともみなされ、与えられた屈辱が、個人のみならず集団をも行動へと駆り立てる場合には、感覚的には「強い」フェーデに近づくことになる。しかし、「弱い」フェーデの感覚は、敵対的な観衆や公的な法が罪と呼ぶかもしれない行動に動機を与える感情に依拠している。「強」「弱」双方のフェーデの感覚は、ほとんど同一の感情のパレットから引き出されており、一方は自らが乗り出すかたちで、他方はしばしば公的な手続きを極めて私的な方法で利用することによって、それぞれ個人的な行動を正当化する姿勢を表している。「弱い」フェーデの考察を省くことは、「強い」フェーデならびに、私の究極の目標である社会統制や秩序維持の特質全体に対する評価を歪めてしまう危険性がある。アングロ＝サクソン期の史料が、その時期に「強い」フェーデが実行可能であったことを立証するに足るだけの事例を明かしているということは、ひとつの出発点である。しかし、こうした「強い」フェーデの事例が、数において「弱い」フェーデ的な心性を示す事例にはるかに及ばないということが、私の研究にとってのもっとも有効な踏み切り台となるのである。

　「弱い」フェーデは、当然のことながら、それほど厳格な証拠の基準を必要としない。調査の際に注意が向けられるのは、感情的な状況を示す証拠であり、たとえば、「聖なるフェーデ」と呼ばれているもの、すなわち、自身の人間的感情を神や聖人たちに移し込むことによって、彼らの助けを祈願する慣習などである[16]。そこでは、人々は、神もまた彼らの不名誉を神自身の恥辱と感じていると思い込んでおり、したがって、神は共に負わされたものへの報復のために動員されうる同盟者なのである。こうした感情を示す事例は、議論の対象となる時期全般にわたって、すなわち、確実に9世紀から14世紀にかけて、

数多く確認することができる。ひとつ、とりわけ説得的で、もっとも広範なインパクトを持っていたものとして、この時代の人々によくみられる十字軍に対するイメージを挙げることができよう。ジョナサン・ライリ＝スミスは、十字軍年代記や他の叙述史料において、報復やフェーデという言葉が行き渡っていたことを説得的に例証している[17]。それらの史料は、フェーデへのさまざまな参加者、神、ないしキリスト、あるいはキリスト教世界全体についての特定の記述であるかもしれないが、一方で、同じフェーデ的なトーンの語りを共有している。書き手が12世紀を通じて、十字軍というフェーデにおける正当な報復者への加勢を呼びかけることで、確実にアピール力が増すであろうと確信していたことは明らかである。神やその朋友に帰せられている感情は、もともとは明らかに人間のものであった。ここで確認されるように、こうした感情に訴えかけることは、日々の生活のよりありふれたレベルにおいて、お決まりのものとなっていたと考えられる。

　アングロ＝サクソン期のフェーデの存在を立証することは、「強い」感覚におけるものであっても比較的容易である。まず初めに、強弱双方の感覚のフェーデが、アングロ＝サクソン期のイングランドにおいて果たしていたと私が考える役割について、簡単な素描を行うこととしたい。そのあとで、12・13世紀を通じてフェーデが継続的に存在していたことを示す証拠を検証するとしよう。

## アングロ＝サクソン期のフェーデ

　古英語にはfoehðeという語があり、研究者たちは、ほとんどの文脈において「フェーデ」と訳すことに大抵は満足している[18]。ただし、フェーデの事例の数は幾分限られており、アイスランド・サガにまとまりを与えているような事例に比べると、ずっと限られたものである。しかしながら、当面の目的のためには、古英語文学のうちで唯一よく名の知られたお馴染みのベオウルフが、生きた文化的特徴としての「強い」フェーデを十分に証明してくれる。この偉大なる詩は、11世紀に読まれていたように（確実に読まれていたはずであるが）、

少なくとも10あまりのフェーデを話題にしている。初めはグレンデル、続いてその母親との対決において、多くのフェーデ的要素を含んだ物語を語るために、話の展開は、フロースガールとイェーアト族が共有するひとつのフェーデを軸に構成されている。また、われわれが確実に戦争と呼ぶべきものにまでフェーデ的な言葉が使われ続けており、フェーデの合法的な意味合いが、ウンフェルスの兄弟殺しのような不法行為への断固たる弾劾によって強調され、フェーデの心性の合法性が当然のこととみなされている[19]。

「強い」フェーデを証明する事例の中でもっとも顕著なものは、恐らくアングロ＝サクソン年代記775年の項に組み入れられているキネウルフとキネヘアルドのサガであろう。これについては、近頃スティーヴン・ホワイトによって、完全にフェーデの文脈において詳細な解説がなされた[20]。私が思うに、アングロ＝サクソン社会の最上部にあって、王冠という最高の賞品をかけた競争の中で、フェーデがまさに頻繁に現れる生活の特徴であったことを明白なかたちで強く立証しているのは、これらの二つのテクストだけである。しかし、さまざまな王国における王位継承に関するデータが、その見込みをいっそう強いものとする。759年から796年までの間にノーサンブリアを治めた8人の国王は、確実に相争う三つの異なる家系から出ている。ウェセックスでは、665年から802年の間に近親者によって王位を継承された国王はひとりもいない[21]。これらの示唆的な情報の断片の背後には、疑いなくフェーデのやり方で行われた紛争が存在していたはずである。

　私の現在の研究はいまだ初期の段階にあるが、それでも、「強い」フェーデがアングロ＝サクソン期の政治文化において重要な意味合いを有していたと確信するに十分な情報を収集している。詳細な議論については別の機会を待たねばならないが、印象深い材料のいくつかは、以下で明らかになるであろう。解釈の上では、歴史家たちの間で「フェーデの中での平和[22]」の名でお馴染みとなっている人類学の理論を引き合いに出すことが助けとなろう。このアプローチによれば、まさに「強い」フェーデの存在は、われわれの最初の直観とは逆に、社会統制を分断するよりは、むしろ支持するために機能する。ただし、この理論は批判的に評価される必要がある。なぜなら、この理論の不用意な支持

者の中には、ときとして、社会的結束のプロセスが機械的で不可避なものであるかのようにほのめかす者があり、そうした考えは、アングロ＝サクソン史家にとっては当然受け入れることはできないからである。いずれにせよ、通例理論ができることは、史料に対して別の方法では考えつかないかもしれない問いかけをなすように、歴史家を導くことのみである。人類学的議論の他の特徴もまた、歴史家にとっては疑いを起こさせる。たとえば、フェーデを支える集団の形成において親族関係が際立って重要であるとみなすことが、アングロ＝サクソン期のイングランド社会においても本当に認められるであろうか。招集の際には、領主や近隣者、そして、少なくとも必要ならば「ごく普通の」朋友にまで、ときとして声がかけられているということを考えれば、むしろより広い朋友関係を読み取る意見に、私は確実に賛意を表するであろう。さらには、初期の人類学的議論は「国家無き」社会を取り扱っており、フェーデが国家組織や公的裁判機構の代替物に違いないとの印象を与える。しかし、現代のすべての研究者は、アングロ＝サクソン期のイングランドにおける権力に関していかなる立場をとろうとも、王権とある種の紛れもない公的な法の存在を出発点とすることで一致している。たとえアングロ＝サクソン期の生活において、現実にフェーデが相当程度の重要性を有していたとしても、人々は待ち伏せによるか戦いの場に立つのと同様に、彼らの敵意を遂げる場をおおやけの法廷に求めねばならなかったかもしれない。私が主張したいことは、どの程度彼らがそうしたのかという問いかけが、アングロ＝サクソン期の法や訴訟の性質に関していかなる吟味を行う際にも不可欠だということである。

　この仮説の骨子は、近年の歴史学研究の流れをくむ見解、すなわち、10・11世紀のイングランドにおいて高度な中央権力の存在を強調する議論の主旨に対して、直接的な異議を唱えるものではない。「後期アングロ＝サクソン国家 Late Old English State」という名が多く用いられるようになってきているが、アングロ＝サクソン王権を最大限に評価するそうした解釈によって、この時期の政治史・行政史についてのわれわれの理解は著しく豊かになった。その成果は極めて堅固なものであり、フェーデの重要性をいかに誇張して主張したところで、その基盤は揺らぐものではない。ウェスト・サクソンの国王たちは、「犯罪」――もしこの用語を用いることが、この発展段階において受け入れられる

とするならば——に対して、類い稀な中央統制を行っていたようである。彼らは、この領域における自らの「公的な」権力を正当化するために、極めて堂々たるカロリング流のイデオロギーで理論武装し、確実にそれを思うままに操っていた。彼らの法(レーゲース)もまた、アルフレッド〔大王、在位871-99〕やその後継者たちの崇高な抱負への目覚しい記念碑となっており、同時期の中央権力を最大限に評価する解釈に強固な基盤を与えている。

　これに対して、私のアプローチは補助的な疑問を提示するものである。すなわち、ある人たちが主張しているほど、国王はそれらの法(レーゲース)によって、日常的な秩序基準を型どおりに統御しえていたのであろうか。少なくともその答えは、フェーデがそれ自体で、ある程度当時のアングロ＝サクソン文化の決まった一部分を占めていたことを認めるものでなければならない。フェーデに重きを置けば置くほど、国王の宮廷から遠く離れた日々の出来事に対して、王権が多少なりとも直接的に影響力を及ぼす余地は少なくなる。

## 法(レーゲース)

　私の今後の研究においては、法(レーゲース)についてのさらなる分析が、重要な部分を占めることになるであろう。しかし、現時点での私の見解では、法が示しているのは国王が要求する権限の漸次的な進展であり、エゼルレッド2世〔在位978-1016〕およびカヌート〔在位1016-35〕の時代になって、「救済されない」（すなわち、過ちを正すことができない）罪を明らかに除いた上で、重罪に対する完全な中央裁判権が主張されるに至ったにすぎない。ただし、もっとも注目すべきことに、パトリック・ウォーモルドでさえ漸次性にそれほど重きを置かない立場をとるようになっていることを考えれば、より十分な調査を終えたあとで考えを改める権利を保持しておくこととしよう[23)]。

　この法制上の発展に対するひとつの主要な証人となるのが、エドマンド第二法Ⅱ Edmund〔エドマンド1世（在位939-46）の法のひとつ〕である[24)]。この中にはひとつの核心的な部分があり、それに対する私の解釈は、一見すると実証しかねるようにみえる。しかし、予備的な再検討を行うことによって、その解釈

が引き続き可能かどうかが検証されるはずである。エドマンド第二法では、10世紀当時にあっては極めて類い稀な方法で、フェーデに真っ向から反対することが意図されていたように表面上は窺える。たびたび引用されるロバートソン女史による翻訳では、断固たる〔フェーデの〕廃棄通告でしめくくられている。「権威ある者たちによって、復讐に終止符が打たれねばならない」。しかし、よくあるように、翻訳とは気まぐれな案内人である。この言葉は別の解釈が可能であり、それは全体の主旨に影響を与えるものである。とくに、大抵の学者が勧めるように、Wer〔注24参照〕として知られる同時代の小さなテクストを考慮に入れるならば、なおさらのことである。この二つのテクストをあわせると、国王が「フェーデの中での平和」という方策を全般的に支持しており、それを機能させるために支援を提供していることがわかる。これらの文書には、力の弱い休戦協定を存続させ、より恒久的な平和、すなわち、大陸の史料で知られている完全で公的な和解という類いのものにつながる平和へと進展させるのに必要な手続きが、入念かつ正確に記されているのである。エドマンドは、法規に逆らう者たちには、国王とその家臣たちが立ち向かうことを確約している。しかし、国王は、いまだ「重罪」訴訟においてさえ、裁判や仲裁の独占を主張する用意はできていない。私的な方法でうまく紛争を収めるには、強硬な抵抗者を屈服させるために、私的に管理された暴力的制裁による脅しが必要であることを認知していたにもかかわらず、国王はそうした私的な努力を排除することには、明らかにためらいを持っていた。こうした文脈で考えるならば、'Witan scylon fæhðe sectan'が意味するところのものは、私には、「賢明なる人々（すなわち年長者、さらには仲裁者とも）は、復讐の仲裁のはたらきかけをなすべし」のようなものに読める。ロバートソン女史の解釈とは極めて異なる響きである[25]。フェーデを許容するほとんどの社会にとって、私的なフェーデの手続きが公的に設定された基準を認めるべきであるとみなすことは、馴染みのないことではなかろう。本質的には、正当なフェーデは公的な行為であり、しかるべき正当性を欠いた卑劣な報復（殺害）行為とは明確に区別されるものである。唯一異例な特徴といえば、正式な立法化の装いのもとに普及していたということである。

　議論を広げてみよう。エドマンド第二法は例外的なものであるとはいえ、中

央権力の存在を最大限に解釈する人々にとって、もっとも強力な切り札のひとつである。集成としての法（レーゲース）は、特定の状況に対処するために作成されたに違いないものであり、私が提示したような解釈を受け入れることで光があてられるのは、その背景となった状況そのものである。サイモン・ケインズによる示唆的な論考は、立法者が標的とした状況に対して、より集中的に注意を向けるように促している[26]。「違法な暴力的行為」といった表現は、ある程度フェーデ的な特質を持った環境を物語るものであり、時折みられる法に関する叙述から確認することができる。図らずもそうした叙述は、国王の法廷や役人が、いかに法（レーゲース）の規定する理想的な規則からはむしろかけ離れるかたちで、私的な紛争の力学に引き込まれていたかを示している[27]。そうした材料からは、絶対とは言えないかもしれないが妥当な見解として、後期アングロ＝サクソン時代における訴訟当事者や紛争当事者、あるいはその支持者たちが、公的な制度というものを紛争に勝つためには必要に応じて巧みに利用すべき私的な手段であるとみなしていたと言えるだろう。

## 征服後における怒りとフェーデ

　これまでの私の目的は、アングロ＝サクソン期のイングランドにおけるフェーデの重要性を強調する議論に関して、最低限の骨組みを提示することであった。征服後の時代については、ずっと多くの分量の材料が利用できることを考えただけでも、より選択的なアプローチが好ましいであろう。現時点での私のささやかな目標は、法と秩序の基準という主要テーマを含めて、12・13世紀のさまざまな社会関係の多くの特徴を調査する際に、ひとつの研究手段がいかに有益であるかを立証することである。すなわち、私をアングロ＝サクソン期のフェーデ研究へと駆り立てたフェーデの理論が、ここでも同様に、投げかけるべき問いを与えてくれるのである。以下では、実例となる追跡調査の結果を提供することとしたい。ひとつは世俗的でコモン・ローへと向けられたものであり、もうひとつは、より教会に関係し、方向性としては宗教的とさえ言えるものである。

## トレスパス（侵害）

　コモン・ローの主要部門のひとつをなすトレスパスは、中世の終わりまでに発達を遂げ、結果的に、民事関連の日常的な救済手段の大部分をなすようになり、不満を持った人々に国王の法廷を通じて補償を求める機会を提供した。トレスパスの本質と起源については、中近世の法律専門家たちによって歴史的な誤解が広められてしまっていたが、歴史家たちは、苦労をともないながらも、ようやくその誤解を取り除くことができるようになってきている。もともとトレスパスは、その語が指し示す通り「不正」の意味で用いられており、中世英語においては、フランス語からの借用語である Tort と同義語であった。法制上の使用範囲は、「主の祈り」〔マタイ 6 章 9-13 節、ルカ 11 章 2-4 節〕にみられるようなあらゆる不正から次第に狭められていき、コモン・ローで取り扱われる不正、すなわち、国王の法制度が救済措置を提供する準備のある不正の総体を指し示すようになった。そのように定められる不正は、初期のコモン・ローの記録では、だいたいその開始時期にあたる 12 世紀末から 13 世紀にまとめられて増幅するのが確認される。国王とその裁判官たちは、どのような不満であれば訴えを聞いて救済策を講じることができるか、その許容範囲を定める必要があった。何を含め何を除外するかについては、十分に多様な根拠が存在した。実際に全体的な指針となった原則は、今から見れば、ほとんど国王の政治的利害以上の何ものでもなかったように思われる[28]。

　コモン・ローのトレスパスの起源に関するこうした説明の背後には、たとえ明瞭に述べられることはほとんどないとしても、弱者が不満を抱いた場合には、補償を得るために強者に助力を求めるという古くからのお決まりのパターンが前提とされているに違いない。トレスパスのコモン・ローは、国王がそうした援助の嘆願を実際に処理する中で生じてきたものである。法制史家たちが、こうした行動パターンをコモン・ローの誕生以前にさかのぼって求めることはほとんどない[29]。しかしながら、弱者（パウペル）による強者（ポテーンス）への嘆願は、より古い時代のあらゆる類いの史料から実証することが可能であり、そうした考えは、

全体としてフェーデと不可分に関係している。自分よりも力のある者から不正を受けた場合には、直接的な攻撃によって報復を遂げようとすることは、ほとんど不可能である。仮にそうしたとしても、単にいっそうの屈辱を被るのが落ちであり、命を失うことすらありえるかもしれない。したがって、弱者としては、さらに上位にある権力者の関心を引いて自身の訴えを取り上げてもらい、フェーデをより高いレベルにおいて引き受けてもらうように期待しなければならないのである。

　ところで、説得のはたらきかけというのは、今日でいえば、執拗にせがまれることにあまりに慣れすぎた金持ちの個人や団体から、何とか慈善の寄付をとりつけようとする際に直面する状況と似ている。ただし、やり方には違いがある。中世においては、真に迫った嘆願(クエレーラ)というかたちで事の経緯(コント)を語り、聞き手の憐憫を誘い、共感を得て、行動を起こしてもらうようにするのが最善の方策だったようである。涙を流し、身振りを交えて、さらには服を引きちぎったり地面にひれ伏したりしてまでも、相手の前で身を低くして振る舞ったであろう。そして、身分の高い人に、もし行動を起こさなければ自身の恥辱となって返ってくる恐れがあると思わせることで、自分の訴えに取り合ってもらうようにはたらきかけたのである。自らが被った不正が、自分自身のみならず、その人の名誉をも損なうものであることを何とかして示そうとしたであろう。そうした訴えかけが領主に対してなされる場合は、説得は比較的容易であった。たとえば、領主への奉公の最中に、あるいは、領主の保護や平和が軽んじられるかたちで損害を被ったのであれば、領主はどう対処しようとしたであろうか。

　もちろん、成功の度合いはまちまちであった。もっとも劇的な訴えかけをしたとしても、行動を引き出せる保証はなかった。しかし、こうした方針に沿った訴えかけが、ほとんどいたるところで行われていたことに議論の余地はない。叙事詩文化の中に深く根づいていたフランス語の武勲詩においては、たびたび重要な位置が占められている。より信頼のおける史料の中では、修道院長シュジェの『ルイ肥満王伝』〔フランス国王ルイ6世、在位1081-1137〕が最良のものであろう。この中でシュジェは、老王がいかに振る舞ったか——あるいは、振る舞うべきであったか——を模範として語ることで、若きルイ7世〔在位1137-80〕に、今度は彼がよき国王として何をなすべきかを示している。ひと

つ中心的なメッセージとなっているのは、よき君公や騎士というものは、耳にした横暴に注意を払い、いかに見込みがよろしくなかろうと不正を正すことに乗り出すものだということである。挿話的な『ルイ肥満王伝』の構成の多くは、ルイを行動へと促すことをねらいとした訴えかけからなっている。嘆願者の幾人かは教会人であるが、すべてではない。そうした行動を典型的な聖職者の弱者(パウペレース)に限る理由はない[30]。残念ながら、ルイの同時代の好敵手であったヘンリ1世〔在位1100-35〕や、あるいは、その周辺の時期のイングランド国王について、同種のテクストは一切書かれていない。もしそうした史料が書かれていたならば、家臣の争いへの王権の介入を国王の責務の一部として、よりいっそう十分に確立した伝統としていたことに起因する実質的な違いが、確実に見出されるであろう。しかし、そうであっても、イングランド国王版もまた、やはり同じような言葉で同じような話を伝えてくれるであろう。国王や諸侯の慈悲は、安くで得られるものではなかった。したがって、唯一現存している財務府記録(パイプロール)に、いくつかの支払いの記録が残されている。これらの支払いや、さらに古い1120年代かそれ以前の記録されていないものの背後には、支援を求める同種の訴えが存在していたに違いない[31]。

　こうした訴えは、基本的には三つの方向のいずれかへと向かうことになる。第一は、領主が被告を召還して、自身の面前で原告の苦情に答弁をさせることである。この方法がもっともよく機能したのは、紛争当事者双方が同一領主の家臣であり、したがって、争いが暴力沙汰に至る前に紛争を処理することに、領主が二倍の関心を持っている場合であった。結局のところ領主にとっては、いずれの家臣が争いに勝利したとしても、もうひとりの家臣を失うことになりかねなかった。領主自身が、二人の家臣のうちの一方を完全な勝者とすることで最善の利益を得ることは、ごくごく稀であった。したがって、二人の家臣の間での苦情の申し立ては、上級領主に対して、試練と好機とを同時に与えるものであった。試練とは、自身の領地、ならびに、それを超えた領域において、自らの名声を高める方法で係争を処理することであった。その際に、領主は自分の家臣同士の不和を仲裁し、名誉ある和解を取りまとめることで、領主としての権威と知性とを示す好機を得たのである。たびたびそうした和解の手はずを整える最良の手段となったのは、加害者から被害者への補償を引き出

すことであった。この支払いは、あらゆる損害に対する名誉ある返済に、被害者が被った恥辱や屈辱に対するいくらかの代償を加えたものからなるべきであった。実際の損害に加えて恥辱に対する追加の補償をなすことが、13世紀に入っても引き続き維持されていたことは、極めて明瞭である[32]。このことは、フェーデとフェーデの思考様式との間に想定される繋がりを確認するかたちで、中世初期の法(bot)に記録されているような補償の手配から、コモン・ローのトレスパスを特徴づける損害賠償への移行の鍵を提供してくれている。

　こうした対応の仕方が、後のトレスパスのおもな起源となったものであるが、これがすべてであったわけではない。名誉と恥辱ということでは、おおやけの意見は交渉による解決に好意的ではなかったかもしれない。損害に対する補償は、いかに名誉を重んじるかたちで表され与えられたとしても、とくに加害行為が深刻であった場合には、被害を受けた側のすべてに受け入れの用意があるとは限らなかった。係争当事者たちは、臆病者との批判を受けたり、名誉を「30枚の銀のかけら」で「売り渡した」といって嘲笑されることを恐れていた。名誉がかかっている場合には、身体的な力の行使や軍事的な行動がふさわしく、とりわけ法廷決闘のかたちをとることが望まれた。こうした見方から、決闘がフェーデを儀礼化し、弱体化し、制御することとなったのである。

　この第二の補償の道、すなわち決闘への挑戦は、身体的な勇気を必要とするものであったが、原告にとっては、鬱憤の解消というまさに持ってこいの特典が与えられるものでもあった。原告は、被った不正に対する憤懣や無念、怒りをおおやけの場で発散させることができ、また、決闘の機会に皆が見ている前で自身のずっと高貴な資質を披露することによって、先に受けたいかなる恥辱をも覆すことができたのである。法廷決闘は、たとえば係争当事者である「被害者」が、ある損害を被ったと主張するものの、その事実を領主（ならびに領主の法廷の人々）に納得させるだけの論拠や証拠に欠く場合のように、いずれにせよ「被害者」としての立場に疑いがある場合には、とくに有効であった。武勲詩の叙事詩的な訴えかけも、あるいは、イングランド法において重罪私訴追として知られるようになるものの先駆けも、まさにここにあるのである。こうした訴えは、法的な記録の光のもとに現れるようになり、13世紀のコモン・ロー世界の中で生き長らえるのである[33]。

第三の可能性は、領主自らが共有する不名誉に対して、家臣と共に力による報復に乗り出すことである。この対応は、すべての中でもっとも基本的なものであり、論理的には（そして、恐らく時間的にも）金銭による補償や法廷決闘に先立つものであった。家臣の嘆願によってうまく説得された領主は、すべてを差し置いて、共通の恥辱に対する武力による報復に加担した。他の領主に属する者によってなされた不正は、とくに萌芽期にある法体系の中にあって——理由は明らかであるが——追及することがほとんど不可能な場合には、このような対応を招く傾向がとりわけ強かった。したがって、紛争当事者は、自身の損害と報復の義務とを首尾よく領主に譲り渡したのである。こうして、家臣のフェーデは領主のフェーデとなる。個人的な怨恨は、もともとの紛争当事者の近しい親族や朋友の範囲をはるかに超えて、多くの人々が命を落とす原因ともなるであろう[34]。

## エルダーズフィールドのトマス

　私は以前に別のところで、あるひとつの逸話について詳細な検討を行ったことがある。その話は、文書に記録されている度合いだけをとってみても珍しいものであるが、今ここで概略を述べた図式に関しても、その背後でどのように選択や打算がはたらいていたかを具体的に示してくれるものである[35]。
　エルダーズフィールドのトマスは、つつましやかな財産を持った自由人で、イングランド国王の大法官として国王に次ぐ地位にあったジェフリ・フィッツ・ピータに仕えており、宮廷においてそれなりのキャリアを築くことに成功していた。彼は十分な資産を蓄えると、自分が育ったグロスタとウースタの境界にあるエルダーズフィールドに所領を手に入れて身を落ち着けた。ところが、彼の父親の領主の妻が、若いトマスに対して見境をなくすようになり、彼は次第に恋愛関係へと引き込まれていった。結局のところ、トマスはその関係に終止符を打ち、自らの罪を告白することになるが、夫人の方は拒まれても関係を断とうとせず、夫の死後にはトマスに結婚まで持ちかけ、資産である所領を与えようとした。

第5章　中世イングランドにおけるフェーデ　137

　トマスが頑なに彼女の申し出を拒んだため、夫人はジョージという男と再婚することになるが、その後もトマスに対して不満を抱き続けていた。この三人は、皆同じ地域共同体に属していて顔を合わせる機会は多かったが、1217年の聖霊降臨祭までは、友好的な関係を保っているようにみえた。ところが、その日、二人の男は一緒に酒を飲んで過ごしてから家路についたのだが、その道すがら、ジョージが突然持っていた棍棒でトマスに殴りかかったのである。トマスは自衛の目的で、たまたま手にしていた斧でジョージの肩を軽く打ちつけたために、流血沙汰となった。ジョージはたちまち走って逃げ出すと、叫喚追跡（ヒュー・アンド・クライ）の叫び声を上げ、抜け目なくも即座に相手に対して法的に有利な立場を手にした。彼は、トマスが国王の平和を侵害したと主張したのである。

　続く4年の間、トマスは投獄を免れるために、多大な労力と費用をつぎ込むことを余儀なくされた。ジョージとその夫人が、哀れなトマスを財政面のみならず身体的にも破滅させようと目論んでいたことは、いかにもありそうなことである。ジョージは確実に国王裁判官の前での裁判に持ちこむために、入念に重罪私訴追（アピール・オブ・フェロニ）を選択した。彼の望みは、決闘を要求してトマスに身体的な処罰を下すことであった。トレスパス訴訟では、そうした報復の機会は与えられなかったであろう。ジョージの希望はかなえられた。

　トマスは、訴えの内容が真実ではないと「一語一語」激しく否定し、1221年6/7月に開かれたグロスタシァの巡回裁判において、近隣の者たちからなる陪審に彼の言い分を提示した。これらの陪審員たちの多くは、際立って影響力のあるノースウェイの領主夫妻〔ジョージとその妻〕の顔見知りであり、何が期待されているかは承知していた。トマスは有罪とみなされたのである。法廷としては、二人に決闘を行うように命ずる以外に、ほとんど選択肢はなかった。

　トマスは、聖ウルフスタン、処女マリア、そして、神に対して一心に祈りを捧げたが、1221年8月5日、ジョージによって完膚なきまでに打ちのめされてしまった。今や国王の慈悲のもとに置かれたトマスは、実質的には裁判官たちの自由裁量に委ねられることとなった。彼らはトマスを即刻しばり首にするよう命じるかわりに、「判決に慈悲を織り交ぜ」て、単にトマスを去勢し盲目にするよう宣告を下した。

　刑の執行は、慣習に従って、ジョージ自身の親族によって果たされた。トマ

スを妬ましく思っていたノースウェイの領主夫妻にとって、これ以上満足のいく結果があったであろうか。トマスは破滅の身となり、おおやけの場で辱めを受け、あまりの責め苦にほとんど死んだも同然であった。これに引き続いては奇跡が起こり、この話のおもな出所を説明することになるが、ここでは重要ではない。本質的に重要なことは、訴訟記録(プリー・ロール)に記載されているような訴訟の背後に存在していた事実について、基本的な裏づけがなされていることである。

　こうした事件の詳細を再構成することは、しばしば可能であり、なされるべきである。それによって疑いなく明らかになるのは、フェーデ的な動機や行動が、13世紀でさえも多くの係争や訴訟の原因となっていたにもかかわらず、コモン・ローの非人格的な法律家の記録によって隠されてしまっているということである。コモン・ローの役割は、法と秩序の包括的な基準を設定することであった。したがって、その記録は、紛争を法廷に持ち込むこととなったまさに人間的な感情については、意図的に削り落としてしまっている。その結果、そうした記録は、西洋における司法の主要な特徴のひとつであり、裁判官と法学者にとってのしかるべき目標である法的公正さへの熱望を象徴するものとなっている。そのいくつかは、極めて理想に近いものにさえなっていたかもしれない。しかし、そうした記録のために、多くの係争当事者が抱いていたはるかに人間的な動機や、さらには、法律関係者たちが訴訟を引き受けた利己的な理由に対して、目が閉ざされることがあってはならない。

## 他のコモン・ロー訴訟：新不動産占有侵奪(ノヴェル・ディシージン)と強姦／誘拐(Raptus)

　法廷が、裁判の結果である訴訟記録(プリー・ロール)の本文から、厳密な法律用語で表された判決とは無関係な事実の情報を首尾よく削除してしまっているために、歴史家にとっては解釈上のジレンマが生じる。とはいうものの、幾多に及ぶ訴訟記録(プリー・ロール)の事例の中で、少なくともいくつかにおいては、そうして隠されてしまった感情を引き出してくることも可能である。とくに見込みがあるとおぼしき種類の訴訟が二つある。すなわち、新不動産占有侵奪(ノヴェル・ディシージン)と強姦／誘拐に関する訴訟である。

新不動産占有侵奪の訴訟は、法律関係の教科書が示唆するような占有に関する人間味のない検証というよりも、ずっと多くのことを含んでいる場合が頻繁にある。ときには代官ないし郡代を筆頭に、極めて多数の被告の名前が列挙されている。また、村人の集団によって起訴された領主間ないし貴族家系間での暴力的な紛争と確実に類似しているものもある。

　次に挙げられる訴訟は、強姦、あるいは、むしろraptusに関するものである。この見出しで記載されているものの多くは、強姦というよりも、むしろ現在の理解では誘拐に関するものである。この二つの罪の関連性については、ローマ法にまでさかのぼり、英語での明確な説明もいまだなされていない長い前史がある[36]。これについては、私自身が今後の機会に試みようと思っているところであるが、ここでは次のことを指摘しておけば十分であろう。すなわち、訴訟記録の内容に他の史料から得られる情報を補うことで、女性の権利を争点とし、潜在的な暴力を含んだ極めてフェーデ的な性質を持つ貴族家系の紛争について、多くの事例が明らかになるということである。

　中世期を通じて、強制的な権力が、法によって認められた者――必ずしも冠を戴いた君侯だけに限らない――の手の内に集中していく中で、私的な報復は、その形態を変容させていった。この展開の中では、教会が、目覚しくも同時に不明瞭な役割を担っていた。すなわち、多様な状況下にあって、とくに俗人の不当な暴力への訴えかけに対抗するために、教会は力の行使に許可を与えていたのである[37]。

## 教会による仲裁

　教会は、ときに移り気ではあったものの、社会のあらゆるレベルにおいて積極的に平和を奨励した。これはどちらかといえば、人々の間に完全なる天上の平和を反映させるためであった。しかし、このことは暴力の絶対的な禁止を意味していたわけではない。教会は、しばしば暴力を認可された目的へと向けようとした。たとえば、十字軍がそうであり、あるいは、「正当なる戦争Just War」にさえ暴力は注がれた。われわれが目にしてきたように、たびたび十字

軍戦士の敵に対しては、単なる戦士たち自身の敵である以上に、神、キリスト、キリスト教世界、あるいは、教会の敵としての烙印が押されたのである。教会はその地位を正当化するために、広く普及していたフェーデの心性を乗っ取り、それによって教会自体の目的を促進した。こうした議論の方向性は、必然的に、不正——事実であれ、主張されただけのものであれ——に対して身体的な力で報復しようとする俗人の自然な志向性に、明白なかたちで道徳的な力を与えることとなった。

　教会は、社会の内なる悪を抑制することを目標とする一方で、同時に外の敵には強硬に対抗する力を組織せねばならず、こうした逆説的な必要性が、教会の影響力を曖昧なものとした。邪悪なる者に対して報復による正義を説くことは、穏当な外交や仲裁、補償による妥協の交渉に真っ向から対立する議論であった。しかし、教会はこの双方の活動に従事し続けていたのである。

　教会人たちは、国王や諸侯との関係以外に、どれほど積極的に俗界に介入していたのであろうか。人々が力によって紛争を解決することをどの程度禁じえたのであろうか。聖職者たちは、紛争当事者に暴力的な対決を回避する手段を提示できていたのであろうか。さしあたりは、これらの問いを提起することにとどめておこう。中世初期の教会人たちが、世俗の国王や諸侯の助言者としての重要性を超えるかたちで、世俗の裁判においてもひときわ重要な位置を占めていたことは、議論するまでもない。当時の法廷において証明がなされるには、聖職者の参与を必要とした。人々は、常に最終決定を神の審判に委ねることを主張していたのである。証拠が文書や証人による証明を含む場合でさえ、聖職者が聖遺物や福音書にかけた誓約を取り仕切っていた。よくあることであったが、裁決が神判による審理をめぐって展開する場合には、聖職者の参与は不可欠であった[38]。このように、教会人たちは、数ある中でも中心的な儀礼を執り行っており、また、その結果にも影響を及ぼしていたのである。

　13世紀に入っても、聖職者による仲裁は、事情が許す限り、恐らく1100年以前のウルフスタンによるはたらきかけとほぼ同じ路線で続けられていたであろう。こうした事情は海峡を越えても同様で、少なくとも、イングランドと比べても「公的な」正義がほんのわずかに劣る程度であったフランドルにおいても当てはまるようなのである[39]。私の研究が進むうちに、いくつかのテクスト

が見つかると期待しているが、もしないようなことがあれば、それこそが驚きであろう[40]。

　規範的な史料からは、事例を物語るものとは対照的に、実際に教会人たちの中に、信徒の個人間の関係への介入に関心を示していた者がいたことが、はっきりと確認できる。汝自身と同様に汝の隣人をも愛すべしとの訓戒を考えれば、教会人たちが公然たる紛争に関与することになったのは、当然の結果である。私が知る限り、こうした方面の調査は、ほとんど手付かずのままである。今までのところ、もっとも示唆的な議論は、いわば中世畑に領域侵犯を行っている近世史家のジョン・ボッシ教授によってなされている。彼のミサの社会史に関する見事な考察を見てみることとしよう[41]。

　ジョン・ボッシは、礼拝式を社会史的な視点から分析した最初の研究者のひとりである。彼は、ミサがとりわけ平和儀礼の一種として機能しえたことを説得的に示している。聖餐式を待つ会衆が秘蹟による一体性を得るには、憎しみが重大な障壁とみなされていた。とくに、人々の間における憎しみは厄介なものであった。そこで、この問題に対処するために、ミサの奉献文では、多くの補助的な祈祷が聖体拝領の秘蹟を行うあたりに集められていた。生者のための祈りもあれば、死者のためのものもある。これらは、神が増え続ける仲間の人々を記憶にとどめ守護してくれることを祈るように、ミサに出席している俗人たちに促すものであった[42]。リストは血の繋がった親族に始まり、義理の親族（アッフィーネース）、広義の家族（ファミリアーレース）（確実に近隣の者まで含むであろう）、それから朋友（アミーキー）（先のいずれの範疇にも含まれない「ただの」友の意であろう）へと及んでいる。このリストは、領主と家臣だけが明らかに省かれてはいるものの、フェーデの支持団体と著しく類似している。さらに何よりも、「われわれの友が争いの中にあるときには、その者の平和」のために祈ることが指示されていることを考えれば、なおさらである。ここで自ずと浮かんでくる疑問（誰との争いか）に対する答えは明白である。敵、すなわち、友の敵、つまりは、我々の敵である。

　権威者たちの中には、福音書が命ずるに従って、敵のためにも祈祷をなすように勧める者もあった。しかし、大抵の信徒は、明らかな不条理ゆえに、そうした完全性を求める忠告には耳を傾けようとはしなかったであろう。何の益があって敵の魂のためにミサを行うのか。これとは別に、良きもののため

だけに祈ることを勧める意見もあった。しかし、敵に対して呪詛の祈祷をなすことに関しては、大多数が誤ったことであるとはまったく考えていなかったようである。その結果として、ソールズベリ式典礼の「敵に対して contra adversantes」によるミサのように、今日まで読まれ続けているものもある。教会や修道院が、11世紀のウィンチェスタの修道女たちがそうしたように、13世紀においてもこの有益な選択肢に信頼を置き続けていた可能性は極めて高い。これに似た材料については、パトリック・ギアリやレスタ・リトルが大陸についての研究を行っているが、それと比較すると、イングランドにおいては、この手段はそれほどには使われていなかったようである。ただし、証拠に対する断固たる調査がなされない限り、断定的な判断を正しく下すことはできない[43]。ボッシの議論はさらに進む。彼は、そうしたミサの出席者の中には、実際に墓の中にまで、あるいは、その向こう側にまで敵を追い求めようとした者もいたのではないかと考えている。そうするために、彼らは敵の名前を死者記念の名簿に書き込んだのであろう。そうすることで、彼らに代わって「過ち」を正すように、神に誘いかけたのである。

このように、ミサをひとつの手段として巧みに利用することがありふれたことであったならば、贖罪司祭たちには厳しい試練がもたらされたに違いない。いくつかの贖罪司祭の手引書が、教区内における朋友間の憎しみの問題や、それによってもたらされるミサの効果への潜在的な影響について取り扱おうとしていたということは、もっともなことである。チョバムのトマスが認めているように、聖体拝領者の間での怒りの存在は、秘蹟を神にとって憎むべきものに変えてしまうこととなり、その結果、秘蹟が損なわれる危険性があった。したがって、トマスは、たとえ祭壇にむかう途中であっても、そうした敵意を覚える者があれば、その時点でその場で歩みを止め、敵のいる所まで歩み寄り、そこで和解を求めるように忠告をなしているのである[44]。

『贖罪司祭大全 Summa Confessorum』は、報復に関する議論の全体系を利用して書かれた多種多様なテクストのひとつにすぎない。チョバムのトマスや同様の議論を行っている者たちは、孤立無援の中で書いていたわけではない。13世紀までには、教父たちや彼らへの近道となる同時代の手引きをはじめ、一気に増幅しつつあった当時のスコラ学者たち自身による著作に至るまで、中

心的なキリスト教関係のテクストの膨らみ続ける文献目録からエキスを抜き取ることができたのである。ここには、フェーデ研究を行う歴史家にとって豊かな財産が隠されている。私は、もっぱらフェーデのみについて扱っている学者の論考をいまだ発見してはいないが、存在していた可能性は十分にある。恐らくこのテーマについてのもっとも明白なアプローチは、中世においてあらゆる事柄に関する考察の永遠なる源泉であった聖書を通じたものである。聖書のテクストを中心に展開される考察や議論の割合が高いことは、直接の引用や多くの比喩が証明している。平和や暴力、そして、報復を行うことに関して、ほとんどいかなる提言をなすにしても、聖書はそれを支えるに十分豊かな情報源であった。当時においても、現在と同じく、皆にそれぞれお気に入りのテクストがあった。「平和を実現する人々は、幸いである」（マタイ5章9節）との言葉や、自分の敵を愛すようにとの訓戒（マタイ5章44節、ルカ6章27-8節）、および、「復讐するは我にあり」（申命記32章35節、ヘブル人への手紙10章30節）と言って報復の独占を宣言する神の主張に対しては、正当な報復行為を物語る一連の旧約聖書の事例全体を対置することができる。これらが肩を並べていた状況を解明するために、12・13世紀の解釈を示す注釈を通した研究がなされる必要があることは明白である[45]。そうすることによって、中世の男たち（ならびに、十中八九女性たちも）が、公正に報復を行うことをどれくらい正当化し続けていたのかが、ずっと明らかになるであろう。

## 中世後期の文学史料：チョーサ

　最後に、1300年を過ぎてかなり後の時代になっても、仲裁者たちが依然として彼らの主張を展開する必要があったことが、イングランドのひとつの事例から立証される。それは、チョーサの『カンタベリ物語』の中で、恐らくもっともぞんざいな扱いを受けている「メリベウスの物語」である。この話の中で同名の主人公は、ある種の敵対関係に陥っていた。結局のところ、メリベウスの敵対者たちは、敵意を遂げようとして、彼の娘のソフィに5つの「致命的な」傷を負わせることになる。ここで当然問題となったのは、彼がいかにしてこれ

に応じるべきかである。チョーサの明瞭ではあるが面白味のない散文体の語りによれば、彼の望みは、朋友を呼び集めて被った損害に力で報復をなすことであった。そこで、プルーデンス〔慎重、分別の意〕というしかるべき名前をつけられた彼の妻が、彼を思いとどまらせようと時間をかけて巧妙に説得する。ここで各自が展開した議論の要点のほとんどは、スコラ学派の著述にさかのぼりうるものであり、私もゆくゆくはそれらを追っていくことになるであろう。もちろん、この話についての多くは、フェーデの憎悪という社会的現実からは遠く引き離された目的に向けられたものである。それでも、その存在理由は、次の二つの極をめぐって展開している。すなわち、一方はキリスト教的な隣人愛であり、もう一方は、損害に対して報復を、目には少なくとも目を求める世俗的な傾向である。チョーサが自分自身の時代に対して時代錯誤的なものを見ているということは、まったくない。彼が使用した情報源とその知的文脈を追求すれば、12・13世紀のイングランドに対するわれわれの理解にも、確実に多くのものを加えることになるであろう。

　私がいまだ確固たる結論を提示できる立場にないことは明らかであるが、それでも、少しの提言をなすことだけで本稿を締めくくることができるであろう。私が固く信じていることは、アングロ＝サクソン期を研究する歴史家たちにとって「強い」フェーデが、はるかにずっと注目に値するものだということである。個別の事例に関心を払うばかりではなく、それらが「後期アングロ＝サクソン国家」の政治文化ならびに文化全般にとって、何を意味しているかを探求する必要がある。いったん調査が進められれば、十分12世紀においても、また、ときにはそれ以降においても、フェーデの存在が確認されるであろう。こうしたアプローチからは、ひとつの時代区分が生み出されるであろうし、それによって学者たちは、中世盛期の史料に対していくつかの問いかけをなすように促されるであろう。すなわち、動乱がより激しいとみなされている「擬似封建制」とバラ戦争〔1455-87〕の時期のイングランドを研究する学生には、自然にしみついている問いである。はっきりしていることは、1066年が明白な終点とはならないことである。「弱い」意味でのフェーデ、すなわち、あらゆるレベルで政治的打算の背後に普及していたフェーデ的な心性に対しては、分水嶺となるような時は存在しないのである。

第 5 章　中世イングランドにおけるフェーデ　　145

　この仮説がイングランド史家によって認められたならば、イングランドの早熟的に中央集権化された体制と大陸ヨーロッパのものとの間で慣習的に認められている対照の度合いを弱めることになるに違いない。フェーデを行うことは、神聖ローマ帝国がしばしばそうみなされるように、単に「後進的な」社会の機能を示しているわけではない[46]。むしろフェーデは、フランドルやイングランドのように、輪郭のはっきりとした中央権力のもとで強力に秩序化された地域さえも含めたあらゆる場所において、中世貴族文化の不可欠な要素であったとみなされなければならない。

　どれほどの修正が必要であるかは、別の問題である。私的な報復と公的な正義は、相互に排他的な選択肢でもなければ、相互に共存できないものでもない。双方が極めてうまく肩を並べて機能しうることを例証するのは容易なことである。しかし、実際そうしたことが、ある特定の地域で、ある特定の時期に、どれくらいの頻度で、どのような方法で行われていたのか。これらは事実の問題である。私の現在進行中の研究計画、ならびに、望むらくは他の研究者にとっても、このテーマについてさらなる調査を行うことに対しては、これ以上ありえないほどの正当性が与えられているのである[47]。

注

1) *The Vita Wulfstani of William of Malmesbury*, ed. R.R. Darlington, Camden Society, n.s. 11 (1928): 38-40 and cf. p.45. Emma Mason, *St. Wulfstan of Worcester, c.1008-1095* (Oxford, 1990), 170-73 は、本稿執筆に間に合わなかったため考察対象外。
2) こうした機会に説教を行うことをウルフスタンが慣例としていた可能性は極めて高い。*Vita Wulfstani*, 38-40を参照。
3) このお得意のトピックの主張については、*ibid.*, 45. また、*Willelmi Malmesbiriensis Monachi de Gestis Pontificum Anglorum* ed. N.E.S.A. Hamilton (London, 1870), 283-84 も参照のこと。
4) 同様のことは、一世代あととなる1166年のクラレンドン条令の背後で、国王の平和運動の主たる標的として残っていたトラブルメーカーたちについても確認される。
5) マタイ5章9節は、当然ながら、この文脈ではもっとも好まれる箇所である。
6) Ultio（ならびに、vindictaのような同類の言葉）の決定的な多義性については、今後検討する必要があろう。これらの語は、「報復」のみならず「処罰」をも意味しうるもので

ある。ここではさらに、以下121-24頁〔原文では、4-6頁〕のナンナミンスタ祈祷書を参照のこと。
7) *Vita Wulfstani*, 39-40. ここでもまた、究極的には神が傲慢な者(コンテンプトル)を処罰している。
8) 『聖ウルフスタン伝』は、これらの事例の年代について何も述べてはいない。ウルフスタンの司教在位期間が1062年から1095年であることを考えれば、征服後の出来事である可能性の方が高いであろう。
9) Geoffrey Koziol, 'Monks, Feuds and the Making of Peace in Eleventh-Century Flanders,' *Historical Reflections/ Réflexions Historiques* 14.3: 531-49は、同様の事例に関して最近出された論考である。
10) イングランドにおいては、これと同等の事例は確認されない。この事例は二つの偶然が重なった結果である。大陸の史料では、同様のテクストが少量ながらも継続的に確認される。このことは、司教や他の賦才ある者たちによって平和活動がずっと頻繁になされていたことの反映であるかもしれないし、そうではないかもしれない。記録の偶然性に拠るところがあまりに大きい。
11) *Facsimiles of Horae de Beata Maria Virgine from English MSS of the Eleventh Century*, ed. E.S. Dewick, Henry Bradshaw Society 21 (1902), cols. 1-2. また、Mary Clayton, *The Cult of the Virgin Mary in Anglo-Saxon England* (Cambridge, 1990), 70 に引用がなされている。
12) ボールドリックの息子ヒュー、ならびにイチン・アバスについては、*Domesday Book*, i.48b, and cf. ibid., i.230, 353d, 356b, 367a (*Domesday Book Seu Liber Censualis Wilhelmi Primi Regis Angliae*, ed. Abraham Farley, 2 vols. (London, 1783); vols. 3 and 4, ed. Henry Ellis, Record Commission (London, 1816)). また、Judith Green, 'The Sheriffs of William the Conqueror,' *Anglo-Norman Studies* 5 (1983): 131, 134, 139-40. 土地に関する不服申立についてのドゥームズデイ訴訟の一般的な目的と重要性に関して、私が 'No Register of Title,' *Anglo-Norman Studies* 9 (1987): 127-41においてとった立場は、パトリック・ウォーモルドによって完成された研究〔Patrick Wormald, 'Domesday Lawsuits: A Provisional List and Preliminary Comment,' *England in the Eleventh Century*, ed. Carola Hicks (Stamford, 1992), 61-102を参照〕、ならびに、1986年の〔ドゥームズデイ・ブック900周年の〕記念日以降に出された他の研究（たとえば、D.R. Roffe）と照らし合わせて、修正される必要があるであろう。
13) エドガ王〔在位959-75〕の娘である聖エディスについては、Susan Ridyard, *The Royal Saints of Anglo-Saxon England* (Cambridge, 1988), 149-51 and 80ff. passim.
14) Peter Sawyer, 'The Bloodfeud in Fact and Fiction,' *Acta Jutlandica* 63.2 (1987): 27-38. 以下の注24も参照。
15) Robert Bartlett, '"Mortal Enmities": The Legal Aspect of Hostility in the Middle Ages'（1990年4月にフロリダ州ゲインズヴィルで開かれた紛争解決に関する学会での報

告原稿) は、状況資料を収集した上で、敵意をひとつの制度と主張する。バートレットは、正式な法の世界におけるそれらの資料の重要性を過度に強調しているのかもしれない。そうした訴えが、イングランドの国主法廷において受理された証拠がないことは確実である。

16) D.W. Rollason, 'The Cults of Murdered Royal Saints in Anglo-Saxon England,' *Anglo-Saxon England* 11 (1983): 1-22 を参照。

17) ジョナサン・ライリ＝スミスは、繰り返しこの考えを持ち出してきている。たとえば、Jonathan Riley-Smith, 'Crusading as an Act of Love,' *History* 65 (1980): 177-92, esp. 190-91.

18) 時折言われることとは対照的に、古ノルド語の deilur (動詞 at deila)が、同様に似かよった相当語であるとの助言をジェス・ビヨック Jesse Byock 教授からいただいた。現代の用語法は問題となる場合がある。もともとは異なるいくつかの用語を訳すにあたって、現代の翻訳者が同じ「フェーデ」という語を用いているのを見かけるのは珍しいことではない。

19) 私が発見したフェーデは以下の通り（訂正の可能性あり）。[1] *God* v. *Cain* for the killing of Abel (ll. 106-14); [2] *Grendel* (and his mother) v. *Hrothgar* (ll. 151-58 and passim); [3] *Beowulf* v. *enemies of Geats* (ll. 422-24); [4] *Ecgtheow* v. *Wylfings* (ll. 459-72); [5] *Unferth* v. *his brother* (ll. 587-89); [6] *Sigemund f. Waels* v. *various* (ll. 877-79); [7] *Finn and his Frisians* v. *Hengest and his Danes* (ll. 1071-1159, Finn Episode & Finnsburgh Fragment); [8] *Geats* v. *Frisians* (ll. 1206-9, etc.); [9] *Heathobards* v. *Danes* (ll. 2024-69, episode of Freawaru); [10] *Dragon* v. *Hrothgar and Geats* (ll. 2280 sq.); [11] *Onela* v. *Ohthere his brother*, for the Swedish throne (ll. 2379-400); [12] *Haethcyn* v. *Herebeald* (ll. 2435 sq.); and [13] *Swedes* v. *Geats* (ll. 2946-98, 3000-3).

20) Stephen D. White, 'Kinship and Lordship in Early Medieval England: The Story of Sigeberht Cynewulf, and Cyneheard,' *Viator* 20 (1989): 1-18.

21) Patrick Wormald, 'The Ninth Century,' in *The Anglo-Saxons*, ed. J. Campbell (Oxford, 1982), 132-50 を参照。

22) これは『過去と現在』に最初に出されたマックス・グラックマンの公知の論文のタイトルである (Max Gluckman, 'Peace in the Feud,' *Past and Present* 8 (1955): 1-14)。彼の論文集 *Politics, Law and Ritual in Tribal Society* (Oxford, 1965) も参照。この議論の路線は一般的にグラックマンに結び付けられているが、本当の先駆者はエドワード・エヴァンズ＝プリチャードだと言えるだろう (Edward Evans-Pritchard, *The Nuer: A Description of the Modes of Livelihood and Political Institutions of a Nilotic People* (New York, 1937))。

23) 私は、再びパトリック・ウォーモルドに対して心からの謝意を表す機会を得たことをありがたく思う。彼には、彼自身が考えを練り上げる過程でのさまざまな草稿段階の見

解を示していただいた。彼との意見交換を通じては、こちらが提示するよりもはるかに多くのものを得られたことに疑いはない。彼が考察を深めていく過程の初期段階の見解については、Patrick Wormald, 'Charters, Law and the Settlement of Disputes in Anglo-Saxon England,' in *The Settlement of Disputes in Early Medieval England*, eds. Wendy Davies and Paul Fouracre, (Cambridge, 1986), 149-68〔本書第3章〕を参照。

24)　*Die Gesetze der Angelsachsen*, ed. Felix Liebermann, 3 vols. (Halle, 1916-20), 1: 186-91; cf. ibid., 1: 392-4 ('Wer'). また、*The Laws of the Kings of England from Edmund to Henry I*, ed. and trans. A.J. Robertson (Cambridge, 1925), 8-10, および、*Councils and Synods*, 1, pt.i., eds. D. Whitelock, M. Brett, C.N.L. Brooke (Oxford, 1981), 64-65 も参照のこと。

25)　私のコーネル大学での友人かつ同僚であるトム・ヒル Tom Hill 教授からは、恐らく古ノルド語からの借用語とおぼしき 'sectan' の異例な用法に関する多くの興味深い解説を受け、私がこの解釈を擁護できると信ずるための励ましを得ることができた。

26)　Simon Keynes, 'Crime and Punishment in the Reign of King Aethelred the Unready,' in *People and Places in Northern Europe: Essays in Honor of Peter Hayes Sawyer*, eds. I. Wood and N. Lund (Woodbridge, 1991), 67-68. タイプ原稿を提供していただいた彼には最大限の感謝を示したい。

27)　一例を挙げるならば、*Liber Eliensis*, ed. E.O. Blake, Camden Society, 3rd ser. 92 (London, 1962), 105ff.

28)　この段落は、S.F.C.ミルソムの見解の骨子を選択的に要約したものである。S.F.C. Milsom, 'Trespass from Henry III to Edward III' [*Law Quarterly Review* 74 (1958): 195-224, 407-436, 561-590]. 現在では、Idem, *Studies in the History of the Common Law* (London, 1985), chap. 1, 1-90 で、もっとも簡単に参照できる。また、Morris S. Arnold, *Select Cases of Trespass from the King's Courts, 1307-1399*, Selden Society 100 (1985): ix-x and passim も参照のこと。

29)　特記すべき例外は、H.G. Richardson and G.O. Sayles, *Select Cases of Procedure without Writ*, Selden Society 60 (1941), esp. clviii ff. ならびに、Alan Harding, 'Plaints and Bills in Medieval English Law, Mainly in the Period 1250-1330,' in *Legal History Studies 1972*, ed. D. Jenkins (Cardiff, 1975), 65-86.

30)　Suger of St-Denis, *Vie de Louis VI le Gros*, ed. Henri Wacquet, Classiques de l'histoire de France, 2nd ed. (Paris, 1964)〔邦訳『ルイ6世伝』（森洋訳編『サン・ドニ修道院長シュジェール―ルイ6世伝、ルイ7世伝、定め書、献堂記、統治記―』中央公論美術出版、2002年、所収）〕。

31)　1130年の財務府記録、ならびに、その支払い記録を生み出した国王裁判の性質に関して、現在の議論の出発点となるべきは、Judith Green, *The Government of England under Henry I* (Cambridge, 1986), chaps. 4-5.

32)　John S. Beckerman, 'Adding Insult to *Iniuria*: Affronts to Honor and the Origins of

Trespass,' in *On the Laws and Customs of England: Essays in Honor of S.E. Thorne*, eds. Morris Arnold, Thomas A. Green, Sally Scully, and Stephen D. White (Chapel Hill, 1981), 159-81.

33) おもに利用可能な証拠の機能の点で、トレスパスと「重罪私訴追」(アピール・オブ・フェロニ)との間に確認されている繋がりに関しては、S.F.C. Milsom, *Historical Foundations of the Common Law*, 2nd ed. (London, 1981), 285-6 を参照。ミルソムの論考の多くにおいて、彼のトレードマークとなっている証拠に集中する姿勢は、私の考えに重要な影響を与え続けている。

34) Stephen D. White, 'Feuding and Peacemaking in the Touraine around the Year 1100,' *Traditio* 42 (1986): 195-263 は、11 世紀のトゥレーヌの典型を見事に示している。

35) Paul R. Hyams, 'The Strange Case of Thomas of Eldersfield,' *History Today* 36 (1986): 9-15.

36) この問題への導入としては、James A. Brundage, 'Rape and Seduction in the Medieval Canon Law,' in *Sexual Practices and the Medieval Church*, eds. Vern L. Bullough and James A. Brundage (Buffalo, 1982), chap. 13 を参照。

37) Richard M. Fraher, 'The Theoretical Justification for the New Criminal Law of the High Middle Ages: "Rei Publicae Interest, Ne Crimina Remaneant Impunita",' *University of Illinois Law Review* (1984): 577-95, ならびに、idem, 'Preventing Crime in the High Middle Ages: The Medieval Lawyers' Search for Deterrence' in *Popes, Teachers and Canon Law in the Middle Ages*, eds. James Ross Sweeney and Stanley Chodorow (Ithaca, 1989), 212-33 は、暴力を抑制しようとする教会の漸次的な試みが、刑罰のイデオロギーの革命に寄与していたことをしかるべく示唆している。

38) 神判に関する私の以前の見解については、'Trial by Ordeal: The Key to Proof in the Early Common Law,' in *On the Laws and Customs of England: Essays in Honor of S.E. Thorne*, eds. Morris S. Arnold et al. (Chapel Hill, 1981), 90-126. ロバート・バートレットは、私自身のものを含む先行研究の欠点のいくつかを見事に示している。Robert Bartlett, *Trial by Fire and Water* (Oxford, 1986), passim〔邦訳『中世の神判―火審・水審・決闘―』(竜嵜喜助訳) 尚学社、1993 年〕。しかし、彼のアプローチは、私には十分に説得的とは言えないので、私自身もいずれこのテーマは再検討したいと考えている。

39) Henri Platelle, 'Vengeance privée et réconciliation dans l'oeuvre de Thomas de Chantimpré,' *Tijdschrift voor Rechtsgeschiednis* 42 (1974): 269-81.

40) 古い史料によって拘束を受ける贖罪規定書からとはいえ、1150/70 年からの明瞭な徴候については、Adrian Morey, *Bartholomew of Exeter, Bishop and Canonist* (Cambridge, 1937), 210, 274 を参照。

41) John Bossy, 'The Mass as a Social Institution, 1200-1700,' *Past and Present* 100 (1983): 29-61.

42) 私はこの点について、ミサ奉献文の平和(パークス)の箇所の発展を理解するために、ゆくゆくは

研究を進めたいと考えている。平和の接吻が、祈祷者の体が互いにじかに接し合う形式から、特別にそのために作られた物 (osculatorium) に口づけをするかたちへと弱まったことは、極めて示唆的である。序列をともなう仕組みが、対等な隣人間の行為に取って代わったのであり、その結果、後先をめぐって言い争いが起きたことであろう。さらには、この重要な変化はイングランドで始まったのである。

43) Patrick Geary, 'Humiliation of Saints,' in *Saints and their Cults: Studies in Religious Sociology, Folklore and History* ed. Stephen Wilson (Cambridge, 1983), chap. 3〔邦訳「聖人を辱める儀式」（杉崎泰一郎訳『死者と生きる中世——ヨーロッパ封建社会における死生観の変遷——』白水社、1999年、第五章）〕; Lester K. Little, 'La morphologie des malédictions monastiques,' *Annales: économies, sociétés, civilisations* 34 (1979): 43-60. 私は、近々刊行されるベネディクト派の呪詛に関するリトル教授の著作について、関係する章を早い段階での草稿で読むことができたが、アイルランドやウェールズからの証拠は用いられているものの、イングランドのものはない〔Lester K. Little, *Benedictine Maledictions : Liturgical Cursing in Romanesque France* (Ithaca, 1993)〕。*Liber Roffensis* にある12世紀の呪詛儀礼の英語訳（リトル教授によれば17世紀）については、Laurence Sterne, *Tristram Shandy*, Bk. III, chap. 11 を参照。

44) この点に関しては、1990年にカラマズー中世研究学会で発表されたローレン・ジャレッド (Lauren Jared, University of California, Santa Barbara) の報告に依拠している。また、マタイ5章24-5節にもとづいた議論として、Thomas of Chobham, *Summa Confessorum*, ed. F. Broomfield (Louvain, 1968), 416-7 も参照のこと。トマスや、イングランドにおける彼の先駆者であるエクセターのバーソロミューとフランバラのロバートが、私のテーマに対して提供してくれている情報については、追って詳細に検討するつもりである。

45) ブレポル社が、1480年のシュトラースブルク版 *Biblica Latina cum Glossa Ordinaria* をM・T・ギブソンとK・フレーリッヒの序論を添えて、ファクシミリ版として出版するという約束を果たしてくれれば、この分野での仕事は、私のような専門外の者にとってもずっと容易になるであろう〔1992年にこの約束は果たされた。*Biblia Latina cum Glossa Ordinaria : Facsimile Reprint of the Editio Princeps Adolph Rusch of Strassburg 1480/81*, introduction by Karlfried Froehlich and Margaret T. Gibson (Turnhout, 1992).〕。

46) Otto Brunner, *Land und Herrschaft*, 4th ed. (Vienna, 1959). この二つの国の間に認められている対照関係について、最近のもので短い概論となるのは、F.R.H. Du Boulay, 'Law Enforcement in Medieval Germany,' *History* 63 (1978): 345-55.

47) 最後に、本稿が妻エレーヌ・マーコット・ハイアムズの多大なる支えによるものであることを記しておかねばならない。ちょうど、彼女が私のフェーデのパートナーとなる以前の昔の日々と同じように。

# 第6章

# 帝国都市ニュルンベルクとのフェーデに見るチェコ貴族の自意識

ミロスラフ・ポリーフカ

藤井　真生　訳

●解題・・・・・・・・・・・・・・・・・・・・・・・・・・・・・・

　本章は、Miroslav Polívka, "Sebeuvědomění české šlechty na pozadí česko-německých vztahů na sklonku doby husitské", *Český časopis historický* 93, 1995, pp. 426-450の訳である。著者ミロスラフ・ポリーフカは、1951年にボヘミア西部のプルゼニュで生まれた。カレル大学で歴史学、歴史補助学、ドイツ語学・文学を学び、1976年に「ヴァーツラフ4世の尚書局におけるドイツ語証書」と題する学位論文を提出している。同年、チェコスロヴァキア・アカデミー（現チェコ・アカデミー）に研究員として迎えられ、現在に至っている。

　ポリーフカは中世後期のフス派運動を主たる研究課題とし、とりわけこの運動における貴族の役割に関する論文を数多く発表している。邦訳にも「フス革命（1419-34）における人民軍の変貌」（西澤龍生編『近世軍事史の震央』彩流社、1992年）がある。また、ドイツ人研究者との共同研究にも積極的に関与し、ドイツ語で数篇の論考を公刊していることからもわかるように、チェコだけではなく、中欧全体の情勢の中で運動を理解しようとする意識が強い。近年は、

ニュルンベルクの古文書館に眠っている史料を発掘し、中世後期から近世にかけてのチェコとドイツの関係史に新たな光を当てている。本論文もその成果のひとつとして位置づけられる。

　中・東欧では中世後期から貴族が身分制議会を通じて力を強め、君主の権力を抑制するようになる。チェコにおいて貴族の「共同体」が中世史研究の重要なキー・ワードとなってきたのはそのためである。しかし、チェコでは15世紀前半に宗教改革運動が起こり、国内がカトリックとフス派とに二分されてしまう。本論文は、そうした時代背景のもとに、チェコのカトリック貴族と帝国都市ニュルンベルクとの間で起きたフェーデを題材とし、帝国都市、あるいはドイツ皇帝という「外部」に向けて、チェコ貴族の共同体意識がどのように現れるのかを明らかにしている。本稿で取り上げられているフェーデそのものは決して特殊なものではなく、一般的なフェーデの原因、経過、結末をよく示している事例である。しかし、貴族の共同体意識というチェコ史固有の問題を出発点とすることにより、紛争研究の枠を越え、中世の民族意識までも鮮やかに描き出している。

・・・・・・・・・・・・・・・・・・・・・・・・・・・・・・・・・・

　中世後期、成長するチェコ貴族の自意識は特権身分の形成をもたらし、この特権身分意識は頻繁に外部に向けて表現されるようになった。このことは、表面的には貴族がチェコ諸邦における政治的領域への参加権を確実なものにしたことを意味する。その一方で、社会階層の内部では貴族と騎士身分の閉鎖化が15世紀末にはほぼ完了し、それにより社会の他の階層との分離が決定的となった[1]。このプロセスはとりわけ14世紀末から15世紀初頭にかけて集中的に進行するが、それはフス派運動の先駆けとなり、また運動そのものをもたらした社会的対立とも関連している[2]。当時、ボヘミアとモラヴィア[i]の貴族身分の成員は、聖俗権力者に対して、つまり一方ではチェコの君主とその宮廷に対して、他方では国内の教会ヒエラルヒーに対して、団体として対峙することが可能であった。しかし、こうした展開が速度を増して際立ってくるにあたっては、ボヘミアとモラヴィアの貴族が外国に対して彼ら独自の態度を確立するようになったことも触媒としての役割を果たしている。フスの教会改革をめぐる争いが頂点を迎え、軍事衝突が頻発するようになった時期、チェコの貴族共同

体の大部分は団体として、すでに成熟した身分的、民族的意識を示していた。彼らはドイツ皇帝[ii)]の宮廷や教皇庁との交渉においても、その意識を堅く維持し続けたのである[3)]。

　チェコ貴族の身分意識はフス派革命の戦争期にさらに成熟度を増し、その後、彼らは個人としても1419年以前より広い範囲でそれを表現するようになった[4)]。このことに関しては、国内の史料の他に外国の文書類も興味深い証言を与えている。それらの文書類は部分的な現象を広範な政治的、理念的、経済的連関の中に位置づけており、一見すると単純な現象が実は多層的であることを異なる角度からよく示している。また、これまであまり知られていない事実を明らかにし、チェコ諸邦の出来事を外側から眺めることも可能にしている。さらには、いかなる水準であれ当然要求されるにもかかわらず、わが国の歴史学界がこれまで怠ってきた、近隣諸国や諸地域との関係を検討する機会をも提供しているのである[5)]。

　以上のことを適切に示す典型的な事例として、本稿では二人の貴族、アレシュ・ゼ・シュテルンベルカおよびヒネク・ゼ・シュヴァンベルカの帝国都市ニュルンベルクに対するフェーデを分析の対象とした。この二つの争いは、15世紀中葉のチェコにおける政治的一幕だけではなく、同時代の帝国との関係を背景として表明されたチェコ貴族の自意識を明白に照らし出す。その関係とは、地域レベルから発し、重要な帝国都市ニュルンベルク、そして最終段階として皇帝フリードリヒ3世〔在位1440-93〕にまで行き着くものである。

　ここでは、ニュルンベルクの国立古文書館に保管されている二つの史料群を用いる[6)]。この古文書館のチェコ関連史料の豊富さは、ニュルンベルクがチェコ王国と神聖ローマ帝国の架け橋として、ルクセンブルク朝期から近世初期に至るまで重要な役割を果たしていたことを物語っている[7)]。

　帝国都市ニュルンベルクを相手取ったアレシュ・ゼ・シュテルンベルカとヒネク・ゼ・シュヴァンベルカ両名の争いは「フェーデ」と呼ばれ、これは中世の生活には切り離せないものであった。フェーデはまず社会の特権階層、つまり貴族層の間で展開し、まもなく都市もそれに巻き込まれることになる。とりわけドイツの都市はその傾向が強い。ほとんど常態となっていた小競り合いに

は教会領主も引き込まれ、都市、小都市、農村の住民など、他の階層もそれぞれに関わりを持つようになった。というのも、彼らはときとして相争う戦士たちの略奪や戦闘行為に参加することもあり、同時に局地的な戦闘の被害に苦しめられる存在でもあったからである。本稿の目的はフェーデの法的側面を分析することではない。しかし、その起源については概観的にでも言及しておく必要があるだろう。フェーデは最初の国家的機関が形成される以前、つまりいまだ部族社会で慣習が相互関係を規定し、ある党派の権利が侵された場合には復讐が義務であった時代の状況に起源を発している。すなわち、社会的に承認されている規範の中では正義が解決手段を見つけられなかったときに、フェーデは生じるものなのである。そしてフェーデに関するルールは地域ごとにさまざまに形成されていった。それらのルールがフェーデの宣告と進行をコントロールし、フェーデはおおやけに宣言されることが社会的義務とみなされていた。時代が下ると、問題となっている争いの理由を記した書面によって宣告することが義務となる。また、フェーデの形態には延々と続けられる裁判や和解の試みも含まれる。それは、期間の長短はあっても、例外なく小規模な戦闘行為の停止をともなっていた。戦闘行為の目的は、ライバルにさらなる裁判交渉を断念させ、敵対者の支配権とその領地の住民に損害を与えることにあった。領民の襲撃、所領の占拠、身代金の要求、人質の拘束などの行為は、敵対関係の宣言にともなって普通にみられる現象である。フェーデが頻発するかどうかは中央権力の影響力に左右される。それが空白状態にある場合、こういった敵対関係は増加し、集中的にフェーデが宣言されるようになる。逆に君主や中央機関の権力が確立されると、領邦に永続的な法的秩序を打ち立てる試みが増加し、フェーデの数は減少する。こうしたプロセスは近世初期まではっきりと跡をたどることができる。というのも、14・15世紀に入ってもなお激しいフェーデが起こっていたからである。しかし先行研究では、中世後期にフェーデは貴族や多様な強盗騎士団による組織化された盗賊行為としてイメージされ、略奪という性格が法的側面よりも重視されるようになったと指摘されている[8]。

　フェーデは法廷や裁定を下すべき第三者の前での、和解の手続きによって解決されるべきものであったのに対して、略奪行為は当該地方、あるいは領邦の役人が派遣した地方、領邦の召集軍によって阻止されるべきものであった。そ

第6章　帝国都市ニュルンベルクとのフェーデに見るチェコ貴族の自意識　155

れに関連して、14世紀の末からラント平和令の役割が大きくなってくる。これはなによりも、まさに略奪を目的としたフェーデを克服するために結ばれるものであった[9]。

　フェーデがもたらすネガティヴな現象は中世の社会生活のさまざまな領域に及んだ。その際、法だけではなく、政治や社会経済の領域も問題となった。それゆえ、フェーデは歴史研究において大きな注目を集めてきたのであるが、チェコ語による関連文献は少ない。このテーマを扱った参照しうる研究書、論文はドイツ語のものが多く、それらは常に法以外の側面をも考察対象に含めている。まずO・ブルンナーの『領邦と支配』[10]を参考にすべき研究書として挙げておかなければならない。彼が分析したのはおもにオーストリアの史料だが、現在もドイツの歴史学界で受け入れられているフェーデの定義――フェーデとは「国家がまだ法を独占していなかった時代の補助手段、自力救済の正当かつ必要不可欠な形態」である――がこの中で述べられている[11]。フランクフルト[12]やゲッティンゲン[13]の都市フェーデ、あるいは貴族間のフェーデやドイツの盗賊騎士団に関する研究も忘れてはならない[14]。最近ではA・パチョフスキが詳細なフェーデ分析を行っている[15]。彼は豊富な文献を参照して、とりわけドイツ諸邦における従来のフェーデ研究を批判的に要約し、この問題に取り組む際に考慮しなければならない新たな方法の可能性を提示した。これに対して、たしかにチェコの先行研究には叩き台となるフェーデ研究書が欠けている。しかし、法制史の参考書以外にも、ドイツのそれと比較しうる研究を多少は挙げることができる。たとえば、A・セドラーチェク[16]がいくつかの著書の中でフェーデについて記述しており、他にもV・ウルフス[17]の重要な研究を紹介すべきだろう。また、F・ホフマン[18]がこのテーマで多くの論文を公刊しており、さらにはE・マウル[19]やJ・ヤーンスキー[20]の論考もある。

　ところが、先行研究のほとんどはひとつの国、あるいはひとつの地域の中で完結するフェーデに関心を払ってきた。だが、R・ウルバーネク[21]がチェコ史の側から示したように、こういった争いが国境を越えて行われた例は数多く知られている。もっとも彼は、アンベルクやミュンヘン、その他の古文書館の多くの史料が示している紛争がローカルな問題であったことを叙述して、そこで満足してしまっている。それらの分析が「ときおり……興味深いディテール」

をもたらすであろうと認めたにもかかわらず、国境をまたいだフェーデは地域史の枠組みで取り扱うべきであるとウルバーネクは考えていた[22]。検討の対象が争いの原因——たいていは多かれ少なかれ財産をめぐる犯罪なのだが——に集中している限りにおいては、これらの史料では「同じような苦情と告訴が繰り返され」ており、地域の状況に精通している地域史こそがローカルな紛争の細かい経過を説明するのに一番適している、というウルバーネクの見解は正しいのかもしれない。そのうえ、こういったタイプの史料によって長期にわたる争いをその原因や解決についてまで追跡することは、何らかの法的手段を経て争いが解決されない限り不可能である。本稿が分析する二つのフェーデも上の例とさほど異なるものではない。しかし、一般的なコンテクストの中で捉えてみると、それらの分析結果は、15世紀の半ばを目前にしたチェコ社会の歴史的発展を理解するための、興味深く、重要な事実を浮かび上がらせるのである。

　アレシュ・ゼ・シュテルンベルカ、あるいはヒネク・ゼ・シュヴァンベルカとの敵対関係は、帝国都市ニュルンベルクにとって深刻なものであったに違いない。なぜなら、ニュルンベルク市参事会は関連文書を整理するための書記職を設置したからである。それらの文書は特別項目に分類され、今では『フェーデ文書』[23]の一部をなしている。書記職の設置は、これらの争いに関わった他の人物——とくにこの2件の場合は皇帝フリードリヒ3世や数名のチェコ貴族、諸都市——の書簡を付け加えて関連文書を充実させるためでもあった。また、年代記作者ヨハネス・ミュルナーが注目している、という事実も争いの重要性を証明している。彼の執筆したニュルンベルク市編年誌は、文学から行政文書的性格のものまで、あらゆる史料に関する正確な知識を基盤として構成され、1469年までを扱っている。この中にそれら二つの事件が採録されているのである[24]。

　これまでチェコの研究者もドイツの研究者もこの二つのフェーデの分析に関心を払うことはなかったので、数十の文書（とりわけドイツ語でもチェコ語でも書かれている書簡）を含む二つの史料群は現在までまったく知られていなかった[25]。

　まずは二人のチェコ貴族が行ったフェーデそのものの内容と経過を把握しておこう[26]。最初の登場人物である貴族アレシュ・ゼ・シュテルンベルカは、

第6章　帝国都市ニュルンベルクとのフェーデに見るチェコ貴族の自意識　157

フス派時代もその後の時代も活発に政治活動を行っていた重要人物である。当初彼はカトリック陣営に属しており、ドイツ皇帝ジクムント〔在位1410-37、チェコ王：1420、1436-37〕は1420年に彼をフラデツ地方の長官および国王顧問会のメンバーに任命した。その1年後にはジクムントの使者としてチャースラフで開かれた集会に参加している。アレシュはフス派革命期に皇帝からいくつもの抵当物件を引き渡され、それ以外にもプラハの西方にある重要な城塞、クシヴォクラートとティーショフを得た[27]。1424年には一時的にフス派に傾いたものの、翌年には再びジクムントに仕えている。1437年からは最高財務官に就任し、1455年に亡くなるまでその地位にあった。アレシュはその公的な立場と天賦の政治的才能から、ハプスブルク家のアルブレヒト2世〔在位1438-39、チェコ王：1437-39〕が亡くなった後のチェコ王選出交渉にも加わり、その後もチェコ王国の重要な外交問題に関わり続けた。彼の生涯に関しては、すでにF・カフカ[28]がフス派時代について、ウルバーネク[29]がその後の10年間について適切に描き出している。

　アレシュの争いの始まりは1430年以前にさかのぼると思われる。1431年11月27日付でアレシュに宛てたニュルンベルク市の書簡[30]が争いについて言及しているもっとも早い段階のものであるが、後に別の書簡（1441年8月6日付）の中でアレシュは「この争いがもう20年も続いている」と述べている。ニュルンベルク市参事会はこの書簡の中で、準備中の対フス派戦争に関する重大な報告をした後、市民グレータ・ピルゲリンが関与しているこのアレシュ事件についてもほのめかしている。ニュルンベルク市の報告では、アレシュはグレータに圧力をかけ、事態を有利に進めていたらしい。翌年の書簡が争いの原因の輪郭を浮き彫りにする。問題となったのは、現金182グルデンと300グルデン相当の商品であった。この数字を挙げたのはアレシュ自身であるが、彼は同じ書簡の中で被害総額は600グルデン以上にのぼると見積もっている。グレータは、アレシュがある借財の支払いのためにニュルンベルクへ送る現金と商品を搬送し、手渡すことを請け負っていた。しかし、アンベルクからニュルンベルクへ向かう道に荷車が捨てられているのが発見され、積んでいたはずの商品も現金も姿を消したのである。アレシュは、グレータ以外にアンベルク市民も事件に関与していると考え、彼女だけではなくアンベルク市も告訴した。それに

対してニュルンベルク市は、アンベルク市はニュルンベルクの法のもとにないので彼らを出廷させることはできない、とアレシュに回答した。アレシュはその後、アンベルク市とニュルンベルク市に事態の改善を命じることができる皇帝へ告訴し[31]、その一方で、ニュルンベルクへ送った現金に対する請求権を支持するようプルゼニュ市に要請している。それにはもっともな理由があった。彼はプルゼニュ市民ヤン・ズ・ペルナの遺児に借金を支払う義務があったからである[32]。最終的に嫌疑はグレータにかけられた。彼女は現金と商品を紛失したか、それとも横奪されたか、あるいはアレシュの目から隠蔽したに違いなく、いずれにせよ彼にそれらを引き渡す気はなかったためである[33]。この頃グレータがボヘミア地方と緊密な経済的交流を持っていたことは、同時期に彼女が数人のプルゼニュ市民に現金を要求していたことからも証明される[34]。

　初めのうちは争いがドラマティックな経過をたどることはなかった。事件を話し合うために帝国裁判官がニュルンベルクへアレシュを召喚したが、彼はまったく応じようとしなかった。一方、1434年3月にアレシュはニュルンベルク市参事会に対して、ルクセンブルク家のジクムントへの奉仕——明らかにフス派との戦争に関係がある——の代金300グルデンを自分が受け取っていないことを訴えている。市参事会は以下のように回答した。代金は彼の従者（ヴァニェク）に支払った。この従者が自分で使い込んでしまったのか、それとも途中で姿をくらましたのか、あるいは戦争のために情勢の不安定なボヘミア西部で、主人のもとへ帰る途中に捕まってしまったのか、それに関してはまったく与り知らない、と[35]。

　3年後にようやく争いは動き始める。ニュルンベルク市は、紛争当事者である両者の敵対関係に関する訴訟が帝国裁判において審議されるので、アレシュ自身、もしくは彼が委任した代理人のいずれかがニュルンベルクへ赴くように、という和解的な雰囲気の書簡をアレシュに送った。こういった書簡が交わされた背後にジクムントの尚書官カシュパル・シュリクがいたことは確かである。ニュルンベルク市参事会の返書の写しからは、シュリクは個人的にアレシュと交渉した後、ジクムントの尚書官という自分の職権にもとづいて、このチェコ貴族を迎えに行くようニュルンベルク市に求めていたことがわかる[36]。

　そしてこのフェーデは、直後に起こった事件の影響を受けてさらなる展開を

見せる。二人のドイツ皇帝、すなわちジクムントと彼の後を継いだ娘婿、ハプスブルク家のアルブレヒト２世が相次いで亡くなり、チェコ王国でも帝国でも新たな君主を選出しなければならなくなったのである。1441年に二人の貴族、インジフ・ズ・ワイディとアレシュ・ゼ・シェーンブルクがアレシュ・ゼ・シュテルンベルカによる先の返還請求を支持したことにより、この争いは急激に動き始めた。ニュルンベルク市が彼らに宛てた書簡から、その間すでに市参事会は新しく選出された皇帝フリードリヒ３世に訴えを起こし、裁定を求めていることがわかる。同時にニュルンベルク市は、マイセン城伯であるプラヴェン家のハインリヒにも援助を求め、アレシュを説得して和解へと導くよう依頼している。ハインリヒの所領はボヘミア西部に広く散在し[37]、上記二人の貴族と親族関係にあった[38]。さらに彼は、キンジュヴァルトを領有し、チェコの状況を熟知していただけではなく、帝国の宮廷裁判官でもあった[39]。一方、ニュルンベルク市はグレータに自身でアレシュのもとへ出向くよう迫り、彼女のために付き添いの護衛まで準備している。実際、グレータは夏にクシヴォクラートまで赴くのであるが、ハインリヒに対するアレシュの返信から、彼は彼女と会談せず扉を閉じ、次のように伝言させたことが明らかとなっている。グレータと話し合うつもりはまったくない。なぜなら、自分は「彼女の背後に隠れている」ニュルンベルク市参事会しか相手にするつもりはないからである、と。

　そこでニュルンベルク市は、アレシュにより大きな圧力をかけるべく、1441年11月にプラハに召集されたチェコ貴族の集会[40]を利用することにした。ニュルンベルク市は集会に代理人ハンス・ドゥメを派遣し、市とアレシュの紛争に関する書簡を集会参加者に配布させている。そしてアレシュの最高財務官という肩書きと彼の外交活動に対抗して、ニュルンベルク市参事会はチェコの貴族共同体を代表する有力者と折衝する道を選択した。その有力者とは、とりわけオルジフ・ズ・ロジュンベルカと当時の最高プラハ城伯メンハルト・ズ・フラッツェを指している。市参事会は他にも、ヤン・ズ・コロヴラトゥ、ズビニェク・ズ・ハーズンブルカ、ヤコウベク・ズ・ヴジェソヴィツや数人の貴族、騎士に援助を求めていた[41]。書簡の中でニュルンベルク市は、アレシュとの敵対関係について自説を述べ、とにかく彼を出廷させるようチェコ貴族た

ちに助力を依頼している。同時にフリードリヒ3世も、アレシュにかなり穏やかな調子の書簡を送り、和解するよう促しているが、その和解は皇帝の権威によってなされるべきであると考えていた。

プラハ滞在中のハンスは実際に多くの貴族や騎士と交渉した。ニュルンベルク市に宛てた彼の報告から、オルジフからは、かなり曖昧ではあるが、どうにか約束を取り付けることに成功したことが判明する。この南ボヘミアの大貴族は、11月に準備されていた集会が延期[42]されたため、次に開催が予定された1442年の初頭までにアレシュと話し合うつもりであった。ところが、ニュルンベルク市から書簡を送られたチェコ貴族たちは、誰もこのフェーデを集会の正式な議題とはしなかった。オルジフは実際にアレシュと話し合い、ハンスに宛てて、もしニュルンベルク市が一定の金額を支払うのであれば、アレシュは喜んですべての争いを水に流すだろう、と書き送っている。

フリードリヒ3世もまた、未亡人となった王妃エリーザベトおよび彼女が夫アルブレヒト2世の死後に出産したラディスラフ〔チェコ王：在位1440-57〕の運命について、チェコ諸身分の代表者と1442年3月25日に話し合った際に、ズノイモでアレシュと会合を持った[43]。もちろん——次のヒネクの場合と同じく——フェーデが会談の主題ではなかった。そのため皇帝の尚書局はこの書簡の冒頭をいつもと同じ形式で作成している。アレシュが皇帝の高官であり、またチェコの有力貴族であることを考慮すると、その当時、若き皇帝フリードリヒ3世は次期チェコ王の候補者として、また未成年のラディスラフの代理人として、チェコおよびチェコを含めたドイツ全体の政治状況を正確に把握することに関心があったと推測される[44]。しかし、尚書局は直後に別の書簡を作成し、皇帝はバイエルン大公ヨハンを争いの仲裁人に指名している。アレシュは即座に回答してこのような解決方法を拒否した。自分は「非常に重要な人物」だから、というのが理由であった。この返答によってアレシュは、チェコ王国外の法廷に立つ意思のないことを明らかにした。その3日後の1442年4月5日、アレシュはもっと明快に表現した書簡をフリードリヒ3世に送り、拒否する意向をはっきりと述べている。彼はチェコ王とチェコのラント裁判以外のいかなるものにも従うことはなく、彼自身が承認を与えており、それゆえ遵守すべきチェコのラント法を犯すつもりもないことを皇帝に伝えたのである。尚書局は

数日のうちにバイエルン大公とニュルンベルク市にアレシュの見解を通知した。

　ニュルンベルク市は1443年に再度ハンスをプラハの集会に派遣した。今回はアレシュと直接話し合う予定であった。しかし、市参事会への報告書によれば、使者は非常に不愉快な拒否の知らせを耳にすることになった。すなわち、アレシュは断固いかなる裁判にも出頭する意思がない。なぜなら、すでに皇帝に通知したように、「彼も、チェコ王冠諸邦の他の貴族も、歴代の皇帝、国王（ドイツ国王）から特権を与えられており、チェコ貴族以外のいかなる裁判官の前にも進み出る必要はない」から、というのである。ハンスは、次回の集会でアレシュと直接話す機会を与えてくれそうな他の貴族にも声をかけてみた。1443年10月28日にヴィーンで行われた会談の前後に、ニュルンベルク市は再び、皇帝フリードリヒ3世と列席していたチェコ貴族にこの問題を解決するための援助を求めている。皇帝の尚書局はオルジフ・ズ・ロジュンベルカを筆頭とするチェコ貴族に対して、皇帝が提示した平和的解決を支持するよう書き送った。オルジフや他の貴族たちも実際にアレシュへ書簡を送り、その中で和解の努力をするよう呼びかけてはいるが、とりたてて圧力をかけている様子はない。また、このやり取りの多くはチェコ語で書かれているが、このようなチェコ語でのやり取りは他にあまり例を見ないものである。アレシュも彼らには冷静に返信している。皇帝の意に沿うことはできない、なぜなら、彼は「チェコ王国の特権と慣習を尊重している」からである。1443年11月12日付のアレシュの返答の写しを、オルジフはその月のうちにニュルンベルク市に送って知らせた。

　同じ日付（1443年11月12日）で、おそらくすでに怒り心頭に発していたアレシュはニュルンベルク市にも返事を書き送った。オリジナルはチェコ語で書かれ、都市裁判か皇帝による裁判への出廷を要求するニュルンベルク市に対してきっぱりとした拒否の姿勢を示している。同日、アレシュはフリードリヒ3世に宛てた書簡を作成している。これもチェコ語で書かれていた（ニュルンベルク市参事会は最終的に皇帝の尚書局から入手した写しを翻訳した）が、彼の態度はより硬化していた。皇帝の使者がフリードリヒ3世に手渡したドイツ語の書簡の中で、アレシュは自身が被った損害に再び言及しながら、同時にニュルンベル

ク市と妥協する意思のあることも示唆している。しかし、チェコ王冠の特権と規範を損なうこと、そして外国の法廷に立つことは原則として拒否している[45]。「親愛なる陛下、どうぞ私に悪意を向けるようなことをなさらないでください。親愛なる陛下、ニュルンベルク市に裁判の召集をお許しにならないでください。チェコ王冠に特別認められている権利、特権、規範を乱すような真似は私にはできません。親愛なる陛下もよくご存じのように、チェコ王国の諸特権の中にこの特権も含まれており、我ら貴族身分の者は、チェコ国王とチェコ貴族の面前で行われる裁判以外、いかなる裁判にも召喚され、裁かれることはないと認められています。そして、ラントの権利や特権が無効にされるということは、私や他のすべての貴族にとって危険であり、望ましいことではないのです」。

争いはこれらの書簡によって頂点を迎える。争い自体は1450年代まで長引くが、アレシュが1455年に亡くなった後、ニュルンベルク市とアレシュの息子ペトルの敵対関係にちょっとした急転回が起こり、徐々に終息していった。

チェコ側の2番目の登場人物はヒネク・ゼ・シュヴァンベルカである。彼は、1425年に亡くなった兄弟ボフスラフとは異なり、カトリック陣営の重要な支持者であり続け、プルゼニュ地方のラント平和を主導した有能な人物でもある。1426年にはプルゼニュに参集した貴族のリーダーとなり、死去する1454年まで長官を務めていた[46]。フス派革命期には、アレシュと同じように、ジクムントと非常に緊密な関係を保っており、皇帝は傭兵を雇うための莫大な費用を彼から借用し、そのためにヒネクが傭兵に給与を支払わなければならなかったほどである。ジクムントは借金の一部を返済し、その他に所領を抵当物件としてヒネクに渡していた[47]。また、ヒネクはニュルンベルク市とも密接な関係を持っていた。市にとって彼は「お隣」のボヘミア西部におけるパートナーだったからである。フス派と戦うための義捐金と武器の一部は彼の仲介によってチェコへ送られ、一方ヒネクのほうではフス派の動向を帝国へ報告していた。これらの事実はそれぞれ、すでに『フス派戦争史史料集』において公刊されている史料が示している[48]。

それにもかかわらず、ヒネクは1430年代の終わりにニュルンベルク市と争うことになった[49]。彼とプラヴェン家の貴族たちの命令により、ボヘミア森林

でニュルンベルク商人が数人捕らえられたのである。彼らはホーフへ連行され、そこで投獄された。この事件が起こったのは1439年であったことがミュルナーの編年誌からわかっている。この編年誌の情報では、この年に市が損害を被った略奪とフェーデの数は増加している[50]。しかし、ニュルンベルク市に対するヒネクのフェーデ宣告は、時期的に重なってはいるものの、ある別の出来事が原因となっていた。ニュルンベルク市が収集したこのフェーデに関する文書の中に、ヒネク自身がそれを言明している1441年の書簡がある[51]。ヒネクはこの中で、彼の所領である村落に火を放ち、住民を焼き殺したこと（その理由について詳しいことはまったく触れられていない）に対する「報復」として、バイエルン側にも損害を与えるために自分の従士を送り込んだことを認めている。従士団はとくにホーフとレーゲンスブルクの間で活動したが、ミュンヘンに向かってバイエルン地方の奥深くまで侵入することもあった。その後、彼らは騎士ヴェルナー・フォン・パルスベルクによって捕らえられ、リプブルクへと連行される。一味のリーダーであるニクラス・オクスという男はそこで拷問にかけられ、ついには処刑された。彼は死の直前に、この地の領民に被害を与えるために当地へ来たこと、自分の部隊とともに教会を襲い、そこで聖杯顕示台や聖杯、そして金庫から取るに足らない小銭を盗んだこと、さらに農民の家畜を奪い、遠征に参加している全員でそれらを分配したことを供述した。その他にも、自分の4人の部下――名前から察するにドイツ出身らしい――とともに数人を殺害したことを拷問台の上で告白している。彼らは路上で牛飼いから雄牛の群れを奪おうとした際に捕まった。

　明らかにこの5人の集団による犯行と思われ、さらにオクスが拷問を受けて認めた犯罪のリストを、ニュルンベルク市はおそらくヴェルナーに直接送付させた。彼は雇われ軍人（隊長）として市に奉仕する立場にあり、また市はこの盗賊騎士団の活動によってかなりの損害を被っていたためである。

　ヒネクはボル城で書簡を作成し、ニュルンベルク市参事会とコンタクトをとっているが、この事件はその日、つまり1441年6月12日以前に起こったと思われる。彼は冷ややかな調子で、自分が被害を受けたこと、つまりニュルンベルク市に仕えているヴェルナーが従士団ごと自分の馬丁を捕らえたことを述べ、つい最近まで支援者であった都市をためらうことなく告発している。書簡

からは、リーダーのオクスがまだ生存していたこと、さもなければヒネクがこの時点で彼の裁判と処刑について知らなかったことが窺える。なぜなら、ヒネクはオクスを「即座に」釈放するよう要求しているからである。少し慌てたニュルンベルク市は次のように回答している。すなわち、市参事会はすでにヴェルナーを呼び出したが、彼は、バイエルン大公兼ライン宮中伯アルブレヒトの権限によりリプブルクでの裁判は自分に委託された、と市に伝えてきた。つまり、この件に関してヴェルナーはニュルンベルク市の管轄下にはない、というのである。同時に市は、ヒネクがヴェルナーと和解することを希望する、なぜなら、ヴェルナーは公共の福利のために行動し、平和を創出することを望んでいたのだから、とも述べている。

　ヒネクは、おそらく後ろめたさもあって、ニュルンベルク市がこの件に無関係であった可能性を信じなかった。そのため、彼は簡潔かつ明快に、部下に対するヴェルナーの告訴には裏づけがない、と返答し、市は自分に多大な損害を与えた者に報復すべきである、と主張している。そして、自分の名誉を守るために、ヒネクは騎士ヴェルナーとニュルンベルク市に対するフェーデを継続した。市参事会は、プラヴェン家のハインリヒおよびヒネクとの会談を調整し、実際にプラナーで1441年7月に会談が行われた。ニュルンベルク市を代表したのは、もう何度も登場しているハンスであった。彼はここでも協定を結んで争いを終結させることを提案している。ところが、プラヴェン家が舞台から退くと、またもヒネクは、ヴェルナーの行動はバイエルン大公の任命を受けてのものである、というハンスの説明に耳を貸そうとしなかった。さらに彼は、自分の部下は必需品を調達するためにヴェルナーの領地にいただけであり、それゆえ彼らは無実である、と主張した。

　ハンスは、ヴェルナーとの交渉を仲介することをヒネクに申し出たが、アレシュの事件とは異なる手続きを提案した。すなわち、ヴェルナーもニュルンベルク市民であるため、ヒネクは彼がニュルンベルクに到着するまで待ち、その後すべての事件が市参事会の前で審議される。ヒネクがそれに同意しないのであれば、ニュルンベルク市は仲裁人の推薦を皇帝に請求し、場合によってはローテンブルク、ヴィンドウスハイム、ヴァイセンブルク市の代表者によって構成される委員会が事件を担当することになる、と。もちろん、ニュルンベル

ク市はそれらの都市と近しい関係にあった。ハンスの報告によれば、最初の提案に対してはプラヴェン家のハインリヒと彼の息子が返答し、そのような帝国の遠方には出向かないようヒネクに助言した。これほどドイツ（とりわけザクセン地方）との関係が深い家門が、すでに確認したようにアレシュも執着していた、かの見解を表明したことには驚かされる。おそらくは、親族としての結びつきが重要な役割を果したのであろう。なぜなら、ヒネクは1429年にハインリヒの姉妹であるプラヴェン家のマルケータを娶っていたからである[52]。ハインリヒは対立している両者が地域の集会において和解することを勧めた。しかしヒネクは、ニュルンベルク市にこの問題を裁定する権利はない、という理由でこの提案も拒否している。

　ヒネクはオクスが処刑されたことを知ると、あるいは拷問にかけた上で作成された彼の供述書を受け取ると、すぐにヴェルナーとニュルンベルク市に対するフェーデを再宣告した。2通の宣告状は1441年7月25日付である。ヒネクは自分の影響下にある地域の貴族をクラシーコフに召集し、彼らはその月のうちにヒネクのフェーデを支援することを表明した。この集会に参加した85人とその他の無名の協力者を記録したリストには、シュヴァンベルク家の成員を除くと、ボヘミア西部の貴族や重要な騎士の名が一人も記されていないが、ヒネクは自分の利益を守るために、自分が庇護している下級貴族を召集した、という理解がおそらく妥当であろう。オクスの処刑にヒネクは激怒し、教会や司祭区で略奪を働いたオクスを訴えている、バイエルンのすべての司祭にフェーデ宣告状を送りつけた。しかし、これは当時としても一般的なことではなく、おそらくはフス派という時代に触発された大胆な振る舞いであったが、こうして貴族は教会権力とも衝突しようとしていたのである。

　ニュルンベルク市も自己の利益を防衛する手段を模索し始める。ヒネクと和解する可能性を探って折衝するための援助をプルゼニュ市に求め、さらにジェポルト・ズ・リーズンブルカ、ズビニェク・ズ・ベチョヴァといった貴族たちにも、ヒネクと話し合うよう依頼してみた。しかし、どれも上手くいく見込みはほとんどなかった。とりあえずプルゼニュ市は、聖マルチンの祝日〔11月11日〕にプラハで開かれる集会へ使者を送り、ヒネクや他の貴族たちと話し合うことをニュルンベルク市に約束している。この集会は、アレシュ事件に加えて

もうひとつこのフェーデを取り上げることができたであろうし、取り上げることになっていた。だが、こういった紛争は、集会参加者たちがおおやけに話し合うことを拒否し、個人的な問題とみなすような類のものであったと思われる。先の事件と同じく、ニュルンベルク市はヒネクに対して和解を促すようチェコの有力貴族に要請した。

しかし、ヒネクはそれを拒否し、集会もこの件について彼に圧力をかけるつもりはまったくなかった。ヒネクはチェコ語で書簡を作成し、タホフ城伯インジフ、もしくはチェコとの国境付近に城を所有している方伯、ロイヒテンベルク家のレオポルトとなら喜んで会談を行うつもりである、とプルゼニュ市へ書き送った。ところが、彼の提案が到着したときには、すでに事態は次の段階へと進んでいたのである。アレシュのフェーデと同じく、今回も争いは皇帝のもとにまで達し、フリードリヒ3世は争う両派を皇帝の権威によって召喚しようとした。この時点から二つのフェーデの経過は似通ってくる。ただし、たしかにヒネクはアレシュと同じような精神の持ち主であったが、皇帝に対してはもう少し慎重に対応した。一方フリードリヒ3世は、ニュルンベルク市と協力して、ヒネクを譲歩させるようチェコ貴族共同体の有力者に依頼している。ときを同じくして、ニュルンベルク市や皇帝の宮廷とヒネクとのやり取りは徐々に減ってゆく。1442年の春には、アレシュと同じく、ヒネクもニュルンベルク市や皇帝の宮廷から提案された和解を頑なに拒んでいる[53]。ここで争いはそのピークを迎えたのである。

11月の集会の後、ハンスはまたも前回と同じように事態を打開しようと試みた。しかし、すでに言及した者に加え、ボレシュ・ズ・リーズンブルカ、ヒネク・ズ・リヒテンブルカ、ヤロスラフ・ゼ・ジェロチーナといった貴族たちの回答も一致していた。すなわち、同輩の誰かが王国外で起こされた裁判に出廷し、自分たちの権利を弁護するべきである、という見解には、チェコ貴族は原則として同意しなかったのである。

ここで、争いから得られるメリットに対する、二人のチェコ貴族の対応を比較してみよう。アレシュはすべての集会に参加し、皇帝の宮廷にも外交目的で何度も赴いていたのに対して、ヒネクは早くも1442年2月にプラハで召集された集会から参加していない。アレシュと同じくヒネクにも参加を求めたオルジ

第 6 章　帝国都市ニュルンベルクとのフェーデに見るチェコ貴族の自意識　167

フ・ズ・ロジュンベルカに対して、ヒネクは痛風による痛みにひどく苦しんでいることを述べ、詫びている。しかしもちろん、上述のフェーデを議題とする集会を逃れようとした可能性も否定できない。なぜならヴェルナーが対抗策を講じていたからである。彼は、ヒネクや他のチェコ貴族を文書によって召喚し、それによりバイエルン大公ヨハン、アーノルト、ハインリヒの前で自分の無実を主張しようとした。ニュルンベルク市と同じくヴェルナーも、たとえ提案されたとしても、争いを解決するためにチェコまで出向くつもりはなかった。

　1442年3月、フリードリヒ3世はヒネクに対して、ニュルンベルク市とのフェーデの件で出頭するよう皇帝の権威によって求めている。ヒネクはここでも、ロイヒテンベルク家の方伯となら喜んでこの件に関して交渉することを示唆している。このときから、市は皇帝の宮廷にもチェコにも、ロイヒテンベルク家のうちの誰のことについて話しているのかわからない、という書簡を送り、争いの解決を回避し始めた。1442年4月13日、方伯レオポルトが別の書簡を作成する機会にニュルンベルクを訪れた際、市参事会はこの問題について彼と話し合っていたにもかかわらず、わからない、と書いたのである。レオポルトはチェコの隣人であるヒネクと取り決めて、チェコとドイツの国境からさほど遠くない自分の城プライシュタインに彼を招こうとした。ここで協議し、相互の紛争を平和的に解決するためである。しかし、4月にニュルンベルク市と会談した後、レオポルトは不安を覚えてこの問題から手を引いた。

　その間にヒネクはフリードリヒ3世に書簡で答え、その中でニュルンベルク市の「傲慢、自惚れ、横柄さ」を訴えている。彼らはかつての友人として自分と和解するつもりはなく、それどころか「皇帝の御前で口汚く中傷している」、と。そのうえ1442年4月8日の書簡では、チェコ王国での義務が負担となって皇帝の宮廷まで旅をすることができない、と述べ、結びの部分で再び、ニュルンベルク市の「横柄さ、厚かましさ」に対する処置を求めている。それがなされない限り、ニュルンベルクとの敵対関係が解消されることはない、と。ヒネクは、同時にバイエルン大公ヨハンにも返信し、大公の法廷に立つことはない、なぜなら自分はチェコの住人であり、この地の慣習と法に従っているからである、と繰り返し書いている。しかしヒネクは、ニュルンベルク市と和解で

きることを願ってもいた。

　この事件には、アレシュから皇帝とニュルンベルク市へ送られた書簡に示されているような、目につくフェーデのクライマックスを欠いており、紛争はさらに続いた。1年後の1443年6月25日、ニュルンベルク市は別の書簡でヒネクを非難している。彼の従士が商人を捕らえ、クラシーコフ城へ連行した、というのである。ヒネクが最後の書簡で、ニュルンベルク市と和解したい、とバイエルン大公ヨハンに述べたとき、市は彼の行動を「理解することができない」と記している。そして、同輩である市民の解放をはっきりと要求している。それに回答した文書の中でヒネクは、ニュルンベルク市自身が古い協定を破棄したことに言及しつつ、その要求を拒否した。

　争いの最後を飾ったのは双方の復讐合戦であった。いまだ解消されない敵対関係の報復として、ヒネクが商人たちをクラシーコフに投獄させたのに対し、残されている裁判記録によれば、ニュルンベルク市もヒネクが送り込んだ別の集団を捕らえることに成功した。彼らはニュルンベルク周辺で略奪を行い、市民に被害を与えようとしていた。

　捕らえられた者たちの服装は非常にみすぼらしく、武装はまったく不完全なものであった、と描写されている。彼らは、ハンス・フランク・フォン・ビュルツブルクに指揮されたドイツ人傭兵からなる、またも5人の部隊であり、おそらくフランケン地方ではよく知られた存在であった。捕縛された彼らは罪を認め、リーダーは、前の隊長ニクラス・オクスと同じく、処刑場で生涯を終えている。これを機に双方は頭を冷やし、アレシュ事件と同様に、何らかの法的結末を迎えることなくフェーデは終息した。


　本稿の検討で明らかなように、戦争や紛争、政治的闘争に充ちたこのような時期において、二つのフェーデの原因となったのはきわめて日常的な出来事であった。すなわち、一方ではある額の金銭が問題となり、他方ではある人物の殺害——もちろん略奪と別の人物の殺害がそれに先行している——が問題となった。数百グルデンは貴族のアレシュ・ゼ・シュテルンベルカにとっても無視することのできない額であったが、ニュルンベルクとの敵対関係を引き起こすことになった財政的損失が彼の地位を揺るがすことはなかった。もちろんヒ

第6章　帝国都市ニュルンベルクとのフェーデに見るチェコ貴族の自意識　　169

ネク・ゼ・シュヴァンベルカも、富を得ようとして金庫や教会の聖具を盗んだわけではない。

　ゆえに、この二つのフェーデは単なる社会経済的な枠組みを越えて、なによりも政治的威信の領域へと進んでいった。重要なのは、これらのフェーデが地域の「隣人」同士による敵対関係ではなく、国境を越え、それゆえより広域的な、政治的、法的帰結をもたらすものであった、ということである。ここではただ事件の概要を追うだけではなく、二つのフェーデがそのつど、どのような異なる価値観を示していたのか、という点に目を向けてみよう。

　二つの事件の経過を眺めることによって、まず貴族の行動様式や心性の輪郭を把握し、それにより、貴族の生活や名誉を論じているJ・マツェクの最近の解釈をさらに発展させることができるのではないだろうか。彼の議論は、おもに15世紀後半以降のチェコの史料から得られる知識にもとづいて組み立てられている[54]。すでに言及したように、二つのフェーデは、当事者にとって問題となるのは財産だけではなかったこと、チェコの貴族たちは特権に関する基本的な見解では一致しているにもかかわらず、争いに対してはさまざまなスタンスをとったことを示している。1440年代のチェコにおけるおもな政治動向から明らかなように、アレシュはまさに個人として行動したことが史料から読み取れる。彼はチェコの貴族共同体が持つ権威を享受している人物として振る舞っていた。また外交能力に長け、決断力もあった。争いを締めくくった、皇帝フリードリヒ3世に宛てた書簡がそれを証明している。その中でアレシュは、ニュルンベルク市と皇帝から提示された解決方法を拒否した理由を説明し、同時に、神聖ローマ帝国の首長ですら命令を下すことのできない、特権的なチェコのラント共同体成員としての自己の立場を明快に表明している。ヒネクもアレシュと同じくらいに政治経験の豊かな人物であったが、二人の「行動様式」には明らかな違いがみられる。ヒネクはこのフェーデを通じて慎重に振る舞っており、親族や自身の庇護下にある者たちを頼る姿勢も認められるが、逆にアレシュのような、帝国の制度と対決するチェコ貴族として自己を位置づける、といった表現方法は目立たない。むしろ、ときには言い訳をしつつ敵対者や仲裁者と直接対面することを避ける、といった態度が特徴的である。ヒネクの行動様式は、彼がニュルンベルク周辺に略奪団を再び派遣したことに典型

的に示されている。

　この二つの争いには、前フス派時代と比較した場合、ラント共同体成員の身分的自意識の著しい成長を見て取れる。たしかに14世紀初頭にはその萌芽を認めることができるが、これほど明確な形をとってはいなかった[55]。フスを弁護する文書[56]においてもなお、チェコのラント共同体の特権を余すところなく享受している一員としての、貴族個人個人の意識を充分に読み取ることはできない。チェコの貴族たちは、抗議文の中で「チェコ王冠の諸邦」や「チェコ王国」の観念、あるいはスラヴの言葉を用いて自己弁護していたにもかかわらず、そうしたことによって民族的な帰属意識を信仰の弁護に持ち込むことはなかったのである。ところが、今回取り上げたフェーデ文書は、直接関連している論拠にもとづいて、とりわけ外国に対して明確に一線を画している、チェコのラント法の伝統と結びついた貴族の傾向、そして彼らの自己認識さえも示している。ルクセンブルク家は、チェコの王冠諸邦や王国内部の一体性、あるいはそれらの自立的な地位を維持しようとするあらゆる努力に抵抗して、王冠諸邦をヨーロッパの、つまり帝国の政治に統合しようとしたが、それがむしろ、そうした貴族の傾向を生み出す重要な要因となったことは明らかである。

　チェコ王国、あるいはチェコ王冠諸邦の制度に付随する身分的感情や一体性は、いくつかの理由により突如として前面に現れた。とりわけアレシュは、自身の返答を的確に様式化し、自己の特権をチェコ貴族としての立場から理解することに与している。この特権は、チェコの法的慣習の中に含まれており、なによりもカレル4世〔在位1346-78、チェコ王：同〕の『金印勅書』の中にはっきりと表現されていた。カレルの勅書はいくつかの条項において、外国、つまり端的に言えば神聖ローマ帝国に対するチェコ王冠諸邦の自立的な立場を規定している。アレシュは、本稿で紹介してきた1443年初頭のフェーデをめぐる書簡と論証の中で、〔チェコ貴族に関わる裁判が外国（帝国）の法廷へ移されてはならない、という〕不移管 de non evocando 特権に対する信念を実際に表明したのである[57]。

　二つのケースいずれにおいても、敵対関係にあるからといって、当事者の一方が投げかけられた問題のイデオロギー化を図った痕跡は少しもみられない、という事実も無視することができない。宗教的には分裂していたチェコの貴族

共同体であったが、これらの紛争に関する自身の見解を述べた成員は一人として、書簡のやり取りの中で他の者とは異なる、身分的規範を逸脱した見解を表明していない。多様な宗派的対応（たとえば、一度登場したヤコウベク・ズ・ヴジェソヴィツのように）は、積極的に反フス派陣営に参加するような帝国都市とチェコのカトリック支持者との争いにおいても生じえたし、ドイツとチェコの新君主が選出される前後に諸問題の政治化をもたらすことにもなった。それは、フリードリヒ3世が潜在的なチェコ王位候補者として、また未成年のラディスラフの後見人として、チェコ情勢に介入することに多大な関心を抱いていた時期であり、また国王空位期に二つの、強力ではあるが理念的には一枚岩ではない集団が、君主選出をめぐってチェコの身分共同体の中で競合していた時期であった[58]。

　紛争解決のためにニュルンベルク市から指名されたチェコの貴族たちは、たしかに形式的には二人の貴族、アレシュとヒネクに争いを法的手段で解決するよう求めたが、交渉の場を外国の法廷へ移そうとする外部からの働きかけに対しては誰も協力しようとしなかった。ドイツの状況に通じていたプラヴェン家も、自分の親族であり隣人であるヒネクには、帝国の法廷へ出頭しないよう勧めている。二人のチェコ貴族は外国での裁判にある程度の関心は示したが、しかし彼らの内ではチェコの身分共同体成員としての原理が勝利を収めたのである。それゆえ、とりわけアレシュの事件では額のはっきりとした現金と商品が問題であったにもかかわらず、彼らが提案された解決方法に同意することはなかった。皇帝フリードリヒ3世はチェコ貴族との関係を、彼らとは異なる視点から眺めていたと思われる。それはおそらく、もう少し後に（1449-50年）別の場でニュルンベルク市が表明した見方と類似したものであった。ミュルナーによれば、いわゆる辺境伯戦争に関する記述において、市はヒネクやオルジフ・ズ・ロジュンベルカ、イジー・ス・ポジェブラト、グートシュテイン家、その他のチェコ貴族を「帝国身分」とみなしていたのである[59]。

　ニュルンベルク市、そして皇帝までもが数名の貴族、騎士、都市を頼り、あてにしていた時期に、事件に関与しているチェコ貴族の間で書簡が集中的に交換された事実にも注意しなければならない。それは比較的短い期間に集中しており、局地的な事件であったにもかかわらず、彼らの具体的な利益（ここでは

たとえば、チェコ王国外で争いを解決するための召喚）に関わる限り、彼らが身分共同体の枠内で意思疎通を図る能力と意志を持っていたことを証言している。

　チェコの貴族や騎士の多くがバイリンガルな能力を示しており、書簡を往復させる際にチェコ語とドイツ語を使用することが彼らを煩わせることはほとんどなかった。ヒネクだけは、彼のもとにいる書記がドイツ語の書簡を翻訳することができず、そのためにすぐに返信できないことを、一度は謝罪し、多くの場合は口実にしている（他のときには、痛風のために集会に参加できないという口実を使っている）。チェコ側の紛争当事者は、使用する言語を自分の意志で決定することができた。アレシュは、自分がチェコのラント共同体の一員であることを強調するために、チェコ語でニュルンベルク市と皇帝宛の書簡を作成したが、それはこのような背景を持っているのである。

　貴族たちの特権身分意識は、彼らに都市との争いの解決を拒ませるもうひとつの要因となった。それは帝国の都市との紛争ともなればなおさらであった。ニュルンベルク市はすぐにそれを自身の弱みとして認識し、若きドイツ皇帝の権威を求め、頼ろうとしている。しかし、フリードリヒ３世は空位となったチェコ王位に対する野心を抱いていたので、対照的な見解を持っていた。ヒネクがアレシュよりいっそう直接的な様式の、かつオープンな書簡を作成し、ニュルンベルク市参事会の「厚かましさ、図々しさ」を批判したとき、そこには貴族の都市に対する侮蔑的な態度が明瞭に表現されていた。都市は紛争のさなかにもこの点に関しては貴族に対して譲歩しなければならなかったのである。また二つのフェーデは、長きにわたる政治的、理念的、軍事的、経済的協働が、都市——この場合はニュルンベルク——と貴族の間の良好な関係を永続させる保障とはならなかったことを示すと同時に、関係の脆さや不安定さを露呈させたのは貴族の側であったことも明らかにしている。

　アンベルクからニュルンベルクに向かう途中で紛失した現金と商品をめぐるアレシュの争いは、これら以外にも次のようなことを証言している。すなわち、フス派時代にチェコのカトリック貴族は、たとえヒネクのようにバイエルンとの国境すぐ近くに拠点を構えていなくても、戦争や障害に関係なくニュルンベルクとの経済的なつながりを保ち続けていた、ということである。おもにボヘミア西部を拠点とし、まれに都市に住んでいるヒネクやその他の貴族、騎

第 6 章　帝国都市ニュルンベルクとのフェーデに見るチェコ貴族の自意識　　173

士たちについて明らかになった多くの事例は、パラツキーが公刊した『フス派戦争史史料集』から得られた情報である[60]。この事実は、ニュルンベルクがフス派時代に帝国の最重要拠点のひとつであったこと、チェコのカトリック陣営はこの都市と多方面にわたる接点を維持していたことを改めて認識させる。

　最後に、二つの争いはチェコとドイツの国境の複雑な状況をも示している。それは、局地的な問題が大局的な事件の背後に隠れてしまった革命期だけではなく、あらゆる種類の紛争にもかかわらず大きな戦争がなく、多少落ち着きを取り戻したもう少し後の時代にも当てはまる。たしかに、これらの争いに関係する文書を見ると、この時代のチェコとドイツの関係の紛争的な側面が浮かび上がってくる。しかし、フス派時代がチェコとドイツの間の政治的、商業的、そして個人的なつながりを断ち切ることはなかった、ということの証拠ともなるのである。

　今回の二つのフェーデは、フス派革命の結果として 15 世紀前半のチェコ社会に生じた急速な諸変動を経て、チェコ貴族の身分的感情に変化があったことをいくつかの領域で明確に示している。またそれらは、チェコのカトリック貴族が、隣接するドイツの状況と具体的で複雑な関係を持っていたことをも証言している。彼らは少し前の戦争期にもドイツと緊密な接触を保っており、またドイツ側も長年にわたって集中的に彼らを援助していた。そして二つのフェーデは、ルクセンブルク朝の断絶を受けて新たなチェコ王を選出する可能性のあった危機的な時期に、カトリック陣営の有力者も完全に自立的な地位を知るようになり、個人としての自意識を持つようになったことを証明している。もちろんそれらは、チェコ王冠諸邦の制度と領邦の貴族共同体の法的、政治的独立性を前提としていたのである。


訳注
　i ) チェコ語の「チェコ」は、狭義には現在の共和国の西半分（中世チェコ王国領）のみを、広義には共和国全体（中世であればチェコ王冠諸邦：チェコ王国、モラヴィア辺境伯領、シレジア諸公領、上・下ラウジッツ）を指す。本稿では、モラヴィア（共和国の東半分）と区別して王国領のみを意味する場合には「ボヘミア」の訳語を、とくに区別せずにモ

ラヴィアも含めたチェコ諸邦全体を意味する場合には「チェコ」の訳語を用いた。
ⅱ) チェコ人研究者は神聖ローマ帝国の君主に対して、「帝国の」「ドイツの」「ローマの」といった3種類の形容詞を用いる。また、帝国の君主は「ドイツ王」として選出された後も、ローマで戴冠式を挙行しない限り「皇帝」ではなかった。しかし、本稿ではドイツ国王とチェコ国王の混同を避けるために、帝国(ドイツ)の君主には「皇帝」、チェコの君主には「国王」の訳語を用いた。

注

1) J. Pánek, Proměny stavovství v Čechách a na Moravě v 15. a v první polovině 16. století, in *Folia historica Bohemica* (以下 *FHB*) 4, 1982, s. 179-217; J. Petráň, Skladba pohusitské aristokracie v Čechách, in *Proměny feudální třídy v Čechách v pozdním feudalismu*, Acta Universitatis Carolinae - Philos. Hist. 1, 1976, s. 9-80; D. Třeštík - M. Polívka, Nástin vývoje české šlechty do konce 15. století, in (re.) J. Čierný - F. Heil - A. Verbík, *Struktura feudální společnosti na území Československa a Polska do přelomu 15. a 16. století*, Praha 1984, s. 99-133; M. Polívka, Některé aspekty vývoje stavovství v české společnosti předhusitské a husitské doby, in *FHB* 6, 1984, s. 16-56; F. Hoffmann, Morava před husitskou revolucí I, in *Časopis Matice moravské* (以下 *ČMM*) 69, 1984, s. 61-71, II, in *ČMM* 70, 1985, s. 122-126; W. Eberhard, Interessengegensätze und Landesgemeinde: Die böhmischen Stände im nachrevolutionären Stabilisierungskonflikt, in (hg.) F. Seibt - W. Eberhard, *Europa 1500. Integrationsprozesse im Widerstreit: Staaten, Regionen, Personenverbände, Christenheit*, Stuttgart 1987, s. 330-348; J. Mezník, Česká a moravská šlechta ve 14. a 15. století, in *Sborník historický* 37, 1990, s. 7-35; J. Válka, *Dějiny Moravy* I, Brno 1991, zvl. s. 91-98; J. Kejř, Anfänge der ständischen Verfassung in Böhmen, in (hg.) H. Boockmann, *Die Anfänge der ständischen Vertretung in Preußen und seinen Nachbarländern*, München 1992, s. 177-217; J. Macek, *Jagellonský věk v českých zemích* I-II, Praha 1992-1994; J. Boubín, *Česká "národní" monarchie*. Práce Historického ústavu ČAV (Česká akademie věd) - Monographia, A-5, Praha 1992; F. Prinz, Hussitenzeit und Ständeherrschaft (1419-1526), in (hg.) F. Prinz, *Deutsche Geschichte im Osten Europas: Böhmen und Mähren*, Berlin 1993, s. 156-179; F. Šmahel, *Husitská revoluce* I, Praha 1993, s. 273-290, IV, s. 96-117.

2) F. Šmahel, Obrysy českého stavovství od konce 14. do počátku 16. století, in *Český časopis historický* 90, 1992, s. 161-187.

3) F. Šmahel, *Idea národu v husitských Čechách*, České Budějovice 1971; J. M. Klassen, *The Nobility and the Making of the Hussite Revolution*, New York 1978; B. Zilynskyj, Česká šlechta a počátky husitství, in *Jihočeský sborník historický* 48, 1979, s. 52-63; M. Polívka, *Mikuláš z Husi a nižší šlechta v počátcích husitské revoluce*, Rozpravy ČSAV-SV

第6章　帝国都市ニュルンベルクとのフェーデに見るチェコ貴族の自意識　175

(Československá akademie věd - Společenské vědy), 92-1, Praha 1982, s. 36-43.
4) R. Urbánek, České dějiny III-1, Věkpoděbradský, Praha 1915; J. Pánek, Poslední Rožmberkové - velmoži české renesance, Praha 1989, s. 21-34; J. Boubín, Česká "národní" monarchie; B. Kyjovské, Soupis rodů z Čech a Moravy a literatura o nich, Brno 1990.
5) ドイツの研究については、(hg.) F. Prinz, Deutsche Geschichte im Osten Europas, s. 494-528の広範な文献リストを参照。とりわけF・グラウスとP・モーラフの研究およびF. Seibt, Bohemica, Probleme und Literatur seit 1945, in Historische Zeitschrift, Sonderheft 4, München 1970が重要である。前の世代のチェコ人研究者では、I・フラヴァーチェクとF・シュマヘルが関連する一群の研究を公刊している。これに関しては、F. Šmahel, Husitská revoluce IV, s. 262-264, s. 346-349の文献リストを参照。また、新しい試みとして、W. Baumann, Působení husitismu na bavorsko-české sousedství, in Minulostí Západčeského kraje (以下MZK) 26, 1990, s. 123-144も重要である。しかし、中世におけるチェコと近隣諸国の関係を統合する仕事は、チェコの歴史学界においても国外の歴史学界においてもいまだに進んでいない。このことは、(hg.) F. Boldt - R. Hilf, Heimkehr nach Europa. Neue bayerisch-böhmische Nachbarschaft, München 1992収録のいくつかの論文においても指摘されている。
6) かつてはKreisarchiv Nürnbergであった Staatsarchiv Nürnberg (以下StA Nbg)。〔訳注：以下の文章（原文428頁4行目から431頁4行目まで）では、本稿で用いる2種類の史料についての説明がなされている。しかし、史料の内容よりも、中世チェコ史研究にとってのニュルンベルク古文書館史料の意義などに紙幅が割かれており、論稿の主旨からは少し逸脱している。そのため、筆者ポリーフカの了解と指示を得て割愛した。ここでいう二つの史料群とは、『1419年から1436年までのフス派戦争史のための文書的寄与』（本文中、『フス派戦争史料集』）Urkundliche Beiträge zur Geschichte des Hussiten-krieges vom Jahre 1419 bis 1436, (hg.) F. Palacký, Bd. 1-2, Prag 1872-1873 (以下UB)とBriefbücher des inneren Rates der Reichsstadt Nürnberg, in StA Nbg., Repertorium 61a (以下BB) である。前者は、F・パラツキーがフス派時代の史料を蒐集したもの、後者は、ニュルンベルクの古文書館に所蔵されている公文書の手稿である。これは、1404年以降市参事会によって連続して発給された文書であり、パラツキーはそのうちの一部を前者に収録している。これらの史料を用いた前フス派時代とフス派時代のチェコ史研究の可能性については、M. Polívka, "Briefbücher des Rates der Reichsstadt Nürnberg" jako pramen k českým dějinám a česko-německým vztahům doby Václava IV., in (re.) M. Polívka - M. Svatoš, Historia docet. Sborník prací k poctě šedesátých narozenin I. Hlaváčka. Práce Historického ústavu ČAV, řada C - Miscellanea, sv. 7, Praha 1992; TÝŽ, Nürnberg und die böhmischen Städte in der Hussitenzeit, in Mediaevalia historica Bohemica (以下MHB) 2, 1992, s. 101-118を参照。〕
7) M. Polívka, Nürnberg und die böhmischen Städte.

8) フェーデについての基本的な情報（宣告、小規模な戦闘、ドイツのフェーデ）は法制史の参考書、たとえばK. Malý, *Trestní právo v Čechách v 15. a 16. století*, Praha 1919, s. 51-82; F. Hoffmann, Popravčí zápisky jihlavské, in *Právněhistorické studie* (以下 *PHS*) 18, 1974, s. 163-204 に詳しい。ドイツの研究では、A. Kaufmann, Fehde, in (hg.) A. Erler - E. Kaufmann, *Handwörterbuch zur deutschen Rechtsgeschichte*, I. Bd., Berlin 1971, s. 1083-1093; A. Boockmann, Fehde, Fehdewesen, in *Lexikon des Mittelalters* (以下 *LexMA*), IV. Bd., München 1987, s. 331-334; R. Sprandel, *Verfassung und Gesellschaft im Mittelalter*, Paderborn-München-Wien-Zürlich 1994 (5.ed.), s. 126-130, 268n., 274-277 を参照。

9) チェコに関しては、B. Rieger, *Zřízení krajské v Čechách*, část 1, *Historický vývoj do r. 1740*, Praha 1894; R. Rauscher, *Zemské míry na Moravě*, Praha 1919; R. Urbánek, *České dějiny* III-1. 最新の研究は、J. Válka, *Dějiny Moravy* I, s. 109-110; J. Jánský, Rýzmberský landfrýd a rytířsko-měšťanský spolek Jana Klenovského, in *MZK* 28, 1992, s. 85-97. ドイツの研究では、H. Angermeier, *Königtum und Landfriede im deutschen Spätmittelalter*, München 1966, zvl. s. 11-78, 374-420; E. Kaufmann, Landfrieden (Landfriedensgesetzgebung, Landfrieden und Landfriedensbruch), in *Handwörterbuch zur deutschen Rechtsgechiche*, II. Bd., Berlin 1978, s. 1451-1485; H. -J. Becker, Landfrieden, in *LexMA*, V. Bd., s. 1657-1660 を参照。

10) O. Brunner, *Land und Herrschaft. Grundfragen der territorialen Verfassungsgeschichte Österreichs im Mittelalter*, Wien-Wiesbaden 1959, (4.ed.).

11) *Tamtéž*, s. 1-11, 19.

12) E. Orth, *Die Fehden der Reichsstadt Frankfurt am Main im Spätmittelalter, Fehderecht und Fehdepraxis im 14. und 15. Jahrhundert*, Wiesbaden 1973.

13) A. Boockmann, Urfehde und ewige Gefangenschaft im mittelalterlichen Göttingen, in *Studien zur Geschichte der Stadt Göttingen* 13, 1980.

14) 貴族間のフェーデについては、たとえばF. Battenberg, Die Lichtenberg - Leiningensche Fehde vor dem Kammergericht Friedrichs III., in *Zeitschrift für Geschichte Oberrheins* 124, 1976, s. 105-176; TÝŽ, *Herrschaft und Verfahren, Politische Prozesse im mittelalterlichen Römisch-Deutschen Reich*, Darmstadt 1995, s. 125-153; W. Rösener, Zur Problematik des spätmittelalterlichen Raubrittertums, in (hg.) H. Maurer - H. Patze, *Festschrift für Berent Schwineköper zu seinen siebzigsten Geburtstag*, Sigmaringen 1982, s. 469-488 を参照。

15) A. Patschovsky, Fehde im Recht. Eine Problemskizze, in *Recht und Reich im Zeitalter der Reformation. Festschrift für Horst Rabe*, Frankfurt a. M. 1995.

16) A. Sedláček, *Hrady, zámky a tvrze Království českého* I-XV, Praha 1882-1927.

17) V. Urfus, "Zášti" v Čechách v polovině 15. století, in *PHS* 3, 1957, s. 90-112.

第6章 帝国都市ニュルンベルクとのフェーデに見るチェコ貴族の自意識 177

18) F. Hoffmann, Janáčovo tovatyšstvo, in ČMM 90, 1971, s. 83-93; TÝŽ, K povaze drobné války, záští a násilných činů před husitskou revolucí, in Pocta akademiku V. Vaněčekovi k 70. narozeninám, Praha 1975, s. 55-75; TÝŽ, Bojové družiny před husitskou revolucí ve východních Čechách, in Československý časopis historický (以下 ČSČH) 35, 1987, s. 75-104; TÝŽ, Bojové družiny na Moravě a v Čechách před husitskou revolucí, in Husitský Tábor 12, 1995, s. 44-147; TÝŽ, Na českého-moravského pomezí kolem roku 1430, in (re.) J. Pánek - M. Polívka - N. Rejchrtová, Husitství - Reformace - Renesance. Sborník k 60. narozeninám F. Šmahela II, Praha 1994, s. 529-536; F. Šmahel, Husitská revoluce IV, s. 265n.

19) E. Maur, Lokální záští a předpoklady husitství v západních Čechách, in MZK 29, 1993, s. 15-47.

20) J. Jánský, Rýzmberský landfrýd a rytířsko.

21) R. Urbánek, České dějiny III-1, s. 498n.

22) Tamtéž, s. 499.

23) StA Nbg., Reportorium 2c. Die Akten des sogenanten 7farbigen Alphabets. Nr. 19 - Fehde des Alsch von Sternberg mit der Stadt Nürnberg, Nr. 27 - Fehde des Hynko Kruschina von Schwamberg gegen die Stadt Nürnberg.

24) J. Müllner, Die Annalen der Reichsstadt Nürnberg von 1623, 2. Teil, (hg.) G. Hirschmann, Nürnberg 1984, s. 339n., 350, 388.

25) これらのフェーデに関するその他の報告は、現在出版されていて入手可能なこの時代のドイツ語、チェコ語史料の中には見つけることができなかった。文書目録としてはフリードリヒ3世時代のものが準備中であるが、StA Nbg.の文書にあてられた巻はまだ完成していない。文書目録のプロジェクトに関しては、P. -J. Heinig, Der gegenwärtige Stand der Regesta Imperii, in Diplomatische und chronologische Studien aus der Arbeit an der Regesta Imperii, (hg.) P. -J. Heinig, Köln-Wien 1991, s. 9-35を参照。二つのフェーデに参加した貴族たちがチェコ語で書いた手紙の草案は、チェコの古文書館に所蔵されていなかったために、Soupis český psaných listin a listů do roku 1526 I-2, (re.) F. Beneš - K. Beránek, Praha 1974にも収録されていない。

26) これ以降の記述において逐一史料の出典には言及しない。注23参照。

27) M. Moravec, Zástavy Zikmunda Lucemburského v českých zemích z let 1420-1437, in FHB 9, 1987, s. 89-173, zvl. s. 122.

28) F. Kavka, Strana Zikmundova v husitské revoluci, netištěná disertace uložena v Archivu UK (Universita Karlova) Praha, Praha 1947, zvl. s. 97. アレシュの財務官在任期間については、F. Palacký, Přehled současný nejvyšších důstojníků a úředníků (J. Charvátの補足付), in (re.) J. Charvát, Dílo Františka Palackého I, Praha 1941, s. 349, 350, 359を参照。

29) R. Urbánek, *České dějiny* III-1, s. 202n.
30) *UB* II, s. 251n., 267および未刊行史料*BB* IX, fol. 231r., 248v.
31) とくに次の書簡が関係している。1432年2月6日付、ニュルンベルク市からアレシュ宛、1432年3月20日と1432年（6月30日）付、アレシュからニュルンベルク市宛。アンベルク市とニュルンベルク市に対するジクムントの証書は、公文書の中には見つけられず、*Regesta Imperii*（以下*RI*）XI, Urkunden Kaiser Sigismunds, II. Bd. (1425-1437), (hg.) W. Altmann, Innsbruck 1897にも収録されていない。*RI*を見る限り、アレシュがこの時期にジクムントの尚書局と頻繁に接触していることを考慮すれば、ジクムントあるいは彼の尚書局の役人たちから、実現はしなかったものの仲介の確約を得た可能性は否定できない。
32) 1432年3月15日付、プルゼニュ市からアレシュ宛の書簡。
33) このフェーデのいくつかの問題点については、すでにM. Polívka, Friedrich III. und Nürnberg im Konflikt mit dem böhmischen Adel und seinem Recht: Nürnbergs Fehde mit Alesch von Sternberg, in (hg.) P. -J. Heinig, *Kaiser Friedrich III. (1440-1493) in seiner Zeit*, Köln-Weimar-Wien 1993, s. 257-277において検討した。
34) たとえば、1432年5月3日付、プルゼニュ市宛のニュルンベルクの書簡がそのことを証明している。*BB* IX, fol. 248v.
35) アレシュの3月31日付の書簡に対してニュルンベルク市は4月20日付で返信し、アレシュから盗まれた商品のことはまったく知らないこと、従者ヴァニエクに関する情報も持っていないことを述べている。
36) シュリクとアレシュに対する返信は、2通とも1437年4月25日付である。アレシュにはシュリク宛の書簡の写しを送っている。そしてシュリクには――自分たちの努力を強調しつつ――、アレシュのチェコ語の書簡を翻訳することは断念しなければならない、と書いている。最後の例外を除き、通信の中でチェコ語の書簡については言及されていない。
37) K. Siegla, *Die Kataloge des Egerer Stadtarchivs*, Eger 1900の索引データを参照。
38) ハインリヒおよびプラヴェン家については、M. Urban, Zur Geschichte der Stadt und Herrschaft Königswart, in *Mitteilungen des Vereins für Geschichte der Deutschen in Böhmen* 19, 1881, s. 26-27; H. Gradl, Eger und Heinrich von Plaven, in *Tamtéž*, s. 198-214; TÝŽ, *Geschichte des Egerlandes*, Prag 1893; F. M. Bartoš, *Husitská revoluce* I-II, Praha 1965; F. Palacký, *Dějiny národu českého v Čechách a v Moravě*; R. Urbánek, *České dějiny* III; J. Pánek, Zápas o vedení české stavovské obce v polovině 16. století, in *ČSČH* 31, 1983, s. 855-883; B. Streich, *Zwischen Reiseherrschaft und Residenzbildung: der wettinische Hof im späten Mittelalter*, Köln-Wien 1989, H. Groth, *Stammtafeln*, Leipzig 1877, s. 248-251を参照。
39) 1425年9月13日付*BB* VII, fol. 5rv.、1425年11月23日付*UB* I, s. 414など。

第 6 章　帝国都市ニュルンベルクとのフェーデに見るチェコ貴族の自意識　179

40)　この集会をめぐる状況については、R. Urbánek, *České dějiny* III-1, s. 589-591 を参照。
41)　彼らの官職については、F. Palacký, Přehled současný nejvyšších, s. 348n. を参照。
42)　この延期と集会自体については、R. Urbánek, *České dějiny* III-1, s. 591n. を参照。しかし、この時代の集会に関しては、すでに F. Palacký, *Dějiny národu českého v Čechách a v Moravě* IV-1, Praha 1877, (3.vy.), s. 3-102 において多くの情報が確認されている。アレシュのフェーデに関しては、驚くべきことにパラツキーが刊行した書簡集 F. Palacký, Dopisy pana Aleše ze Šternberka, in *Archiv český* (以下 *AČ*) 2, 1846, s. 1-46 や *Listáři a listináři Oldřicha z Rožmberka*, (re.) B. Rynešová, I-II, IV-sup., Praha 1929-1954 の中でもまったく報告されていない。
43)　R. Urbánek, *České dějiny* III-1, s. 592-604.
44)　I. Hlaváček, Beiträge zur Erforschung der Beziehungen Friedrichs III. zu Böhmen bis zum Tode Georgs von Podiebrad, in *Kaiser Friedrich III.*, s. 279-300.
45)　最重要史料の引用といくつかの書簡の編纂については、M. Polívka, Friedrich III. und Nürnberg, s. 257-277 を参照。この往復書簡の大部分が他では知られていないことを考慮して、*Sborník archivních prací* における刊行を準備している。ヒネクのフェーデに関しても同様である。
46)　R. Urbánek, *České dějiny* III-1, s. 966; F. Kavka, *Strana Zikmundova*, s. 85; F. Šmahel, *Husitská revoluce* IV, s. 539.
47)　M. Moravec, Zástavy Zikmunda Lucemburského, zvl. s. 123.
48)　たとえば、*UB* I, s. 403n., *UB* II, s. 63, 66n., 392. また、J. Hejnic - M. Polívka, *Plzeň v husitské revoluci. Hilaria Litoměřického "Historie města Plzně", její edice a historický rozbor*, Praha 1987, s. 293n. も参照。
49)　このフェーデは、1430年代前半にヒネクとヘプ市やブランデンブルク辺境伯との間に生じた敵対関係とは関係ない。H. Gradl, *Geschichte des Egerlandes*, s. 399.
50)　J. Müllner, *Die Annalen*, s. 339n.
51)　注23、Fehde des Hynko Kruschina von Schwamberg gegen die Stadt Nürnberg. フェーデについてはミュルナーが1441年の箇所で簡潔にまとめている。J. Müllner, *Die Annalen*, s. 350. チェコ側の史料は、F. Palacký, Dopisy rodu Švamberského r. 1400-1425, in *AČ* 3, 1844, s. 368-394 やその他の刊行物においても知られていない。
52)　M. Urban, Zur Geschichte der Stadt und Herrschaft Königswart, s. 26.
53)　M. Polívka, Friedrich III. und Nürnberg im Konflikt, s. 266n.
54)　J. Macek, *Jagellonský věk v českých zemích (1471-1526)*, II, Šlechta, zvl. kap. 3, s. 90-118.
55)　注1の文献および J. Šusta, *České dějiny* II-2, Král cizinec, Praha 1939, s. 1-93, 225-274.
56)　V. Novotný, *Hus v Kostnici a česká šlechta*, Praha 1915; B. Zilynskyj, Česká šlechta a počátky husitství, s. 52n.

57) J. Kalouska, *České státní právo*, Praha 1892, s. 33-38; J. Kapras, *Právní dějiny zemí Koruny české* II, Praha 1913, s. 134, 321n.; F. Čáda, *Povšechné právní dějiny československé* I, Brno 1947, s. 60n. またカレル4世の『金印勅書』の第8条も関係している。*Die Goldene Bulle. Das Reichsgesetz Kaiser Karls IV. vom Jahre 1356*, (hg.) W. D. Fritz, Weimar 1978, s. 59-61. この法文書の第17条は、いつ、どのようにしてフェーデを宣告するべきか、という提案を含んでいる。王国の基本法典である『カレルの法典 Majestas Carolina』およびそれ以前のチェコのその他の法典は、チェコのラント法の観点からすると、相対的に緊密な法的総体を構成している。これらの法典は不移管 de non appelando, de non evocando 特権の問題にまったく触れていない。『カレルの法典』については、J. Spěváček, Řešení mocenského problému české šlechty v návrhu zákoníka Majestas Carolina, in *MHB* 1, 1991, s. 185-203; F. Kavka, *Vláda Karla IV. za jeho císařství (1355-1378)*, 1. díl, Praha 1993, s. 50 を参照。

58) I. Hlaváček, Beiträge zur Erforschung der Beziehungen Friedrichs III., s. 279-300; K. -F. Krieger, *Die Habsburger im Mittelalter: Von Rudolf I. bis Friedrich III.*, Stuttgart-Bern-Köln 1994, s. 163-237.

59) J. Müllner, *Die Annalen*, s. 416-418. 都市ではヘプとプラハが言及されている。

60) フス派時代の外国とチェコの交易に関しては、F. Lütge, Der Handel Nürnbergs nach dem Osten im 15./16. Jahrhundert, in (hg.) Stadtarchiv Nürnberg, *Beiträge zur Wirtschaftsgeschichte Nürnbergs* I, Nürnberg 1967, s. 335n.; J. Čechura, Zum Konsumniveau in Ostmittel- und Westmitteleuropa in der ersten Hälfte des 15. Jahrhunderts, in (hg.) W. Eberhard - H. Lemberg - H. -D. Heimann, *Westmitteleuropa - Ostmitteleuropa. Vergleiche und Beziehungen, Festschrift für F. Seibt zum 65. Geburtstag*, München 1992, s. 185-196; M. Polívka, Nürnberg und die böhmischen Städte; TÝŽ, K "černému obchodu" s kutnohorskou mědí v husitské době, in *ČMM* 113, 1994, s. 25-34 を参照。

## 第7章

# 「復讐するは我にあり」
—— 15・16世紀フリウリのフェーデにおける貴族クランと農村共同体 ——

フリオ・ビアンコ

高田　良太　訳

●解題・・・・・・・・・・・・・・・・・・・・・・・・・・・・・・・・・・・・・・・・・・

　本章は、Furio Bianco, *"Mihi vindictam*: Aristocratic Clans and Rural Communities in a Feud in Friuli in the Late Fifteenth and Early Sixteenth Centuries", in: *Crime, Society and the Law in Renaissance Italy*, T. Dean and K. J. P. Lowe eds., Cambridge, 1994, pp. 249-73の訳である。著者フリオ・ビアンコは、1943年に現在のクロアチアのリエカにあたるイタリア領フィウメで生まれた。トリエステ大学の助教授を経て、1998年よりウーディネ大学助教授の職にある。

　15世紀中葉にヴェネツィア共和国に編入されたフリウリ地方では、それ以前のアクィレイア総大司教領時代に享受していた特権の温存を狙う封建貴族層（城主貴族）と、都市共同体を核とするフリウリ地方の再編を主唱する親ヴェネツィア派のサヴォルニャン家の間で、1世紀以上にわたるフェーデがくり広げられた。本章ではその社会的背景と紛争形態の変化が、サヴォルニャンによって多くの封建貴族が殺害された1511年の事件を焦点として考察されてい

る。タイトルとなっている「復讐するは我にあり」は、聖書では復讐を戒める神の言葉であるが、本章ではこの言葉を剣に刻んで貴族が復讐を誓ったというエピソードが述べられている。復讐の義務を規定した成文法が実効性を失った後も、貴族の意識の中ではヴェンデッタ（報復行為）を正当化する論理が長い間存在したのである。それは歴史的状況に応じて紛争を抑止するものから、むしろ憎しみを拡大させるものへと変化し、一方で相討ちによって敵対関係に終止符を打つために利用されたりもした。この過程における農民層の関与をビアンコは重視する。処女作のタイトル『城主貴族、共同体、下層民——共和国の崩壊から王政復古期に至る農村の土地の集積と収用——』（ウーディネ、1983年）が示すように、近代農村史を研究の出発点としたビアンコは、90年代半以降は中世末期から近世にも目を向けてフリウリ地方の領主・農民関係を解明してきた。本章においても、ビアンコは封建貴族に不満を持つ農民層と、サヴォルニャン家との間に形成されたパトロネジを手がかりとして未刊行史料を網羅的に分析し、貴族間のフェーデに農民反乱が重なり合っていく様態を明らかにしている。

・・・・・・・・・・・・・・・・・・・・・・・・・・・・・・・・・・・・・・・・・

## 聖木曜日の虐殺事件

　虐殺事件が起きたのは1511年の聖木曜日〔ジョヴェディ・グラッソ〕〔四旬節前の最後の木曜日〕、カンブレ同盟戦争が続いて、当時ヴェネツィア領であったフリウリ地方においても神聖ローマ帝国軍とヴェネツィア軍の間で熾烈な戦いがくり広げられていたさなかのことであった。〔戦時の〕緊迫した状況下であったにもかかわらず、フリウリ地方の首府ウーディネではカーニヴァルの最後の週に予定された舞踏会や仮面劇など様々な祝祭の準備が進んでいた。しかし、祝祭の準備は突如として起こった激しい民衆反乱のために中断された。おりしもウーディネ郊外では、封建貴族がその従者たちとともに対立貴族であるサヴォルニャン家と民衆の突然の襲撃に備えようとしていた。そこへ、サヴォルニャン家の当主であったアントニオ・サヴォルニャン指揮下の何千人もの農民兵が押し寄せた。アントニオ

はヴェネツィアの要請により神聖ローマ帝国軍からウーディネを防衛するために派遣されていたのだが、このときアントニオと農民兵〔コンタード〕は都市周辺領域を偵察して帰還する途上だった。当初の騒擾はすぐに悪化した。ヴェネツィア人の統治官〔レットーレ〕は、前の晩に封建貴族の党派とアントニオを中心とする党派の首領たちから、とりあえず和解への譲歩を引き出していただけに、この事態には驚きを禁じえなかった。その後、あらかじめ計画していたかのように、農民兵は民衆とともに、敵〔神聖ローマ帝国軍〕と共謀していると見なされた封建貴族の居館を強襲した。

　混乱は膨れあがり、その結果容赦のない一連のリンチが続いた。その様子は、とりわけ残忍で身の毛もよだつエピソードに注目した年代記作家や研究者が迫力にみちた筆致によって物語るところである¹⁾。貴族たちが私兵で固めた居館はウーディネの市壁内のいくつかの地区に広がっており、それらは互いに密集し、庭や内部通路で繋がって、堅固な城砦の様相を呈していた。しかし、これらの居館も、ほどなく砲兵によって破壊され、略奪と焼き討ちの対象となった。フリウリでもっとも著名な家門（コッロレード、ストラッソールド、デッラ・トッレ、フラッティーナなど）の貴族たちの中には、最初の襲撃による虐殺を逃れて友人たちの家に避難していた者たちもいたが、彼らもすぐに見つけ出されて外へと引き出され、命を奪われた。年代記によれば彼らは「天を仰いで叫びと呻き声をあげながら牛のように殺された」。貴族たちの死体からは服が剥ぎ取られ、その体はばらばらに切り刻まれ、道端で犬や豚によって食いちぎられた。そのため通りは「すべて血にまみれ、肉片と脳味噌と髪で埋めつくされ、……あたりには、女性たちの悲嘆と嗚咽と涙があふれていた」²⁾。

　グラディスカ要塞から派遣されてきたヴェネツィアの守備隊が尽力し、なんとかウーディネの治安を回復させた。しかし、その後数日続いた祝祭の催し、仮面劇、カーニヴァルの儀礼は陰鬱で不気味なものとなった。それはグレゴリオ・アマーゼオが彼の著作である「凄惨な聖木曜日の物語」の中で強調していることだ。すなわち、都市の他の場所はみな「悲しみにくれて陰うつとしている」のに、反乱を起こした群衆は「歓喜し」、広場や通りで、「宴会から宴会へと走りまわり、絹の着物や裏切られた貴族の衣服を着て、かつてその衣服を着ていた人物の名前で互いに呼び合い……、哀れな貴族に都市民衆の服を着せて

冷やかしたり馬鹿にしたりし、自分たちの女を貴族女性のように装わせたので……、あたかも世界の上下がひっくり返ったかのようであった」というのである[3]。

　もっとも、都市民衆(ポポラーニ)と農民たち(コンタディーニ)を叙述する際に、年代記作家たちは露骨に侮蔑的な態度をとる。それは、おそらく党派的な誇張があったり、農民と農村世界に対する知識人や都市住民の日常的な偏見によって、「犯罪の非道さ」が大げさに述べられるためである。とはいえ、年代記作家たちには体制破壊運動に対する広範な恐れと不安も見てとれる。彼らの叙述は、16世紀末に神聖ローマ帝国との東部境界地域において生じた反貴族運動を予示するものでもある[4]。したがって、虐殺事件のあとで催された舞踏会や祝祭の模様〔を描き出す彼らの叙述〕は、伝統的な仮装と身分の反転によって世の中の上下を逆様にする、単なるカーニヴァルの儀礼以上に〔虐殺事件にはじまる反封建的な〕一連の暴力事件をしめくくるエピローグとなっていると思われるのである。

　暴動は都市から農村へと拡大した。封建的支配が都市よりも深く根をおろしていた農村地域には、きわめて広大な領主所領が存在していた。アマーゼオの述べるところによれば、何千もの農民が「あたかも、砦を襲うための砲兵隊を備えた軍隊の如く武装し、これに略奪のおこぼれを狙う農民家族の乗った馬車の列が続き」[5]、ヴェネツィアと貴族連合が断固とした介入に踏み切るまでの数日の間に何十もの砦と城、そして貴族の居館を焼き討ちした。この暴動が収束した要因は、ヴェネツィアと貴族連合の介入が効を奏したことよりも、むしろ地震とペストの流行が同時に起こって都市と農村の多くの人命を奪ったことにあるだろう。これらの地震や疫病は、目に余る悪行に対する神罰だと解釈された。

　概ね以上が、同時代人の説明から浮かび上がってくる事件の経過であり、それは、文学的伝統と集団的記憶の中に長く残ることになった。こうした事件の経過は、その動態と類型において16世紀にさまざまな場所で起こった民衆反乱についての叙述と類似している[6]。たとえば、男女両方の参加、武装した農民のあとに続く家族の列、略奪と情け容赦のない暴力、カーニヴァルの儀礼、敵に寝返る背信行為の告発、君主への敬意表明と反乱の首領への追従を同時に行うこと、などである。しかしこの反乱は、おそらくルネサンス期のイタリア

における最大規模の農民と都市民衆の蜂起であったと考えられる。当時、フリウリでは地域特有の政治・制度的構造のために、さらにはまた数十年来のクロアチア人、ボスニア人、セルビア人の断続的な侵入、そして神聖ローマ帝国軍による蹂躙と侵略もあり、社会的対立と紛争が強まっていた。この事件は、一方で、そうした緊張状態と紛争を終わらせることとなったが、他方で、サヴォルニャン家によって率いられたクラン[i]と、封建貴族層と都市貴族の大部分を含む門閥（コンソルテリア）との長年のフェーデにおける決定的な局面となった。

## フリウリの政治構造と貴族クラン

15世紀末のフリウリはヴェネツィアが獲得して間もない地方（プロヴィンツィア）の中でもっとも封建的な地域であった。聖俗領主の所領、神聖ローマ帝国の支配領域、〔コムーネなどの〕領域（テッリトーリオ）、〔自立した〕共同体（コムニタ）が複雑に入り組むこの地方では、農村が人口の大半を集めており、小さな村々に至るまで広範な自治権と行政上の特権をかたくなに保持していた。一方で、都市域は小規模であり、都市としての称号と特権を主張することはできても、コムーネを外に拡大することはできなかったので、農村地域に対して支配者としてふるまうことはなかった。15世紀の間は、比較的小さないくつかのコムーネにおいて在地の支配階層が小規模な寡頭制を形成し、政治的支配を維持することに成功した。しかし、フリウリ地方におけるヴェネツィア当局の代表部ともっとも重要な政治機関が置かれた首府ウーディネでは、人民集会（アレンゴ）[ii]を基盤とし、またサヴォルニャン家の支援をうけた都市民衆が勢力を保持していた。サヴォルニャン家はウーディネの評議会（コンシリオ）や都市の行政官の任免を左右しており、それによって都市貴族とフリウリの地方議会（パルラメント）[iii]のヘゲモニーを切り崩そうとしていた。この議会がアクィレイア総大司教の統治下において享受していた立法・財政・行政における権限は、1420年にウーディネがヴェネツィアに降伏したときにもヴェネツィアによって承認されていた[7]。

領主権は、民事・刑事の裁判権、天然資源の管理権、土地の占有権、税制・商業の権利など地域毎に区分された権利と特権から成り、こうした権限はこの

地域のほとんどを緊密に囲いこんでいた[8]。また、貴族は耕地の大部分を所有し、その面積は、農民の小規模な私有地や共有地をはるかに上回ることもあった。このようにして貴族は農村全体を支配下におさめ、商業、資源開発、人頭税、物品税、土地に対する諸賦課、労働夫役によって充実した収入源を獲得し、抑圧的に農業経済を統制した。

　フリウリがヴェネツィアに降伏した際の条約と、征服後のヴェネツィアの批准によってフリウリ地方の封建的制度が認知され、領主権ならびにコムーネと村落共同体の特権が再確認されたことにより、政治・行政・司法のシステムは多少なりとも複雑化した。ただし、議会立法の地域成文法に対する優先を禁じる、15世紀に導入された基本法原則の重要性のゆえに、このシステムには、すでに多くの混乱が生じていたことも事実である[9]。ヴェネツィアは、統治権、領域の統合、財政収入、商業利益を守るため、このような権力の細分化や裁判権の分散が自らの優位にはたらくよう政治的に画策した。住民間の対立を制限し、在地の支配階級の一部と緊密な利害関係を築くことで、内紛の拡大を未然に防ごうとしたのである。

　城主貴族の一部は都市に居住し、一部は恒常的に城や領主所領に住んだ。彼らはさまざまな公職を務めながら積極的に政治活動に参加するとともに、共通の利害関心、親族関係、パトロン＝クライアント関係によって互いに結びついていたのである。このような関係は、ウーディネや他のコムーネにおいては都市貴族との朋友関係や同盟関係によって強化された。以前から、貴族家門の間には血生臭いフェーデをともなう対立関係が存在したが、それはサヴォルニャン家と、封建貴族・新旧の都市貴族の大部分とのフェーデに帰着することになった。対立関係にあった党派のうちの一方はストリュミエリ（ギベリン）の門閥である。封建的性格を強く残す貴族家門の大きな連合体であったストリュミエリ派は、共通の関心とイデオロギー的、政治的な意図にもとづいて結束し、議会を支配した。議会は、地方行政における広範な権限を維持し続けていた。もっとも、ジローラモ・デ・ポルチアが郷愁をこめて「パトリア〔パトリア・デル・フリウリの略で、フリウリ地方を指す〕は君主制というよりは、むしろ共和国に近かった」[10]と述懐したような総大司教統治期に認められていた支配機構としての権力を欠いてはいるが。もう一方の党派はザンベルラニ（ゲ

ルフ）である。この党派はサヴォルニャン家によって率いられており、同家の息のかかった存在であった。サヴォルニャン家は、広大な土地財産と数多くの封建所領、商取引、公的契約、手工業経営への出資によってもたらされた名声と権力と富によって、フリウリの他の貴族家門を明らかに圧倒していた。

　サヴォルニャン家は、しばらく前からヴェネツィアの貴族階級に属し、ヴェネツィアにおいて保護を受け、朋友関係を享受していた。ウーディネでは農村の諸階層と都市民衆を保護する役割を引き受けるかわりに、貴族たちに圧力を加え、脅しをかける戦術のための手段として彼らを利用した。同時に、評議会と市民集会〔人民集会を含むいくつかの市民集会を指す〕の権限の拡張を促すことによって議会のもつ制度的特権を弱めようとした。この二つのグループの間の「宿命的な敵対」は、総大司教の統治が崩壊した1420年前後の騒擾と戦闘にまでさかのぼる古い起源を持つ。このとき、トリスターノ・サヴォルニャン〔アントニオの曽祖父〕はヴェネツィアによる拡張政策の成功に決定的な役割を演じた[11]。その後このフェーデは代々くり返され、新たな企てを志す子孫たち（ヌオーヴェ・インプレーゼ）によって美化された。子孫たちはフェーデを家門クランの記憶と伝承の中に長きにわたって保持し、これを誇りをもって語り、祖先の気高き功績として継承した。そして争いを好む情熱でもって、また騎士道的な精神を口にしつつ、このフェーデを延々と続けたのである。例えば、1559年にサヴォルニャン家のニコロ、トリスターノ、フェデリコに宛てて一通の決闘状が送られており、その中ではコッロレード家のメンバーの一人が、フェーデの由来を思い出しながら以下のように書き記している。「私がその〔対立党派の〕首領である。……ただしコッロレード家はこの諍いの主役ではない。諍いはコッロレード家とサヴォルニャン家の間にではなく、町の封建貴族と都市民衆との間に存在する。言うなれば、封建貴族と結びついた我らの家門と、都市民衆と結びついた彼ら〔サヴォルニャン家〕の間の諍いということだ」[12]。実際に、政治的というより文化的かつイデオロギー的な性質を帯びた深い要因が、サヴォルニャン家と他の城主貴族とを隔てていた。城主貴族は、おもにオーストリアの貴族と親族関係にあって、フリウリ地方の境界を越えて農村の領主所領を所有しており、オーストリアの軍隊、宮廷官僚組織、外交機関において名誉ある職と地位とを担うこともあった。また、フェーデの陰で、城主貴族は争う余地のない彼らの権威

を誇示するために敵に対して厳罰を科すこともしばしばだった[13]。フリウリの封建貴族層は、富裕なヴェネツィア貴族に比べて政治的に格下の地位に甘んじており、また、さまざまな不正行為と屈辱的な譲歩をとがめられる存在であった。彼らはちっぽけな取引や商売に甘んじており、不労所得によって生活したり軍務に本来の仕事を見出すような、貴族の本来のイメージからかけ離れていた。こうした現状への不満から、フリウリの封建貴族層は過去と中欧地域に目を向けることとなった。すなわち、彼らはもっとも有力な封建領主家門が政策決定にかかわる広範な権力を行使することができた総大司教統治時代を懐かしみ、貴族の卓越性を承認する統治と社会・経済機構の伝統が連綿と続く中欧の国々に、羨望のまなざしを向けていたのである。

　ザンベルラニ派とストリュミエリ派の間の長いフェーデは、血縁の固い絆と親族的関係を超える同盟、およびクランの周辺に形成された広範なパトロン＝クライアント関係によって助長され、フリウリ地方内部の分裂を深めることになった。また、カンブレ同盟戦争期の数年間〔1508-17年〕には、不安定な政情、軍事的混乱、神聖ローマ帝国軍の侵略が重なったため、ヴェネツィアの権力は安定性を欠いていた。したがって、当然のことながら、ヴェネツィア政府は党派間抗争に対してさほど抑圧的政策をとらず、仲裁や調停の役割を果たすにとどまっていた。しかし一方で、こうした危機によって、他の封建貴族よりも多くの権利と特権を享受していたサヴォルニャン家とヴェネツィアとの間の古くからの同盟関係が強化されたのだと考えることもできる。ヴェネツィアは、反ヴェネツィア感情によって反乱を起こしかねない他の城主貴族への対抗勢力として同家を利用した。ヴェネツィアから派遣されてきた統治官(ルオゴテネンテ)であったジョヴァンニ・エモは、1479年のウーディネ市の評議会の場において、ストリュミエリ派とデッラ・トッレ家を次のような激しい口調で批判している。「総大司教領の時代にはデッラ・トッレ家と城主たちは、この土地とパトリアにおいてやりたい放題にやってきた。もはやその時代ではないことを彼らは悲しみ、また怒るであろう。しかし、我らの令名なるヴェネツィア共和国(シニョリーア)政府の名によってこの土地を得た者が、その家門の指導者たちを切り捨ててしまわなかったのは過ちである」[14]。

　城主貴族による度重なる非難から判断すると、15世紀末にはサヴォルニャ

ン家はヴェネツィアの貴族階層の一員としての保護を享受しながら、ヴェネツィア人の統治官と行政官の黙認のもとに「パトリアの統治者」の称号を思いのままにしていた。そうすることで、サヴォルニャン家はフリウリ地方の旧来の統治制度をわがものとし、一般市民と富裕市民(オッティマーティ)で構成された評議会の権力を濫用したり、公金を着服したり、また武装して封建貴族に対して陰謀を企てる都市民衆と農民の大胆な行動を支援したりした。しばしば貴族の朋友や家来は虚偽の告発によって脅迫されたり、逮捕されたり、拷問を受けたりしたが、貴族たちはこのような暴力に対して無力であった[15]。

　もちろん、悪意によって誇張され、何十年にもわたってくり返されてきた反サヴォルニャン派の告発にもとづく議論には、注意と留保が必要である。しかしながらフェーデの過程において、あるいは少なくとも1511年の暴動までは、ヴェネツィアの貴族階級は程度の差はあれ、サヴォルニャン家が率いる党派をある程度表立って優遇していたのはたしかである。この聖木曜日の虐殺事件がヴェネツィアの暗黙の了解を伴っていたとする証言も複数存在する[16]。しかし、虐殺事件の翌日、神聖ローマ帝国軍にほとんど占領されかかっていたフリウリ地方に平和をもたらすために事件に介入したヴェネツィア政府は、この事件を契機としてそれまでの戦略の変更を余儀なくされ、その結果サヴォルニャン家を、あるいはともかく貴族層を支援することを避けるようになっていった。このことは、ヴェネツィアの政策決定機関のひとつである十人委員会の史料にみられる、以下の証言からも明らかである。「アントニオ・サヴォルニャンに与えられた度を越した権威と支援が多くの災難と混乱をもたらしたことは、度重なる経験と、そしてとりわけ最近の事件からはっきりした」[17]。

　この二つの対立党派それぞれの内部構造はたいへん複雑であった。もっとも重要ないくつかのクランとそのクライアント集団との間には、権力、名声、家産に応じた階層化を際立たせるような垂直的かつ水平的な構造が存在した。各クランの中心を構成していたのは、末端の小都市貴族、没落貴族、貧困貴族を含む、特権と公職の保証によって結びついた諸家門の複合体であった。その中には、さまざまな職務、政治活動、公文書作成業務に雇われる法律家と公証人も含まれる。彼らは訴訟と宮廷儀礼、軍務にたいへん練達していた。

　クランの集団は、従者、従僕、被追放者、浮浪者、兵士といった様々な集団

を加えてさらに大きくなった。彼らは武器の扱いに慣れており、貴族家門の紋章のもとに集まり、暴力と違法行為を常とする生活に進んで身を投じた。前科者と逃亡犯もこの一団に加わっており、彼らは忠誠を示して服従するかわりにクランから保護と報酬を得ることができた。このような無法者の雇用を助長した要因としては、領主所領がモザイク状に細分化されていたことと、追放者にアジール権を賦与する旧来の特権を城主が保有していたことを挙げることができる[18]。この結果、1481年の議会で用いられた言葉を借りるならば、フリウリ地方は徐々に「無頼漢と犯罪者の巣窟」へと変貌していったようだ[19]。

　1500年前後のウーディネでは、議会、各評議会でも、また街中、農村地域でも、二つの党派の地域内の優位をめぐる戦いが政治・社会生活において大きな影響を与えていた。市民集会とヴェネツィア人の行政官は何度も布告を出して、これらのクランの解体を命じ、「派閥と秘密集会（コンヴェンティクーラ）」、ストリュミエリ派とザンベルラニ派それぞれの党派名の使用、クランを示す目印をこれ見よがしに身に付けることを非難した。このようなクランを非難する動きは徐々に強まっていったが、クランからは意図的に無視されていた[20]。

　市民の示威行動や大規模な宗教儀礼、競馬（バリオ）、村の年祭り、そしてすべての集団的な祭典は、一方でクランの権力を示すための機会と化しており、無党派の人々に支配を及ぼし、敵に屈辱を与えるために計画された。他方ではこうした祭典は、対立を表面化させ、血みどろの乱闘に発展する契機ともなった。それぞれのクランの従者たちは、「ザンベルラニ風」の羽飾りを見せびらかしたり、花飾りのついた帽子と党派色の靴と手袋を誇示したり、旗と小太鼓を持って賛歌を歌ったり、「サヴォルニャン、マルコ」あるいは「ストゥルマ、トッレ」と名前を叫んだりしていた。彼らは、手に武器をとって広場や道端で戦い、未然に防いだり規制することが難しい突発的な小競り合いにおいて敵を打倒しようとしたのである。このような戦闘行為、傷害、殺人は個人的な怒りや家門の怨恨の長い轍を残し、必然的に、仕返しやヴェンデッタ〔報復行為〕の連鎖のスイッチを入れることになった。そのためヴェネツィア人の統治官はますます、一方の側を支持しない場合にはたいてい、穏健な判決、当事者任せの不安定な和解、慈悲ぶかい恩赦、といった幾つかの選択肢の中で試行錯誤せざるをえない状況になっていった。

ただし、16世紀前半のフェーデを特徴づける復讐の残忍さと冷酷な処刑は、15世紀後半には限られており、少なくとも、二つのクランの戦略の中にこれを抑制する手段が存在した。というのも、彼らの主な目的は政治・行政機構の占有と統制にあったからである。サヴォルニャン家を率いてきたニコロが1500年に亡くなると、10年以上にわたってニコロの脇をかためてきた息子のアントニオ・サヴォルニャンが家門クランの指導者となった。アントニオは父とともに通常の家業を担い、フリウリ地方においても、またヴェネツィアの貴族階級の間にも、同盟関係を網の目のように緊密にはりめぐらせていた。ニコロの壮麗な葬儀は、この家門がその時に手にした名声と権力とをシンボリックに示すように思われた。ニコロの息子が日記に記している内容によれば、行政官たちやヴェネツィア人の傭兵隊長(コンドッティエーレ)たちが臨席し、また「すべての貴族、市民、職人」の参列のもと、棺とともにカテドラルの家族廟へと向かう多くの聖職者、修道士、司祭たちの連禱の中で葬儀が営まれた[21]。

　ニコロの遺言書の規定によってアントニオが次の家長に指名されると[22]（それ以前に家門内で取り交わされた協定の条文によってこのことはほとんど認められていたのだが）、フェーデは決定的な転換点を迎えた。すなわち、フェーデにおける戦闘行為の冷酷さが際立つようになり、リスクに満ちた争いが増大したのである。同時代の年代記は聖木曜日の虐殺事件の責任をアントニオに被せる、あからさまに悪意ある扇動的な見方をとり、彼を単に敵を排除して「彼個人の支配に」フリウリを屈服させようとする、謀りごとにしか関心のない冷酷で野心的な人物として描き出している[23]。しかし、これまでの歴史研究が延々と論じ続けてきた、矛盾をはらんだ逸話的な記録を離れてみると、実際には以下のように理解できる。つまり、アントニオ・サヴォルニャンがとった行動には、彼のクランや父親が追求した政策と多くの点で連続性が見受けられる。しかし、出来事が目まぐるしく進展する状況下において彼の行動はまったくの個人的な傾向を帯びるようになり、虐殺事件の当日までには、あからさまな戦いの雰囲気が昂まるなかで、結果的に大胆かつ無節操なものとなっていった。

　アントニオは、とりわけ彼自身の家門の強化に向けて戦略を立てていた。この戦略にもとづいて彼は不動産ならびに動産の形で受け継いだ世襲財産の統合と拡大をねらう巧妙かつ鋭敏な施策を展開した。それによってアントニオは、

父親とは対照的に、(すでにサヴォルニャン家に大きな損害をもたらしていた) ヴェネツィアの実業界・財界との縁故関係を決定的に弱めようとしていた。貴族的で高慢な軽蔑の念からではないにせよ、家門の覚書のいくつかの箇所においてアントニオはヴェネツィアの実業界・財界に対する不信をあらわにしている[24]。クランの権力が彼の手に集中した結果、クラン内部の他の家門の特権は弱まった。同時に、アントニオのいとこで、権勢をほこったジローラモ・サヴォルニャン〔とアントニオとの間の不和〕のようなクラン内部の緊張や敵対関係が親戚や朋友たちの仲裁により、平和的な協定と和解を通じて終結した[25]。

長きにわたり力を合わせてきた、アントニオに十分な忠誠を示してきた朋友たちの小さな集団——外交官、家令、法律家、書記から成り、その中には、フランチェスコ・ディ・トルメッツォのように法律家組合の中で高い地位にある者もいた[26]——は、クランの政治的な活動に協力し、都市のクライアントや同盟関係にある他の貴族家門との連絡役を担い、公職を務め、ヴェネツィアの行政官庁と法廷に出仕していた。

16世紀初頭の数年間、アントニオ・サヴォルニャンはフリウリ地方のすべてを支配するかに思われた。彼は家門の財産と党派内部の家門による支配を強化した。また、クランの古くからの拠点であるウーディネにおいて、彼の従者たちの手に公職を集中させ、人民集会の権限と行政機関の支配を拡大させることによって、彼自身の権力をも強化した。さらにアントニオはサン・ダニエル、スピリンベルゴ、ジェモナ、チヴィダーレなどの小都市においても、民衆からの在地の寡頭支配者層への要求を支持することによって影響力を拡大した。そして、〔飢饉対策、貧民救済などの〕社会的な内容をもりこんだ法制定にイニシアティブをとったことにより名声と評判を高め、彼自身の富を誇示し、人民集会や諸会合に、また広場や市場に絶え間なく姿を見せた。アントニオの義理の弟であるルイジ・ダ・ポルトは次のように記している。「アントニオ殿は、そうした場所でたいへんな力を持っており、イタリアの統治者で彼よりも偉大な地位(スタート)を有している者はいなかった。そして、アントニオがフリウリの都市民(ポポロ)と農民を服せしめたほどに、領民を忠実に服せしめた支配者はいなかった」[27]。

アントニオ・サヴォルニャンの、チェルニデ[28](武装した農民兵の部隊)の終

身司令官への任命によって、彼の家門は訓練された何千もの武装農民を掌握することとなり、多くの点でジャック・エルスによって叙述された「中世の貴族クラン[29]」に近似した構造を持つに至った。このようにヴェネツィアの一市民でありながらフリウリの辺境領の大部分を支配しているようにみえるアンオニオ・サヴォルニャンへの疑念から、少なくともある時期には、ヴェネツィアはあまり信頼できない城主貴族とも、多少なりとも同盟を強化しようとした。しかし、ヴェネツィアとサヴォルニャン家との旧来の朋友関係と伝統的な同盟はまだ優勢であった。また他方で、危機と軍事的敗北が続くカンブレ同盟の数年の間、ヴェネツィア共和国は敵が侵略しているフリウリ以外のテッラフェルマ〔ヴェネツィアのイタリア本土領〕に軍隊を集中させるために、フリウリから軍隊の大部分を撤兵させなければならず、古くからの忠実な同盟者や農村住民たち、そしてとりわけアントニオ・サヴォルニャンに頼らざるをえなかった。十人委員会の書簡が示しているように、必要とあらばヴェネツィア共和国は彼のごきげんを取るために「あらゆる旨みのある、彼が欲しがりそうな公職を用意し……、そして彼が私たちによって愛されており、尊敬されていることを示した」[30]。

## 農村共同体とザンベルラニ派

　サヴォルニャン家の権威と権力は農村住人にとって明白なものだったようであり、サヴォルニャン家の広大な領主所領の境界のさらに外に及んでいた。平野部および山岳地域の領地、共同体、村落において15世紀なかば以降のサヴォルニャン家の権力は生活の物質的条件の悪化と社会関係の緊迫により、いっそう際立った。社会的不安と激しい動揺がかきたてられる要因となったのは、旧来の借地制の再編が進んだこと、土地領主が小作人・農民・借地人への土地改良費用と建物補修費の払い戻しを執拗に拒否していたこと、農産物価格の上昇時に貨幣地代が生産物地代へと徐々に切りかえられたこと、地代を支払えない農民の借地権を打ち切る慣行が拡大したこと、共有地の多くが領主に奪われたこと、裁判・経済・財政に関わる領主特権が拡大したこと、などである[31]。さ

らに、飢饉と農業経済の悪化のために、地代や賦課の増加と変更は農民にとって憎むべきで耐え難いものとなった。同時に、焼き討ち・虐殺・強制移住などの爪跡を残したトルコ軍の侵入と[32]、〔神聖ローマ帝国とヴェネツィアの間の〕戦況が次第に悪化していたことが重なって、もはや統制のきかない状況が生まれていた。騒擾は多発し、複数の地域では蜂起が頻発することとなった。

サヴォルニャン家は農村の諸階層の言い分を擁護することにつとめ、城主貴族との間にやっかいな紛争を抱えていた村落と共同体を援助することにより、農村地域における名声を確固たるものとした。フェーデにおいては、しばしば同家門のクライアントが、城主層を威嚇する手段として動員された。「城主の裁判権のもとにある領民たちが……、もはやその城主に従うことを望まず、アントニオ・サヴォルニャン殿以外の領主を認めようともしない」[33]。アントニオはあらゆる手段を用いて「農民と城主の間にもめごとを起こそうとした」ので、城主たちは「切り裂かれ、……そして焼かれるのではないかと大いにおのいて」[34] 城に閉じこもらざるをえなかった。

いくつかの事例から、実際にクランが広い範囲とさまざまな局面において影響を及ぼしていたと考えることができる。まず所領の会計帳簿からは、1500年前後にはサヴォルニャン家の所領の農民は他の貴族所領の農民よりもめぐまれた、もしくは負担の少ない境遇にあったと考えられる[35]。借地人と農場管理人は確実な支払能力を持っており、新規事業を立ち上げたり、度々の生活の危機に対処するために、しばしば貸し付けと援助に頼ることができた[36]。債務は日々の労働によって弁済されたため、このようなサヴォルニャン家の自発的な行動はもちろんチャリティや博愛精神を動機とするものではなかったのであるが、極貧の労働者に一定の恩恵を与えたことはたしかであり、領主権(シニョリーア)における伝統的な保護権を強化することにもつながった。サヴォルニャン家の封地では、領民との間に争いが生じた場合は、たいていサヴォルニャン家の者とすべての住民の面前で旧来の慣例に従って、平和的かつ厳粛な手段によって解決された[37]。また、ニコロとその息子のアントニオは、彼らの所領には含まれない村落の間で起こった争議においても、調停者として招聘された[38]。一方で社会的緊張がたいへん深刻であったこの時代には、ニコロ・ディ・トルメッツオなど〔サヴォルニャン家のクランと結んだ〕法律家たちも、暴力や「党派形成と秘密

集会」の廉で告発された農民集団あるいは村全体を保護しており、議会、都市の評議会、そしてヴェネツィアにおいて、しばしばザンベルラニ派の人々によって農民に好意的な調停と法案提出が行われた。

　このようなサヴォルニャン家の主導した施策は、近隣の寄り合いで広まり、集合的記憶の中に根付き、村の年祭りや季節毎の市、農民兵の定期的なパレードにまで取り入れられたために農村地域で大きな反響を呼ぶこととなった。それは、一方でフェーデに特別な性格を付与するとともに、他方で農民の抗議活動に、より複雑かつ組織化された形態を与えることとなった。このような農村共同体とサヴォルニャン家の間の強い結びつきは、個人的かつ集合的で、心理的かつイデオロギー的な深い基盤を持っていた。とりわけ、この同盟関係は伝統的な社会における支配階級と下層階級、ないしエリート層とそのクライアントの関係において中核をなす、一連の義務と双務的な責務にもとづいて形成されていた。それは、伝統的な社会においてよく知られたものである[39]。サヴォルニャン家は、自らの支配領域において、経済、税制、司法権、裁判にかかわる「旧来のしきたり（アンティケ・ウサンツェ）」の遵守を保証し、飢饉と不作のときには農村共同体に対して最低限の生活の維持にかかる費用を給付することにより、飢えと食糧不足の絶えざる恐怖を遠ざけた。また、家門の封地には含まれていない他の農村共同体に対しても、サヴォルニャン家は（議会、ヴェネツィア、法廷において）保護と援助を与え、城主貴族の多くを含む、サヴォルニャン家と対立的な門閥の要求に対抗させるために村落構造の組織強化を促した。

　農村共同体はサヴォルニャン家に対する忠誠と服従を確約し、農民は部隊を組んでクランに奉仕して家門の政治戦略を尊重することを約束した。農民はまた敵対者からクランを守り、加害行為とヴェンデッタを解決することにも協力した。しかし、サヴォルニャン家以外の封建領主に対する農民層の激しい敵意の原因が、サヴォルニャン家との結びつきにのみあったと考えることはできない。それは、伝統的な社会を統制する原理でもある統治者（シニョーレ）と領民の関係を、城主貴族が損なったり骨抜きにしようとしているという、農民自身の確信からも生じている。共有放牧地の廃止、かつて村落共同体が利用していた森林・沼沢地・農地への貴族の所有権の拡大、貴族の狩猟習慣による農民の用益権の制限、漁労・木材や果実の採集・作物の刈り取りに対する規制、新税と強制労働

の賦課。これらの行為は、旧来の成文法や証書にもとづく正当な根拠をもたなかったことともあいまって、農村住民の最低限の生活に対する従来からの保障や、共同体とその自然の資源との間の慣習的な結びつきを脅かす、不当かつ不法なものと考えられていた。換言すれば、城主貴族は社会内部の階層化と、領主と領民、土地所有者と農場管理人、富裕農民と貧農との間の双務的関係、その両者にもとづいて成り立つ〔社会的〕均衡を狂わせたのである。領主所領においても村落の内部であっても、このような均衡のゆえに社会は維持されてきた。フリウリ地方のみならず、一般的に封建社会[40]においても、16世紀フランス[41]や工業化以前のヨーロッパ[42]においても、社会的諸関係において支配者層は、領民の最低レベルの経済的必要に対する援助、保護、配慮を義務づけられていた。城主貴族たちは、こうした諸義務の根拠となる「正義の民衆的規範」[43]を破壊したのである。資源と生産技術が変わらぬままであったので、慣習的な土地保有条件の変更と改悪は農民にとって耐え難いことであり、かつ道理に反することであった。このことは、他の人とともに新しい重税の受け入れを拒んだために投獄された住民の、裁判官に対する回答からも明らかである。「私たちは、かつての習慣どおりに、また私たちの祖先たちと同じように、十分の一税を支払うことをのぞむ。……〔新しい税を〕私は支払ったこともなければ……、支払おうとも思わない」[44]。このように、〔領主は〕「旧来のしきたり」を遵守し慣習に配慮すべし、という論理は農民の納税不履行の正当化に利用され、また、農民が貴族やヴェネツィア人の統治官との協定を承認する際に持ち出された。以上のような意味でこの論理こそが、この時期における農民の蜂起、彼らの封建貴族層に対してうっ積する怨恨、フェーデの規模を理解するうえで核心となる。

　「公共善」を、その変更に抗して保全するために慣習と古くからの社会規範をあらためて主張することは、農民の抗議行動の特色のひとつであり、近代の反税反乱や食糧暴動のさまざまなコンテクストにおいて同様の特徴を見出すことができる[45]。たしかに、年毎の祝祭において武装した農民が広場や村々を占拠していたことは、農民をクランに取り込んだかにみえるサヴォルニャン家のカリスマ性と権威とを明示している。にもかかわらず、裁判文書や同時代人の叙述から浮かび上がる、おびただしい数の暴力と集団的不服従のエピソード

には、もっと報復的かつ破壊的な性格をもつ別の要素や可能性も現れているように思われる。

　この時代には、さまざまなタイプの農民の抗議行動が起こった。たとえば、都市周辺領域の農民集団が夜間に山麓の小さな町に押し入り、町の貴族たちを大声で非難したり家を取り囲んで投石した[46]。また、農場管理人(マッサーリ)と武装した民衆が古くからの係争の解決に失敗したことに腹を立てて蜂起することも度々であった。彼らは被追放者の加勢を得て、また個人的な憎しみや集団的な不満に突き動かされて通りや広場を占拠し、領主の館を取り囲んで彼らを城へと追い詰めた[47]。このような場合、たいてい反乱者たちはあらゆる交渉を拒否し、ヴェネツィア人の統治官による仲裁と指示のみを受け入れた[48]。また、いくつかの事例では農民と小作人は、畑泥棒、葡萄の木の伐採、苗木の切り倒しのような不規則な抗議行動をともなう暴力に訴えては怒りを発散させていた。罰則の厳格化にもかかわらず、こうした抗議活動や暴力を抑圧的な法的措置によって封じ込めることはできなかった[49]。また、新しく開墾され、封建的土地所有者によって「強制的に接収された」土地については、すべての地代の支払いを拒否するというかたちで農民の怒りが表明されることもあった。コッロレード家の一人が会計帳簿の中で、こうした行動に対する敵意に満ちた記述を残している[50]。また、家族や友情のきずなで結ばれた小規模な農民集団が、身内を処刑した裁判官を不正とみなして、報復としてヴェンデッタの道を選ぶこともあった。もっとも、こうしたヴェンデッタの実行者は、仲間の村人の沈黙の掟[iv](オメルタ)や、いく人かの領主から得られるかもしれない不確かなアジールを頼りとしながら、常に絞首刑や四つ裂き刑の悪夢にさいなまれる絶望的な放浪生活を運命づけられることを覚悟の上で決行に及んだのであるが[51]。

　15世紀後半から16世紀前半にかけて、個々人や個別的な集団による抗議行動は結束を強めるとともに組織的なものとなり、村全体を動員して反乱を起こす形態へと徐々に変化していった[52]。ほほどこでも、住民は全員参加だった。すなわち、小作人や農場管理人や借地人たちは、自分たちが共通の利害で行動していること、そして不当に侵害されていた古くからの権利を守ろうとしていることを確信していた。そこで彼らは裁判官によって特定の人物の私有が認められた放牧地の柵を取り去って家畜や牧場を接収し、畑や沼沢地を占有するば

かりか、貴族に対し待ち伏せを仕掛け、警吏〔スビッリ〕、召使いを集団で襲撃した。こうした抗議行動に及ぶ際、実行者は共同体全員の同意と支持に頼ることができた。全員出席の総会の決定にもとづく個々人への強制力や、危機や外的な脅威がせまったときに機能する団結と相互義務の規範によって共同体内部の一体性が高められたのである。

とりわけ、農村の諸階層の利害に直接かかわる法令を議会が公布した後の数年の間に、農村地域における不満は高まっていた[53]。このため、有力家門であるコッロレード家の所有するステルポの城砦を農民が攻撃、略奪して放火した後、すでに神経過敏になっていた城主貴族の間には恐怖と不安が広がった[54]。たとえば1508年11月議会の会期中、フランチェスコ・ストラッソールドは以下のように強調している。「私たちの農民は、おそれを知らず大胆にも、パトリアのさまざまな村や場所で、五百人、八百人、千人、二千人、あるいはそれ以上の規模の談合〔モノポーリ〕、秘密集会、会合を計画しており……、そこではとりわけ、聖職者、貴族、城主、市民を切り刻み、シチリアの晩禱事件〔1282年3月、フランス王弟にしてナポリ・シチリア王であったシャルル・ダンジューに対してシチリア島民が蜂起した事件〕を起こしてやろうなどと、たいへん不埒で悪辣なことを言い立てていた」[55]。

このストラッソールドの告発は農村地域の組織的構造をはっきりさせている点において、農民の抗議行動の核心をつくものである。フェーデの間にはたらいた複雑な力学を十分に理解するために、この点についてはもうすこし考えてみる価値がある。まず想起すべきは、社会的階層分化が進行して名士階層が出現しつつあった時代であるにもかかわらず、非常に多くの村落や小さな町が強固な共同体の伝統と古くからの自治制度を維持していたことである。さらに、教区単位でも所領単位でも、連合体としての性格をもつ集会組織が存在していた。このような集会はメンバー全員の協力と法的平等にもとづいて地域内の個別利害を統制するなかで、農民集団の動員や全体の利益保護をより容易にしていた。この共同体的構造は、数十年にわたって絶え間なく続く戦闘とヴェネツィアの防衛システムによって軍事的な機能を与えられ、拡大していった。戦闘の圧力のもと、この農村の連合体はザンベルラニ派のクランから支援を受け、封建貴族と議会との対立を画策しながら内部組織を強化していった。ま

た、サヴォルニャン家の保護によって力を強めた農村共同体の代表者たちは、都市の評議会に頻繁に受け入れられるようになった。そこで、彼らは封建貴族による権利の濫用と横領を告発することによって、封建貴族による侵害行為を最小の規模にとどめた[56]。また、彼らはすべての農村の代表集会を都市で定期的に召集するよう求めた。すなわち、統治官の同席のもとに、裁判官の意思からは独立した、「必要に応じて意見を述べ、彼らの要求に対して処置を講じる」[57] 公的な権威を備えた場を設けるように求めたのである。

　このようにして農村共同体はほとんど完全な自治権を持つに至ったのだが、興味深いことに、アントニオ・サヴォルニャンの殺害にともなって彼のクランが一時的に力を失った後、農村共同体はかえって活発かつ効果的に政治・外交活動をくり広げたのである[58]。すなわち、一方で、地方の防衛が広く農民兵に委ねられていることを自覚した農村共同体の代表者や村の指導者は、ヴェネツィアと直接取引できるようになっていた。彼らは時に共和国に対して忠誠を誓い、また時には神聖ローマ帝国の勢力と同盟関係を結びながら、政治的・経済的譲歩を引き出した。1515年8月にレオナルド・エモが十人委員会に報告した言葉を借りるならば、「すべての農民に古い慣習を回復し、少なくともここ百年の間慣習的ではなかった賦課を貴族が課すことはない」[59] という旧来の立法の明確な再確認を引き出したのである。他方で、彼らは税負担の軽減や彼らに有利な措置を引き出すため、議会の統制にとらわれることなく、ヴェネツィアに対して代表者、使者、弁護人をいっそう頻繁に送るようになっていった[60]。そして、1516年までには彼らは「パトリアのすべての長老たちを統括する集会」として、ついに組織の制度的な合法性をはじめて認められるに至った。当初、この集会はフリウリ地方の政治・行政秩序における地位を確立してはいなかったが、実際には、すでに多くの問題について農村共同体の利益を擁護することができるようになっていた[61]。

## 虐殺事件後のヴェンデッタ

　複数のクランの歴史において、そして二党派間の抗争の歴史において聖木曜

日の虐殺事件と農村地域の反乱は決定的な転機となった。十人委員会は、フリウリ西部における最後の「大規模で危険な騒擾」を鎮圧し、フリウリ地方の残りの地域における反乱の火が鎮まるのをまって1511年3月に、大虐殺と社会秩序の混乱をもたらした責任の所在を明確にするための予備審問を開始した。しかし、二つの理由から、審問の実施はきわめて困難な状況に直面した。その理由のひとつは、カンブレ同盟戦争の戦況が不安定で神聖ローマ帝国軍が〔フリウリ地方に〕侵攻していたことであり、いまひとつの理由は、対立党派の間で新たな暴力行為が発生する危険性があったことである。

　アントニオ・サヴォルニャンのクランは、彼のクランこそが大虐殺と民衆反乱を前もって計画し、準備をすすめた中心的な存在であったとする敵対者の告発に対して釈明を試みた。都市の評議会はフランチェスコ・ディ・トルメッツォの提案により、使者に、アントニオとその従者たちが虐殺事件に関わっていなかったことを明示する文書を持たせてヴェネツィアに送った。こうした機会にザンベルラニ派によって主張されたのは、無差別殺人の原因が、敵の接近によって都市内に生じた予想外の事態と緊張した状況にあることは間違いないということ、そして、城主層の陰謀と裏切りも原因であったかもしれない、ということであった。すなわち、以前からサヴォルニャン家への攻撃を企んでいた城主層が武装した人間と傭兵とをウーディネに引き込み、それゆえに、最初に都市民衆の反発を、次いで農民兵の介入を引き起こすことになったというのである[62]。

　こうした主張は、後にアントニオ自身によって書き記された長い覚書においてもくり返された。この覚書が作成されたのは、審問が終わって、ヴェネツィア人の行政官が聖木曜日に起こった出来事についてのアントニオの直接的ないし間接的なすべての責任についての無実を認めてから間もない頃のことである。容易に想像できることだが、この判決は怨恨や敵対心をあおり、告発と反訴の増加を招いた。戦争が決定的に神聖ローマ帝国有利に傾いたと思われたとき、封建貴族の連合による脅迫にさいなまれていたサヴォルニャン家は、皇帝マクシミリアン1世〔在位1493・1519〕の使者からの有利な申し出によって懐柔され、ヴェネツィアの敵であるカンブレ同盟側の陣営に寝返ることを決めた。アントニオに敵対する複数の家門がヴェネツィア政府内部に現れたことも、お

そらくその原因となった。当時、共和国にとってもっとも敵対的なフリウリの貴族家門を排除するためにフェーデやそのほかの有利な状況を利用したとして、虐殺に対する共和国の共同責任を問う声が封建貴族と都市貴族の中で強まっていた。サヴォルニャンはこうした疑念と不信のうずまく状況から身をひこうとしたのである[63]。

かくしてアントニオ・サヴォルニャンは不出頭のまま重度の反逆罪を宣告され（イン・アブセンティア）、恩赦を得ようとするすべての試みが失敗したのち、何人かの忠実な支持者たちを連れてフリウリ地方にほど近い神聖ローマ帝国領ケルンテン地方のフィラハ（伊名：ヴィラコ）へと逃れた。1512年3月末、ヴェネツィアから安全通行証の発給を受け、以前に宣告された追放令からの赦免の約束を取り付けていたフリウリの貴族のグループが、オーストリア人の監視とサヴォルニャン家の従者の警戒をくぐり抜け、フィラハの司教座聖堂の前で彼を不意討ちして殺害した。

アントニオの死は、サヴォルニャン家のクラン全体に深刻な影響を与えた。すなわち、多くの仲間、首領、従者の逃亡や死によってクランは徐々に力を奪われていったのである。1518年にはアントニオの非嫡出子〔ニコロ・サヴォルニャン〕がフィラハで殺害された。次いで1521年～1522年には、フランチェスコ・トルメッツォ（彼はヴェネツィアの外交使節としてスペインにしばらく滞在したのちフリウリに戻ってきていた）と、ニッコロ・モンティコリ（多くの人が、彼には聖木曜日に投降した貴族を処刑するよう唆した責任があると考えていた）がジローラモ・コッロレードによって殺害された。また、ザンベルラニ派の内部では、家門の構成員の間の結束ならびにサヴォルニャン家と古くからの同盟者との関係は希薄になってしまった。この家門の指導権を継承したのはジローラモ・サヴォルニャンであった。彼はヴェネツィアに忠誠を誓い続けており、カンブレ同盟戦争期の危機の間、フリウリ地方において神聖ローマ帝国軍の進撃を遅らせることに貢献したために、アントニオから没収した財産と新しい封地をもって共和国から褒賞された。しかし、ジローラモの家とアントニオの家との間には古くからの敵対関係が存在しており、それは長い間クランの結束を危うくしていた。両家の間の平和を樹立するために、アントニオの二人の甥の一人で、1511年には、フランドル地方、次いでミラノへと逃亡していたフランチェ

コとジローラモの娘とを結婚させることも試みられたが、この試みも失敗に終わった[64]。

ヴェネツィアによる〔カンブレ同盟戦争後の〕決定的なテッラフェルマ再征服に続いて、〔フリウリでも〕地方行政の再編ならびに人民集会の廃止、都市の行政組織の再構築がすすめられた[65]。その結果、都市行政における都市民衆の関与は弱まり、それによりサヴォルニャン家のクランの力も著しく縮小した。同じ時期には、農村地域におけるサヴォルニャン家と農村共同体の同盟関係が徐々にくずれており、村落共同体はジローラモの政治的戦略から乖離していた。こうして、ジローラモは自らの所領における領民の挑戦と要求に直面しなければならなかったのである[66]。

政治的ヘゲモニーのための計画は潰えたものの、二つのクランは、まだ多くのクライアントを集めることができる家門集団や貴族の門閥を巻き込んで、フリウリ地方において対立し続けることとなった。他方で、激しい戦闘によって生じた無政府的局面をどうにか克服したヴェネツィア政府は、秩序回復の過程において、中央権力の強化に対するいかなる妨害や混乱も許容するつもりのないことを示した。

しかし、流血のヴェンデッタの数は増加した。ヴェンデッタの慣行は社会生活と個人・集団の行動において不可欠な要素であったとはいえ、15世紀後半であれば、ある程度、フリウリ地方において政治的な優位を獲得しようとするクランの戦略に従属していた。ところが、1511年の虐殺事件が起こって二党派において指導的な立場にあった人々が死んでしまった後では、ヴェンデッタは制御不能な、残虐性を増した戦いとして、政治的な意図や計画とは無関係に実行されるようになっていった。

フェーデは、被害に対する報復や個人の敵対心の高揚、敵の暴力的制圧を主要目的として際限なく続く血みどろの戦いの中で硬化し、その担い手を消耗させていった。指導者や支持者も含めたすべての親族は、被害者の記憶をよみがえらせ、彼の名誉をまもるために、いつでもクランの一員に加えられた攻撃に雪辱した。たとえ政治的・経済的な実益を得ることがなくとも、また追放刑を受けて所領を放棄することになろうとも、貴族たちは容赦なく戦い、残忍な行為や激しいヴェンデッタに長々とこだわって互いに攻撃をくり返した。かつて

ないほどに多くの貴族たちがフリウリから逃げ出すなかで、リンチや冷酷な処刑といった血の惨劇の舞台はフリウリ地方にとどまることなく、貴族の避難先であったヴェネツィアの水路(カナーレ)や小路(カッレ)、テッラフェルマの諸都市やイタリアの他の国々へと拡大することになった。フェーデに複数の家門からなる大きな連合体がかかわりあったことに加えて、〔個々の〕ヴェンデッタにおいてはたらいた忠誠関係と組織的結束が相乗して、侮辱行為や紛争を増大させることとなった。その結果、和解ないしは休戦協定が権威ある仲裁人を招いて締結され、特赦の公布をもって政府によって促されたとしても、そのような和解と休戦協定は不安定で、実効性にとぼしいものとなった。

　1546年、ウーディネにおいて二つの党派の指導者たちが「古くからの怨恨を静め、平和のうちに生きる」誓約を取り交わすことにより、和平が成立した。しかし誓約は数ヶ月後には破られてしまう。ジェルマニコ・サヴォルニャンがストリュミエリ派の手下を待ち伏せし、首尾よく散々に打ち負かして殺害したためである[67]。この凶行はヴェンデッタと報復行為へとつながる導火線に火をつけることになった。以降、残酷な暴動や暴力事件が数的に増加し、〔地理的にも〕ウーディネからパドヴァ、ヴェネツィアへと広がっていくなかで、1549年、ついにトリスターノ・サヴォルニャンと傭兵の一団が、コッロレード家のジローラモとジョヴァンニ゠バッティスタ、ジローラモ・デッラ・トッレ、ジャコモ・ゾルジとその従者たちをヴェネツィアの大運河(カナル・グランデ)で待ち伏せして虐殺する事件に至った。ヴェネツィア政府はトリスターノに対して終身追放を宣告し、彼のウーディネの居館を跡形なく破壊しつくし、貴族身分剥奪のうえで、彼の捕縛のために高額の賞金を掛けた。そして、ザンベルラニ派とストリュミエリ派の二つのクランの仲間を断罪する判決を続けざまに出した。しかし、こうした施策は紛争とフェーデのさらなる拡大を抑止することにはつながらなかった[68]。さほどのリスクなしに成功が見込め、武器（剣、短剣、毒、「激情的な宣告状」）の使用が容易であるという状況があれば、「名誉ある正当な」ヴェンデッタに訴えたため、しばしば発端となった加害行為よりも、その結果として起こったヴェンデッタのほうが激しいものとなった。人間を「殺人という同じ行為の単調なくり返し」[69]へと逆行させるかのようにみえる流血のヴェンデッタは、フェーデの最終的な局面における主役となった。16世紀の支配者層にとって、

ヴェンデッタは名誉という貴族的観念、および決闘[70]に次ぐ行動原理であったと言えよう。

　流血のヴェンデッタは法令やコムーネの規定の中で、私的な紛争を解決する手段として認められ、許容されて14世紀になるまで生きのびており[71]、冷酷かつ放縦、無差別であったが、フリウリの党派争いにおいて恒常的な要素となっていた。わたしたちはその内実や、人間をヴェンデッタへと駆り立てる原理を解読することができる。クランの構造においては、とりわけ連帯意識と相互性が加害行為に制裁を科すうえで本質的な役割を果たしていた。クランの構成員に対する傷害事件に直面すると、組織全体がヴェンデッタを支持した。ヴェンデッタは個人的行為であると同時に集団的行為でもあったのである。また、加害の責任が問われたのは実際に暴力行為を起こした人物だけではない。敵対する家門や党派に属す人々のすべてが加害の責任を問われることとなった。「対立関係の中に自身がかかわったり、関心をもつこと」[72]があり得ない人物のみを例外として、敵対する家門と党派に対して無差別に報復することは適法であるとされたのである。

　殺し屋や毒に頼るのでなければ、多くの場合復讐の手順は儀礼的な性格をもった〔慣習的な〕規範とルールによって統制され、伝統に従って体系化されていた。そうした伝統的規範は旧来の成文法が実効性を失った後でも生き続けていた。たとえば、ヴェンデッタの実行者は、同害報復の原則を遵守するかのように、被ったのと同じように敵を傷つけたり手足を切断しようとするのである。カーニヴァルの夜、アントニオ・サヴォルニャンはフェデリコ・コッロレードの死体を豚と犬を使ってばらばらにさせた。その1年後、スピリンベルゴ家のジローラモとジョヴァンニ＝エンリコがアントニオを殺害したとき、彼の血を豚に飲ませ、脳を犬に食べさせたと、G・B・チェルニュとアマーゼオ、そして他の証言者も薄気味の悪い愉悦をただよわせながら強調している[73]。また、決闘のような公開の戦闘行為において、決闘者は被った暴力行為に雪辱するための武器として剣を好んだ。それは、剣が象徴的な意味を持っていたからである。彼らはしばしば剣の刃や装飾にヴェンデッタのモットーを刻みつけていた。たとえば、マルツィオ・コッロレードは父親を殺された後で、「復讐するは我にあり」というモットーを剣に刻み付けてヴェンデッタを実行しようと

した[74]。

　和解や一時的な休戦が介在しなければ、ヴェンデッタによって悲惨な結果がもたらされた。それには空間的にも時間的にも際限がなかった。何年後、何十年後においても、同害報復のメカニズムによって攻撃が続き、それゆえに深い傷を残すことになる。それでもヴェンデッタは死者に対する義務ないし親と先祖への服従を示す行為として世襲され、誰もそこから逃れることはできなかったのである。この意味において、ヴェンデッタは宗教的価値を獲得したといってもよいだろう。そして人の命は、貴族家門やクランの構成員が守りかつ利用する精神的・社会的資本となった[75]。このことを示すひとつの事例が、ソルダニエロ・ストラッソールドのエピソードである。このフリウリ貴族は、兄弟を殺された後、結婚して子供をつくるために聖職を辞することを余儀なくされた。それは、彼がそれまでは拒んできたことなのだが。というのも、彼の甥のジョヴァンニ＝フランチェスコは、まだ子供だというのに、すでに定められた運命をもっており、大人になればすぐにも

　　家の利益と名誉のために、……そして貴族に生まれたために、彼の父親の死に対する報いとして、必ずや名誉あるヴェンデッタを敢行するにちがいなかった〔彼は実際にこれを行うことになる〕。だが、もし彼がヴェンデッタを実行するのであれば、その行為によって彼がヴェネツィアの支配領域のいかなる土地、いかなる場所からも追放されることは間違いなかった。もしその時までに私が結婚もできず、家産を相続させる子供もなかったなら、彼が放浪している間に、私は老いて子供をつくることができなくなっていただろう[76]。

　流血のヴェンデッタは家門の名誉を回復し、犠牲者の記憶をよみがえらせ、集団的な尊敬と敬意を高めるものであり、長い間、対立するそれぞれのクランに結び付けられた家門集団の行動規範の基盤であった。激しいヴェンデッタの長い連鎖の中で、フェーデは直接的な物質的利害や、制度と法の規制をこえて延々と続けられた。犯罪と正義という二つの概念の境界がなお不明確な慣習的規範が優先されるなかで、制度や法に頼ることが必要とはみなされなかったのである。

その一方で、国家は刑罰や追放などの抑圧的措置によって、互いにくり返される復讐のひろがりを制限することには成功しなかった。そして、名誉と武勇の価値を公言し、ヴェンデッタのおかげで全貴族の共感を得ていた人々の威信をくじくこともできなかった。それは、マルツィオ・コッロレードが、彼の声明文(マニフェスティ)の一通において尊大な態度で述べているように、「もし、ヴェンデッタのみを理由に出される禁令によって……、他の行為も不名誉とされるのであれば、イタリアの何千人という、たいへん名誉ある騎士たちが不名誉になる」[77]ためであった。

　フェーデは1568年に終結した。あらかじめ、公証人の前で「父母、朋友、従者、そして交戦状態にかかわる〔他の〕すべての者たち」の代表である主要な家門クランによって合意と協定とが取り結ばれた。そのうえで、8月末にヴェネツィアのサン・ジョヴァンニ・バッティスタ教会における壮麗な式典において包括的な和解が取り結ばれた。その場には、とりわけフリウリ地方の貴族の大部分とヴェネツィア貴族が参列していた[78]。長きにわたったフェーデの和解による解決を時間をかけて取りまとめていた〔ヴェネツィアの〕元首(ドージェ)、アルヴィーゼ・モチェニーゴの前で、貴族たちとフリウリの城主たちは厳かに協定を結ぶことを誓い、「過去のすべての対立や激情を忘れることにして、……今後は心からの誠実をもって、真に信頼している友の間で常に取り交されるような、慈悲あるあらゆる言葉と行為をもって宥和することを約束し、……抱き合って接吻したのである」[79]。

　和平をもたらす直接的なきっかけは、同年4月、マントヴァの農村地域でトロイアノ・ダルカノとフェデリコ・サヴォルニャンの二人が決闘し、相打ちになった事件であった。実際には、この局面においてフェーデの和解が成立した要因は複合的である。疑う余地がないのは、現実に対する認識が、貴族たちを和平を模索しようとする決断に踏み切らせたことだ。当時、貴族たちの政治権力は失墜し、フェーデによる死者数が増加の一途をたどっていた。そんな中で多くの貴族は、追放されることや、特権と所領を強制的に放棄させられることに対する不安を抱えていた。というのも、家門とクランの結集を弱体化させる目的で制定された法令は、有罪の判決に親族も連座させるために、被信託遺贈者の手に渡った財産や邸宅さえも没収することを可能としていたからであ

る[80]。

　だが、和平の締結に至ったことには、別のより複雑な背景があったのではないかと考えることもできる。おそらくそれを、16世紀中葉の文化的背景の中に求めることもできるだろう。土地と城を捨ててマントヴァ、フェッラーラ、ミラノ、ローマ、ヴィーンの君主と統治者への奉仕を頼りに生活していた、フリウリの貴族たちの集団的ないし個人的な行動に対して、貴族の作法の理論と新しい騎士道理念が影響を与えたことは間違いない。実際に、1560年代から家門クランにおいて指導的立場にあった人々が頻繁に取り交わしていた覚書、声明文、決闘状において[81]、新しい概念とカテゴリが、より重要な意義を帯びるようになっていた。もっとも、こうした新しい概念とカテゴリは、武器使用に専念し、「頑なで誇り高く、ヴェンデッタを宿命とし……野蛮に近い習慣をもつ」[82] 封建貴族の伝統的な行動規範ともなお共存していたのだが。当時の協定文書から、目標となる指針や範例を一覧表にしてみると、伝統的なモデルとは大きく異なる価値体系があらわれる。つまり、「被害に対して正義の裁きを下すと同時に家門の栄光でもある」ヴェンデッタの原理に、騎士道的規範、決闘の賞賛が結び付けられた。すなわち、「剣のみで、あるいは剣とケープを帯びて、またあるいは帯剣し短刀をシャツにしのばせて、叢林において、あるいは柵の中で」戦うことが、「過去の反目を解決するために、栄光ある貴族に」開かれた唯一の道として好まれるようになったのである。

　当時、ヴェンデッタの数は増加し、敵対するクランに対して優位に立つことはもはや不可能であると意識されるようになっていた。このために、対立する家門の指導者たちが「騎士らしく手に武器を取って」、彼らの紛争と「かくも多くの死」を終わらせようと、確信をもって1563年の最後の決闘を計画したことは、疑いえないところである。この選択肢の法的正当性は、その現実的なねらいの点で認められていた。いくつかの法学書をひもといてみると、それらの著者は、決闘をより厳密に理論づけることを避けながらも、以下のことを認めている[83]。「争いの渦中にある二人の人間がいるとき、彼らの争点のうちのひとつに決着をつけようと戦う中で互いを殺してしまう方が、二人の憎しみのために町の全体が混乱へと引き込まれてしまうよりも小さな害悪である」[84]。

　これらの決闘と、ヴェネツィアにおいて締結され、詩人や作詞家によって大

げさに讃えられた「優美で、誠実な平和」が、1世紀の長きにわたるザンベルラニ派とストリュミエリ派の家門クラン間のフェーデを終わらせたことは明白である。それでもなお、怨恨、個人的な敵対心、古くからの憎しみは残存しており、16世紀末から17世紀初頭にかけての個人的な争いの中で再び表面化し、暴力と血の長い轍を残すことになる。

※　ビアンコは本論文の内容を含む著作として、*1511: La «Crudel zobia grassa». Rivolte contadine e faida nobiliari in Friuli tra '400 e '500* (Pordenone, 1995) と "*Mihi vindictam*: clan aristocratici e comunità rurali in una faida nel Friuli tra '400 e '500", in: F. Bianco, *Contadini e popolo tra conservazione e rivolta. Al confine orientali della Repubblica di Venezia tra '400 e '800. Saggi di storia sociale* (Udine, 2002), pp. 17-39を公刊している。本章の訳出にあたっては、より多くの読者を想定して書かれている英語版を底本としたが、一部の箇所については、イタリア語版に従って加筆・修正した。

訳注
ⅰ）　家門クランとも呼ばれる。本章におけるクランとは、貴族家門の血縁・親族的紐帯を核としながらも、時として、中核となる家門と緊密な朋友関係・パトロン＝クライアント関係にある非血縁者を含む集団を指す。
ⅱ）　人民集会は、ウーディネ市の司法・行政を担う評議会や行政官の任命権を持つ市民集会である。
ⅲ）　アクィレイア総大司教によってウーディネに設立されたフリウリ地方の最高意思決定機関で、貴族・高位聖職者・都市共同体によって構成される。このように、領邦議会の性格をもつ議会と、ウーディネ市の都市共同体の代表である人民集会は、しばしば対立した。
ⅳ）　紛争当事者の仲間が、上位権力や敵対者の追及に対して紛争当事者をかばって沈黙すること、またはその取り決め。

注
1）　年代記作品については、以下の史料を参照のこと。N. de Monticoli, *Descrittione del sacco MDXI seguito in Udine il giovedi XXVII febbraio* (Udine, 1857), pp. 14-22; G. Amaseo, "Historia della crudel zobia grassa et altri nefarii ecessi et horrende calamità intervenute in la città di Udine et Patria del Friuli nel 1511" in: G. and L. Amaseo and G. A. Azio, *I diarii udinesi del 1508 al 1544* (Venice, 1884-85), pp. 497-548; G. B. Cergneu, *Cronaca delle guerre dei Friulani coi Germani dal 1507 al 1524*, ed. V. Joppi

and V. Marchesi (Udine, 1895), pp. 39-48. また、フリウリの1511年の出来事について不可欠な研究として、以下の文献を挙げておく。P. S. Leicht, "Un movimento agrario nel Cinquecento", in: Idem, *Scritti vari di storia del diritto italiano* (Milan, 1943), vol. 1, pp. 73-91 (以下、Leicht, "Un movimento" と略); A. Ventura, *Nobiltà e popolo nella società veneta del '400 e '500* (Bari, 1964), pp. 167-214.

2) Amaseo, op. cit., p. 516f.
3) *Ibid.*, p. 521.
4) Cergneu, *op. cit*, p. 49.
5) Amaseo, op. cit., p. 523.
6) このテーマについての研究文献の数は膨大である。ここでは、その中でも文献目録と方法論に関する情報について有用なものを挙げておく。*Rural Protest: Peasant Movements and Social Change*, ed. H. Landsberger (London, 1974); P. Blickle, 'Peasant Revolts in the German Empire in the Late Middle Ages', *Social History*, 4 (1979), pp. 223-40; *The German Peasant War of 1525. New Viewpoints*, ed. B. Scribner and G. Benecke (London, 1979); *Gospodarska in druzbena zgodovina Slovencev* (Ljubljana, 1980), vol. 2. pp. 492-95 and 498f; Y-M. Bercé, *Révoltes et revolutions dans l'Europe moderne (XVI-XVIII siècles)* (Paris, 1980); P. Zagorin, *Rebels and Rulers, 1550-1660* (Cambridge, 1982); S. Lombardini, "La guerra dei contadini in Germania: punti di arrivo e punti di partenza nel dibattito storiografico recente", *Archivio storico italiano*, 140 (1982), pp. 355-442.
7) P. S. Leicht, *Parlamento friulano* (Bologna, 1955) (以下、Leicht, *Parlamento* と略).
8) S. Zamperetti, *I piccoli principi. Signorie locali, feudi e comunità soggette nello stato regionale veneto dall'espansione territoriale ai primi decenni del '600* (Treviso, 1991), pp. 187-222.
9) Leicht, *Parlamento*, vol. 2, p. lxxxv.
10) G. di Porcia, *Descrizione della Patria del Friuli* (Udine, 1897), p. 19.
11) P. S. Leicht, "La giovinezza di Tristano Savorgnan e l'esilio di Tristano Savorgnan", in: Idem, *Studi di storia friulana* (Udine, 1955), pp. 3-40.
12) Biblioteca comunale di Udine (以下、BCU と略), Fondo Joppi, MS 116, Contese cavalleresche, fol. 260r.
13) Archivio storico provinciale di Gorizia, Processi, Cancelleria di Strassoldo, MS 55, vol. 2.
14) Archivio di Stato di Udine (以下、ASU と略), Archivio Torriani, b. 19.
15) *Ibid.*
16) Ventura, *op. cit.*, p. 207f.
17) Archivio di Stato di Venezia (以下、ASV と略), *Consiglio dei Dieci*, reg. 34, fol. 153; Ventura, *op. cit.*, p. 212.

18) Leicht, *Parlamento*, vol. 2, p. lxiv; BCU, Fondo principale, MS 411, Decreti veneziani per il governo del Friuli, fols. 190v-91v. テッラフェルマにおける盗賊行為については、以下の基本文献を参照のこと。C. Povolo, "Aspetti e problemi dell'amministrazione della giustizia penale nella repubblica di Venezia. Secoli XVI-XVII", in: *State, società e giustizia nella Repubblica veneta (secoli XVI-XVIII)*, ed. G. Cozzi (Rome, 1980), pp. 153-258.

19) ASV, Luogotenente della Patria del Friuli, b. 67, fol. 63r.

20) *Ibid.*, b. 271, vol. 2, fol. 78v and b. 272, vol. 1, fol. 86; E. Degani, *I partiti in Friuli nel 1500 e la storia di un famoso duello* (Portogruaro, 1899), pp. 21-23(以下、Degani, *I partiti* と略).

21) ASU, Archivio Savorgnan, b. 7, Memoria de' Urbano Savorgnan e Niccolò, figlio di Urbano fino al 1542, fols. 57v-58v(以下、ASU, Archivio Savorgnan, b. 7, Memoria と略).

22) 公証人が聞き書きした遺言書が、兄弟、父親、親戚のいる前で読み上げられることで、財産相続の通知がなされた。この方法は、他の家門クランにおいても辿ることのできる財産の譲渡や、家長の指名に用いられた方法とも多くの類似点を持っていた。E. Degani, *Cronaca di Soldaniero di Strassoldo dal 1509 al 1603* (Udine, 1895), p. 71f(以下、Degani, *Cronaca di Soldaniero* と略).

23) 以下の文献が、アントニオへの非難を要約している。Ventura, *op. cit.*, p. 195. また以下の文献がアントニオの複雑な人格を精緻に再構成している。F. Savini, "Antonio Savorgnan (1457-1512)", *Memorie storiche forogiuliesi*, 27 (1931), pp. 263-305.

24) ASU, Archivio Savorgnan, b. 7, Memoria, fol, 59r-59v.

25) 〔ヴェネツィアの〕元老院もアントニオと彼のいとこのジローラモの間に生じた紛争を解決するため、1507年に介入している。ASV, Senato, Terra, reg. 15, fol. 184. 彼らの間の相互の敵対的関係が継続した点については、以下を参照のこと。G. Savorgnan, *Lettere storiche (1508-1528)*, ed. V. Joppi (Udine, 1896), p. 3f.

26) ASV, Luogotenente della Patria del Friuli, b. 272, vol. 2, fols. 125ff.

27) L. da Porto, *Lettere storiche (1509-1528)* (Florence, 1857), p. 227.

28) 農民兵については、以下を参照のこと。L. Pezzolo, "L'archibugio e l'aratro. Considerazioni e problemi per una storia delle milizie rurali venete nei secoli XVI e XVII", *Studi veneziani*, 7 (1983), pp. 59-79. 共和国の軍制については以下を参照のこと。M. E. Mallett and J. R. Hale, *The Military Organization of a Renaissance State: Venice c. 1400 to 1617* (Cambridge, 1984).

29) J. Heers, *Le clan familial au Moyen Âge* (Paris, 1974).

30) Savini, *op. cit.*, p. 272.

31) このテーマについては、以下の文献を参照のこと。P. S. Leicht, "La rappresentanza dei contadini presso il veneto luogotenente di Udine", in: Idem, *Studi e frammenti* (Udine, 1903), pp. 123-44 (以下、Leicht, "La rappresentanza" と略); Leicht, "Un movimento". 経

済と農業の、構造の全体像については、以下を参照のこと。*Le campagne friulane nel tardo medioevo. Un' analisi dei registri dei censi dei grandi proprietari terrieri*, ed. P. Cammarosano (Udine, 1985); D. Degrassi, "L'economia del tardo medioevo", in: *Storia della società friulana. Il medioevo*, ed. P. Cammarosano (Udine, 1988), pp. 269-435.

32) 15世紀末には、トルコ軍がフリウリ地方内部へ攻め込んで村々を破壊し、何百人といっう農民を虐殺した。ASV, Luogotenente della Patria del Friuli, b. 109, fols. 365ff.

33) Amaseo and Azio, *op. cit.*, p. 145.

34) *Ibid.*, p. 147.

35) この比較は、コッロレード家の裁判領域の帳簿のデータと、サヴォルニャン家の広大なブイアの封土の農民名簿から導き出された評価にもとづいている。それぞれの史料については、以下を参照のこと ASU, Archivio Colloredo Mels, b. 5-6, and Archivio Savorgnan, b. 41-42.

36) すべての農民名簿において、農民の借金は農業生産物の前払い金と貸付けに由来するものにほぼ限定されている。

37) たとえば1506年にサヴォルニャン家のアントニオとジョヴァンニと、ブイアの「人々とコムーネ」との間で交わされた協約を参照のこと。BCU, Fondo principale, MS 1042, vol. 1, fols. 11-17v.

38) L. Zannier, *Vito d'Asio. Imposizione di una nuova decima feudale alla fine del medio evo* (Portogruaro, 1885).

39) J. C. Scott, *The Moral Economy of the Peasant: Rebellion and Subsistence in Southeast Asia* (New Haven and London, 1976), pp. 157-92〔高橋彰訳『モーラル・エコノミー——東南アジアの農民叛乱と生存維持——』勁草書房、1999年、192-236頁〕。

40) M. Bloch, *La société féodale* (Paris, 1939), vol. 1, p. 233〔新村猛他訳『封建社会』第1巻、みすず書房、1973年、148頁；堀米庸三他訳『封建社会』岩波書店、1995年、206頁〕。

41) たとえば、1538年の農民反乱において、農民階層を保護するという伝統的な義務放棄をした打ち切った廉で貴族たちが告発されている。R. Hilton, *Bond Men Made Free: Medieval Peasant Movements and the English Rising of 1381* (London, 1973), p. 131.

42) A. Everitt, "The Marketing of Agricultural Produce", in: *The Agrarian History of England and Wales, 1550-1640*, ed. J. Thirsk (London, 1967), p. 469f.

43) この表現は、以下の文献に拠っている。B. Moore, *Social Origins of Dictatorship and Democracy: Lord and Peasant in the Making of the Modern World* (Boston, 1966), p. 431〔宮崎隆次他訳『独裁と民主政治の社会的起源』第2巻、岩波書店、1987年、196頁〕。また、16世紀のフリウリにおける農村世界については以下の文献を参照のこと。C. Ginzburg, *I benandanti. Stregonerie e culti agrari tra Cinquecento e Seicento* (Turin, 1966)〔上村忠男訳『夜の合戦：16-17世紀の魔術と農耕信仰』みすず書房、1986年；竹山博英訳『ベナンダンティ——16-17世紀における悪魔崇拝と農耕儀礼——』せりか書房、1986年〕; Idem,

*Il formaggio e i vermi. Il cosmo di un mugnaio del '500* (Turin, 1976) 〔杉山光信訳『チーズとうじ虫——16世紀の一粉挽屋の世界像——』みすず書房、1984年〕.

44) Zannier, *op. cit.*, p. 18.
45) この問題をより深く考察している研究として、以下の文献を挙げておく。L. Accati, "'Vive le roi sans taille et sans gabelle'. Una discussione sulle rivolte contadine", *Quaderni Storici*, 21 (1972), pp. 1071-103; E. P. Thompson, "The Moral Economy of the English Crowd in the Eighteenth Century", *Past and Present*, 50 (1971), pp. 76-136. フリウリ地方については、以下の文献を参照のこと。F. Bianco, *Contadini, sbirri e contrabbandieri nel Friuli del Settecento* (Pordenone, 1990).
46) Biblioteca Guarneriana di San Daniele, ASC, vol. 60, 19 Sept. 1497.
47) ジョルジョ・グラドニゴの述懐によると、スピリンベルゴでは、民衆が反乱を起こし、シチリアの晩鐘事件を引き起こすのではないかという恐怖の中で貴族が生活していたという。Leicht, "Un movimento", p. 77.
48) このような事例は無数に存在する。たとえば、以下の史料を参照のこと。BCU, Fondo generale, MS 2473, sentenze criminali dei luogotenenti dal 1458 al 1698, vol. 4, fols., 39-43 and vol. 5, fol. 94r-94v.; ASV, *Luogotenente della Patria del Friuli*, b. 89, fols. 114-17 and b. 91, fols. 667-85.
49) P. Grimani, *Leggi per la Patria e contadinanza del Friuli* (Udine, 1686), p. 310f（以下、Grimani, *Leggi per la Patria*と略）. いくつかの判例については以下を参照のこと。ASU, Archivio notarile, b. 382, 4 Dec. 1489, 26 Apr. 1501 and 22 Mar. 1503.
50) ASU, Archivio Colloredo Mels, b. 6, roll. 1502, fol. 37.
51) たとえば、農民がシモーネ・フレスキに復讐した事例を挙げることができる。貴族であるシモーネが農夫を打ち首にしたことに対して、処刑された男の友人や親類がフレスキ自身を殺害した事件である。彼らの中には捉えられて四つ裂きにされた者もいたが、多くは逮捕を免れ、フリウリ地方とヴェネツィア領を離れた。BCU, Fondo Joppi, MS 604.
52) たとえば、1481年に起こった、コッロレード家のジローラモとカミッロに対する農民反乱を挙げることができる。BCU, Fondo principale, MS 2473, Sentenze, vol. 3, fols. 44-50. 村の連帯意識と団結はとりわけ反乱の鎮圧のときにあらわれている。以下を参照のこと BCU, Fondo Principale, MS 1042, fol. 2.
53) Leicht, "Un movimento", p. 85f.
54) この数年間に起った、ステルポの〔城砦の〕破壊と城主貴族への攻撃については、以下を参照のこと。Cergneu, *op. cit.*, pp. 31-33.
55) G. Perusini, *Vita di popolo in Friuli* (Florence, 1959), p. xxi.
56) BCU, Archivio Comunale, Acta pubblica, vol. 3, fol. 179.
57) BCU, Fondo principale, MS 927, Parlamento della Patria del Friuli, vol. 1, fol. 94.

58) BSU, Archivio Comunale, Acta pubblica, vol. 3, fol. 179.
59) ASV, Consiglio dei Dieci, Lettere dei rettori, b. 169, fasc. 130.
60) ASV, Luogotenente della Patria del Friuli, b. 139, 24 Mar. 1517, 29 Jul. 1518; Grimani, *Leggi per la Patria*, p. 310.
61) ASV, Luogotenente della Patria del Friuli, b. 138; BCU, Archivio Comunale, Catastico, vol. 23, fols. 75-76v. こうした傾向は、その後コンタディナソツァ制〔農村の代表に議会議席を与える制度〕が公的に創出されるのに10年先立っていた。Leicht, "La rapresentanza", p. 134.
62) BCU, Fondo principale, MS 691, Consiglio di Udine, 2 Apr. 1511; Savini, *op. cit.*, pp. 300-05.
63) ASV, Consiglio dei Dieci, Lettere dei rettori, b. 169, fasc. 68.
64) ASU, Archivio Savorgnan, b. 2; BCU, Fondo principale, MS 1247.
65) カンブレ同盟戦争以降のヴェネツィアについては以下を参照のこと。G. del Torre, *Venezia e la Terraferma dopo la Guerra di Cambrai. Fiscalità e amministrazione (1515-1530)* (Milan, 1956). ヴェネツィア社会に関しては以下の文献が俯瞰的な図式を提供している。G. Cozzi, *Repubblica di Venezia e stati italiani* (Turin, 1982).
66) Degani, *I partiti*, pp. 72-74.
67) *Ibid.*, p. 80.
68) このことについての同時代人の記述としては、法学者コルネリオ・フランジパネによるものがある。*Ibid.*, p. 104. また、以下の文献が、このような殺人とヴェンデッタの恐るべき拡大について素描している。A. Battistella, "Udine nel secolo XVI", *Memorie storiche forogiuliesi*, 18 (1922), pp. 185-87.
69) R. Girard, *Des choses cachées depuis la fondation du monde* (Paris, 1978), p. 20〔小池健男訳『世の初めから隠されていること』法政大学出版局、1984年、16頁〕.
70) 以下の文献を参照のこと。A. Jouanna, "Recherches sur la notion d'honner au XVI siècle", *Revue d'histoire moderne et contemporaine*, 15 (1968), pp. 597-623; M. James, *English politics and the concept of honor, 1485-1516* (*Past and Present*, supplement 3) (Cambridge, 1978); C. Donati, *L'idea di nobiltà in Italia. Secoli XIV-XVIII* (Bari, 1988). また、フランスとヨーロッパにおける決闘の発達においては以下の文献を参照のこと。F. Billacois, *Le duel dans la société française des XVIe-XVIIe siècles. Essai de psychosociologie historique* (Paris, 1986); V. G. Kiernan, *The Duel in European History* (Oxford, 1988).
71) たとえば以下の文献を参照のこと。A. Pertile, *Storia del diritto italiano* (Bologna, 1896-1903), pp. 18-29; A. M. Enriques, "La vendetta nella vita e nella legislazione fiorentina", *Archivio storico italiano*, 91 (1933), pp. 85-146; *Statuti e legislazione veneta della Carnia e del Canale del Ferro*, ed. G. Ventura (Udine, 1988), pp. 161-71, 173f. また、都市と農村におけるヴェンデッタの重要性については、以下の文献を参照のこと。

C. Povolo, "Processo contro Paolo Orgiano e altri", *Studi storici*, 29 (1988), pp. 321-60; O. Raggio, *Faide e parentele. Lo stato genovese visto dalla Fontanabuona*, (Turin, 1990).

72) BCU, Fondo Joppi, MS 116, Contese, fol. 187.
73) Cergneu, *op. cit.*, p. 59f; Amaseo, op. cit., p. 541.
74) BCU, Fondo Joppi, MS 116, Contese, fol. 198v.
75) *La vengeance. Études d'ethnologie, d'histoire et philosophie*, ed. R. Verdier (Paris, 1984), p. 19.
76) Degani, *Cronaca di Soldaniero*, p. 51.
77) BCU, Fondo Joppi, MS 116, Contese, fol. 263.
78) Degani, *I partiti*, pp. 139-42.
79) *Ibid.*, p. 170.
80) *Leggi criminali del seremissimo domino veneto* (Venice, 1751), p. 62f.
81) BCU, Fondo Joppi, MS 116, Contese, fol. 263.
82) Porcia, *op. cit.*, p. 172.
83) G. Muzio, *Il duello del Mutio iustinopolitano con le risposte cavalleresche* (Venice, 1561), pp. 39r, 113r.
84) BCV, Codice Cicogna, MS 995, G. Vendramin, "Del duello libri tre", fol. 5. この史料は1572年の原本を17世紀に複写したものである(Billaciois, *op. cit.*, p. 72)。決闘は〔逆接的にも〕、戦闘行為の拡大を制限するはたらきをした。それについての信頼に足る評価については、以下を参照のこと。G. B. Possevino, *Dialogo dell'honore... nel quale si tratta a pieno del duello* (Venice, 1553).

# 第3部
# 裁き赦す権力

『フランス大年代記』(フランス国立図書館蔵、14世紀)。フランス王ルイ6世に対して叛乱を起こしたトマ・ド・マルル一党の処刑。
Fr. 2813, f 200, *Grande Chroniques de France*, XIVe siècle (Bibliothèque nationale de France)

## 第8章

# ビザンツにおける殺人・アジール・法

ルース・J・マクリデス

橋川　裕之　訳

●解題・・・・・・・・・・・・・・・・・・・・・・・・・・・・・・・・・・・・・・・・・・・・・・

　本章はRuth J. Macrides, "Killing, Asylum, and the Law in Byzantium", *Speculum* 63, 1988, pp. 509-38の訳である。著者マクリデスは北米出身の戦後世代のビザンティニスト。ニューヨークのコロンビア大学を卒業後イギリスに渡り、ロンドン大学において故ドナルド・ニコルの指導を受け、1978年、13世紀ビザンツの歴史家ゲオルギオス・アクロポリテスに関する論文で博士号を取得している。その後、フランクフルトのマックス・プランク・ヨーロッパ法史研究所やセント・アンドリューズ大学等での研究生活を経て、現在はバーミンガム大学において上級講師を務めている。マクリデスがこれまでに出版した単著は *Kinship and Justice in Byzantium, 11th-15th Centuries* (Aldershot, 1999)、編著には *Travel in the Byzantine World* (Aldershot, 2002)がある。

　13世紀の歴史記述の問題のほか、マクリデスが長年、研究に取り組んでいる課題にビザンツの法制度がある。マクリデスは80年代前半のフランクフルト滞在を機に、社会・文化史的な視点を導入することで従来のビザンツ法制史

研究を一新したディーター・ジーモンら、ドイツの研究者たちとの交流を深め、以降、ビザンツの家族・親族制度の法的側面や世俗法と教会法の関係、立法の社会的機能・実態といった問題について、重要な論考を多く著している。本論文は、紛れもなく、この研究領域における最重要成果のひとつである。

　マクリデスが注目するのは、ビザンツにおける殺人とアジール、そして法適用の問題である。ビザンツでは殺人を犯した人々は原則としてローマ法にもとづいて裁かれることになっており、コンスタンティノープル総主教の統括する大教会（ハギア・ソフィア）も当初は殺人犯に対して例外的にアジールを供する権限を有していたにすぎない。しかし、次第に大教会は犯罪の性質にかかわらず、すべての殺人犯にアジールの門戸を開くようになった。マクリデスは自らが新版公刊に携わった皇帝マヌエル1世コムネノスの法令を始め、殺人とアジールに関係する文献史料を網羅的に分析し、殺人犯に対する教会のアジールの実態を事件の社会的コンテクストとともに鮮やかに描き出している。ビザンツの法制度の一断面を帝国政治と民衆の日常生活双方のレベルから明らかにするその手腕は見事というほかない。

・・・・・・・・・・・・・・・・・・・・・・・・・・・・・・・・・・

　周知の通り、中世の西ヨーロッパと比較したときに際立つビザンツの特徴のひとつは、ローマ法と世俗法廷の途切れない伝統である。東帝国では法的ツールを運用する中央権威が存続したため、この伝統は帝国が存在する間ずっと保持されたわけである。したがってビザンツにおける法と秩序の性質を問題にすることは、容易なことに思われるかもしれない。たとえば、殺人罪がどのように処理されたのか知りたければ、10世紀のローマ法集成『バシリカ』を参照することができる。この集成からわかるのは、法適用の判断基準は殺意であって、使用された物、つまり凶器によって判定されること、そして、たとえ暴力行為が死をもたらさない場合にあっても、死刑が適用されることである。他方で偶然ないし過失で人を殺した者は、はるかに軽い処罰を受けるか、一切処罰を受けない[1]。こうした法規は帝国が滅亡するまで、ビザンツ法のさまざまな集成史料によって伝えられていた[2]。

　しかし『バシリカ』において示されているような、一見一枚岩的なビザンツ法の構造は、ビザンツにおけるもうひとつの権力である教会からの影響が明ら

かな、種々の変化をこうむっている。刑罰に対する教会の立場は、初期教父らによって表明されている。すなわち教会は、偶然であれその他の理由であれ、殺人を犯した人々に対し、贖罪行を科すことによって「回復薬」を処方した。教会は、悔悛を行い、殺人の罪を癒す機会を与え、それによって意図的殺人者(ヘクシオス・フォネウス)をも助命すべきと主張したのである[3]。

　教会が刑罰に対して異なる哲学を持っていたことは別段驚くようなことではない。けれども、殺人者の処遇において、教会の立場が中心的な役割を果たすようになったことは、おそらくより驚くべきことだろう。こうした事態の生じた過程は皇帝の立法に反映されている。皇帝コンスタンティノス7世ポルフュロゲネトス〔在位913-59〕の法律は、国家と教会が、意図的殺人者に開かれた教会のサンクチュアリないしアジールを設置することによって、妥協を実現させた道筋を示している[4]。一方、マヌエル1世コムネノス〔在位1143-80〕の勅法は、殺人犯の扱いにおいて教会が完全に主導権を握っていたことをほのめかす。マヌエルはコンスタンティノスの法律に直接言及し、自身の時代における法と秩序の乱れを、先任者が認可した意図的殺人犯のためのアジールのせいにしているのだ[5]。

　この研究は、10世紀および12世紀の皇帝立法と、今日まで伝わっている帝国・教会法廷の事例史をあわせ見ることによって、殺人事件における教会の役割についてマヌエルが勅法で表した主張を検討しようとするものである。殺人は比較的よく史料に残っている犯罪ではあるのだが、今日に至るまで法律は法律だけで別個に議論されているし[6]、関心はアジールと殺害された皇帝についての著名な事例に集中するきらいがある[7]。つまり日常の犯罪は等閑視されているのである。しかし、検討可能な証拠をすべて集めてみると、法廷のはたらきや聖俗の裁判官が下した判決の根拠、アジールの機能の仕方といった問題のみならず、犯罪の社会的コンテクストについても何がしかの知見を得ることができるだろう。

## 殺人犯のアジールに関するコンスタンティノス7世の法律

　教会が、投獄や身体的危害の恐れから逃れようとする正教徒すべてにアジールないし避難所を供する権限は、慣習によって確立されていたように思われる[8]。4世紀以降の帝国立法はこれを認め、規定していた。5世紀には避難者の権利を侵害した者に対する厳罰が導入されている[9]。ところが、ある人々——とりわけ、殺人犯、強姦犯、姦通犯——はこうした保護から完全に除外されていた。というのも、ユスティニアヌス〔在位527-65〕が勅法第17条（535年）で述べているように、「神聖なる境域の安全は、不法を犯した者にではなく、不法の犠牲となった者にこそ認められる」とされたからだ[10]。したがって意図的殺人者は、教会に保護を求める可能性を法によって否定される犯罪者カテゴリーだったのである。これは、意図的に殺人を犯した者は聖域から速やかに追放されるべきとした、モーセの法を踏まえていた[11]。

　しかし10世紀には、この問題が再度浮上した形跡がある。カイサレイア主教アレタスは、皇帝レオン6世〔在位886-912〕とマギストロスのコスマスに宛てた二通の書簡において、アジールによる保護を殺人犯に拡大適用する是非と、そうした犯人に対する適切な処罰について論じている[12]。この書簡に続いたのが、コンスタンティノス7世の年代不詳の新たな法律である。この法律は、新法の制定によって、意図的殺人犯をも対象とするアジールのより寛大な適用が可能になるよう、教会が皇帝に圧力をかけていたことを示している。このことは新法に付された序文から明らかである。コンスタンティノス7世はそこで、ユスティニアヌスの矛盾する二つの発言——一方は、アジールによる保護から殺人犯を断固として除外する法律であり、他方は、ユスティニアヌスが大教会（ハギア・ソフィア、総主教座教会）建立時にそれへ認めた、殺人犯に対するアジール供与の特権——を解決する必要を表しているのである[13]。大教会に与えられたこの特権は文書として伝わっておらず、他のいかなる史料にも言及がない。しかし12世紀の教会法学者テオドロス・バルサモンは、教会に対するユスティニアヌスの諸規定を収録した、とある「書物」について言及してい

る。ユスティニアヌスの大教会への特権がこの文書に記録されていたということもありえるだろう[14]。いずれにせよ件の特権によって、コンスタンティノスは、殺人者に対するより寛大な扱いの問題について再考することになったのである。教会に赴いて、さもなくば未知であったろう罪を告白した者、すなわち自らの非行を悔いて、進んで教会に身を委ねた意図的殺人者にはアジールが許容される、と定めることで、コンスタンティノスはユスティニアヌスの発言における表面上の矛盾を解決したのである[15]。けれども、こうして殺人者の生命は救済されたかもしれないが、コンスタンティノスは、殺人者が教会の贖罪行および国家の刑罰を受けねばならないとも言明している。後者の刑罰は、終身追放、財産没収、官職・称号獲得資格の喪失からなっていた。この新法は被害者の家族にも配慮を示している。コンスタンティノスによれば、犯罪発生地から遠く隔たった場所への追放には、二つの目的が意図されていた。すなわち、まずは殺人犯を処罰すること、次いで、加害者が身近にいるがために、被害者親族が痛ましい犯罪の記憶に絶えず苛まれるような事態を防ぐことである。またコンスタンティノスが述べているように、こうすることで報復による、さらなる殺人を未然に防ぐことも可能であった。同じように、殺人者の財産没収も被害者の家族にとって有益であった。というのも、殺人者の財産の三分の一は、「彼らの不幸へのささやかな慰め」として、死亡者の妻と子に譲与されることになったからである。もう三分の一は加害者の子に、残る三分の一は、加害者が修道院に入る場合はその施設に、修道院に入らない場合は被害者の家族に与えられるものとされた[16]。

　コンスタンティノスの勅法がアジールを得る殺人犯に対して定めた刑罰と、ローマ法の定めた刑罰とを比較すると、前者の新法において大きな譲歩がなされていたことがわかる。コンスタンティノス法の刑罰が、犯罪の等級――意図的殺人における予謀の有無――に応じて適用されたのに対して、ローマ法は故意に殺人を行った者をその社会的地位に応じて罰した。すなわち、一定ランク以上の官職を保有する貴顕層(エンティモイ)に対する刑罰は追放と財産没収であった。この刑罰は法的な見地からは死刑に相当するものとみなされた。というのも、それは財産の国庫への没収のみならず、市民権の喪失をもともなったからである。それよりも社会的地位の低い卑賤層(エウテレイス)に対しては死がその罰であった[17]。

それゆえ実際、アジールを獲得することは非常に望ましいことだったのである。ある人々にとって、それは自らの生死に関わることであった。別の人々にとっては、利益はさほど劇的とは言えなかったが、それでも依然重要であった。彼らの財産は、国庫にすべて没収されることにはならず、少なくとも一部がその跡継ぎに残りえたからである[18]。

## 1166年のマヌエル・コムネノスの勅法

　コンスタンティノスの法律、すなわち、殺人犯に対する教会のより寛大な態度に譲歩したその法は、いかなる効力を有したのだろうか。立法の帰結や影響を割り出すのは不可能に近いことではあるが、この場合は、およそ二百年後の1166年に制定された皇帝マヌエル１世コムネノスの法が重要な情報源となる。殺人犯に関するその勅法に付された序文は、コンスタンティノスの法がどの程度、適用・乱用されていたのか明快に述べている。曰く、「そしてこの勅法は、もっとも極悪で呪われた輩が、大いなる許諾を得て一斉に殺人行為に走り……アジールを求めて教会に駆け込み、赦免状を手にするや否や自宅に舞い戻るための口実となったのだ。この結果、多くの人々が第二、第三、いやそれ以上の殺人を企てることを躊躇しなくなった。これはかつての刑罰が無意味で、愚かしく……あったためにほかならない」。マヌエルの不満は、コンスタンティノスの教会への譲歩が、実際には殺人の許諾となっていたことを示唆している。殺人犯にアジールを認めることによって、コンスタンティノスは実質的に彼らの暴力行為を助長していた。コンスタンティノスの勅法が規定した刑罰は、犯罪抑止としては機能していなかった。というのもマヌエルによれば、それは救済に値しない犯罪者である意図的殺人者に、あまりに安易であまりに寛容な解決を与えたからである。マヌエルはこの見解を世俗法と新旧聖書からの一連の引用によって補強し、コンスタンティノスの法を、殺人者をすぐに解放してしまう類いまれなる法として際立たせている。

　コンスタンティノスの勅法についての記述の中で、マヌエルは、殺人者に対する刑罰が軽すぎるうえに、より悪しきことには、こうした軽すぎる刑罰さえ

科されていないと不満をもらしている。彼はあいまいな表現を用いてではあるが、殺人者が教会到着後に生じたことでよい話を聞いたことがないと述べて、この惨憺たる状況に教会が絡んでいるとみなした。コンスタンティノスは、教会がまずは殺人犯に対して贖罪行を科すべきと規定していた。つまり、追放などのその他の刑罰はその後に科されることになっていた。しかしマヌエルは、問題が教会の中だけで解決されていたと考えている。彼の考えでは、殺人犯は、赦免状（グランマ・シュンパテイアス）を手にして家に帰っていた。アジールによる保護は、教会の領域を越えて広がっていたのである。

　それでは、殺人犯に対して世俗官吏たちは何をしていたのだろうか。マヌエルは言う。「彼らはみな、金品に目がくらんで、そうした恐怖の行いをなした者を綿密に探索しようともしないし……さらに悪しきことに、一部の輩は、すでに居場所を突き止められたり、逮捕されたりした者をかくまったり、密かに大教会に送り込んだりしているのだ」、と。ここでマヌエルは、世俗官吏の腐敗した状況を明らかにしたうえでさらに、コンスタンティノープルの大聖堂であり総主教の在居でもある大教会を殺人者の教会であるかのように、属州の殺人犯を首都へと引きよせる真の磁石であるかのように描写している。実際のところ、マヌエルの勅法はもっぱらハギア・ソフィアのアジールに関するものであって、属州の慣習については何も語っていない。

　マヌエルはその新法において、無実の人々に対してのみ保護を認めたユスティニアヌスのアジール規定に回帰している。皇帝は、教会が殺人犯にアジールを提供することを妨げることはできなかったが、犯罪のより巧みな摘発をはかり、殺人犯逮捕の意義を今一度強調することで、この領野における教会の影響力を制限しようと試みた。これ以降、殺人犯逮捕に全力を尽くさないでいる世俗官吏は、見つかり次第すべて、あたかも皇帝に陰謀を企てた反逆者であるかのごとく罰せられることになった。また、保護を求め教会に駆け込もうとする前に逮捕された犯人は、法の定める最大の刑罰に処されることになった。つまり、こうした厳罰が犯罪抑止として再び機能することが期待されたのである。マヌエル治世で殺人犯に科された刑罰が、ローマ法によって規定され、『バシリカ』において維持された刑罰——貴顕層には追放と財産没収、卑賤層には死刑——と同じであったことは、同時代の教会法学者テオドロス・バルサモン

の注釈から確認できる[19]。さらには1166年の別の法律、すなわち、大理石の飾り板に刻まれ、大教会内に展示された教義問題に関する布告にもみられるように、犯罪者の社会的地位に応じた刑罰の区別は、12世紀においても遵守されていた[20]。けれども、『バシリカ』において規定された卑賤層に対する死刑は、おそらくマヌエル治下では実行されなかったであろう。同時代史料は、マヌエルが死刑を切断刑に減じたことを伝えている[21]。

マヌエルの勅法が証拠として示唆するのは、12世紀の後半までに、殺人犯の扱いが大教会の管理下に大きく移行していたことである。仮に、コンスタンティノスの勅法以来、大教会が殺人犯にとって魅力的であったというマヌエルの記述に信憑性があるとすれば、おそらくコンスタンティノスの勅法は、大教会における殺人者保護の保証のように解されていたのであろう。教会との妥協として意図されたことが、教会の特権の確認として理解されていたのである。ところでこうしたイメージは、コンスタンティノスの勅法が乱用されていたとするマヌエルの主張に全面的に依拠しているわけであるが、どの程度、ほかの証拠によって裏づけられるのかを問う作業が残されている。

## ハギア・ソフィアとアジール

ハギア・ソフィアがアジールの場であったことを示す多くの証拠が、11世紀半ばと、ことのほか12世紀に集中していることは特筆に値しよう[22]。この時代のいくつかの史料は、大教会の施設全体の特定部分を「避難所(プロスフュギオン)」と表している。アンナ・コムネナは、聖ニコラオスに奉献された、大教会に隣接する礼拝堂に対しこの名詞を用いている[23]。15世紀にコンスタンティノープルを訪れたあるロシア人旅行者は、この礼拝堂が、かつて聖ニコラオスが命を救ってやった男を連れてきた場所に建てられ、今日では大教会の祭壇の裏手に位置すると伝えている[24]。アンナによれば、この礼拝堂にたどり着くことのできた人々は刑罰からの自由を手にしたという。ニコラオス・メサリテスは、ヨハネス・コムネノスの反乱について記述した箇所で、「避難所」という語を大教会の北側の扉に対して用いている[25]。大教会のアジールに関するもうひとつの場

所については、ニケタス・コニアテスが触れている。彼は、イサキオス・アンゲロスがステファノス・ハギオクリストフォリテス殺害後に企てた逃亡を記した箇所で、イサキオスがいかにしてハギア・ソフィアに向かい、「建物に出入りする人々に対して、殺人犯が犯した罪を包み隠さず述べて赦免を求める」場所であるアナスタトモスに到達したかを伝えている[26)]。この場所は、教会主要部の外側、入口付近の内部拝廊(ナルテックス)もしくは外部拝廊(エクソナルテックス)に位置していたようだ[27)]。ハギア・ソフィアのこの避難所がかならずしも祭壇に関係するものでなかったことは、後世の史料から確認できるように思われる[28)]。14世紀に発行された一通の皇帝勅書(プロスタグマ)は、大教会施設内にある特別に指定された複数の場所について言及し、聖堂内で騒ぎが生じたり、典礼の進行が乱れたりしてはならないとの配慮から、避難者がその場所を離れ聖堂内に立ち入ることを禁じている。この文書は、かつての皇帝たちがその指定された場所における避難者の安全を保証していたとも述べている[29)]。

　ハギア・ソフィアにはさらに、「至聖なる大教会でそうした問題に携わる裁判官たち」というマヌエルの大雑把な言及に対応する聖職者法廷、エクディケイオンが存在していた。エクディケイオンが人命を奪った人々を取り扱っていたことは、11世紀半ばから確認することができる[30)]。この法廷の主任裁判官、プロテクディコスの役割については、12世紀の史料中に説明を見出すことができる。かつてプロテクディコスを務めた総主教ミカエル3世〔在位1170-78〕に捧げた演説の中で、アテネ府主教ミカエル・コニアテスはプロテクディコス在職時の総主教について次のように述べている。「あなたは、追っ手から逃れ、教会の内で保護された人々を、まことに適切に注意深く見守った。あなたは彼らを全力で保護してやり、傷ついた者には包帯を巻いてやり、衰弱した者は丈夫にしてやり、その後、無事に暮らすことができるようそこから導きだしてやった」[31)]。別の史料も存在する。新プロテクディコスの就任に際して、総主教ゲオルギオス・クシフィリノス〔在位1191-98〕に献じられた演説では、その職務は「人の血で自らの手を汚した者を、その罪ゆえに逮捕される危険のある者を、より温情あるやり方で、教会法が望む通りに罰し、譴責する」ことであると述べられている[32)]。

　エクディケイオンとプロテクディコスの職務に関するより豊富で詳細な情報

は、ハギア・ソフィアに避難する殺人犯の取り扱いを説明した一規定から得られる[33]。15世紀の写本中に現存するこの規定の内容は以下の通りである。まず、殺人を犯し大教会へ出向いた者は数日後にプロテクディコスに引き渡される。15日間、彼は大教会の「美麗門」の前に立って、出入りする人々に赦免を請うよう命じられる。その後、彼は出廷し、罪の告白を行う。プロテクディコスは彼に書面を手渡し、罪滅ぼしのために実行すべき贖罪行を科す。これらは犯した罪——意図的殺人かそれに準じる等級の犯罪——のカテゴリーにもとづいて、破門、断食、平伏、教会の前での公的な赦免請願からなる。この文書には、世俗官吏や被害者の親族らに対する警告も含まれる。これは、彼らが悔悛した殺人者に危害を加えたり嫌がらせをしたりすることで、神に対する咎を負うような事態を防ぐためである。

マヌエルの不満に根拠があったことをより直截に証するのは、その治世末期に教会カノンの注釈を執筆したテオドロス・バルサモンである。その著作において彼は、故意の殺人を犯した後、不適切な早さで、主教から書面による赦免を得た一兵士の事例を論じている。バルサモンによれば、皇帝マヌエルはこの一件を知って立腹し、教会会議による調査を命じた。バルサモン曰く、「我らの偉大にして神聖なる皇帝が意図的殺人者に関する勅法を発布したのは、この兵士の事例ゆえであったと言われている」[34]。

このように大教会が殺人犯にアジールを提供し、プロテクディコスとエクディケイオンを通じて殺人事件を処理し、贖罪行について寛大であったことは、さまざまな個別証拠から確認できるわけである。けれども教会はマヌエルの勅法も示唆するように、殺人者取り扱いのイニシアチブを国家から引き継いで贖罪行を定める一方、彼らを国家の刑罰から保護していたのだろうか。

## 事例史

この問いに答えようと試みるや否や直面するのは、証拠の年代的なばらつきの問題である。というのも、バルサモンが言及しているマヌエル治世の事例を除いて、聖俗いずれのコンテクストにおいても、12世紀の殺人とアジールに

ついて明らかな事例はひとつも残っていないからである。プロテクディコスが、教会から保護を受け、贖罪行を科された殺人犯に発給したであろう文書はひとつも現存していない。唯一とも言える例外は、プロテクディコスの文芸および討論の才を雄弁に物語った韻文形式の一史料であろうが、これも12世紀の大教会の諸慣行一般について論じるために用いることはできないのである[35]。こうした殺人とアジールの事例を伝える史料の著しい不足は、比較的豊富に残る12世紀のその他の総主教座文書群と対照的である。これはおそらく、教会会議やカルトフュラクス（尚書局長官）によって発給された文書とは異なり、独立の部局の責任者であったプロテクディコスの文書はその部局（セクレトン）の記録簿から複写されなかった、という事実によるのであろう[36]。彼がエクディケイオンとともに取り扱った事件について文書を作成していたとすれば、それは、総主教と教会会議の記録簿にではなく、彼自身の部局の記録簿に複写されていた公算が大きい。

　今日まで実際に伝わっている事例の記録はささやかなサンプルとなる。それらは以下の三つの史料から得られる。ひとつは、11世紀コンスタンティノープルのヒポドロモスの法廷で下された判決の抜粋集である『ペイラ』、二つ目は総主教座の記録簿、三つ目は二人の属州主教の記録文書である。『ペイラ』には五つの殺人事件が収録され、そのうち四件がアジールに関係している。現存する唯一のビザンツ帝国法廷判決集である『ペイラ』は、問題がいかに法廷に持ち込まれ、裁判官がいかに判決を下したのか知るうえで欠かせない史料である[37]。一方で総主教座の記録簿には、9世紀から12世紀にかけて生じた九つの殺人事件が記録されている[38]。この二史料中の個別文書の大半はセメイオマの書式になっていないので、殺人の性質やアジールに対する教会の態度といった点に関する情報は多くない（すぐ後に、二つの例外を検討する）。三つ目の史料、すなわち13世紀の二人の主教の記録文書は、全部で16の殺人事例を収録しており、犯罪の生じたコンテクストならびに彼らの事件への対処方法についてきわめて豊富な情報を提供してくれる。

　これらサンプルにあって、殺人犯処罰に対する教会の態度を示す最初期の史料は、11世紀半ばの二点の総主教座文書である[39]。この二つが直截かつ確実な証拠として示すのは、アジールによる保護が、教会外部の処罰をも免除する

ものとみなされていたことである。文書には、大教会に避難して殺人を告白した、とある奴隷と司祭について、何人もその犯した罪を理由に彼らを脅かしたり、罰したりしてはならないという趣旨の条文が盛り込まれている。この規定を破った者が受ける罰は破門である。この警告は、悔悟する二人の殺人者に対する教会の譴責について述べた文書中にある。はたして、これら文書はマヌエルの勅法で触れられていた「赦免状」なのだろうか。仮にそうだとすれば、それらは、殺人者を世俗官吏や被害者の家族から保護する際に、どれほど効果的であったのだろうか。

『ペイラ』が記録する当時の諸事例から、ある程度の推測は可能である。それらは私人の原告によって法廷に持ち込まれた案件である。原告はある一事例では被害者の親族、別の一事例では被害者の妻であったことが確認できるが、これ以外は不明である。判決集に収録された五つの殺人事件のうち四つで、殺人者本人もしくは共犯者が教会に避難していた。この事実が裁判官の判決において果たした役割は、はっきりしている。つまり、教会のこの保護が判断基準となって、殺人者がその犯した罪に対する有罪判決を受けるかどうかが決まったのである。教会に逃れた者が「刑罰を免除された」一方で、そうしなかった者は「有罪判決を受け」、身体刑もしくは死刑（鉱山での肉体労働に減刑）を宣告された[40]。

アジールを求めた者は「刑罰を免除された」かもしれないが、被害者の家族に賠償する義務を負っていた。裁判官がこの点を重視していたことは注目に値しよう。財産の割り当てを行う際に、彼らは殺人者と共犯者の財力を考慮していたのである。ある事例では、裁判官たちは殺人者の財産について地元の裁判官に問い合わせた後、財産の三分の二を被害者の家族に配分し、残る三分の一を殺人者の家族に残した。別の事例では、殺人を犯して教会に駆け込んだ奴隷は売却され、その代金が被害者の妻に手渡されている[41]。

いくつかの事例からは、殺人者と被害者家族との間に私的な和解が成立する可能性のあったことも判明する。ローマ法はこの可能性を死刑の予想される事件に対して認めていた。けれども、このような合意は被害者家族による将来の告訴を不可能とし、さらには遺産相続すら不可能にするものであった。というのも、殺人への報復を放棄した跡継ぎによる遺産相続は法で禁じられていたか

らである。しかし故人が貧しく、財産を所有していないような場合、殺人者との私的な合意を行えば、被害者の家族にいくらかの補償が与えられる見込みがあった。『ペイラ』の和解が成立したある事例では、金銭が被害者の子どもの官職購入に用いられている。つまり、子どもの将来のためになされたこの措置は、彼が父を失ったことに対する賠償となっているのである[42]。

　『ペイラ』のこうした諸事例は、アジールがかならずしも殺人者を罪の告発から保護するものではなかったことを示している。しかしながら実際のところ、アジールはコンスタンティノスの法律が定めた通り、殺人者の命を助けるものであった。引用があるわけではないのだが、裁判官たちも殺人者の財産を分割する判決を下すときには、コンスタンティノスの法規定に従っていたように思われる。一方、同じ勅法のもうひとつの規定、すなわち、教会に避難した殺人者が受けるとされた生涯追放の刑が、実際に適用されていたかどうか確認するのはいっそう困難である。どの事例にも追放への言及がないため、この問題についてのマヌエルの不満は一見もっともであるかに思われる。けれども、『ペイラ』の事例は短縮ないし要約のような形式で記述されているうえ、詳細な情報は編纂者が注目すべきと判断した問題に限定されている。このため、決定的な解答を導くことは不可能である[43]。殺人事件は、共犯者の法的責任の等級に関する問題を説明するために、そしてとりわけ被害者家族への補償の問題を説明するために、収録されているように思われる。直接的な関心の対象ではなかったために、追放に関する記述は省略されてしまったのかもしれない。

　『ペイラ』の諸事例は、11世紀コンスタンティノープルの帝国法廷のひとつで、殺人事件が実際に取り扱われていた様相を伝えているのではあるが、全体像を描き出しているわけではない。というのは前述の通り、それらは特定のポイントを解説するために集成された事例であって、いわば必然的に、殺人の生じた状況や関与した人物などの情報がほとんど省略された、抜粋として提示されているからである。状況を細部にわたって知りたければ、参照不可欠な史料がある。それは、13世紀前半に活躍した二名の属州主教、オフリドのブルガリア独立管区大主教デメトリオス・コマテノス〔在位1216/17-36〕とナウパクトス府主教ヨハネス・アポカウコス〔在位1199/1200-1232〕の審理した諸事例である[44]。これらは、ビザンツにおいて生じた殺人事件の性質に関する、より一般

的な疑問を解く手がかりとなるだけでなく、殺人に対する教会の態度とアジールの実際の役割を理解するための一助にもなるのである。コマテノスとアポカウコスは、大教会とコンスタンティノープルがラテン人支配下にあった時代に活動していた[45]。したがってアジールに関しては、大教会の役割を彼らがある程度代行していたと考えることができるだろう。これはとりわけコマテノスの場合に当てはまる。なぜなら、彼は準総主教のような地位を享受しており、この卓越的地位ゆえに他の主教区の人々を引き寄せていたからである[46]。

この主教らが審理した殺人事件——それぞれ8件が記録されている——は、彼らがその記録文書に書き記した刑事事件すべてに該当し、婚姻問題や相続問題の事例とともに伝えられている[47]。これらは、殺人とアジールの史料としては格好の素材である。というのも主教の判決は、総主教座記録簿や『ペイラ』収録の諸事例とは異なり、殺人犯の供述をも含んでいるからである。したがって、殺人者の名前や地位、出生地、被害者の身元、暴力行為において使用された凶器、犯罪が行われた状況などを知ることが可能である。さらに、それぞれの事例史は、二人の主教が事件をいかに取り扱ったのかを比較するのに、数においても種類においても申し分ないと言えよう。

コマテノスとアポカウコスが取り扱った事例は、ビザンツにおける殺人の社会的コンテクストを理解するうえできわめて重要な素材ではあるが、こうした史料でさえ全体像を提示するものではないと強調しておく必要がある。たしかに、「無罪」から「謀殺罪」に至るまで、殺人の等級の点では幅広い事例が提供されているが、殺人の生じた状況についてみれば限定的である。たとえば、強盗行為の最中に生じた殺人や、酩酊状態での殺人の事例は見当たらない。また、すべての社会階層が関係しているわけではないし、対象もイピロスの遊牧・農業社会で生じた事件に限定される。したがって、この史料だけを手がかりにして、ビザンツで生じた殺人の一般的特徴を解き明かすことはできないわけである。けれども事例史を伝える彼らの文書は、それ以外の諸問題——主教らがどのように判決を下したのか、殺人を自供した犯人に対してどのような態度を取ったのか、誰に対して、いかなる理由にもとづいてアジールを認めたのか——を検討するのであれば立派な情報源となるだろう。さらに言えば、こうした主教法廷の方が帝国法廷よりも多くの事例を伝えていること、そして、イ

ピロスの諸事例が抜粋ではなく、全体の記録として残っていること、この両事実によって、教会裁判官が判決を下すまでのさまざまなプロセス———実際、多くの点で帝国裁判官のそれに近似していた———について多くの事柄を知ることができるのである。

　全体として見れば、事例からは殺人の社会的コンテクストについて次のようなイメージが浮かび上がってくる。主教のもとに出頭したのは社会階層の中間から下層にかけての人々、たとえば封土保有者、兵士、司祭、管理人、豚飼い、羊飼いなどである。彼らの被害者は同様の社会的地位、もしくはそれ以下の人々である。加害者と被害者ともにわずかな例外を除いてすべて男性である。女性が加害者として関与した二事例では、被害者は家族の構成員である。これ以外では、家族内部での殺人はほとんどない。殺人の起きたもっとも一般的な事情は、侮辱や非礼な行為、あるいは財産をめぐって生じた言い争いである。一方、結果として死をもたらした暴力行為は、ほとんどの場合、仕事と絡んだ状況で生じている。使用された武器ないし道具はほぼ例外なく杖か棒である。

　彼らの供述は、身体的な暴力に訴えて怒りを発散させることが、誰かを懲らしめるための一般的かつ日常的な方法であったという事実を明らかにする。こうした行為は劇的な結末を招く可能性があった。アポカウコスが聴取した三つの供述の抜粋は、この点を印象的な方法で描き出している。というのも、コマテノスの判決とは異なり、アポカウコスの判決のいくつかには、供述が直接話法のまま記録されているからである[48]。アルタ出身のクセノスは領主の農場でぶどうの収穫を監督していたとき、別の領主の農場を監督していたある男と喧嘩になった。

> ペトメノスに仕えていたその若者は、放埓だったからなのか、若かったからなのか、いたずら好きで女をからかって喜んでいたからなのかわかりませんが、通りがかった女たちにちょっかいをだして、私が監督をしていたぶどう畑の小道までやって来たのです。彼はとてもしつこくその女たちに付きまとっていて、自由に行き来させてやらなかったのです。彼はいつもそうしていて、私は何度もやめるよう言ってきましたが、やめさせることができませんでした。そこで私は棒を手に取って、彼の体を叩こうと思っ

第 8 章　ビザンツにおける殺人・アジール・法　231

て振り下ろしたのですが、彼は打撃を避けようと身をかわし、頭をかしげたのです。そうすると、棒が頭に当たってしまい、彼は二日後に死んでしまったのです[49]。

　別の事例では、匿名の封土保有者がアポカウコスに説明を試みている。彼は自分の封土(プロノイア)に伝言を送って、自分と客人であるプロトベスティアリテス〔皇帝護衛隊長〕のゲオルギオス・コニアテスのための食事と飲み物を従者に用意させようとした。しかし、彼らが到着したとき、食事は何も用意されていなかった。彼は従者の一人に文句を言ったのだが、そのときそばに立っていた一人の農奴(パロイコス)が口をはさみ、言葉に注意しろと言った。

　　私は彼の言葉に、二つの理由で憤慨したのです。ひとつは、彼に向かって話しかけていないのに、彼があの言葉を私に向けて言ったからです。もうひとつは、農奴である彼が主人である私にあれほど大胆なもの言いをしたからです。私は振り向いて、彼の髪の毛をつかんで頭をひねり、その体を地面に投げつけました。そして、今後私の前で二度と生意気に振る舞ったり暴言を吐いたりするなと警告しました。この瞬間から、男は横たわったまま、しゃべりも動きもしませんでした。私は彼が動きをわざと止めているのだと思ったのです。ぶどう酒を飲みすぎてしまった人のように、じっとしているのだと思ったのです。けれども、本当に、本当に彼は一瞬にして死んでしまったのです。彼は息もしませんでしたし声も発しませんでした。ただその顔が、布の染料のように真っ黒になったのです[50]。

　身体的暴力にエスカレートした結果、死をもたらした激しい応酬の三つ目の例は、イピロスに暮らした牧人たちの行動についても教えてくれる。

　ブレスティアネスの村、ミクラ・バゲニティア出身のテオドロス・ボディノプロスが我々の前に来て、以下のような供述を行った。今年の冬が始まろうとしていた頃、彼は土地の慣習に従って、自分の家畜の群れとともに冬を過ごすつもりであったニコポリス・テマ隣接の低地に、粉餌を運んでいた。彼は、粉餌を置く場所で孤立しないようレアコバ川の氾濫に用心し

て作業を進めた。そして作業を無事終えると、マウロスという名の従僕とともに家路についた。途中の村に知り合いがいたので、彼らはその人から食事のもてなしを受けた。そこでテオドロスは横になって、食事をとった。マウロスは、テオドロスが乗っていた馬を牧草のある場所まで連れていき、そのまま馬と一緒にいた。テオドロスは食事を済ませた後、自分の馬のいるところへ行き、牧夫のマウロスをきわめて強い調子で非難した。というのも、彼がもてなしの主との食事に参加しなかったからである。テオドロスが述べるには、マウロスは荒っぽい性格と抑えのきかない舌の持ち主で、彼らを招待して食事を用意してくれた主らに向けて侮辱的な言葉を吐いた。主らはマウロスの言葉に腹を立て、テオドロスに「君の召使いからいわれない侮辱を受けるのは良くない」と言った。テオドロスは、彼らの汚名をそそごうと欲して杖を手に取り、マウロスのそばへ駆け寄って足のあたりを叩こうとした。彼が言うには、マウロスは杖が振り下ろされるのを見るや、打撃をかわそうと肩と頭を足に向けて傾けたが、失敗した。彼は、足は護ったけれども、打撃を頭に受けてしまったのである[51]。

　上に紹介した諸事例は、財産や名誉の防衛を目的とし、棒や杖や素手が用いられた自然発生的な暴力行為である。コマテノスの記録中にある一事例は、もっと明確な意図のある殺人について教えてくれる。殺傷力のある武器が使用されたその殺人は、長年にわたって蓄積された怒りとフラストレーションが引き金となって生じた。アケロオス・テマ出身の兵士、テオドロス・デムニテスは次のように述べている。

　　当該テマで財務収入を任としていた男たちは、生涯奉仕への恩恵として君主〔デスポテス〕から彼〔デムニテス〕に与えられた従僕らに嫌がらせをしていた。ある日、従僕らがまたもや嫌がらせを受けているという知らせが入ると、彼は激しい怒りに襲われ、剣を手に取って、いざ報復せんと走り出した。彼が言うには、怒りが満腹となった腹を味方につけたのは昼食の後であった。その後すぐに、財務官たちはデムニテスが武器を持って駆けつけようとしていることを知り、防御のために杖や石や身近にあるものすべてを利

用して武装し、抵抗して戦う準備をした。彼らがまずは荒々しい言葉によって、次いで、それぞれが手にしている防御用の武器によって戦闘に入ったとき、頭を狙ったデムニテスの一撃が、スグロスという名の敵方の一人に当たり、瞬時にしてその頭蓋を貫いた[52]。

　実際のところ、主教の記録簿にある大半の事例と同様、上に挙げた事例すべてにおいて、殺人は仕事中かそれに関連する状況下で生じている。わずかな事例しかないのは家庭内での殺人であるが、女性が関係しているのはこの領域においてである。コマテノスのもとで裁かれた一事例は、離婚問題という脈絡で、未遂に終わった殺人と自殺について教えてくれる。ゲオルギオス・スパタスの姪クリュセは、夫にもはや耐えることができなかった。というのも、

　　彼女はこの男から多くの非情な仕打ちを受けていたからである。そのため、彼女は夫から離れることを決意し、この目的を達するため、夫に対してだけでなくおのれに対しても致死の毒薬を注いだ。万一、器の毒が夫に効かなくとも、おのれには効くように[53]。

　アポカウコスが扱った家庭内の殺人事件では、一人の女性が違ったふうに関与している。すなわち、未遂の殺人者としてではなく、息子を死に至らしめた父と子の口論の原因としてである。

　　レウカス島出身のバシレイオス・カリゲスは我々の前にやって来て供述を行った。彼が言うには、自分の妻と、息子のコンスタンティノスとその妻パンカロ、そしてバシレイオス自身からなるその家族は、ささいな事柄をめぐって対立し、言い争いになった。息子はパンカロへのおかしな愛情に取りつかれて彼女と結婚してしまったが、両親はこれに手放しで喜んでいるわけではないと、姑が嫁について口にしたこの愚痴を、嫁は耳にした。彼によれば、そのとき息子はたまたま外出していた。その後、息子は帰宅して、姑の厳しさゆえにパンカロが不機嫌になっているのを見て当然のことながら落ち込み、「僕は妻のために一生懸命やってるのに、妻が何かにつけて両親からひどい扱いを受けたり、くずみたいに言われたりするのな

ら、僕も最悪の扱いを受けるほうがいい。妻がいつもあんなに不機嫌だったり落ち込んでたりするのを見るよりましだ」と言った。この言葉に、バシレイオスは自分の妻を擁護しようと息子と相対した。言葉による応酬から、世間一般の父親がそうであるように、この父親は息子に腹を立てた。そして、おそらくは彼を懲らしめ、その反抗を抑えつけようとしたのだ。彼は掴めるもっとも大きな石を片手に取って、自分の息子に向けて投げつけた。石は息子のこめかみに当たり、息子を即死させてしまった[54]。

供述を含んだ文書、すなわちセメイオマは、犯罪の生じた社会的コンテクストを再現する一方で、主教が判決を下した方法や過程についても物語る。ひとつの明確な特徴は、彼らが事件を扱うときの相対的な速さである。いくつかの事例から、判決は供述がなされたその日のうちに下されていたことが推測できる。これは、セメイオマの冒頭にある「本日」という語によって明らかになる[55]。けれども時間に関するその他の文言は文書中に見当たらない。たとえば、実際に殺人事件が生じてから、加害者が教会に出頭するまでどれくらいの時間が経過していたのか、加害者が主教に供述するまでにどのくらいの時間を教会で過ごしていたのか、といった点を明らかにすることは不可能である。

犯罪の性質に関する判断はローマ法の基準にもとづいていた。すなわち、加害者に人を殺そうとする意志があったかどうかを明示する必要があった。これは暴行において使用された道具や物件によって判断された。『ペイラ』に登場する帝国裁判官らと同様、コマテノスとアポカウコスはかならずしも依拠した法律を判決文に引用していない。したがって、これはたいていの場合、推測に頼るしかない。ラドスラボスが持っていた杖で豚飼いのコンスタスの背中を殴った事例では、大主教〔コマテノス〕は、使用された杖が「堅くも重くもなかった」ことから、ラドスラボスに殺害の意志はなく、ただコンスタスを懲らしめて、放し飼いの豚が自分の畑に入るのをやめさせようとしただけであった、と判断している。夫と自分自身に毒を盛ろうとしたクリュセの事例では、「たとえその毒に効き目がなかったといえども」、その試みだけで、彼女が殺人罪を犯したとみなすに十分であった。最初に挙げた事例では、該当する法規すべてが引用されている[56]。二つ目の事例では、コマテノスは法律に直接的には触れ

ていない[57]。けれども彼の判決の基礎となっている原則は、法律と同様、明確である。すなわち、毒の使用は殺意を示しているのであり、「刑事事件において、吟味されるべきはその結果ではなく、意志である」というように[58]。

また、いくつかの事例から推測できるのは、殺意が、打撃が加えられた際の激しさやしつこさ、打撃が狙った体の部位といった点でも判断されたことである。アポカウコスの扱った三件では、武器自体ではなく、暴行の仕方が決め手となって、加害者の意図的殺人が認定されているように思われる。コンスタス・サラクスとレオン・タロノプロスがある男を殴って死なせた事件では、アポカウコスは「彼らは男をあれほど激しく殴って死に至らせるべきではなかった」と述べて、使用された武器（杖）ではなく、彼らが被害者に加えた打撃の激しさを重く見ている[59]。管理人コンスタンティノス・メランクレノスが自分の領主に属すドングリの収穫を止めさせようとして、ブラトナス某を杖で殴った事例では、被害者の腹部へ加えられた強力な打撃が重視され、彼が被害者に対し懲罰以上のことを意図していたと判断されている[60]。

ある事例でのアポカウコスの判決が示すように、加害者の意図は、攻撃の実際の展開から、当初の意図とその後の意図というように区別されることもあった。この殺人が該当するカテゴリーは、「過失」と「故意」の中間に当たるもの、つまり「故意に近い過失」である[61]。夕餉の主らの汚名をそそごうとして、横柄な態度を取った召使いマウロスを杖で殴ったテオドロス・ボディノプロスは、

> 故意の殺人者ではなく、故意〔のカテゴリー〕に近い殺人者と判断された。というのも、彼の暴行の最初の動作は、あくまで仕返しのためのものであって、死なせるようには意図されていなかったからである。けれども彼はほとんど故意の殺人者である。なぜなら、彼は怒りに駆られて杖を振り下ろし、用心することなく傷つけたからである[62]。

ここでのアポカウコスの発言は、『バシリカ』に付された11世紀の傍注および教会法にみられるカテゴリーの説明と似通っている[63]。

殺意、ひいて殺人への責任は、自分では打撃を加えなかった人物にも帰せられることがあった。ゲオルギオス・ストラティオプロスは、被害者に指一本触

れなかったにもかかわらず、意図的殺人者と宣告された。自分の二人の仲間が被害者を殴り殺したとき、彼はそばにいながら、見て見ぬふりをしていた。彼が有罪と宣告されたのは、ほかならぬこの行為のためであった[64]。

『ペイラ』の裁判官たちと同じように[65]、コマテノスとアポカウコスも供述から得られた証拠の裏づけをとろうとしていたが、これは供述が「無罪」ないし「過失の殺人者」の判決を導く場合に限られていたように思われる。これに関連する三つの事例において、コマテノスは犯人が暮らしていた教区の主教に手紙を書き、供述の話を確認するよう要請している[66]。次の事例が示すように、調査が必要となったのは、関与した人物がオフリドから隔たった場所に住んでいたという事実だけでなく、事件の性格によるものでもあった[67]。プリレプ出身のラドスラボスはブルガリア大主教に対し、豚が自分の畑で草を食むのをやめさせようとして、飼い主のコンスタスを持っていた小さな棒で軽く叩いたと供述した。この出来事から14日後、コンスタスは病床につき、それから8日後に死亡した。ラドスラボスによれば、コンスタスの死は慢性的な病に起因していた。コマテノスは、ラドスラボスの名が登記されているペラゴニア教区の大主教に手紙を送り、コマテノスが考える通りラドスラボスが無罪であるのか、それとも殺人罪であるのか、「注意深く事件を調査し、しかるべき判断を下す」よう命じている。また、コマテノスは、弓矢のゲーム中に8歳の息子を偶発的に殺したと供述したプロセクの羊飼い、ドラガノスの事例においても同様の手続きを取っている[68]。

アポカウコスも無罪判決を下す前には調査を行っている。実際、ナウパクトス府主教が取り扱ったこの手の一事例では、判決の決め手となった第三者の証言が記録されている。ゲオルギオス・ブテロスの牧夫マウロスの息子であったスタネスは、自分の羊が畑にもたらした損害をめぐってバシレイオスと激しくやり合った。喧嘩の中でスタネスは、自分が受けた打撃に対する仕返しに、軽い杖を取ってバシレイオスの頭部を殴打した。バシレイオスはこの喧嘩から8日後に病になって死亡した。ブテロスはアポカウコスのもとに出頭し次のように証言している。

　　バシレイオスは病床から家族の人々に向けて叫んでいました。……自分が

床に伏せって死にかけているのは、スタネスから受けた打撃のためでなく、自らが患っていた病のためであると。

ブテロスはこのバシレイオスの発言を直接聞いたわけではないようだが、おそらくは彼が殺人被疑者の父親の主人という地位にあったために、この証言は重みを持った。けれども、バシレイオスの言葉は、アポカウコスが考慮した唯一の証拠ではなかったかもしれない。主教の事件説明は、その他の供述も何らかの役割を果たしたことをほのめかしている。

我々は見聞きした多くの事柄から、バシレイオスの死が自然死であったと結論づけた。そしてブテロスの報告からスタネスが無罪であると判断した[69]。

被告が完全に無罪であることが判明した事例を除き、主教の判決にはかならず、罪の償いのためになすべき贖罪行(エピティミア)の一覧が付されていた。というのも教会法に従えば、たとえ過失(アクシオス)で人を死なせた者であっても、回復措置が必要とされたからである。こうした贖罪行は、教会門前で公衆を前に行われる赦免嘆願、毎日の平伏、断食、聖餐式への参加禁止などからなっていた[70]。贖罪行と贖罪期間に関する指針は教会法の中にあったが、規定される期間には著しい相違があった。たとえば、アンキュラ公会議のカノンは過失による殺人者に5年、故意の殺人者には終身の期間を指示したが、聖バシレイオスはそれぞれ10年と20年がふさわしいと考えていた[71]。贖罪行の種類と期間は、それを科す権威と事件の性質によってまちまちであった。自供した加害者が示す後悔の度合いや、彼もしくは彼女の身体的な状況のみならず、悔悛した加害者がなした行いの種類も、贖罪行を定める人々が考慮対象とした要素であった[72]。

二人の主教の定めた贖罪行からは、彼らが、殺人者をその個々の状況に応じて扱っていたことがわかる。この点でも彼らの行動は、殺人者の財産を調査したり、出頭した被告の状況に応じて判決を調整したりしていた帝国裁判官たちの行動に近似している[73]。故人ニコラス・ペジコプロスの娘で、1219年にコマテノスのもとに出頭したゾエの事例が、このことを非常に明快に示す。6年前に彼女は、家庭内でたびたび繰り返す盗みをやめさせるため、ある召使いの

両手を切断させた。その男の傷は適切に治療されることなく、結果、彼は死亡した。自分を男の死に対する従犯者と考えたゾエは教会に出頭し、「彼女の魂の傷にふさわしい薬」を求めた。コマテノスは次のように述べている。

> 彼女は我々の前で、悲嘆にくれながら謙虚な精神で供述を行った。また彼女は悔悛の徴を示した。それは涙とため息だけではない。彼女が労力や道の険しさなど考えもせず、家からこの地まで6日かけて歩いてきたこともそうなのだ。

彼は「その女性としての弱さと、我々が知るところの彼女の暮らす場所の容赦なき環境、そして彼女の悔恨を斟酌して」贖罪行を科した。ここで彼女に科された贖罪行は、週に3日のパンと水の食事、1日に50回の平伏、聖餐式への3年間の参加禁止であった[74]。

男を剣で殺した意図的殺人者テオドロス・デムニテスの事例では、コマテノスは彼の体の強靭さを勘案して贖罪行を計算したほか、その兵士としての職業も考慮に入れている。デムニテスは12年間にわたって、以下の贖罪行を実行するよう命じられた。すなわちそれは、聖餐式への参加禁止、週に3日のパンと豆と野菜だけの食事、兵役休暇時の1日50回の平伏であった[75]。

贖罪行が罪の性質や加害者の財産に応じて、事件ごとに定められていたことを伝える事例はアポカウコスの記録中にもある。自らの「抑えのきかない怒り」によって過失的に農奴を死なせた封土保有者は、罪の償いのために次のように行動することを定められた。

> 昼であろうと夜であろうと、いついかなるときでも彼は笑いを控え、怒りを抑え、不条理な欲望と横柄さを慎まねばならない。そして神の哀れみがおのれに向けられるよう、可能な限り多く貧者に施しを与え、おのれが心から懺悔していることを示さねばならない。

そのほかに断食と毎日の平伏も加えられていたが、こうした悔悛のための行為は明らかに、彼の社会的地位と不幸をもたらした過ちに応分のものであった。というのも、前者についてみれば、彼には施しを与える余裕があったわけであるし、後者についてみれば、その気性は人を死なせてしまうほど激しかっ

たからである。

　贖罪行はそれを科す権威によっても異なっていた。たとえば、その実行期間に関して、コマテノスとアポカウコスとでは大きな相違があったことがわかる。コマテノスはアポカウコスよりも厳格であったようだ。彼らの法廷で裁かれた意図的殺人の事例を比較すると、その対照はとりわけ明確になる。激怒して男を刺殺したデムニテスはコマテノスから12年の贖罪期間を科されているが、アポカウコスの場合は5年が最長である[76]。けれども、意図的殺人のカテゴリーが及ぶ幅の広さを考慮に入れると、こうした相違はそれほど目を見張るものではないかもしれない。デムニテスの事例は、危険な武器が使用された極端なものである。これに対し、アポカウコスの事例はそれほど激しくはなく、棒や杖による暴行がエスカレートして致命的な結果を招いたものである[77]。犯人処遇にみられる相違は、ある程度、事例の多様な性質から説明できるだろう。

　おそらく慣行の相違をより明確に示しているのは、息子を殺めてしまった二人の父親の事例であろう。バシレイオス・カリゲスは、息子の嫁をめぐる口論から石を投じて息子を殺してしまった。その一方、ドラガノスは弓矢のゲーム中に、はからずも8歳の息子を死なせてしまった。

> 彼が言うには、それは村祭り開催日の出来事であった。彼はその土地の羊飼いに選ばれていたので、世話をしている羊たちと一緒にいた。彼は8歳になる最愛の息子も連れていた。そして彼は祭りの日であったために何かスポーツをしようと思った。彼がしたゲームは、弓を曲げて矢をつがえ、放たれた矢で固定された的に当てるか、それを射抜くというものだった。この射的のゲームで、ドラガノスはほかの挑戦者や仲間の羊飼いたちよりも腕が優れていた。これに喜んだ彼は、二度、三度と弓を引いてゲームを続けた。けれども、見えざる暗黒の射手がその矢筒の中で死の装置を用意し、喜びを悲しみへと即座に変えてしまった。というのも、彼の最愛の息子が放たれた矢を集めようと、たまたま羊の群れから離れたそのとき、弓の弦から放たれたドラガノスの矢が、期せずして息子に命中してしまったからである。嗚呼、父親の矢が、可愛がっていた息子を冥土へまっすぐ送りやってしまったのである。

コマテノスはドラガノスを過失の殺人者とみなし、4年間の贖罪行を科した[78]。一方、アポカウコスはカリゲスを故意の殺人者と判断し、父親カリゲスが自身の息子(パイドクトノス)を殺害したがために期間を延ばすと言って、5年の贖罪期間を定めている[79]。

以上の事例は何より、主教に供述した人々が意図的殺人者だけではなかったことを明らかにしている。過失の殺人者や無罪の者といった、帝国法にのっとれば何も危惧する必要のない人々も主教の前にやって来ていた。ローマ法では、意図せずに死をもたらした者は、殺意の欠如を理由に刑罰の対象とされなかった。コンスタンティノス7世もアジールについての勅法の中で、法によって懸念することが何もないので、そうした人々にアジールは不要であると言明している[80]。そうであるならなぜ、彼らは主教のもとに現れたのだろうか。ゾエの召使いは6年前に、傷の放置が原因で死亡していた。彼女がコマテノスの前にやって来たとき、法の見地からは彼女に降りかかる危険は何もなかったし、出頭以前もそうだったことは明白である。彼女は自分の魂への不安から、「神の聖なる教会に、彼女の魂が抱えた傷にふさわしい薬を求めて」やって来た[81]。事故で自らの愛する息子を殺めてしまったドラガノスも、これと同じ理由で真っ先にやって来た。教会は彼らを「慰めの言葉で」迎え入れ、救済の望みを捨てないよう励ましてやり、罪の償いに不可欠な贖罪行を科すことで彼らに希望を与えた[82]。

過失で死をもたらした人々が教会の慰めと贖罪行による救いを求めたのなら、完全に無罪であった人々は教会でいったい何を求めたのだろうか。コマテノスとアポカウコスの記録には関連する事例があわせて三件ある[83]。偶然ではあるが、そのうちのひとつは13世紀に実際に行われていた異教的な慣習について教えてくれる。モリスコス・テマの二人の若者がブルガリア大主教のもとに出頭し、その罪を告白した。ルサリアと呼ばれる古くからの慣習にならって、彼の地の若者たちは聖霊降臨祭の翌週に集い、村々をめぐって、歌や踊り、ゲームやその他のパフォーマンスと引きかえに贈り物を受け取っていた。その年の祭りの期間中、若者グループの二名がとある羊小屋へ行き、管理人の男にチーズを求めた。男は申し出を聞き入れなかったので、彼らは勝手にチーズを取って食べた。この結果生じた小競り合いで、二人のうちの一人、クリュセロ

スが棒切れで羊飼いを殴った。羊飼いはナイフを抜いて、クリュセロスに突き刺した。このほぼ直後、クリュセロスは死亡した。二人の若者が大主教のもとにやって来たのは、

> ここで申し立てられた罪から、彼らにも責任が生じるのかどうかを知るためであった。彼らは、もし有罪だと判断されるなら、自分たちの魂を清めるための教会罰を受けることを求めた[84]。

　つまり彼らは自分たちの良心を清めるために来たのであるが、この事件や他の似たような事件への大主教の応答から、彼らが身の潔白を証明するために来たことも確実である。被疑者は無罪と証明されるまでは有罪者扱いであったし、世俗官吏の行動も素早かった。司祭ドラゴミロスはコマテノスに自らの窮状を訴えている。5ヶ月以上前にセバストクラトルの従者と村民との間に喧嘩が生じ、一人が死亡した。彼曰く、自分にはこの事件について後ろめたいことが何もなく、身の潔白を主張しているが、一部の人々からは殺人の加害者とみなされているうえ、財産もすべて国庫に没収されてしまった、と[85]。

　その他の事例からも、当時の人々がいかにたやすく加害者扱いされたかがわかる。たとえば、自然的な要因による死は、故人が病に伏せる数週間前に受けた打撃のせいにされる恐れがあった。これは先に検討したラドスラボスとスタネスの事件で生じている。アポカウコスの別の事例は、殺人の嫌疑をかけられた人物に関する長い成り行きを伝えている。ある夜、道に迷った司祭は道で一人の若者に出くわし、彼に助けを求めた。その若者は、栄養不良で弱っていたかその他の理由で、反応しなかった。暗闇の中を独りで歩きたくなかったその司祭は、自分の歩行用の杖を振り上げて彼を殴った。若者は28日後に死亡し、死亡原因は司祭の殴打であるとされた。若者の死に対する司祭の責任は確実というにはほど遠かったにもかかわらず、アポカウコスが14年後にこの事件を裁いたときも、司祭は聖務を停止されたまま、依然として罰を受けていた[86]。

　二人の主教が判決に含めた警告の文言からは、悪意ないしその他の理由で殺人加害者とみなされた人々が危険に面していたことも読み取れる。無罪のスタネスを救うべく、アポカウコスによって記された以下の文章は典型的である。

聖霊によって、我々は在地の役人(プラクトル)に警告する。スタネスに暴言を吐いたり危害を加えたりしてはならない。また彼に対し、貪欲な役人がよくやるような、殺人の刑罰を定めることもしてはならない。ただし、彼が教会の贖罪行に服すことを欲しない場合は別である[87]。

　強調すべきは、殺人事例における威嚇や加害といった、主教の警告にほのめかされている世俗官吏の恣意的な行動が、13世紀イピロスの政治状況に固有のものではなかったことである[88]。こうした行動が一般によくあったことは、その他の時代や地域の証拠からも明らかである。官吏の横暴への言及は、ユスティニアヌスからアンドロニコス2世までの皇帝立法の中でトポスのように頻出している[89]。マヌエルの治世についても、彼自身の勅法のほかに、アテネ府主教ミカエル・コニアテスの証言がある。コニアテスは、マヌエル治下、殺人犯が裁判を免れる一方で、無実の人々が罰を受けていたと主張している[90]。法とは直接関係しないその他の史料も、裁判の機能がいい加減であったことを伝えている。10世紀には、ニケーア主教テオドロスがコンスタンティノープル総督に書簡を送り、自分の被後見人に情けをかけるよう求めている。主教の被後見人は首都に学ぶ若き学生であったのだが、殺人に関与した容疑で総督に逮捕され、拘留されていたのである。彼は虐待され、嘲弄され、引き摺りまわされ、脅迫されるなど、取り調べと称してひどい仕打ちを受けていた。主教は尋ねている。罪を犯した連中が逃げた後も現場に残っていたという理由だけで、少年が殺人に関与したということになるのか、彼が大勢いたうちの一人であって、怒りとぶどう酒に酔った一団をコントロールする権威も力もなかったときに、被害者を助けに行かなかったからといって彼を咎めることは妥当なのか、と[91]。

　13世紀後半の総主教、キプロスのグレゴリオス〔在位1283-89〕の一書簡は、巻き添えと言いうるような極端な事件があったことを明らかにする。ある夜のこと、夫はトラキアのアイノスにある教会の回廊で妻が愛人と一緒にいるところを発見した。浮気をしていた妻は動転してバルコニーから身を投げ、命を絶ってしまった。その後、彼女の死に関係があるとして、アイノス主教の財産が没収されたのである[92]。

こうした背景を念頭に置いてみると、コマテノスとアポカウコスは無実の人々から大いに必要とされた仕事をしていたように思われる。教会で無罪を立証された人々は、供述と判決のほか、危害を加えんとする者には破門罰を処すという警告の記された文書を得て、外界に戻ることができたのである。それを手にする人の無罪と地位の保証とを明記した文書、すなわちセメイオマの内容は、地域で公表されていたのかもしれない。少なくともモリスコスの若者の事例がこれを示唆する。コマテノスは若者に授けたセメイオマの中で、在地の主教が若者からそれを受け取ること、次いで教会の中で文面を朗読し、内容を地域の役人や住民に通知することを指示している[93]。これは比較的、手早な裁判方式であると言えよう。その有効性はおそらく、文書を発行する人物の権威次第であったろう。つまり、その権威が有力であればあるだけ、期待できる保護が大きくなるという具合に。

一方、有罪者の場合はどうだったのか。マヌエル・コムネノスの勅法が示すように、教会は無罪の人々だけでなく有罪の人々をも、法の処罰から保護しようとしていたのだろうか。コマテノスとアポカウコスが扱った事例の記録は、彼らのアプローチの相違を明らかにする。コマテノスは、完全に無罪の者と過失の殺人に関与した者にだけ教会の保護を与えた。彼はこうした事例に限って、世俗の官吏に対する警告を含んだ文書を被疑者に「保証して」与え、教会による「受け入れ」を言明するとともに、その保護された地位（「避難者」）を宣告した[94]。つまり、コマテノスはユスティニアヌスと同様に、アジールはあくまで無罪の者と過失の殺人者のためのものであると厳密に解釈している。その一方で、彼の同僚アポカウコスはそうした人々だけでなく、故意の殺人者と判断された人々に対しても、世俗官吏への警告を含んだ文書を渡していた[95]。この問題について、彼はコマテノスよりも寛大な態度を取っていたように思われる。そして、この彼の行為は、彼の科したさほど厳格でない贖罪行とともに、皇帝マヌエルが批判した教会の権利乱用と対応しているようにも思われる。

けれどもアポカウコスが、おそらくは13世紀とそれ以前の他の教会人らとともに、教会によって広く保護されるべきだとみなした「有罪」者とは、正確にはどのような人々であったのだろうか。諸事例が示すところでは、彼らは、棒切れや杖——暴行に関わった羊飼いや豚飼い、管理人らが持っていたもっと

も一般的で身近な道具——の使用された、自然発生的な暴力行為に責任を負う人々だったことである[96]。こうした暴行は、主人や上司の土地である私有地に不法侵入したり、個人の名誉を侮辱したりすることによって生じた[97]。したがって加害者はしばしば、他人の土地や名誉を守るために行動していたのである。これを言い換えれば、アポカウコスの「有罪」には、無法者もいないし、内密に実行された犯罪や予め計画された犯罪も含まれないのである。

　意図的殺人者のアジールについての以上のようなイメージは、『ペイラ』収録の11世紀の事例からも確認できる。『ペイラ』においても、悪名とどろく犯罪者や、計画的に暴行をはたらいた人々は現れない。また、アポカウコスのもとに出頭した有罪人と共通しているのは、『ペイラ』の意図的殺人者の地位や身分である。つまり、彼らも称号や地位のない権力から隔たった存在であった。実際、彼らは名もなき存在であった。というのも、彼らの名前は編纂者が作成した事例史の要約に記載されていないからである。彼らは、マングラビテスの従者、ハギア・ソフィアの役人(クラトル)の奴隷といったふうに、地位ある人々の部下や従者であった[98]。

　ところで有力者も無法者と同様、11世紀および13世紀のアジールの事例で加害者として現れない。この事実は、有力者が紛争を解決するに当たって法廷を利用したのに対し、法廷にほとんど、あるいは、まったく接点のなかった人々は直接暴力に訴えたという理由に求められるのだろうか[99]。

　証拠は別の解答を示唆する。それは、中央権威の状態いかんにかかわらず、すべての社会層、すべての時代で、自力救済が規範であったことを説得的に示すのである。自力救済はコンスタンティノス7世が在位した10世紀においても[100]、ラテン人によって帝国が占領され、権力が分散化した13世紀においても一般的であった[101]。しかしながら、有力者は家族の一員や、召使い、奴隷、従者らを通じて暴力的な行動を起こしており、その結果、まさに、こうした有力者の従属者たちが教会に保護を求めたのである[102]。彼らには教会のほかに助けを求める当てがなかったのである。その一方で、有力者たちは自分たちに法の脅威が及ぶとは考えていなかった。『ペイラ』の次の事例からは、日常的な状況が明らかとなる。

ある女性が殺人を告発したが、それは次のような事件であった。ハギア・ソフィアの役人(クラトル)が、ある人物を訴えた。その人が兵士であったことを理由に、役人はその家を取り壊したうえで、彼を教会の所領から追い出そうとしたのである。立ち退きは大勢の人々によって行われた。彼は立ち退きの最中、致命傷にはならなかったが、役人に仕える一人の奴隷を傷つけた。その後、二人の奴隷が彼を建物から外に連れ出そうとしたが、彼は馬に乗って逃亡をはかった。奴隷は彼を追いかけた。役人もそれに続き、彼ら奴隷を励まして「お前たち、あいつを死なせてやりなさい」と言った。追われていた男は壁で行き止まり、馬から壁に飛び移ろうとした。だが、その場で彼は奴隷によって捕えられ、剣で殺害された[103]。

有力者の犠牲となった人々に対して、教会は理解を示した。アポカウコスやその他の教会人らはおそらく、他人に仕えているとき、あるいは誰かの土地を守っているときに自然発生的な暴力行為を起こした人々——権力も権威もない弱い立場にある奴隷および自由人——に対して、推測ではあるが、赦免可能な意図的殺人者のカテゴリーを設定するという特別措置を取っていたように思われる。彼らは世俗の役人から被害を受けた人たちであった。そのうえ、彼らが関係した事例の、ほとんどとは言わずとも多くで、仮に被害者の外傷が適切に処置されていたならば、暴行が死をもたらすことはなかったであろう。保護を拡大適用した教会人らはこの事情をも斟酌したに違いない[104]。

彼らの犯罪は凶悪と言うにはおよそ程遠いものであった。けれども、教会はそれよりも重要な理由から保護を与えたのである。アポカウコスが世俗官吏に対する警告文で述べているように、「殺人犯から魂の過ちを拭い去るのは、身体に加えられる罰でも財産の没収でもない。それをするのは規定の遵守であり、心からの懺悔であり、その目から流す涙なのである」[105]。教会からすると、罪の悔恨と償いとは、邪な心を正し、「殺人による穢れを清める」唯一の手段であった。真正なる悔恨の本質的な徴は、自由意志にもとづいて、過去の知られざる罪を明るみに出す告白と、贖罪行の心からの遵守だったのである[106]。

贖罪行の遵守は、殺人者と共同体の関係回復に寄与する行いでもあった。というのも、贖罪行は殺人者によって、まさに、殺人の生じたその共同体の人々

の前で実行されねばならなかったからである。それは、教会入口での赦免請願と教会外での祈りからなっていた。殺人者は帽子をかぶらずに教会の戸口に立ち、出入りする人々に叫んだ。「犯罪者である私のために祈ってくれ、犯罪者である私を赦してくれ」、と。また、彼は礼拝が行われている間、教会の外で自らの罪を宣した。おそらく、こうした行いは、人々がよく顔を合わせるような社会では多大なインパクトを持ったであろう。これがどれほど有効な名誉回復の形態であったのかを示す証拠は存在しないが、流血の復讐があったことを示す証拠も同様に存在しないのである[107]。

けれども、有罪者にふさわしい保護を考慮したのは教会だけではなかった。11世紀に『紳士の手引き(ストラテギコン)』を書いたケカウメノスは、属州の貴族に次のような助言を送っている。

> 刑事事件においても民事事件においても、無罪の人を告発してはならない。しかし、なぜ私は「無罪」というのか。有罪の人すらそうだ。当然のことながら、皇帝や他の人々に害を及ぼすような問題にならないのであれば、その人をかくまい、護ってやりなさい[108]。

別の文脈で述べられる以下の発言と同様、この言葉からはケカウメノスが有罪の度合いを区別していたことが明白である。つまり彼は、有罪とされた人々の一部には保護を与えるのがふさわしいと考えていた。おそらくそれは、裁判の機能が信頼に足るものではなかったからである。真に有罪である人々が罪を免れているように彼は感じていた。「私は多くの罪無き人々が裁判にかけられるのを目にしてきたが、その傍らで、罪ある人々は金を出すことによって、無罪を宣告されているのである」と、彼は言っている。また、彼は属州の裁判官に助言を送っている。「殺人が生じたとき、ある人に別の人の罰を受けさせてはならない。罪を犯した張本人にだけ受けさせるのだ」、と[109]。一部の「有罪」者の保護を勧める彼の態度は、彼がその著作全体を通じて「危険を冒さない」よう助言していることを考えると、注目に値する。ケカウメノスがここで彼独自の意見ではなく、同輩貴族らと共有する意見を表していることは確実であろう[110]。

上に提示された証拠からは、皇帝マヌエルが1166年の勅法で批判したような、殺人者を進んで保護する人々が教会の内外に存在していたことが明らかになる。けれども、そうした態度も慣行も、マヌエルの時代に始まったわけではないことも明らかである。マヌエル以外の諸皇帝が、ある種の事例の解決策としてアジールを容認していた可能性も十分にある。それでは、なぜ、マヌエルはあれほど激しくアジールを攻撃したのだろうか。

　第一に、勅法で表明された殺人犯に対する態度が、皇帝と教会との関係が配慮された結果であったということは、可能性としては考えられる。教会に対するマヌエルのユスティニアヌス的なスタイルは、別のコンテクストでも指摘されている。つまり、殺人犯に関する勅法は決して例外ではないのである。彼はその法において、アジールは不法をなした人々にではなく、不法の犠牲者にこそ供されるべきとした、ユスティニアヌスの見解を文字通り再確認している。教会法の適用対象に関する布告の中で、彼は、教会諸法規の擁護者ないし保護者としての立場に立ったうえで、アジールを求めた殺人者にいかなる譴責を行うべきかを教会に通達している。その口調と内容は同時代のほかの立法と対応するうえ、皇帝のパトロネジのスタイルにもおおむね合致している。1166年の3月ないし4月、つまり件の勅法と同時期に布告されたその他の諸法では、皇帝は教会法と神学の問題における自らの力量を誇示している。このうちもっとも有名なものが、大理石に刻まれハギア・ソフィアに展示された教義問題に関する布告であるわけだが、そこでは、皇帝自身が教会会議を指導し、議論されていた問題を解決したという具合に記されていた[111]。

　教会を厳粛に管理、掌握する皇帝たらんとした彼の願望が、勅法の制定において何かしらの役割を果たしたことは疑いないが、その一方で、マヌエルの時代にアジールの事例が数的に増加していた可能性と、教会がそれに寛容な対応を取っていた可能性はともに否定できない。12世紀の事例史が欠落しているために、この点を確証することはできないが、当時、ハギア・ソフィアがその活動を一段と活発化させ、殺人犯のアジールの場としての重要性を高めていたことを示す証拠はいくつか存在する。まず、大教会〔ハギア・ソフィア〕がアジールの場であったことと、それに関連したプロテクディコスの職務について、実質上すべての証拠は12世紀に集中している[112]。さらに言えば、この世紀の最

後の10年間に、プロテクディコスは大教会ヒエラルヒーの第6位に格上げされており、この地位の昇格は、彼がエクディケイオンとともに扱った事例の増加と関係していた可能性が高いだろう[113]。12世紀の同時期にはエクディケイオンの新たな印章が出現しており、これはプロテクディコスの地位と重要性の上昇とうまく合致する証拠のように思われる[114]。

これに加えて、大教会が殺人事件を寛大に取り扱った結果、多数の殺人犯を引き寄せていたとする、皇帝の説明を裏づけるような証拠も存在する。これはテオドロス・バルサモンの教会法注釈の中にある。悔悟者および贖罪行を規定する主教の権限を主題としたカルタゴ教会会議のカノン第43条について、バルサモンは、「大教会にやってきて贖罪行を軽減してもらおうとする殺人者に対しては、このカノンの内容に留意せよ」と述べている[115]。バルサモンの発言は、こうした行為が決して珍しくはなかったことを暗に示しているし、皇帝がアジールに対する法を制定するきっかけになったと彼が指摘する、マヌエル治世下の特定の事情とあわせて考えるなら、教会の「不適切な」寛容に対する皇帝の強い態度には十分な根拠があったことを証している[116]。マヌエルの態度を評価するうえで、さらに考慮しなければならないのは、属州から大教会にやって来た殺人者の性質である。バルサモンの注釈が示すのは、贖罪行を軽減してもらおうとする殺人者とは、凶悪な犯罪に手を染めた人々のことであって、コマテノスやアポカウコスのもとに出頭した有罪人とは性質を異にしている点である。おそらく教会はいかなる救済の望みも否定しなかったのである。

こうしてさまざまな言及や証拠を寄せ集めてみると、殺人犯の取り扱いにおいて大教会がその影響力ないし権力を行使していたことが明らかとなる。大教会のこの力は、規模の点でも性質の点でも、属州のコマテノスとアポカウコスの事例中には類を見ないであろう。加えて刑事事件におけるその活動は、大教会が同時代のその他の諸領域において発揮していた活力や多大な重要性とも釣り合っている。

以上のような教会の大きな役割に我々が驚くとすれば、これはまさに、ローマ法と世俗法廷の途切れない伝統を誇った社会についての我々の予想が、いかなるものかを物語っている。というのも上に挙げた証拠が示す通り、殺人事件における国家の役割は過大評価されるべきではないからである。殺人事件は決

して国家の公的領域の中だけに留まるものではなかった。確認しうる限りでは、殺人事件は、世俗の役人によってというよりもむしろ私的な市民によって、死者の敵討ちや相続権の主張を試みようとする被害者家族の一員によって、世俗法廷に持ち込まれていた。多くの事件は、当事者が調整した私的な和解のため、法廷に到達することもなかった。規範であったのは自力救済であり、法廷での解決ではなかったのである。さまざまな法令が発布され、無論それが無視されることもありえた。しかしながら、法に絶えず付きまとったひとつの問題は、公的職務の使命を越える余りに熱心な振る舞いゆえ、貧者や弱者を危険や不安定にさらしてしまう世俗官吏の不正な活動であった。もしこうした官吏の手に捕われると彼らは望みを絶たれたが、教会の中であれば、彼らは未来を手にすることができたのである。

注

1) *Basilika* 60.39.1, 3, 5, 13, 17 and 60.51.15, ed. C.G.E. Heimbach, *Basilicorum libri LX* (Leipzig, 1833); Th. Mommsen, *Römisches Strafrecht* (Leipzig, 1899), p. 626. 偶発的ないし非意図的な *akousios* 殺人は世俗法によっては罰せられなかったが、たとえば、酩酊状態での殺人のように、不注意による過失で死をもたらした者は5年間の追放刑を受けるとされた。*Nomocanon XIV Tit.* 9.26, ed. G.A. Rhalles and M. Potles, *Σύνταγμα τῶν θείων καὶ ἱερῶν κανόνων*, 6 vols. (Athens, 1852-59), 1: 200-201（以降、Rhalles-Potles と略記）; S.N. Troianos, *Ὁ "Ποινάλιος" τοῦ Ἐκλογαδίου* (Frankfurt, 1980), pp. 6-10.

2) M. A. Tourtoglou, *Τὸ Φονικὸν καὶ ἡ ἀποζημίωσις τοῦ παθόντος* (Athens, 1960), pp. 18-28（以降、Tourtoglou と略記）.

3) 贖罪行による「治癒/回復」については、下記注70を参照せよ。教会と国家の刑罰に対する異なる態度は、*Nomocanon XIV Tit.* 9.25 (Rhalles-Potles, 1:188-91, esp. p. 191, ll. 11-13)、第一第二コンスタンティノープル公会議カノン第9条(Rhalles-Potles, 2: 680-82)、および聖バシレイオスのカノン第43条(Rhalles-Potles, 4:190-91)への12世紀の注釈の中で、テオドロス・バルサモン〔教会法学者〕が明記している。

4) *Coll. 3. Nov.* 11; ed. J. and P. Zepos, *Jus Graecoromanum*, 8 vols. (Athens, 1931), 1: 232-34（以降、Zepos, *JGR* と略記）.

5) *Coll. 4, Nov.* 68; Zepos, *JGR* 1:403-8 および筆者による新版 "Justice under Manuel I Komnenos: Four Novels on Court Business and Murder," *Fontes minores* 6 (1984), 156-67（テクストと翻訳), 190-204（注釈）を参照。

6) K.E. Zachariae von Lingenthal, *Geschichte des griechisch-römischen Rechts*, 3rd ed. (Berlin, 1892), pp. 345-47. etc. トゥルトグルの前出の書物は例外ではあるが、彼のおもな関心は犠牲者への補償の問題である。

7) たとえばこれは、E. Herman, "Zum Asylrecht im byzantinischen Reich," *Orientalia Christiana Periodica* 1 (1935), 204-38にみられるアプローチ。

8) Zachariae von Lingenthal, *Geschichte des griechisch-römischen Rechts*, pp. 326-30; Troianos, Ὁ "Ποινάλιος", pp. 3-6; Herman, "Zum Asylrecht," p. 204を参照。史料において「アジール」はἀσυλία、あるいはより頻繁に、προσφεύγειν τῇ ἐκκλησία 〔教会に避難すること〕と表されている。

9) *Codex Theodosianus* 9.45.1 (392) and 9.40.16 (398), 9.45.3 (398), and 9.45.5 (432); ed. Th. Mommsen and P.M. Meyer, *Theodosiani libri XVI* (Berlin, 1895).

10) *Nov.* 17.7 and 37 (535); ed. R. Schoell and G. Kroll, *Corpus iuris civilis*, 3 (Berlin, 1895).

11) Exod. 21.14 and Deut. 19.11-13. L. Burgmann and S. Troianos, "*Nomos Mosaikos,*" *Fontes minores* 3 (1979), 161-62を参照。

12) L.G. Westerink, *Arethae Archiepiscopi Caesariensis Scripta minora* (Leipzig, 1968), 1: 257-59, 260-64; P. Karlin-Hayter, "Aréthas et le droit d'asile," *Byzantion* 34 (1964), 613-18.

13) *Coll.* 3, *Nov.* 10; Zepos, *JGR*, 1:230-31; 筆者による注釈もあわせて参照されたい。"Justice," pp. 191-92 and n. 273.

14) バルサモンは教会による奴隷解放の議論の中で、この「書物 *biblion*」に言及している。Rhalles-Potles, 3:508. バルサモンによれば、奴隷の特権はプロテクディコスの部局(セクレトン)が保管するこの「書物」に記録されていた。プロテクディコスはアジール事例をも担当した教会聖職者のこと（本文中の議論参照）。

15) *Coll.* 3, *Nov.* 10; Zepos, *JGR*, 1:231.

16) *Coll.* 3, *Nov.* 11; Zepos, *JGR*, 1:232-34 ; 財産分割については、Tourtoglou, pp. 36-75.

17) *Basilika* 60.39.3 and 5. P. Garnsey, *Social Status and Legal Privilege in the Roman Empire* (Oxford, 1970), pp. 153-72, etc.〔エンティモイ *entimoi* とエウテレイス *euteleis* は、後期ローマ帝国において一般化した刑法適用上の二つの社会カテゴリー。それぞれラテン語の *honestiores* と *humiliores* に対応。〕

18) コンスタンティノスの勅法の意義をめぐる議論については、Tourtoglou, pp. 44-45.

19) バルサモン、聖バシレイオスのカノン第8条への注釈；Rhalles-Potles, 4:116.

20) C. Mango, "The Conciliar Edict of 1166," *Dumbarton Oaks Papers* 17 (1963), 329-30.

21) Macrides, "Justice," pp. 198-99, nn. 304, 305を参照。マヌエルの后エイレネも同様に、人々を死刑から救ったことを称賛されている。Basil of Ochrid, *Epitaphios Logos*, in V.E. Regel, *Fontes rerum Byzantinarum* (Leipzig, 1892), 1:321, ll. 9-11. マヌエルの父ヨハネス2世〔在位1118-43〕は、その治世を通じて死刑と切断刑を一切行わなかったことを称えられている。*Nicetae Choniatae Historia*, ed. J.L. Van Dieten (Berlin and New York, 1975), p.

47, ll. 80-82.
22) J. Darrouzès, *Recherches sur les Offikia de l'église byzantine* (Paris, 1970), pp. 327-29(以降、Darrouzès, *Offikia*と略記); E.M. Antoniades, *Ἔκφρασις τῆς ἁγίας Σοφίας*, 2 vols. (Athens, 1908), 2:132-33, 163-69.
23) *Alexiad*, ed. B. Leib (Paris, 1976), 1:76-77.
24) G.P. Majeska, *Russian Travelers to Constantinople in the Fourteenth and Fifteenth Centuries* (Washington, D.C., 1984), pp. 136-39, 223-26.
25) A. Heisenberg, "Nikolaos Mesarites, Die Palastrevolution des Johannes Komnenos," *Programm des K. Alten Gymnasiums zu Würzburg 1906/1907* (1907), 20, 24-25.
26) *Nicetae Choniatae Historia*, p. 342, ll. 9-12.
27) イサキオスの行動についてのコニアテスの説明は、殺人者の贖罪行為の第一段階に関する記述——殺人者は教会主部の外 (*ἔξω τῆς ἐκκλησίας*) に立って、教会に出入りする人々に対し赦免を求めなければならなかった——と符合する。Basil the Great in Rhalles-Potles, 4:405.
28) 10世紀のタラシオス伝は、宝物庫から銀を盗んだプロトスパタリオスが大教会の祭壇にアジールを求めた事件について言及している。G. Da Costa-Louillet in *Byzantion* 24 (1954-55), 227. しかしながら12世紀において、大教会の祭壇は重要なアジールとはみなされていなかったようだ。
29) F. Miklosich and J. Müller, *Acta et diplomata Graeca medii aevi*, 6 vols. (Vienna, 1860), 1:232-33.
30) エクディケイオンのその後の歴史については、Darrouzès, *Offikia*, pp. 323-32.
31) *Μιχαὴλ Ἀκομινάτου τοῦ Χωνιάτου Τὰ Σωζόμενα*, ed. Sp.P. Lampros, 2 vols. (Athens, 1879-80), 1:82-83.
32) Tornikes, oration, in Darrouzès, *Offikia*, p. 534, ll. 19-22.
33) A. Pavlov, "Grecheskaia zapis o tserkovnom sudie nad ubiītsami, pribiegaiushchimi pod zashchitu tserkvi," *Vizantiīskiī Vremennik* 4 (1897), 155-59 (158-59, text).
34) 聖バシレイオスのカノン第74条への注釈：Rhalles-Potles, 4:236-37; V. Grumel, *Les regestes des actes du patriarcat de Constantinople*, 1/1 (Paris, 1947), no. 1071.
35) R. Macrides, "Poetic Justice in the Patriarchate: Murder and Cannibalism in the Provinces," *Cupido legum*, ed. L. Burgmann et al. (Frankfurt, 1985), pp. 137-68.
36) プロテクディコスの部局については、バルサモンによるカルタゴ教会会議第82条への注釈（Rhalles-Potles, 3:508および上記注14）と、カルトフュラクスとプロテクディコスの官職(オフィキア)について彼が著した論文(Rhalles-Potles, 4:530)を参照。
37) *Peira* 66.24-28; Zepos, *JGR* 4:249-51. 『ペイラ』の法廷と所収の判決の性格については、D. Simon, *Rechtsfindung am byzantinischen Reichsgericht* (Frankfurt, 1973), pp. 7-32; N. Oikonomides, "The 'Peira' of Eustathios Rhomaios," *Fontes minores* 7 (1986), 169-92, esp.

pp. 179-85.
38) 事例の概要等については、Grumel, *Regestes*, no. 428 (after 845), no. 887 (1059), no. 888 (1059), no. 1037 (1155), no. 1071 (1166); J. Darrouzès, *Les regestes des actes du patriarcat de Constantinople*, 1/6 (Paris, 1979), no. 2978 and 2986 (1394-95); no. 3081 (1399); no. 3230 (1401); no. 3254 (1402).
39) Rhalles-Potles, 5:48-50; Grumel, *Regestes*, no. 887, no. 888. より詳しくは、Macrides, "Justice," pp. 196-97を参照。
40) *Peira* 66.24-27.
41) *Peira* 66.24-27. 殺人を犯し教会へ逃げ込んだ別の奴隷の事例については、1059年の総主教座文書(Rhalles-Potles, 5:48)を参照。この事例は、教会における取り扱いの別面を示している。
42) *Peira* 66.25, 27 and 28; *Basilika* 11.2.1, 60.53.1; Tourtoglou, pp. 38-43.
43) Simon, *Rechtsfindung*, pp. 10-12.
44) コマテノスの事例記録（約150通）は次の文献で参照することができる。J.B. Pitra, *Analecta sacra et classica Spicilegio Solesmensi parata*, 6 (Paris and Rome, 1891)（以降、Pitraと略記）。〔現在はプリンツィンクによる新版*Demetrii Chomateni ponemata diaphora* (Berlin and New York, 2002)が利用できる。〕一方、アポカウコスについては、M. Wellnhofer, *Johannes Apokaukos, Metropolit von Naupaktos in Aetolien (c. 1155-1233)* (Freising, 1913)を参照。アポカウコスの判決（約30通）は未集成。
45) 政治的背景については、D.M. Nicol, *The Despotate of Epiros* (Oxford, 1957)。
46) コマテノスが自らそうした地位にあると考えていたことは、彼が総主教の呼称である「ἡ μετριότης ἡμῶν」を用いていることや、その府主教座会議を、総主教座の常設教会会議の名称である「シュノドス・エンデムサ」を使って言及していることから確認されよう。Pitra, nos. 9, 22, 79, 106. コマテノスは、総主教の特権である皇帝加冠をも行っている。
47) M.V. Strazzeri, "Drei Formulare aus dem Handbuch eines Provinzbistums," *Fontes minores* 3 (1979), 342-51. 二主教の文書とその相違については、A. Laiou, "Contribution à l'étude de l'institution familiale en Epire au XIIIème siècle," *Fontes minores* 6 (1984), 275-323, esp. 276-79.
48) 供述の直接話法による引用は、アポカウコスの文書にコマテノスのそれよりも直接的でパーソナルな性格を付与している一因にすぎない。アポカウコスの判決は、被告の心身両面の状態への関心と理解を示している。M. Theres Fögen, "Rechtsprechung mit Aristophanes," *Rechtshistorisches Journal* 1 (1982), 74-82; P. Magdalino, "The Literary Perception of Everyday Life in Byzantium: Some General Considerations and the Case of John Apokaukos," *Byzantinoslavica* 47 (1987), 28-38.
49) A. Pétridès, "Jean Apokaukos, lettres et autres documents inédits," *Izvestii russkago archeologicheskago Instituta v Konstantinopole* 14 (Sofia, 1909), no. 14, pp. 18-19.

50) A. Papadoupoulos-Kerameus, " Ἰωάννης Ἀπόκαυκος καὶ Νικήτας Χωνιάτης," Τεσσαρακονταετηρὶς τοῦ καθηγητοῦ Κ.Σ. Κόντου (Athens, 1909), pp. 379-80.
51) Pétridès, "Jean Apokaukos," no. 6, pp. 7-8.
52) Pitra, no. 118, cols. 503-4. デムニテスは、ナウパクトスの属主教座のあるアケロオス・テマからオフリドへ来ていた。
53) Pitra, no. 121, cols. 512-14. この事例についてはLaiou, "Contribution," pp. 302-3を参照。
54) N.A. Bees, "Unedierte Schriftstücke aus der Kanzlei des Johannes Apokaukos," *Byzantinisch-neugriechische Jahrbücher* 21 (1976), no. 14, p. 75.
55) アポカウコスについては、Pétridès, no.14, p.18; no.15, p.19およびPapadoupoulos-Kerameus, p. 379、コマテノスについては、Pitra, no. 118, col. 503; no. 121, col. 511; no. 131, col. 533。
56) Pitra, no. 116, cols. 499-500. *Basilika* 60.39.1.3が引用されている。
57) Pitra, no. 121, cols. 511-14.
58) *Basilika* 60.39.3 and 10.
59) Bees, "Unedierte Schriftstücke," no. 18, pp. 78-79.
60) Pétridès, "Jean Apokaukos," no. 15, pp. 19-20. アポカウコスの三つ目の事例については、Pétridès, no. 14, pp. 18-19を参照。これら三事例では、襲撃に使用された武器は単に杖 *xyron* や棒切れ *ravdos* としか言及されていない。この二つは、攻撃者が故意の殺人を犯したと判断されない諸事例でよく用いられた武器と同じである。
61) 殺人のカテゴリーに関する諸定義は、聖バシレイオスのカノン第8条(Rhalles-Potles, 4:112-14)、およびガリダスによる *Basilika* 60.39.3への傍注にみられる。故意の殺人 *hekousios* は瞬間の激情的な怒り、もしくは予謀によって生じえた。故意ではない殺人 *akousios* は、完全に偶発的か、「故意 *hekousios* に近い」ものであるとされた。Tourtoglou, pp. 21-22; Troianos, Ὁ Ποινάλιος, pp. 6-10.
62) Pétridès, "Jean Apokaukos," no. 6, pp. 7-8.
63) ガリダスによる *Basilika* 60.39.3への第4傍注（「故意に近い」）(*Basilicorum libri LX*, series B, ed. H.J. Scheltema, D. Holwerda, N. van der Wal [Groningen, 1985])。バルサモンによる聖バシレイオスのカノン第13条への注釈(Rhalles-Potles, 4:133; "*hekousioakousios*")。
64) Bees, "Unedierte Schriftstücke," p. 79.
65) 記述のもっとも多い抜粋 *Peira* 66.27では、証拠を裏づけた証人が言及されている。
66) Pitra, no. 116, col. 500; no. 129, col. 532; no. 131, col. 536.
67) もっとも遠くから来たのはアケロオスのデムニテス。それ以外の人々は、スコピエ地方、モリスコス（ベゴリティス湖の地区の）、プリレプ、コロネイア、プロセクから来ていた。最後三つの土地は別の管区に属していた。
68) Pitra, no. 116, cols. 499-502; no. 131, cols. 533-36.

69) H. Bee-Sepherle, "Προσθήκαι καὶ Παρατηρήσεις," *Byzantinisch-neugriechische Jahrbücher* 21 (1976), no. 114, pp. 241-42.
70) Strazzeri, "Drei Formulare," pp. 331-39. 贖罪行による回復 *therapeia* については、トルロ公会議のカノン第102条(Rhalles-Potles, 2:549-50)を、過失の殺人者への贖罪行については、アンキュラ教会会議のカノン第23条(Rhalles-Potles, 3:65-66)、聖バシレイオスのカノン第11、43、57条(Rhalles-Potles, 4:129, 190, 215)を参照。
71) アンキュラ・カノン第22、23条(Rhalles-Potles, 3:65-66)、聖バシレイオスのカノン第11、56、57条(Rhalles-Potles, 4:129-31, 215-16)を参照。
72) こうした配慮については、トルロ・カノン第102条とバルサモンによる注釈(Rhalles-Potles, 2:549-53)のほか、ニュッサのグレゴリオスのカノン第5条(Rhalles-Potles, 4:314-17)を参照。
73) *Peira* 66.24-27. Oikonomides (上記注37), pp. 184-85のコメントも参照。
74) Pitra, no. 129. cols. 529-32.
75) Pitra, no. 118, col. 505.
76) Pitra, no. 118, col. 505; Bees, "Unedierte Schriftstücke," no. 14, p. 75.
77) 聖バシレイオスのカノン第8条：「剣や同類の武器を使いし者に釈明の余地はない」(Rhalles-Potles, 4:113)。一方、アポカウコスが扱った意図的殺人の事例は、「過失、故意に近い」の、下級カテゴリーに相当するように思われる。仮に襲撃で使用された道具のみから判断するなら、意図的殺人 *hekousios* の判決は下しえないであろう。
78) Pitra, no. 131, cols. 533-36.
79) Bees, "Unedierte Schriftstücke," no. 14, pp. 75-76. アポカウコスのさほど厳密とは言えない法適用は別の事例でも確認されている。 M. Theres Fögen, "Ein heisses Eisen," *Rechtshistorisches Journal* 2 (1983), 93-94, etc.
80) *Basilika* 60.39.5; *Coll.* 3, *Nov.* 10; Zepos, *JGR*, 1:271.
81) Pitra, no. 129, col. 530. 彼女は非常に良心的であったように思われる。というのも彼女はコマテノスのもとに現れる前に、すでに2年間にわたって贖罪行を実行していたからである。またある時には彼女はその師父のもとへ赴いて、自らの4度の結婚を告白し、それにふさわしい贖罪行を求めている。Pitra, no. 9, cols. 47-50.
82) Pitra, no. 131, col. 534; no. 129, col. 531.
83) コマテノス：Pitra, no. 116, cols. 499-502 (「有罪にあらず」)； no. 120, cols. 509-12 (「決して殺人犯にあらず」)。アポカウコス：ed. Bee-Sepherle (上記注69), no. 114, pp. 241-42 (「無罪の」、「殺人〔の嫌疑〕から解放された」)。
84) Pitra, no. 120, col. 510. コマテノスは彼らの行為が殺人罪に該当しないと考えていたが、彼らがルサリアの祭りに参加したことを理由に贖罪行(聖餐式への3年間の参加禁止、断食、平伏)を科した(cols. 510-11)。この厳格さは、教会がこの「忌まわしく、くだらない行い」にどれほど不満であったかをよく示している。トルロ・カノン第62条への注釈

において、バルサモンもこの祭りに言及している：「悪しき慣習にしたがって、復活祭後に辺鄙な地域で行われる、いわゆるルサリアの祭」(Rhalles-Potles, 2:450)。

85) Pitra, no. 76, cols. 325-28.
86) A. Papadopoulos-Kerameus, "Κερκυραϊκά: Ἰωάννης Ἀπόκαυκος καὶ Γεώγιος Βαρδάνης," *Vizantiĭskiĭ Vremennik* 13 (1906), 335-51. 聖務停止は殺人を犯した司祭への処罰であった。聖バシレイオスのカノン第32条(Rhalles-Potles, 4:173-75)。Grumel, *Regestes*, no. 888 (1059) およびDarrouzès, *Regestes*, nos. 2978 and 2986 (1394-95) をも参照。
87) Bee-Sepherle (上記注69), no. 114, p. 242.
88) 官吏の恣意的行動についてもっともよく使われた語 *epereia* は、世俗官吏の課す不正な賦課租を意味する一方、「嫌がらせ」とも同義である。F. Dölger, *Beiträge zur Geschichte der byzantinischen Finanzverwaltung* (Leipzig and Berlin, 1927), p. 61. コマテノスの記録中の殺人事件のうち、1件はこうした執拗な迷惑を背景としていた。Pitra, no. 118.
89) 殺人事件に関連して官吏が不正な活動を行っていたことは、皇帝アンドロニコス2世が、主教座と修道院に授与した金印勅書においてきわめて明確に述べている。世俗官吏は、殺人に対する「合法的」罰金の徴収を口実に活動し、意図的殺人を犯してはいない人々から罰金を巻き上げていた。さらに彼らは、犯罪の発生した村落の住民らにまとめて罰金を科していたのである。ユスティニアヌスは勅法第134条で同様の行為に対する不満を表明している。詳細な議論については、Tourtoglou, pp. 51-75を参照。
90) Ed. Lampros (上記注31), 1:177, ll. 13-26. ミカエル・コニアテスはアンドロニコス1世治下に執筆し、同帝とマヌエル帝の治世を比較している。
91) J. Darrouzès, *Epistoliers byzantins du X$^e$ siècle* (Paris, 1960), pp. 304-5.
92) S. Eustratiades, "Ἐπιστολαί," *Ἐκκλησιαστικὸς Φάρος* 5 (1910), no. 174.
93) Pitra, no. 120, cols. 511-12.
94) 「無罪」：Pitra, no. 116 (見出しには誤って「過失の *akousios* 殺人者」と記載されている) and no. 120. 「過失の殺人者」：no. 131. コマテノスが扱った事例には、1件の意図的殺人 (Pitra, no. 118) と、同じく1件の予謀殺人 (Pitra, no. 121) がある。
95) アポカウコスが扱った事例には、4件の意図的殺人と、1件の中間カテゴリー(「故意に近い」)の殺人がある。これら5件のうち2件は、テクストの末尾が写本から欠落しているため、警告が含まれていたかどうかはわからない。その他3件のうち2件には、アポカウコスによる警告の文言が含まれている。これは、杖で男を殺害したクセノスと、二人が棒で男を殴って、一人がそれを傍観していた3名グループの男たちに対してである。しかしながらアポカウコスは、家族の口論の中で石を投げて息子を殺害した父親カリゲスに対しては判決文に保護的文言を加えておらず、彼が故意の殺人者を分け隔てなく保護していたとは言えないであろう。
96) これは同一の地域、共同体内〔ギリシャ北西部〕で生じる現代の事件の特徴と大差ない。J.K. Campbell, *Honour, Family, and Patronage* (Oxford, 1964), pp. 193-99 and 201-2.

97) 名誉防衛と関連した事件は、家族*oikos*の秩序*taxis*への攻撃によって生じていた。ビザンツにおける「名誉」をめぐる議論については、P. Magdalino, "Honour among Romaioi," *Byzantine and Modern Greek Studies* 13 (1989), 183-218を参照。
98) *Peira* 66.25 and 27.
99) 特定の社会層の人々がヒポドロモス法廷を使用することに対して感じた財政的、社会的、心理的な抵抗については、Simon, *Rechtsfindung*, p. 10.
100) 皇帝所領のプロノイア管理人、プロトスパタリオスのミカエルの事例を参照。彼は、皇帝所領の境界付近で貧者に嫌がらせをしたり、略奪を行ったりしていた近隣のマウロス家に対処しなければならなかった。「彼は何をするのか？彼は多くの人々とともに、熾烈な攻撃によって、彼らの不法襲撃を阻止しようと試みた」: *Vita S. Pauli Iunioris in monte Latro*, ed. H. Delehaye in *Analecta Bollandiana* 11 (1892), 139.
101) 1228年にアポカウコスのもとに出頭したタロノプロス、ストラティオプロス、サラガレスの事例がもっともよい例であろう。
102) ペイラの事例は主教の事例よりもはるかに明確に、襲撃が集団で行われていたことを証する。別の文脈においても確認されているが、それは家族の広がりと絆の強さを示すものである。P. Magdalino, "The Byzantine Aristocratic Oikos," in *The Byzantine Aristocracy, IX to XIII Centuries*, ed. M. Angold (Oxford, 1984), pp. 92-111.
103) *Peira* 66.27.
104) これはアポカウコスの扱った二つの事例から推測される。両事例では、実際の襲撃から、被害者が頭部に受けた打撃の影響で死亡するまで何日かの時差があった。Pétridès, "Jean Apokaukos," no. 6, p. 8 (12日); no. 15, p. 19 (2日). ゾエの事例では、彼女の従僕が死んだのは切断の傷が適切に治療されかなったためであると明言されている。Pitra, no. 129, cols. 529-32.
105) Pétridès, "Jean Apokaukos," no. 14, p. 19.
106) 告白の自発的性格と知られざる罪の表明は複数のカノンで強調されている点である（ニュッサのグレゴリオスのカノン第4条:Rhalles-Potles, 4:309-10、総主教ニケフォロスのカノン第29、30条:Rhalles-Potles, 4:430)。それらは、アジールに関するコンスタンティノスの勅法においても、ガリダスによる*Basilika* 60.39.3への第4傍注においても繰り返されている。罪人によって示される痛恨は悔悛の徴であり、贖罪行を定める際の重要な要素とされたため、セメイオマにはきわめて頻繁に、罪人の感情的状態が記述されている。たとえば、「涙と嘆きとともに、本日、ドラゴノスは目前で告白を行った」(Pitra, no. 131, col. 533)、「コンスタンティノスは泣きながら、これらのことを供述した」(Pétridès, "Jean Apokaukos," no. 15, p. 20)。
107) 復讐の殺人がほとんどなかったということが本当だとしても、その理由が、悔悛システムと教会の保護が有した効力、私的な問題解決の採用、家族の性質と未婚男性の数、いずれであったのかは不明確である。最後に挙げた項目が制限要因となりうることにつ

いては、Campbell, *Honour, Family, and Patronage*, pp. 193-99を参照。殺人者の追放がさらなる殺人を未然に防ぐ役割を果たしたかどうかは不確かである。二主教の事例では、追放が考慮された形跡はない。

108) B. Wassilievsky and V. Jernstedt, *Cecaumeni Strategicon* (St. Petersburg, 1896), p. 50, ll. 7-11; ed. G.G. Litavrin (Moscow, 1972), p. 218, ll. 7-12.

109) Wassilievsky-Jernstedt, p. 7, ll. 4-7; ed. Litavrin, pp. 128, l. 27-130, l. 1.

110) A. Kazhdan and G. Constable, *People and Power in Byzantium* (Washington, D.C., 1982), pp. 26-28; J. Haldon, "Everyday Life in Byzantium," *Byzantine and Modern Greek Studies* 10 (1986), 51-72, esp. p. 67.

111) Macrides, "Justice," 99-102 and 204; P. Magdalino, "The Phenomenon of Manuel I Komnenos," *Byzantinische Forschungen* 13 (1988), 185.

112) 15世紀までに、大教会は殺人者の取り扱いを独占的に行う場として考えられるようになっていたので、パヴロフによって刊行された規定(上記注33)に傍注を著した無名氏は、次のように書く必要を感じた:「聖なるカノンが、殺人者へ贖罪行を科す権限、ならびに、教父の規定に応じて彼を更正する権限を、すべての主教に認めていることを承知すべし。ゆえに、殺人者を大教会に送らない者は、何ら誤っていないのだ」(p. 157)。

113) Tornikes, oration, in Darrouzès, *Offikia*, pp. 534-36. 12世紀後半に、諸カノンへの注釈と、プロテクディコスとカルトフュラクスそれぞれの権威と権限について論文を著したバルサモンは、この分野におけるプロテクディコスの活動について言及していないが、これはおそらく、彼が務めていたカルトフュラクス職がプロテクディコス職と対抗的な関係にあったためであろう。R. Macrides, "*Nomos* and *Kanon* on Paper and in Court," *Church and People in Byzantium*, ed. R. Morris (Birmingham, 1990), 61-85.

114) V. Laurent, *Le corpus des sceaux de l'empire byzantine*, 5 (Paris, 1963), pp. 95-96 (no. 115).

115) Rhalles-Potles, 3:409.

116) セメイオマは懺悔した罪人に対し、贖罪期間の終わりに教会へ戻り、赦免absolutionを得るよう指示している。しかし、バルサモンが言及した兵士の事例、および「赦免状(グランマ・シュンパテイアス)」についてマヌエルが勅法で表した不満は、教会が十分な期間を経ずに、赦免を授与していたことをほのめかしている。もしそうなら、「赦免状」とは、コマテノスやアポカウコスから我々が知るところの文書、つまりセメイオマではなく、殺人事例ではサンプルの現存しない、赦免を得るための書状のことであろう。これらの書状は、16世紀以降、史料からよく確認される慣行、すなわち東方教会の贖宥状授与を裏づける最初期の証拠かもしれない。後の時代の証拠については、Ph. Eliou, "Συγχωροχάρτια," *Τὰ Ἰστορικά*, 1 (1983), 35-84を参照のこと。

# 第9章

# 恩赦と死刑
—— 中世末期におけるフランス国王裁判の二つの相貌 ——

クロード・ゴヴァール

轟木広太郎　訳

●解題・・・・・・・・・・・・・・・・・・・・・・・・・・・・・・・・・・・・・・・・・・・・

　本章は、Claude Gauvard, "Grâce et exécution capitale: les deux visages de la justice royale française à la fin du Moyen Âge", *Bibliothèque de l'Écoles des chartes* 153, 1995, pp. 275-290 の訳である。著者クロード・ゴヴァールは、現在パリ第一大学（ソルボンヌ・パンテオン）の教授を務めている。博士論文をもとにした主著 *Crime, état et société en France à la fin du Moyen Âge*, 2 vol, Paris, 1991 では、中世後期フランスの国王恩赦状を中心史料として、この時代の犯罪と刑罰、国王権力、および社会的背景などについて包括的に分析している。他に単著としては、*La France au Moyen Âge du V$^e$ au XV$^e$ siècle*, Paris, 2004 (1996)、*Violence et ordre public au Moyen Âge*, Paris, 2005 などがある。とくに後者は、ゴヴァールの主要な業績16編からなる論文集で、中世後期の司法、暴力、権力について知るのに不可欠な文献である。また、*Les rites de la justice au Moyen Âge*, Paris, 2000; *Dictionnaire du Moyen Âge*, Paris, 2000 をはじめとして、多くの編著、共著がある。なお、邦訳としては、「中世末期の

シャリヴァリ：喧騒行為とその意味」（大島誠訳）二宮宏之、樺山紘一、福井憲彦編『魔女とシャリヴァリ（アナール論文選1)』新評論、1982年、139-161頁、（アルタン・ゴカルプとの共著）がある。

　本論文は、先の主著とも関連の深いテーマで、ゴヴァールの基本的な考え方の枠組みをよく示す内容だと言うことができる。処刑と恩赦は、中世後期の国王の司法権力の両輪に他ならないが、ゴヴァールは、後者すなわち赦すという行為の方が優位な位置を占めたと主張している。とくに強調しているのは、伝統的な秩序観念が根強く残るこの社会では復讐の殺人が名誉に適った行為とみなされていた点であり、国王恩赦状は、被害者との示談を必要条件としながらも、そうした殺人犯を赦すかたちで、私的紛争の解決を公的な司法に統合していたという。この点は、仲裁・和解に注目する本書所収のほかの論文にも大きく関わる論点と言えよう。ただその一方で、赦すことのできない犯罪のリスト作成、死刑や拷問の合理化、刑罰による王国の浄化など、処罰権強化を目指す国王顧問官たちの改革プログラムがみられたことにも論及している。

・・・・・・・・・・・・・・・・・・・・・・・・・・・・・・・・・

「盗人の洞窟<sub>スペールンカ・ラトローヌム</sub>」——ウルガータ版聖書に由来するこのイメージは、フランス王国を、商人たちにより汚されたエルサレム神殿になぞらえる。それは中世以降、シュジェからニコラ・ド・クラマンジュに至るまで流布したステレオタイプのイメージとして、王国の状況、とくにその司法の嘆かわしい状況をあらわし、そうして強力な法の執行を求めるのに使われた[1]。同じく歴史家も昔から、聖職者の限られた世界に根づいていたこの比喩を使い回して、この薄暗い時代のフランス王国を国王のおおやけの秩序が確立しているには程遠い「盗人の洞窟」に進んで譬え続けてきた。つまり、神殿から商人たちを追い払うのは、キリストの後継たる国王の役目ではないのか、というわけである。こうしたヴィジョンには、峻厳な司法のイメージ、すなわち頻繁になされた恐るべき拷問と、それに決まって続く華々しい身体刑というイメージがつきまとっている。しかし、このような見方は、中世の最後の数世紀、国家が誕生しつつある時代の司法の展開と実践の分析に耐えうるものではない。当時発達途上にあった司法権力は絶対的な強制権というには程遠い状態で、司法の武器は、自白の厳しい追求と絞首台よりも、恩赦状により与えられる赦しのかたちをとっていたよ

うなのである。恩赦状が発給されるときには、その前に拷問なしで自発的に自白がなされたし、また結果として犯罪の当事者双方の間に和平が保障された。

　たしかに国王は罰することもできたし、身体刑は過酷になることもあった。それは死刑の見せしめとしての性格に部分的に起因していた。実際、当時の政治論の著作も王令も、死刑が存在するのは、国王が見せしめのために罰する必要があるからだとする点で一致していた[2]。司法上の重大な決定の際、とくに政治的犯罪の処罰の際には、こうした説明がなされた。そのときには、国王の峻厳な顔があらわになった。ところが、バイイ管区と都市についての研究がはっきりと示しているように、こうした処刑の見かけの力の下には、司法分野での実効に欠ける中央権力の姿が隠れている[3]。国王裁判は犯罪を抑圧するのに、体系的な仕方で機能することができないので、大々的な見せしめに頼ったのである。しかし、実効に欠けるという言い方をすると、またそれはそれで、王権の側にあからさまな中央集権的かつ強制的な意図があったと前提することになりはしないか。見せしめに頼るのは、むしろ意図的に当事者間の私的な紛争解決に大きな余地を残そうとするシステム、現代の歴史家が「司法下部」と呼ぶシステムのなせるわざと言うべきなのだ。こうしたシステムがはたらいているからといって、無秩序やアナーキーな暴力が支配していることにはならない[4]。むしろ、見せしめのための処罰という思惑は、その対極をなす恩赦の発達と結びつけるのがふさわしいのではないか。また同時に、恩赦はさまざまな私的紛争解決の方法を制限するのにも力を発揮したのではないか。かなり複雑な様相を呈している犯罪の解決方法の有効性を推し測るのに、強烈な中央集権化という観点から眺めるというのはまず適当ではあるまい。司法の発達と国家の誕生の結びつきを誤りに陥ることなく理解するためには、司法のさまざまなありかたを大きくひっくるめて捉えるべきであろう。

　国王尚書局の登記する最初の恩赦状は、14世紀初頭、ちょうど見せしめの身体刑が発達する時期に、早くも最初の登録簿に見出せる。生と死を決定する権力、この対立する二つの権力が、当時明確になりつつあった司法権力に固有の属性であった。その権力は、君主が君主となるその瞬間におおやけに打ち立てられた。まず、「めでたき即位」の際に挙行される儀式によって、二つの顔を持つこの司法権力は生まれた。例として1364年6月のシャルル5世〔在位

1364-80〕のルーアンでの入市式を挙げることができる。新国王シャルルは、すでに明確に定まった慣習にのっとっていくつかの恩赦状を付与すると同時に、コシュレルの戦いで捕虜となっていたピエール・ド・サカンヴィルの処刑を命令したのである。このナヴァール人は、頑迷な犯罪者としてヴィユー・マルシェ広場で四つ裂き刑に処された[5]。衆人環視の中牢獄の扉が開放される一方で、処刑の現場に立ち会う民衆たちは恐怖におののきながらも、満足感に浸ったのである。20年以上後に、ラ・アレルの反乱後同市に入ったシャルル6世〔在位1380-1422〕も、罪人たちの運命を思うがままに決定することによって、みずからの権力を一新した。このとき、捕縛投獄された者のうち6人が処刑され、残りの6人が赦され解放された[6]。こうした措置は、すべての者の目に君主の生殺与奪の権力を焼き付けたのである。しかしながら、思い違いをしてはならない。こうしたやり方は、バランスの面からみれば例外的であり、また権力が打ち立てられる際に特有のことにすぎない。処刑と恩赦の数が同数であれば、権力の二つの顔立ちはともにはっきりはする。しかし、だからといって、国王が実際に、恩赦と同じ数だけ処刑を科していたということにはなるまい。恩赦も処刑もともに可能性があるというだけのことである[7]。では現実には、司法権はどのように行使され、また国家の形成に対してどのように作用したのだろうか。

　国王尚書局による恩赦状の発給は、まったく途切れることなく続いているので、一連の史料から、国王の恩赦がどのようになされたのか、またそれがどんな者たちに与えられたかを知ることができる[8]。しかしそれに満足せず、この史料を通常の裁判の決定や死刑の適用について得られる知見とも比較してみる必要があろう。そうすれば、中世末期フランスの司法権力の真なる特質を理解することが可能になるだろう。国王尚書局による恩赦状の発給は、14世紀の前半にゆっくりと増大した後、とくにシャルル6世の治世には過剰なまでに膨れ上がる[9]。このインフレーションから、恩赦が数量的に見て重要だったことがわかる。また、すぐさま死刑との関係という問題にも思い至る。というのも、当時盛んに編纂されつつあった慣習法書に規定された、司法による犯罪の抑圧という観点からすると、赦された犯罪は、もし赦されなかったならば死刑や追放刑によって罰されていたはずだからである。国王留保裁判権に由来する

国王恩赦は、通常の法廷が下すことのできる死刑判決を差し止めることができた[10]。二、三の例を示せば充分であろう。1405年、堕胎で有罪となった二人の女性に恩赦状が付与された。「この事件では、上記の母と娘は、彼女たちに恨みやその他の感情を抱く者たちの訴えと追及により告発・逮捕され、上記ベテューヌ市の監房に投獄された。そこでこの者たちは大いなる悲惨と窮乏に見舞われ、もし余の赦しと憐れみが示されることがなければ、身体も財産もむごい扱いを受ける羽目になっていたであろう」[11]。同じ頃、窃盗を犯してシャトレに収監されていた皮なめし工に国王恩赦状が与えられた。「この犯罪により、この者は上記シャトレでひどい扱いを受け、罪を自白した。そのゆえに、余がこの件に赦しを与えねば、身ひとつで打ち捨てられていただろう、つまり上記の処罰によりこの刑場に長期間囚われることになっていただろう」[12]。この恩赦状では、通常の法廷で裁かれたとすればどのような結末になっていたかは、火をみるより明らかである。また、拷問の使用さえ窺われる。恩赦嘆願者にすでに有罪判決が下っている場合、恩赦状の言葉遣いはさらに明確になる。たとえば、1416年にラ・ロシェルで殺人と同性愛関係の容疑で訴追されたコラール・ル・ロンバールの事件がそうである。コラールは、ラ・サル領主に絞首刑を言い渡された後、高等法院に上訴し、その結果、判決は差し止められた。そして、「上記嘆願人はすでにおよそこの2年9ヶ月間、そして今も、大いなる悲惨と窮乏状態のまま拘留されている。そして数度拷問にかけられたために、拷問の力によって上記の犯罪を自白したという点にかんがみて」[13]、彼は結局恩赦状を獲得することができた。恩赦状はあたかも死刑の対極に位置したかのようである。しかも犯された罪がどのようなものであれ、そうだったのである。

　中世末のこの時代、どのような犯罪であれ、赦されえない犯罪は存在しなかった。1357年3月3日の王令にはじまる改革王令では、（結果的に頓挫したものの）ちょうど政治改革者の論考と同じように、赦されることのない犯罪の種類を特定する試みがなされた[14]。それはかつての「神の平和」の時代以来この世の秩序を乱すとされた犯罪、すなわち放火、瀆神、処女・婦女の強姦、意図的殺人であり、15世紀初頭からは大逆罪も加わった。ところが、このリストは国王の決定によって無視されることになる。すべての犯罪はやはり赦されうるものとされ、恩赦状の対象が唯一殺人に限られるようになるには、15世紀末

を待たなくてはならなかった[15]。たしかに殺人は以前から赦される犯罪の最大多数を占めてはいた（57パーセント）。しかし財産への侵害の犯罪も依然20パーセント近くあった。習俗紊乱の犯罪は5パーセント、政治犯罪（ときに大逆罪を含む）は8パーセントであった[16]。社会のすべてのカテゴリーに属する行為が国王の寛仁に浴したのであり、また恩赦状取得の費用にともなう困難も、国王の気前良さのおかげでずいぶんとハードルが低くなっていたのである。そもそも人類学者の言う「伝統社会」では連帯の網の目が広がっているせいで、恩赦状取得につきものの経済的負担という障壁は、乗り越えやすいものになっていた。「朋友」や「同輩」がおもな恩赦申請者となり、さらには率先して恩赦状取得にかかる費用を工面し、被害者の、そして和解の保証人として結集したのである。とはいえ、「周辺人」や「のけ者」の問題がこれとは別にある。彼らによる恩赦状の獲得は、ヴィヨンの名高い事例のように、上のようなもっとも伝統的な方法でなされることもあった。しかし、1467年にサン・ドニへの巡礼行にあったルイ11世〔在位1461-83〕に恩赦を求めた『醜聞年代記』中の「三人の大盗賊」のように、またこれより派手さはないが、1385年、「国王がヴィル・ヌーヴ・サン・ジョルジュとル・ポン・ド・シャラントンの間を騎行中に与えた」[17]恩赦状のように、大犯罪人が道すがらの国王に駆け寄ることもあった。嘆願の最高の方法は、クリスティーヌ・ド・ピザンがシャルル5世について示したように、礼拝堂から出てきたばかりの、心の中に神を抱き容易に嘆願を聞き届ける心持ちになっている国王のもとへ駆け寄ることだった[18]。祈りを終えたばかりの国王は、概して近づきやすく、恩赦に傾きやすくなっている。理論家たちが法の峻厳さを求め、そしてものものしい国王儀礼のせいで国王と臣下の間に垣根ができても、こうした絶好の瞬間は失われなかった。中世最後の2世紀の間、恩赦の盛期は続いたのである。

　全体的に見て、恩赦の授与はスキャンダラスなことではなかった。それは、犯罪の解決という問題が本質的には私的な秩序にあいかわらず属していたからである。先に示唆したように、示談が重要であったのだが、その大部分は歴史家の目を逃れてしまっている。慣習法書を見る限りでは、流血犯罪の場合の示談は禁止されていた。一見、パリ高等法院の一連の和解はこの原則に従っているように思われる。しかし、15世紀中も依然としてそうでない事

例が見出される[19]。高等法院が、聖域侵害、和平誓約〔アスールマン〕〔紛争当事者がおおやけの司法のもとで表明した休戦の誓約〕の破棄、強姦などの死刑に値すると考えられた犯罪の和解を認可し続けたことに注意しておこう。では地方の法廷はどうだったか。サン・タマン修道院所領の例では、流血犯罪は16世紀に至るまで示談の対象となりえた[20]。さらにその他の場所はどうか。史料は欠けているものの、恩赦状は当事者に大きな自律性を残しつつ、国王を至高の仲裁者として押し立てることにより、こうした示談のシステムの中に組み込まれるに至ったと推測される。おそらく、恩赦状は長々とした示談交渉を加速させ、敵対する当事者同士を平和へと復帰させたと思われる。この仮説は、もっとも頻繁に赦免された犯罪の種類が、乱闘の末の殺人だったということからも裏づけられる。この場合、事のなりゆきからして、ある程度高い割合で殺人は報復の行為であったと考えられる。したがってこの社会は、名誉が踏みにじられた者は汚名をそそがなくてはならず、紛争の結果として相手を死に至らしめることとが容認されている社会だということになる。こうした状況の中では、殺人は、フィリップ・ド・ボーマノワールや、依頼人のために恩赦を獲得することに意を砕くパリ高等法院の弁護人の表現を借りれば、「あっぱれな行い」となる[21]。だとすれば、国王尚書局にとって赦しを付与することがあれほど容易だった理由も、その赦しが報復を阻止し和解を促すだけになおさら納得がゆく。そもそもこうした和解こそが恩赦を獲得するのに有利な条件として、たいていの場合恩赦状の中で言及されているのである。あたかも刑罰に先立って、殺人〔とはいっても実際のところは、名誉への侵害に対する復讐なのだが〕という真の制裁が存在したかのようだ。仕返しを断念する者はかならずや不名誉の烙印を押されたであろう。国王は、その仕返しが誰の目からみても済まされた段階で紛争に終止符を打ったにすぎない。こうした暴力の応酬を前にして、国王は一方が殺人に解決を求めたことに怒りはしなかった。その点、依然として人間性の尊重よりも名誉に重い価値を置く世論と同じなのである。ここに恩赦状が容易に与えられた理由がある。これが、「謀られた待ち伏せにより」なされた「野蛮な事件」、すなわちときに殺し屋を雇うこともあった意図的殺人ともなれば、少なくとも原則は違ってきた。しかし、汚名をそそぐための報復という、もっとも多くみられる状況では、強制的な刑罰をそこに付け足すのは不要だけでな

く危険ですらあった。それは際限ない仕返しを招くことにしかならなかったであろう。名誉に拠って立つ中世末期の社会では、王国の北部、南部の違いにかかわりなく、最も大きな割合の犯罪に対して死刑は不用だった。すなわち殺人が仇敵に対するものだったならば、それは誰の目にもノーマルなことと映ったのである。それは国家が存在しなかったからではない。殺人という犯罪が社会的価値を具現するものだったからなのである。

　ほかに、窃盗や政治犯罪などにも死刑が適用されることがあった。しかしそれとて体系的適用というには程遠かった。恩赦状の中には、重大犯罪に下された判決がわかるものがときにあるが、死刑はほとんどなく、裁判官はむしろ追放刑のほうを選択している。この点は通常、裁判の記録簿の詳細から裏づけられる。1488年6月14日から1489年1月31日までシャトレに収監された囚人の目録であるこの記録簿には、民事と刑事合わせて2000を超える事件への言及がある[22]。当時パリのプレヴォの権限が拡大を続けていたために、囚人たちはすべてがパリで捕縛された者ではなく、パリのプレヴォ管区、さらには王国全土からもやって来ているが[23]、言及された死刑は合計で4件しかない。3パーセントは追放刑となっている。その一方、再犯者も含めて、囚人の四分の一は釈放されている。その半数は窃盗犯である。ランスのエシュヴァン管区の司法記録簿を数量的に調査しても、同じく、死刑がまれだったこと、重罪犯の処罰としては追放が多いこと、とりわけ釈放が多数にのぼることが裏づけられる[24]。とはいえ、統計データは史料のほころびによって歪曲を免れない[25]。先のシャトレの囚人簿にしても、すでに14世紀初頭からつけられるようになっていた入所記録の残存分にすぎない。そこに示されたありさまは、パリのプレヴォだったジャン・ド・フォルヴィルの書記アローム・カシュマレの署名が付された、1389-1392年分の記録簿とは異なっている。この記録はまたあとから見るが、特別刑事手続きの一種の政治的マニフェストと弁明とでもいうべきもので、3年間の合計で92件、一月にすると3件の死刑判決が挙がっている。ここでもパリ以外からきた受刑者が数多く見出される。たとえば、ヴァル・ド・ロワールの井戸に毒を撒いたかどで有罪となった者たちや、かの名高きメリゴ・マルシェら野盗などが、処刑された囚人のかなりの割合を占めている[26]。ある意味パリは、改革者たちの目指す政治モデルに不可欠な治安上の役割を担

う死刑中心地だったのである。他の場所では、絞首の縄がそれほど即座に受刑者の首に巻かれるということはなかった。1405年のモンペリエでの口頭弁論によると、そこの住民には「驚かされる。なんと100年以上にわたって権力を持つ者が裁かれたことがない。というのも彼らはいつも金で示談に持ち込むからであり、裁判官が法を執行しようとすると、決まって裁判官を脅し、逆に訴えるありさまだからだ」[27]という。シャルル6世時代のラングドックの役人ジャン・ド・ベティザックは、国王が同地方を訪れた際の1389年に死刑判決を受けたが、自分が処刑されるとは考えなかったし、彼は例外的に示談の認められない裁判の罠に落ちたにすぎなかった[28]。絞首台の維持管理についての同時代の証言からも、死刑に対するためらいが窺える。1402年のサン・リキエでは、過去16年間一件の死刑もなく、そのため死刑執行人を見つけるのが困難であるばかりかむしろ不可能となっているとの証言がある[29]。このような状況の中では、世論の希望を反映して、絞首台のまわりを奇蹟が取り囲むこともある。あるときははしごが折れ、またあるときは縄が見当たらない。するとそれは神の介入のせいだとされ、高等法院でも論議の対象となる。これは、聖母の介入によって絞首の縄が切れたり囚人の枷が外れたりするという、裁判につきものの昔からの聖人話に馴染みのテーマの続編であった[30]。一般に、絞首台の存在は、同時に魅力的でもありまた忌まわしくもあり、世論に多くの問題を投げかけたのである。15世紀初頭には、パリのプレヴォであるギョーム・ド・ティニョンヴィルは、パリの絞首台に人が頻繁に近づくのを禁止するよう余儀なくされた。それは受刑者の骨と血が魔術に使われる粉の材料になるからというのであった[31]。このような状況下では、死刑はまれな場合に限られ、実際は「大いなる正義のため、他のすべての者に範を示すため」の見せしめの役割にとどまったことだろう。とくにパリやアヴィニョウンといった主導的な政治的役割を担う都市ではそうだった[32]。死刑はまた、政治犯罪をはじめとする特定の犯罪や、世論からスケープゴートとみられうる特定の犯罪者に適用されたろう。とはいえ、全体的にみれば、死刑に対する強烈な敵意の雰囲気が存在した。それは諸史料から明らかであり、包括的な検討に値する点だろう[33]。死刑の執行は一種のスキャンダルであり、神判の場合のように、いつでも神の奇蹟の力でかき消すことのできるものだった。こうした理由で、死刑は制限されたかたち

でしか受け入れられなかったのである。処刑の儀式は細心綿密に遵守され、誰もが完全に知る式次第にのっとり、周知された時刻に挙行された。処刑の方式は基本的に絞首であった。ミシェル・フーコーが近代について強調した「身体刑の華々しさ」は、すでに中世にも存在した。しかしそれは、一般に政治的なタイプの特定の処刑に当てはまることにすぎず、処刑の適用について早計な一般化は慎まなくてはならない。すなわち、極刑はまだ例外的だったのである。

　14・15世紀の司法の発展を見れば、近代の司法との相違についてのこうした印象をより明確にすることができる。たしかに国家の誕生と並行して、裁判の審問方式が発達し、また〔拷問を含む〕特別刑事手続きの使用頻度が絶えず増大した[34]。しかし注意すべきは、その過程は直線的、体系的に進んだわけではないという点であり、また同じような犯罪を裁くのに、同じ場所でも色々な手続きが用いられたという点である。たとえば15世紀末のランスがそうである。「流血をともなう殴打」の事件では、「エスコンディ〔「否認」の意〕」という一種の雪冤宣誓がいまだに残っていた。王国の他の都市では、宣誓ではなく調査が拡大して威信を高めつつあったというのに、ランスでは少なくともこのタイプの犯罪は、いまだ〔糾問方式でなく〕告発方式を採ることができた証拠である[35]。

　特別刑事手続きの進展にもかかわらず、拷問は結局のところ、時折使用されるにすぎなかった。パリのシャトレでも、すべての囚人が拷問されたというには程遠かった。また、14世紀後半には、拷問を制御しようとするプレヴォたちの試みがあった。拷問は誤ったやりかたで用いられると逆効果であり、その結果は真理を導かないという認識が基礎にあった。シャルル5世時代のパリのプレヴォであるユーグ・オブリオは、多くの容疑者が「怨恨によって」投獄、拷問されている状況を告発した。パリ高等法院もおおよそ同意見であり、滑車を用いた過酷な拷問を行う地方のバイイやプレヴォのやりかたに異を唱えた[36]。とはいえ拷問は発展し、その使用は習慣の中に根を下ろす規則となった。拷問が用いられる土壌となったのは、中世末期200年間のフランス王国を特徴づける一般的な不安の雰囲気である。国家の誕生にともなう知識と参照の枠組みの飛躍的拡大も、おもな理由のひとつだった。兵士と異邦人の徘徊がひき起こす恐怖もそうである。噂がいったん根を張ると、それは残虐な犯罪や未

知の犯罪者のイメージによって膨れ上がった。そうしたなか、改革者たちの手になる赦されえない犯罪のリストは、連祷さながらに、兵士と追放された者たちの悪事を挙げつらねた。国王の信任を受けた改革者たちは、彼らを王国で犯されたいっさいの悪事の張本人とした。14世紀なかばの政治的情勢がこうした改革に好都合にはたらいたのである。この「改革」は、同時に「浄化」でもあったと言える[37]。

　こうした〔「浄化」という〕お決まりのスローガンは、世論に動揺を与えた。地方行政の責任者たちもこの恐怖に加担した。1403年、カルカッソンヌでは、ヴィギエが4人の犯罪者を絞首刑にする際、「目下のところ、略奪、強盗、殺人の訴えがいくつも寄せられているのだ」[38]と弁明した。この都市では、活動的な社会生活が麻痺状態にあるとの不満の声があがっていたというのである。同じような言い分は、1408年のシャトー・ティエリとランでも聞かれた[39]。犯罪をはたらく危険のある者たちを見つけ出し、彼らを民衆の制裁の標的とする、そういう流れが起こり始めていたのである。強力な政治的プロパガンダも世論を操作することができた。それこそは、早急に理論に実践を合致させようとする改革者がいかにもよく使う手段であった。この政治グループの影響力についてはすでに示唆したが、詳細についてはよくわからない。ただ死刑を運用する術を知っていたというのはたしかである。なかには死刑を濫用した者もいた。1384年、オーブリ・ド・トリエ師とジャン・デ・バール師の二人は、「新しく処刑台を作製」させ、また「街の市に鋭った斧を手にした刑史を新たに」立させ、そしてついには、「賢者らの意見に反して、〔犯罪者を〕引き立てては絞首刑にした」[40]かどで高等法院に訴えられた。同じ頃、権力の理論家たちは厳格な司法の正当性を弁証していた。ユスタシュ・デシャンとニコラ・ド・クラマンジュは王国の浄化、具体的にはバイイの強制権の増進を構想していた。二人の記すところでは、バイイ管区は暴力が制限・阻止される一個の城砦となり、そこでは悪は逃れられず、王国の他の領土を危機にさらすこともなくなるというのである[41]。マルムゼたち〔シャルル6世に引き継がれたシャルル5世の顧問官たち〕は、1388年から1392年にかけて、理論的な考察に司法の実践を近づけようと試みた。その結果、彼らの統治時代に、おそらくパリのプレヴォだったジャン・ド・フォルヴィルの命令で刑事部の書記アローム・カシュ

マレが作成したシャトレ記録簿に、この政治サークルの抱く司法秩序の理想が完璧に反映されることになった[42]。その理想とは、死刑が科されるべき重大犯罪の種別と、その種別に応じた死刑方式の一覧を作成することであった。この観点からすると、この記録簿は判例の集成だという点を別にすれば、慣習法書の内容から隔たってはいない。しかしそこには、自白が真実を導くにはどのように拷問がなされるべきかについての主張も示されている。拷問はこのようにして手綱をつけられると、人間の裁きの歯車となり、かつての神判に似た性格を失ってゆく。また、シャトレ記録簿には死刑について多くの文言が割かれている。それによると、判決は裁判官の全員一致と、裁判の第一責任者であるプレヴォあるいはその代理の列席のもとで導かれなくてはならない。また日中、定まった式次第にのっとって、刑事部書記の列席のもとで執行されなくてはならない。国家誕生のリズムのうちには、このような司法の理論的考察と死刑の適用の強い拍子が鳴り響いていたのである。

　しかしながら、裁判官の制裁は、住民のすべてに強制的な首枷をはめるたぐいのものではまったくなかった。いま見たシャトレ記録簿の犯罪一覧の中にも、傷つけられた名誉の回復を目的とする殺人に該当するものは、ひとつも挙がっていない。流血犯罪のうち死刑により罰されるカテゴリーとして挙がっているのは、殺し屋を雇った意図的殺人である[43]。死刑判決を受けた者たちは、明確な区分を持つある社会グループに属している。彼らは大部分が、ブロニスワフ・ゲレメクが言うところの「周縁集団」であった。つまり、裁判官と世論が目をつけていたあつらえ向きのスケープゴート、つまるところ、受刑者予備軍である[44]。結婚生活の外部に生き、内縁を囲い、売春宿に足繁く通う彼らは、その生活態度からしてアブノーマルな存在だった。生業に就かずぶらぶらと暮らし、連帯して生きる人間の日常世界から断絶している。したがって、自分を擁護してくれたり、処刑場に立ち会ってくれたりする「朋輩」も一人もいない。それならまだましである。逆に、仲間と服装、仕草、隠語を共有し、口頭であるいは書面で誓約を交わし、これ見よがしの表徴によって新たな連帯を生み出す者たちもいた。こうして彼らの「汚名」がかたどられていった[45]。そのとき、この概念、より正確に言えば、悪評の概念についての思索が展開されはじめる。汚辱とは、14・15世紀のフランスでは、とくに聖職者からは「矯正不能」

にきわめて近い意味だと解された[46]。ロベール・ジュネスタルは、すでにこの意味のはじまりについて論じている。この「矯正不能」という概念は、15世紀初頭、高等法院の訴訟の中で死刑の適用を正当化するのにも用いられた[47]。そのとき同時に、人を矯正不可能とみなすための条件として、犯罪の重大性、累犯、悪の中に根を下ろしている常習性が定義された。その結果、子供時代に関わる問いかけが緊急のものとなった。というのも裁判官は、重大な犯罪人は「悪しき子供時代」の産物であるといきおい主張するようになったからである。こうした主張は、犯罪者のアイデンティティという問題と関わりを持つ。こうして、司法の言い分と哲学の言い分が緊密に結びついて、世の中には直りようのない生まれもっての悪人がいるということを示そうとしたのである。この時代の人々は、おそらく当時の風潮にはっきり認められる予定説的な考えを持ち出さずとも、アリストテレスの『ニココマコス倫理学』からトマス・アクィナスの『神学大全』へとつながる「ハビトゥス＝習性」の意味するところを理解したのである[48]。政治的観点からは、その影響はきわめて明白であった。正常から逸脱した周辺集団は、ますます輪郭をあらわにし、一般民衆が大事にする価値にとっても、また国家を成り立たせる価値にとっても脅威となった。司法は、こうした集団を容易に絞首台へと引っ立てることができたし、またそうしなくてはならなかったのである。

　ときには、こうした見方に対して、改革者の側も含めて、抵抗の声があがることもあった。たとえば、ジャン・ジェルソンは死刑について詳しく論じた人物で、1405年と1406年の境目頃に書かれた『正義を称えよ』では、人間の法は神の法を模倣しなくてはならず、それゆえ盗みを死刑で裁くことはできないとの意見を表明している[49]。さらに、不当な死刑判決を下した裁判官の責任についても触れて、そうした裁判官は殺人犯とみなすのがふさわしく、それゆえ公然告白の罰に付されるべきだとしている。公然告白は当時過誤を犯した司法官に科されていた罰で、中世末のこの時期にもまだかなりの数が行われていた[50]。したがって、絞首刑よりも終身刑を好んだ教会をはじめとして、死刑は依然として受容されるには程遠かったのである。司教判事の裁判が、世俗の裁判官の目になおざりに映ったのもこうした理由からだった。世論自体も、こうした司法の穴をついて反逆することができた。死刑囚の僧籍を主張して〔教会

裁判所への移管を要求し、世俗の〕裁判官にさっさと反旗を翻したのである。かくて多くの訴訟が、絞首台の足元で巻き起こった群集の騒動を連想させることとなる。たとえばモンペリエでは、裁判官は「重大で、かつおおやけに関わる事件で有罪とされた者は、処刑されねばならない」[51] という点をわざわざ明言しなくてはならなかった。判決が受け入れられるためには、したがって真のコンセンサスが裁判官の判決と世論の間に必要だった。裁判官が自分の判決を根拠づけるために世論の一致に言及する場合すらあった。この意見の一致という概念は、シャトレの記録簿にも高等法院の口頭弁論にも理想の死刑判決の定義として登場するが、やはり、1350年から1450年にかけて誕生しつつあった国家を特徴づける「民主的な」選択にふさわしいものでもあった。

　14・15世紀にフランス王国の司法は全体として、先行する世紀よりも強権的になった。教会をはじめとする抵抗にもかかわらず、死刑の及ぶ領域は拡大した。その教会もついに1397年には死刑囚に告解を認める。これはたしかに慈悲の措置だったとしても、他方では、世俗の法が下した判決を神の法が承認したというしるしでもあった。死刑はまさにそのようにして教会の懐に入り込んだのである。しかしながら、死刑の行く手には何の障害も立ちふさがってはいなかったと考えるわけにもいかない。絞首刑の際に命拾いした者の奇蹟はなおも存続したし、教会はキリストの持分である憐れみを防衛する砦でありつづけたからである。世俗の司法についても、死刑執行を自家薬籠中のものとするには程遠かった。最後に、重大犯罪に対する法的決定がいかに多様であったかをよく示すひとつの例を挙げよう。1406年12月、ギョーム・ド・ティニョンヴィルが厳格にプレヴォ職を執行し、オルレアン公家支配のもとで国家の歯車装置がダイナミックに組み立てられようとしていたこの時期、ある一味が王妃イザボー・ド・バヴィエールの館を襲い窃盗をはたらいた。犯行の場所からして、大逆罪と言ってよい国王専決事件であった[52]。一味の首領ジャック・ビノは絞首刑に処せられた。しかし絞首刑は通常大逆罪ではなく、窃盗に適用される罰である。共犯者のうち、彼の妻は投獄されたが、クリスマスの祝祭を理由に釈放された。逃亡中のサンソネ・ド・ラ・ポルトは追放刑に処せられた。ギユマン・ド・ラ・ポルトは恩赦状を手にした。また、ギユマン・ル・リエーヴルはシャルトルへの巡礼行を科せられた[53]。パレットの絵の具のように雑多なこれ

らの決定からは、判決はきっちりと定まってはいなかったこと、憐れみの申請者には大きな余地が与えられたこと、そして全体として、権力の側に血を流すことへのためらいがあったことがわかる。死刑は、量的にみても、社会学的にみても制限されていたのである。依然として伝統の色濃く残る社会では、暴力は親族集団が一致して紛争を解決するための手段だった。逆に通常の司法が介入するとき、法廷は訴訟を引き延ばす言い争いの場でありつづけ、身体刑よりも罰金刑で紛争を収めた。結論として言えば、なにより司法の執行は、正義の峻厳さよりも憐れみに基礎を置く、神の権力をモデルとする国王権力の性格によって制限された。メロヴィング時代から継承された「怒りと赦し」のセットのうちで、14・15世紀の国王は、国家の拠って立つ土台として怒りよりもむしろ赦しを選択したのである。

注

1) Spelunca latronum:『エレミア書』7章11節。以下にも採録:『マタイの福音書』21章13節、『マルコの福音書』11章17節、『ルカの福音書』19章46節；Suger, *De rebus in administratione sua gestis*, dans *Œuvres complètes* éd. Albert Lecoy de la Marche, Paris, 1867 (*Société de l'histoire de France*), p. 65; Nicolas de Clamanges, *Opera omnia*, éd. Johannes Lydius, Lyon, 1613, p. 162. このテーマの歴史学的重要性については、C. Gauvard, *«De grace especial»: crime, État et société en France à la fin du Moyen Âge*, Paris, 1991, 2 vol. (*Histoire ancienne et médiévale*, 24), spéc. t. I, p. 208-234.

2) 見せしめの処罰の効果について、クリスティーヌ・ド・ピザンは「悪人たちはあなたの正しき裁きが自分を罰することをよく知れば、善人をあえて迫害すまい」と書いている。(*The «Livre de la paix»*, éd. Charity Cannon-Willard, La Haye, 1958, p. 95) 同じ時期、死刑の見せしめとしての作用についてパリ高等法院の記録簿にも数多くの言及がある。Arch. nat., $X^{2A}$ 14, fol. 275 (août 1405); $X^{2A}$ 16, fol. 298 (mai 1415).

3) Bernard Gunée, *Tribunaux et gens de justice dans le baillage de Senlis à la fin du Moyen Âge (vers 1380-vers 1550)*, Paris, 1963 (*Publication de la faculté des lettres de l'Université de Strasbourg*, 144), p. 309:「効力の追求はすべての裁判に共通する課題だった。すべてが各々そのレベルで、ある程度の無力状態に陥っていたのである」。

4) とくにイヴ・カスタンの示唆に富む論文を参照。Yves Castan, *Exemplarité judiciaire, caution ou éveil des études sérielles*, dans *Histoire sociale, sensibilités collectives et mentalités: mélanges Robert Mandrou*, Paris, 1985, p. 51-59. また次も参照。Alfred Soman,

*Deviance and criminal justice in Western Europe, 1300-1800: an essay in structure*, dans *Criminal justice history*, t. 1, 1980, p. 3-28 (repr. dans id., *Sorcellerie et justice criminelle: le Parlement de Paris [XVI$^e$-XVIII$^e$ siècles]*, Aldershot (Angleterre) et Brookfield (Vermont), 1992 [*Collected studies series*, 368, n° IV]; *L'infra-justice à Paris d'après les archives notariales*, dans *Histoire, économie et société*, t 1, 1982, p. 369-372. 中世史家の仕事の総括としては、Jean-Marie Carbasse, *Introduction historique au droit pénal*, Paris, 1990.

5) ロベール・ドラシュナルによる引用。Robert Delachenal, *Histoire de Charles V*, Paris, 1909-1931, 5 vol., au t. III, p. 123.

6) この場面の解釈については、C. Gauvard, *Les révoltes du règne de Charles VI: tentative pour expliquer un échec*, dans *Révolte et société, actes du IV$^e$ colloque d'Histoire au présent (mai 1988)*, Paris, 1989, 2 vol., t. I, p. 53-61.

7) この部分の考察はジョルジュ・バランディエとマルク・オジェの人類学的分析に多くを負っている。Georges Balandier, *Anthropologie politique*, Paris, 1969, p. 129 et suiv., et Marc Augé, *Pouvoirs de vie et pouvoirs de mort: introduction à une anthropologie de la répression*, Paris, 1977.

8) この系列の史料に適用することのできる統計的手法については、C. Gauvard, «*De grâce especial*»..., spéc. t. I, p. 59-109, et *L'images du roi justicier en France à la fin du Moyen Âge*, dans *La faute, la répression et le pardon [Actes du 107$^e$ Congrès national des sociétés savantes (Brest, 1982)*, t, I], Paris, 1984, p. 165-192.

9) Michel François, *Notes sur les lettres de rémission transcrites dans les registres du Trésor des chartes*, dans *Bibliothèque de l'École des chartes*, t. 103, 1942, p. 317-324; Pascal Texier, *La rémission au XIV$^e$ siècle: significations et fonctions*; dans *La faute …*, p. 193-205; id., *La rémission au XIV$^e$ siècle, genèse et développement*; thèse de droit dactyl., Limoges, 1991.

10) イヴ・ブリソーは恩赦の法律的側面を強調している。Yves Brissaud, *Le droit de grâce à la fin du Moyen Âge, XIV$^e$ et XV$^e$ siècles: contribution à l'étude de la restauration de la souveraineté monarchique*, thèse de droit dactyl., Poitiers, 1971.

11) Arch. nat., JJ 160, n° 19 (juin 1405), アミアンのバイイ宛恩赦状。

12) Arch. nat., JJ 160, n° 49 (août 1405), パリのプレヴォ宛恩赦状。

13) Arch. nat., JJ 169, n° 147 (mai 1416), ラ・ロシェルの地方長官宛恩赦状。

14) *Ordonnaces des rois de France de la troisième race*, éd. Eusèbe de Laurière puis Denis-François Secousse, t. III (Paris, 1732), p. 128.

15) Natalie Zemon Davis, *Pour sauver sa vie: les récits de pardon au XVI$^e$ siècle*, trad. de l'angl. Par Christian Cler, Paris, 1988 (*L'univers historique*; éd. orig. sous le titre *Fiction in the archives, pardon tales and their tellers in sixteenth-century France*, Stanford, 1987);

Robert Muchembled, *la violence au village: sociabilité et comportements populaires en Artois du XV<sup>e</sup> au XVII<sup>e</sup> siècle*, Turnhout, 1989 (*Violence et société* ).

16) 統計の詳細については、C. Gauvard, «*De grâce especial*»..., t. I, p. 242 et suiv. 和平誓約破棄のようないくつかの犯罪について、依然として恩赦状が請願されている（事例中およそ4%）。

17) Jean de Roye, *Journal, dit chronique scandaleuse*, éd. Bernard de Mandrot, 2 vol., Paris, 1894-1896 (*Société de l'histoire de France*), t. I, p. 102. Arch. nat., JJ 127, n° 44 (juin 1385), アミアンのバイイ宛恩赦状。この書簡は欄外の「ブルゴーニュ公殿との関係で国王により授与されし」という文言が示唆するように、おそらくフィリップ・ル・アルディが発給者であろう。

18) Chirstine de Pizan, *Le Livre des faits et bonnes mœurs du sage roy Charles V*, éd. Suzanne Solente, 2 vol., Paris, 1936-1940 (*Société de l'histoire de France*), t. I p. 44. 嘆願は14世紀初頭には集成にまとめられるようになる。*Ordonnances des rois de France...*, t. I (Paris, 1723), p. 669 (novembre 1318).

19) 史料系列X$^{1c}$の研究を続けた結果、かつて私がシャルル6世時代についてのサンプリング調査で想定していた年代設定をより精緻にする必要があるということが明らかになった。和解に至った殺人事件の最後の事例は1388年ではありえない (Gauvard, «*De grâce especial*»..., p. 22.)。実際には、1422年から1429年に交わされた和解も、殺人に端を発するものだったからである。ただし、そこに至るまでには紆余曲折があったのだが。(X$^{1c}$131, fol. 25-27; X$^{1c}$135, fol. 10-12) 以下を参照。Nicolas Ghersi, *La société d'après les accords des Parlements de Poitiers et de Paris (juillet 1422-décembre 1429)*, mémoire de maîtrise dactyl., Paris-I, 1994. ほかに研究がなされれば、殺人事件の和解についてより正確なクロノロジーを描くことができるだろう。

20) Henri Platelle, *Mœurs populaires dans la seigneurie de Saint-Amand d'après les documents judiciaires de la fin du Moyen Âge*, dans *Revue Mabillon*, t. 48, 1958, p. 20-39. 示談の結果は書面に残されないこともあった。C. Gauvard, *Cuisine et paix aux XIV<sup>e</sup> et XV<sup>e</sup> siècles*, dans *La sociabilté à table: commensalité et convivialité à travers les âges (colloque Rouen, 1990)*, Rouen, 1992 (*Publications de l'Université de Rouen*, 178), p. 325-334.

21) Philippe de Beaumanoir, *Coutumes de Beauvaisis*, chap. XLI, art. 1293 (éd. André Salmon, Paris, 1899-1900, 2 vol. [*Collection de textes pour servir à l'étude et à l'enseignement de l'histoire*], au t. II, p. 166-167). また他の例の中から、Arch. nat., X$^{2A}$ 10, fol. 149 (septembre 1382).

22) Arch. nat., Y 5266.

23) B. Guenée, *Étude sur l'influence du Châtelet au XVI<sup>e</sup> siècle: une fausse lettre de garde-gardienne*, dans *Revue historique de droit français étranger*, 1956, p. 513-530 (repr.

dans id., *Politique et histoire au Moyen Âge*, Paris, 1981, p. 93-110).

24) Anne Lacour, *Justice et société à Reims à la fin du Moyen Âge d'après le registre du bailliage (1493-1496)*, mémoire de maîtrise dactyl., Reims, 1992.

25) C. Gauvard, *Les sources judiciaires de la fin du Moyen Âge peuvent-elles permettre une approche statistique du crime?*, dans *Commerce, finances et société (XI$^e$-XVI$^e$ siècles), Mélanges Henri Dubois*, éd. Philippe Contamine, Thierry Dufour, Bertrand Schnerb, Paris, 1993 (*Cultures et civilisations médiévales*, 9), p. 469-488.

26) *Registre criminel du Châtelet de Paris du 6 septembre 1389 au 18 mai 1392*, éd. Henri Duplès-Agier, Paris, 1861-1864, 2 vol. 犯罪と犯罪者の種別については、Bronislaw Geremek, *Les marginaux parisiens aux XIV$^e$ et XV$^e$ siècles*, Paris, 1976. 政治的解釈については、C. Gavard, *La criminalité parisienne à la fin du Moyen Âge: une criminalité ordinaire?*, dans *Villes, bonnes villes, cités et capitales, Mélanges Bernard Chevalier*, réunis par Monique Bourin, Tours, 1989, p. 361-370.

27) Arch. nat., X$^{2A}$ 14, fol. 275 (août 1405).

28) サン・ドニの修道士とジャン・フロワサールの挙げる逸話を参照。Religieux de Saint-Denis, *Chronique du Religieux de Saint-Denys contenant le règne de Charles VI de 1380 à 1422*, éd. et trad. Louis-François Bellaguet, Paris, 1839-1852, 6 vol. (*Documents inédits*, série in-4°; réimpr. anast., avec un avant-propos de B. Guenée, Paris, 1994, 3 vol. [*Format*, 13]), au t. I, p. 631; Jean Froissart, *Chroniques*, I. IV, chap. VII, éd. Joseph Kervyn de Lettenhove, *Œuvres de Froissart*, t. *XIV* (Bruxelles, 1872), p. 60-70.

29) Arch. nat., X$^{2A}$ 14, fol. 65 (mars 1402). Saint-Riquier, Somme, cant. Ailly-le-Haut-Clocher.

30) ボードゥワン・ド・ゲフィエの業績を参照。とくに、Baudouin de Gaiffier, *Un thème hagiographique: le pendu miraculeusement sauvé*, dans id., *Étude critiques d'hagiographie et d'iconologie*, Bruxelles, 1967, p. 194-226. 列聖審査の中で、囚人の解放の奇蹟は13世紀よりも14世紀のほうが割合が高くなる（全奇蹟中3.2％と11.8％）。André Vauchez, *La sainteté en Occident aux derniers siècles du Moyen Âge d'après les procès de canonisation et les documents hagiographiques*, Rome, 1981, 2 vol. (*Bibliothèque des Écoles frqnçaises d' Athènes et de Rome*, 241), p. 547-550.

31) Arch. nat., X$^{2A}$ 14, fol. 411v (février 1408). ギョーム・ド・ティニョンヴィルは自分の懸念を高等法院に通知している。「パリ近郊の絞首台から処刑された者たちの死体をさらってゆく者たちがいた。しかし、連中はじつに熱心で、女などを使って死産児も手に入れていた。したがって、おそらく彼らは犯罪者でありかつ魔女であったと思われる」。A. ソマンは1556年5月30日の別の事例を見つけた（ジャンヌ・ラヴェルデルとシャルル・ブリウードについて Arch. nat., X2B 42)。

32) アヴィニョンのケースについては、Jacques Chiffoleau, *Les justices du pape: délin-*

quance et criminalité dans la région d'Avignon au XIV$^e$ siècle, Paris, 1984 (*Histoire ancienne et médiévale*, 14). 犯罪抑圧の首都パリについては、'C. Gauvard, «*De grace especial*»..., t. I, p. 270 et suiv.

33) ピエール・ブロンの引用する事例が典型的である。Pierre Braun, *Variations sur la potence et le bourreau: à propos d'un adversaire de la peine de mort en 1361*, dans *Histoire du droit social, Mélanges en hommage à Jean Imbert*, Paris, 1989, p. 95-124. 著者の引用する恩赦状の受給者たちは、かつて絞首台を再建したことがあった。そこでは赦されえないと考えられる罪に問われた者たち、つまりはうってつけのスケープゴートの山賊が処刑された。しかし、受給者のことを「死刑執行人」と呼び、このような犯罪者に対する死刑にも反対した者がいた。この言葉の侮辱的なニュアンスも死刑の不人気を示す格好の指標である。

34) 次の論文の示唆に富む指摘を参照。J. Chiffoleau, *Dire l'indicible: remarques sur la catégorie du «nefandum» du XII$^e$ au XIV$^e$ siècle*, dans *Annales, économies, sociétés, civilisations*. 1990. p. 289-324.

35) ランスの慣習法にはすでに13世紀から「エスコンディ」の使用についての説明があり、1481年の編集版でも依然として論じている。Pierre Varin, *Archives législatives de la ville de Reims*, Paris, 1840-1853, 6 vol. (*Documents inédits*, série in-4°), t. I, p. 634-635 et p. 730.「エスコンディ」は実際に15世紀末のエシュヴァン法廷でまだ用いられていた。(Arch. mun., registre 141, fol. 382, 13 juin 1496; A. Lacour, *Justice et société à Reims*... による引用）。

36) 高等法院への上訴件数は多数にのぼった(B. Guenée, *Tribunaux et gens de justice*..., p. 306)が、この法廷が拷問の濫用に消極的だったのはかなり明白である。たとえば次の史料では、拷問を受けた女囚が医師の往診を受け、ついで高等法院の命令で釈放されている。X$^{2A}$ 10, fol. 49v (juillet 1377); また別の事例では拷問は「非人道的」と判断されている。Arch. nat., X$^{2A}$ 15, fol. 77v (janvier 1406).

37) たとえばピエール・ド・リウヴィリエを改革委任官に任命した1355年1月31日の国王令状。*Ordonnaces des rois de France*..., t. IV [Paris, 1734], p. 158-159. その内容は、赦すことのできない犯罪を定義した1357年3月3日の王令と比肩できる（上記注14参照）。

38) Arch. nat., X$^{2A}$ 14, fol. 111 et suiv. (mars 1403). この訴訟については、Eugène Martin-Charbot, *L'affaire des quatre clercs pendus et dépendus à Carcassonne*, dans *Recueil de travaux offerts à M. Clovis Brunel*, 1955 (*Mémoires et documents publiés par la société de l'École des chartes*, 12), t. I, p. 238-252.

39) 伝えられている事実は1408年のことだが、訴訟は1411年。Arch. nat., X$^{2A}$ 16, fol. 136v et 166v.

40) Arch. nat., X$^{2A}$ 10, fol. 183-186 (août 1384). ジャン・デ・バール師とともにモーとムランのバイイ管区の改革者だったオーブリ・ド・トリエ師は、1380年にはコーのバイイで

もあった。

41) C. Gauvard, «*De grâce especial*»..., spéc. t. I, p. 191 sq.
42) Arch. nat., Y10531 (éd. H. Duplès-Agier, *Registre criminel du Châtelet*...). 編纂者は、主要な犯罪を挙げ、その性質と犯罪者の人格に応じて受けるべき罰の種類を示した写本 (fol. lv) に含まれている事項一覧表を刊行するのを怠った。この事項一覧表は以下で編纂されている。C. Gauvard, *Les sources judiciaires*..., aux p. 483-485.
43) たとえば自分の代父を殺害させたマルグリット・ド・ブリュージュの事件。éd. H. Duplès-Agier, t. I, p. 254.
44) B. Geremek, *Les marginaux parisiens*... 周辺性と犯罪との境界線については、C. Gauvard, *Le concept de marginalité au Moyen Âge: criminels et marginaux en France (XIV$^e$-XV$^e$ siècles)*, dans *Histoire et criminalité de l'Antiquité au XX$^e$ siècle, nouvelles approches*, sous la dir. de Benoît Garnot, Dijon, 1992, p. 362-368.
45) 14世紀から16世紀の風評は、1991年11月にランスで開催された円卓会議で「風評」のタイトルのもとテーマとなり、以下に掲載された。 *Médiévales*, n° 24, printemps 1993.
46) Robert Genestal, *Le «privilegium fori» en France; du décret de Gratien à la fin du XVI$^e$ siècle*, Paris, 1921-1924, 2 vol., en particulier t. II, p. 200-201.
47) たとえば、Arch. nat., X$^{2A}$ 14, fol. 20v (mars 1401), fol. 299v (janvier 1406). この慣行の法律的起源については、Francesco Migliorino, *Fama e infamia: problemi della società medievale nel pensiero giuridico nei secoli XII e XIII*, Catania, 1985, p. 62.
48) André Laingui, *La responsabilité pénale dans l'ancien droit (XVI$^e$-XVIII$^e$ siècles)*, Paris, 1970, p. 28-30.
49) Jean Gerson, *Œuvres complètes*, éd. Palémon Glorieux, Paris-Tournai-Rome-New York, 1960-1971, 8 vol., t. VII, p. 598-615. この文言は1405-1406年のもの。(C. Gauvard, «*De grâce especial*»..., t. I, p. 228-229).
50) C. Gavard, *Pendre et dépendre à la fin du Moyen Âge: les exigences d'un rituel judiciaire*, dans *Histoire de la justice*, t. 4, 1991, p. 5-24.
51) 上記の注26で引用した訴訟。
52) このタイプの犯罪の法律的意味については、Ernest Perrot, *Les cas royaux: origine et développement de la théorie aux XIII$^e$ et XIV$^e$ siècles*, Paris, thèse de droit, 1910.
53) ジャック・ビノに関わる判決は1406年12月3日である：Arch. nat., X$^{2A}$ 15, fol. 168v. 彼の共犯者に対する裁判と裁定については、X$^{2A}$ 14, fol. 352-359, et X$^{2A}$ 15, fol. 197.

# 第 10 章

## 「都市は滅びうる」
—— ブルゴーニュ・ハプスブルク期（14-16 世紀）低地地方における都市破壊の政治的動機——

マルク・ボーネ

青谷　秀紀 訳

●解題●・・・・・・・・・・・・・・・・・・・・・・・・・・・・・・・・・・

　本章は、Marc Boone, "Destroying and Reconstructing the City. The Inculcation and Arrogation of Princely Power in the Burgundian-Habsburg Netherlands (14th-16th Centuries)", in: *The Propagation of Power in the Medieval West, Selected Proceedings of the International Conference Groningen 20-23 November 1996* (Mediaevalia Groningana 23), M. Gosman, A. Vanderjagt and J. Veenstra eds., Groningen: Egbert Forsten, 1997, pp. 1-33 の訳である。なお本稿にはオランダ語・フランス語による短い版が存在し、これらを参照のうえ手を加えた箇所もある。また翻訳の都合上、著者に相談のうえ、タイトルと一部の節題はオランダ語版をもとに作成したことをお断りしておく。

　著者のマルク・ボーネは1955年生まれ。現在、ヘント大学文哲学部中世史部門の教授を務めている。ボーネの業績は膨大な数に上るが、その主著『ヘントとブルゴーニュ公：国家形成過程の社会・政治的研究（1384-1453年頃）』お

および『金と権力：ヘントの財政とブルゴーニュ国家形成（1384-1453年）』（ともにオランダ語にて1990年刊行）のタイトルが示すように、中世後期のフランドル都市、あるいは都市・君主間の関係をめぐる政治社会史的研究が彼のメインフィールドである。

　都市化の進んだ中世後期のフランドルでは、紛争においても都市が主役となる。ただしフランドル史研究で中心的なテーマとなるのは、都市内ではなく、君主権力とそれに対し度重なる反乱を起こす都市の間での紛争である。この紛争や、その後の服従、和解の過程における両者のさまざまな戦略を、儀礼的な側面から明らかにしようとする研究が近年多くみられる。フランドルを含め低地地方全域を対象とする本稿も、こうした研究の流れに位置づけられよう。しかし何といっても本稿の特色は、ボーネの該博な史料知識と、法制史から歴史人類学まで目配りの行き届いた議論により、君主による都市破壊が決してその怒りに由来する単なる制裁行為ではなく、反乱都市に対する見せしめの機能を有する巧妙な統治手段として、ブルゴーニュ家による対都市政策の本質をなしていたことが見事に明らかにされている点である。その他、ボーネによる"La justice en spectacle. La justice urbaine en Flandre et la crise du pouvoir ‹ bourguignon › (1477-1488)", *Revue historique* 628 (2003), pp. 43-66や本章注37、57および85の文献、同じく注55および57のアルナーデによる研究、さらに『宮廷と広場』（刀水書房、2002年）や『ヨーロッパ中世の権力編成と展開』（東京大学出版会、2003年）に収録された河原温氏の論考も本章の読者には興味深いだろう。

・・・・・・・・・・・・・・・・・・・・・・・・・・・・・・・

　激しく、執拗に憎悪をたぎらせシャルル突進公〔在位1467-77〕と対立した真の敵とは、フランス国王ルイ11世〔在位1461-83〕ではなく都市だった。多くの年代記作者のみならず現代の歴史家さえもが提示した従来の見方とは異なり、正当にもリチャード・ヴォーンは真っ先にこうした見解を打ち出した。「フランス語圏とドイツ語圏が出合い溶け合うところ、現代ヨーロッパ世界の大境界線地帯で、強欲・貪欲にして活発な商人共同体が生み出した諸々の都市国家のモザイク……。ヘントの諸特権を破棄し、ディナンを略奪、さらにはリエージュを破壊したその君主〔＝シャルル突進公〕は、後にケルンとノイスによりま

んまと反旗を翻され、ついにはベルン、チューリヒ、バーゼル、そしてストラスブールの市民軍により打ち滅ぼされたのである……」[1]。

事実、歴代のヴァロワ・ブルゴーニュ公たちは都市勢力と対峙したが、これらの諸都市は、フランドルにみられるように、君主に代わる政治権力としての数世紀におよぶ古い伝統を誇ることもあった。ウィム・ブロックマンスの言葉を借りれば、都市は「交渉の都」と化し、そこでは権力分有の諸機構が発達したのである[2]。にもかかわらず、フランスの君主政的伝統とイデオロギーに染まった新しい支配家系ヴァロワ・ブルゴーニュ公家の出現は、支配者と被支配者の間の権力バランスをドラスティックに変化させることになった。家門の支配領域拡大を目指し、ゆえに対外戦争に規定される国家の力学は、公然と都市エリートの利害と衝突した。都市は君主の宮廷と役人の支配下に入り、新たに出現した君主権力のデモンストレーションは、権力バランスの変化を示す好機となる。カール5世〔在位（皇帝）1519-55〕の反乱都市に対するこれみよがしの「貶め行為abasements」（1527年のローマ、1540年のヘント）は、その顕著な事例であった。

こうした都市貶め行為の核には、ときに都市破壊のような衝撃的なデモンストレーションさえ正当化する政治的言説と、君主政治を支えるレトリックが宿っている。ところが、こうした言説やレトリックの出現は、シャルル突進公あるいはカール5世の治世よりもはるか昔にさかのぼる。ブルゴーニュ・ハプスブルク期の低地地方で、君主が権力をわがものとして行くなか、この言説はいかなる発展をみせたのか。本稿ではこの点を分析したい。議論の三つの核をあらかじめ提示しておこう。まず、公家が抱く野望のイデオロギー的表現とイメージ形成。第二に〔都市〕破壊の言説を支える司法的要素。そして第三に、政敵〔＝都市〕を貶める儀礼。最後のパラグラフでは、破壊された都市の再建が現実の政治関係の構築を比喩的に表現していた点が考察されよう。

これらの議論が展開される前に、都市を破壊すること（あるいは政治的脅しとして破壊を匂わせること）はただ中央権力のみの特権ではなかったことが注記されねばならない。都市国家の形成へと踏み出していた都市自体も、経済的・政治的後背地への確固たる支配を確立するため、司法的統制、市場の組織化、財政的特権といった構造的な支配手段とともに、より小さな下級都市の破壊とい

う手段に訴えたのである³⁾。中世後期フランドルの小都市は、君主の中央集権化と都市の自立主義の間で起こる数多くの紛争の過程で、君主により破壊されるのみならず、伯領内に自己の統制圏を確立しようとするヘント、ブルッヘ、イープルといった大都市により破壊される危険にも晒されていた⁴⁾。

　前置きの最後として、破壊の観念についても触れておく。政治的・イデオロギー的な観点から、破壊は政敵への合図として効果的であれば、完全に遂行される必要がないのは明らかだろう。おそらく、都市の「象徴資本」（象徴的なモニュメント、都市防御施設の一部、郊外、特定の機能を担った家屋）の一部を意図的に破壊するだけで、完全破壊に匹敵する効果があったのである。

## 「不敗のカエサル」に倣いて：公家の野望とイメージ形成

　低地地方でブルゴーニュ家が権力の座に就くのは、いわゆる「ヘント戦争」（1379-85）の終結と時を同じくしている。かくして、新たな君主フィリップ豪胆公〔在位1384-1404〕は、低地地方支配のはじめから内部の政敵として自立主義を標榜する都市の存在に直面した。この都市勢力との対立は、まずフランドルで生じざるをえなかったのだが、それというのもこの地では大都市が君主支配に対立する政治支配体制を敷いており、伯領をはるかに越えて都市反乱の象徴となるまでに成長していたからである⁵⁾。1420年代は分水嶺をなす。これより後、相続や軍事をめぐるさまざまな出来事を通じてブルゴーニュ公家は低地地方に確固たる基盤を形成する。1435年にアラスで開かれた和平協議は、西欧世界の新たな政治的連合関係を確立した。すなわち、フィリップ善良公〔在位1418-67〕はフランスと和平を結び、フランス王位に影響力を及ぼそうと数十年にわたって展開した戦争に終止符を打ったのである。彼は、途中イングランドとの新たな敵対関係に直面しつつも、低地地方で新たに得た臣下たちに対するブルゴーニュ公権力の強化へと向かう。一連の対立の口火を切ることになるカレーの包囲戦は公の側近が見越していたように、フランドル人臣下たち、正確には大都市エリートとのあからさまな紛争へと発展した。ついにはフランドルを象徴するもっとも富裕な都市ブルッヘとの対立がここから生じたが、

1436/38年に起こったブルッヘの反乱は都市の貶めおよび服従の儀礼で終結をみる[6]。ブルゴーニュ公の高位役人たちは、都市の破壊を究極の処罰と考えていたに違いない。このときは結局、そうした破壊がもたらす収支への現実的な計算から、市門のひとつを象徴的に閉鎖し、公の財務顧問にとってもっとも重要なことに〔重い罰金により〕都市財政に厳しい打撃を与える措置がとられた。

　ブルッヘを苦しめたこの処罰が1453年のヘントの屈服に際しモデルとなったことは、当事者双方の史料からして間違いない[7]〔この折にも、じっさいには破壊は起こらなかった〕。1467年7月3日、メヘレンでのシャルル突進公の入市式が都市騒乱により妨害されるという事件が起こったが[8]、ブルゴーニュ公政庁がこの件で提示した都市に対する処罰案でも、再び1438年のブルッヘへの事例がはっきりと言及されている。政庁は、公フィリップが1438年にブルッヘを処罰した方法を事細かにその息子シャルルに想起させようとしたのだが、この際次のように付け加えた。メヘレンは、「たいへん善き強固なる都市にして、その領主にとってもたいへん好都合な場所に位置しております。今は亡きフランドル伯ルイは、この都市を通じて、しばしば諍いのあったブラバント地方との間を必要に応じてたえず行き来するために、大枚をはたいてこの都市を買われました。かくの如き理由で、この都市は破壊されるべきではないでしょう。……今は亡きわが殿とその世継ぎの財にとって、都市を破壊されるよりもブルッヘと同様の都市を築き上げなさる方がよろしいでしょう。かくて、わが畏れ多き殿による仰せとはいえ、都市メヘレンにつきましての厳格なる処罰に異議を申し立てることができるも同然でありましょう。メヘレンが、かくも有力なる一者〔＝都市を指す政治単位〕であるのは明らかなのですから」と[9]。

　君主が考慮すべきは家産であり、またそれを増大させるべく先祖らがなした投資を尊重するよう配慮すべきであるとの主張は特筆に値する。けれども、さらに重要なのは、メヘレンの都市破壊がまたもや可能かつ許容しうる処罰法のひとつとみなされたように思われるということである。同テクストは、都市を破壊しないという最終決定が公の側近の「良識派 plus saine」に負っていたことを付記しており、逆に言えば、大半の者が破壊の処罰はありうるとみなしていたことを示している。同様な思惑は、1453年都市ヘントの処罰を計画した際のフィリップ善良公にも認められる。この事実が、〔その子孫でハプスブルク

家の〕スペイン国王フェリペ2世〔在位1556-98〕宛の書簡（1579）で言及されているのも偶然ではないだろう[10]。

　メヘレンの事例で引用した文書に比較しうるのは、都市ディナンに関するものである。これは、1466年8月25日、シャルル突進公の軍により都市が征服された後すぐに作成されたものだろう。テクストでは、タンおよびリエージュの市門と防御施設の破壊、ならびにディナンの完全な破壊が指示されている（この事例では、現実に破壊が起こった）[11]。ブルッヘやメヘレンの事例のように、いかに破壊が冷静に計画され、そして実行されたかに驚かされる。無慈悲な処置の背後には、思慮をめぐらせた政治的意向がはたらいていたのだ。1466年8月31日、公フィリップは、ディナンの市門、市壁、塔、橋、その他防御施設の破壊のためにブーヴィーヌの市民ピエール・ド・ロメニョットを特別委員に任命した。この役人が熱心に職務にあたったことを伝える会計簿は、破壊が計画的なものであったことを示す証拠である[12]。その前日、ナミュール伯領の財務官アンリ・ドゥートルモンは、数世紀来の冶金業の中心地であったディナンで「地中および地上にて en terre et sur terre」発見しうるあらゆる金属を回収する任務を与えられた。その会計簿は、再び破壊の組織的な実行の証しとなる[13]。2年後、リエージュが同じ運命をたどる前、公シャルルは「この街に火を放つことを決定したが、その火から街の教会を守るため、付近に建っている家を破壊すべく」、ティルモン、マーストリヒト、ナミュール、そしてユィの大工とその従者全員を軍営地に派遣するよう命じた[14]。

　ディナンの処罰についてのテクストが、15世紀の和平条約（1435年アラスの和、1453年ハーフェレの和）の写しと、霊的かつ文学的性質を備えたテクストの写本を併せた合本に収録されていることは注記されてしかるべきだろう。後者の中には、古代にインスピレーションを受けたテクストが含まれる。シャルル突進公は、まだシャロレー伯であった時代からブルゴーニュ国家を治めることへのいや増す責任を負わされていた。こうした面があったにしても、この時分からすでに、彼が都市の馴致者として描かれた古代の将軍や皇帝たちの後継者を（称号の点はともかく、少なくとも行為の面で）気取りたがったことはよく知られている[15]。ついにはノイスの包囲の年である1474年、シャルルはナポリ人ジョヴァンニ・カンディーダに、文字通りローマ皇帝のポーズをとった自分の

肖像をメダルに刻ませたのである[16]。シャルルがシャロレー伯であった時代、アンベルクールの領主ギィ・ド・ブリムが就寝前の彼にローマ史からの抜粋集を読み聞かせることしばしばだったという事実は注目に値する。この二人シャルルとギィが、リエージュの処罰と最終的な破壊の立案者とみなされるべきである[17]。

　古典期の叙事詩に登場する英雄のモチーフに対する関心はまた、当時の詩、とくにシャルルの軍にいたブルゴーニュ兵やピカルディ兵たちが唄った詩歌にも見出される。歌中、無名の作者たちはディナン、リエージュ双方の破壊に触れる。両市の名は、反抗と高慢の罪のゆえにかつてブルゴーニュ公家に罰せられたその他の諸都市およびカルタゴ、ローマ、トロイアの名とともに引用されているのである[18]。つづく数年のうちに、反乱都市に対するオーストリアのマクシミリアン〔在位(皇帝) 1493-1519。シャルル突進公の娘婿。1482-93の間、息子フィリップ端麗公の摂政として低地地方を支配〕の政策を支持する政治詩歌が書かれたことが知られているが、これはブルゴーニュ公家の宮廷修史官ジャン・モリネの手になるものである[19]。被征服者が、自身の境遇を嘆き悲しみ、ついで自己批判し、ひいては勝利者のプロパガンダに貢献するという「虚栄の悲歌 fausse complainte」といった文学ジャンルは、16世紀のうちにひじょうな隆盛をみた[20]。対リエージュ戦期に帰せられるこの手の詩の数は印象的である。しかし、このジャンルは同時期にはじめて現れるものではない。かつてブルゴーニュ期初期のマーストリヒトの包囲戦とその後のオテの戦い(1408)をめぐって、そしてブルッヘとヘントの処罰(それぞれ1438、1453)についてもまた、類似の詩が書かれた[21]。1382年のフランドル遠征の間、フランスの詩人ユスタシュ・デシャンによって詠まれたヘントに対する長い嘆きの詩も、この主題を前面に打ち出したものである[22]。そしてもちろん、1162年皇帝フリードリヒ・バルバロッサ〔在位1152-90〕の軍によるミラノの破壊をめぐるアルキポエータ〔同時代の匿名の詩人〕の古典的叙述もこれに含めてよいだろう。ここでも聖書と古典への参照が確認される[23]。

　ブルゴーニュ公家は、国王の称号と名声を獲得せんとする政策を維持するために、古典世界の祖先たちとの結びつきを利用した。たとえば、フィリップ善良公はこんなふうに呼ばれた。「不敗のカエサル、キリスト教君主の白眉、貴

族すべての誉れ、正しき鑑、勇猛なる騎士のパトロンにして模範」[24]。この公フィリップによる1458年のヘントへの入市式の際、文学テクストをもとに施された図像的背景や演出は、古代世界とカエサル、ポンペイウス、アレクサンダー大王といった歴史的人物たちを引き合いに出したものだった[25]。ヘントの反乱と降伏（1453年ハーフェレの和）の後最初に行われたこの入市式は、公と破壊の処罰に値する都市の間での和解のデモンストレーションを目論んだものだったのである。ブルゴーニュ公たちは、ブラバントの遺産である歴史叙述の複雑巧妙な〔系譜〕構成を通じて、自らがトロイア、フランク、そしてカロリング諸王朝の子孫であると主張した[26]。公フィリップは、1447年公家に国王称号をもたらそうとした最初の人物となり、以後この王権獲得政策のプロセスが作動することになる[27]。その息子シャルル突進公は「ローマ人の王」の称号さえ狙っていたが、これが現実となっていれば、公家は長期的にはドイツ皇帝の称号を射程に収めることになっていただろう。ブルゴーニュ・ハプスブルク王朝は、とうとうマクシミリアンとカール5世の手によって皇帝位を獲得するが、同家のイメージ形成はこのとき頂点に達した。古典の、そしてトロイア人の祖先たちは、金羊毛伝説の強力なイメージとともに、この政策を支えたのである[28]。

　支配者と被支配者、とりわけ反抗的臣下との関係にとって、この政策の結果が意味するところは非常に重大だった。14世紀半ば頃、フランス王政を支えるイデオロギーは、絶対権力を目指す国王信条とでも呼ぶべきものをすでに発達させていた。「国王はその王国における皇帝である」がそのモットーである。ローマ法・教会法にもとづく「権力の至上性 plenitudo potestatis」の観念は、法曹家により発展させられ、王権に奉仕した。同時代人により異議を唱えられなかったわけではないけれども、これはじつに強力かつ効果的なものだった。「君主は、その全き意思により、植えることも抜くことも、建てることも破壊することも、昇進させることも罷免することも、創設することも廃止することも、変形させることも移転させることも、有罪を宣告することも恩赦を与えることもなしうるのである」。聖書にインスピレーションを得たこのような声明もまた、教会の流儀による権力申し立てが世俗権力へと応用されたことのしるしである[29]。バルトルス・デ・サクソフェルラートや、バルドゥス・デ・ウバ

ルディスのような重要かつ影響力ある政治哲学者が貢献したのは、「君主＝地上における神princeps-Deus in terris」という国王イメージの強化においてであった[30]。まさに同じイメージが、ブルゴーニュ公による低地地方の反乱都市に対する処罰の際に見出される。1440年12月11日、フィリップは1438年の反乱後初めてブルッヘに入り、服従の儀礼において都市とともに各々の役割を演じたが、その際壁には聖書からの引用が記されていた。そこには、「われらがもとにおわすは、神の君主なり」あるいは「主はそのお気に召すがままに与え、奪われ給うた」と読める[31]。たった2年前には、公の側近の大半がブルッヘは全滅に値するという主張を打ち出していた。1440年のブルッヘは、2年前に破滅の運命を免れた事実を十分自覚していることをアピールしたのである。

　ブルゴーニュ家にとって直接のインスピレーションの源となったのは、フランス王政の周辺で練り上げられたイデオロギーであるが、これはとりわけシャルル5世〔在位1364-80〕の治世下で綿密に定式化された。このインスピレーションの跡をたどるのはたやすい[32]。ヴァロワ王朝に属するブルゴーニュ家最初の公が、フランス国王シャルル5世の弟、フィリップ豪胆公に他ならなかったのである。彼は証書で自身を「フランス国王の息子Filz du roy de France」と称すると同時に、会計院やフランドル評議会（＝地方法廷）といったフランスにモデルを持つ中央制度をも低地地方に導入した。豪胆公の後継者たちは、この知的・制度的伝統に忠実だった。公の司法的・政治的顧問たちには、フランス王権の諸制度のもとでその教育を受け、あるいはそこでキャリアをスタートさせた者も多かったが、政治的原則を実行に移したのはまさに彼らである[33]。公の聴罪司祭でドミニコ会士のローラン・ピニョン（バーゼル公会議およびアラスの和平協議双方で外交代表を務めると同時にオセール司教でもあった）は、フィリップ善良公と親しい人物が、主権と権力の正当化の問題に関していかに指導的知識人の一人としても振る舞ったかの典型である[34]。この傾向は、シャルル突進公の治世下で頂点に達する。官房長ギョーム・ユゴネは、ラクタンティウスから借用した正義の理想を世俗的に脚色し、これをことあるごとに普及させた。彼のヴィジョンでは、公は正義の神的特性を具現化しており、教会、国王、あるいは皇帝のいかなる干渉からも独立していた[35]。ウォルター・ウルマンが神政政治由来の統治理念と呼んだものに拠るこのヴィジョンはシャルル突進公に

より好まれたが、フェリペ2世のようなハプスブルク家の支配者たちの間でも人気を保った。フェリペは、自身を「神の代理人vicarius Dei」とみなしていたのである[36]。このような支配者とその権威に対する反乱は、死か破壊（違反者が共同体の場合）によって罰せられうる大逆罪に等しいものだった。大逆罪の観念そのものが、世俗的なインスピレーションと教会的なそれを組み合わせたものだったのである。ブルゴーニュ期にはこの観念は周縁集団の処罰を正当化したし、ここからは当時の政治エリートの言説を窺い知ることもできる[37]。

都市の破壊あるいは破壊の脅しは、ブルゴーニュ国家が絶対権力への要求を支えるために構築した政治的言説の本質をなしていた。そうした権力への反乱は、神により認可された公共秩序へのあからさまな攻撃とみなされたのである。それゆえ自身をキリスト教世界の砦とみなしたブルゴーニュ家が、その最大の脅威である内なる敵として、自立主義を標榜する都市を馴服させることに十字軍的理想を投影したというのも、当然のように思われる[38]。「この民は、余にとってはトルコ人とならん」。教皇特使オノフリオ・デ・サンタ・クローチェの回想によれば、軍事装置が今まさにディナンとリエージュを破壊せんと作動させられる直前、フィリップ善良公はリエージュの住民についてこう語ったのである[39]。

ブルゴーニュ期に表明されたあらゆる主張は、国事評議院長ならびに皇帝カール5世の内務評議院長であるロデウェイク・ファン・スホーレが1540年にヘントに対して投げかけた告発の中で鋭さを増す。皇帝カールは、自らの権威を生まれ故郷のこの都市に押しつけようとしたのだが、ファン・スホーレは皇帝の政策を正当化しようと告発文を書き連ねた末尾に再び古典のイメージを活用した。「かくして、ローマ人によりカルタゴがせしめられたように〔ヘントは〕鎖に繋がれ屈服させられねばならぬだろう。永久に、都市の名前を戴くことなく、あるいはフランドルの一者とみなされることはなきように」[40]。ファン・スホーレの手になるヘントの告発リストは、次には、1567年都市アントウェルペンに対してアルヴァ公が採用した政策にインスピレーションを与えることにもなったのである[41]。

## 「都市は滅びうる」Civitas mori potest：破壊の言説の司法的要素

　1540年にロデウェイク・ファン・スホーレが練り上げた論拠は、カール5世によるヘントに対する処罰の根拠をなすものだったが、ここで彼は反抗のために破壊された古代都市というよく知られた隠喩を意識的に用いた。けれども、ファン・スホーレは同じ告発文書でバルトルスやバルドゥスのような際立った中世の政治哲学者が発展させた司法的論拠も利用した[42]。バルトルスの見方は、君主のみが破壊によって都市を罰する資格を持つというものである。個々の市民が家を所有してもかまわないが、その集合体は君主に属する。都市は、ただ一種の用益権のみを有する。ここでバルトルスは明確にカルタゴを引き合いに出しているのだが、都市が破壊されるならばそれはもはや都市ではありえず、それゆえ用益権もまた失効する。バルトルスはまた、集団的処罰の論拠をも導き出した。「都市全体はひとつの人格であり、人工の、かつ想像上の一人の人間である」。異端や反逆の罪により、共同体全体は責任を負わせられうる。その際、処罰は、罰金を科すか共同体を解体するかのいずれかでしかありえない。都市の場合はどうか。それは都市の破壊と解散の両方、あるいはそのいずれかである[43]。バルドゥスはさらにこう述べさえする。「帝国が滅びることはない。……しかし上位権力により断罪されるならば都市は犂にかけられ滅びうる」と[44]。こうした司法原則が、中世後期のフランスおよびブルゴーニュの政治エリートの間で広く流布したことは間違いない[45]。フィリップ・ウィーラントはブルゴーニュ期低地地方の民事・刑事裁判双方に関する司法論文を著したもっとも重要な著述家だが、彼もその著書『刑事訴訟practijke criminele』の中で反乱への処罰を論ずるに、「彼（君主）は、反逆のゆえにそうした都市政府を困窮に晒すことにより罰する。すなわち、その裁量に従い重い贖罪金、罰金、破壊、苦痛を科すことによってである」と述べている[46]。このヴィジョンは、当時の戦争法と一致している。この戦争法によって、君主あるいは特定領域上で至上の権威を有する者には正戦を開始する権利が与えられていたのである[47]。

もっとも、ブルゴーニュ公によるブルッヘ、ヘント、そしてメヘレンの処罰について先に引用したテクストを読めば、制限のない君主権力に対しブレーキをかける要素がこの国家イデオロギーに含まれていたことは明らかである。とりわけ、君主はその臣下に最大利益をもたらすべく領地を治めねばならず、ゆえにその遺産の一部を破壊することは能わずとする観念がそれである。君主は実用的利益と見せしめの処罰を下す欲求の間でうまくバランスをとるべきだ、という見解が次第に強まった[48]。1467年のメヘレンの事例で明確に表明されているように、都市を破壊することは君主にとって重大な不利に転化する恐れがあったのである[49]。この背後には所領の不可譲渡性の観念がちらついている。しばしば無視されたにせよ、都市エリートは必要とあらば君主にこれを思い起こさせようと努めた[50]。

　しかし、都市法の中には逆に、都市あるいはその一部の破壊はやむをえない処罰法であるとの見解を促進するのに一役買ってしまったかもしれない要素が含まれている。多くの都市に共通しているのは、あまりに恐ろしい罪により永久追放の有罪宣告を受けた都市民を法益被剥奪者とする法的原則だった。これの意味するところは、当該市民の存在を想起させるものはすべて、その家も含めて破壊されるに相応しいということである[51]。12世紀の都市法にたいてい確認される犯罪者の家を破壊するという原則は、人口稠密な中世後期の都市ではさほど適用されなかった。しかし、14世紀のヘントではなお、都市参事会員が有罪とされた犯罪者の家の破壊を決定することは可能だった。こうした破壊跡により、罪と罰の記憶を惹起し、都市の外形に忘れることのできない傷を残すようにするためであった。1351/52年に都市参事会員を殺害した二名の人物が裁かれたが、裁判官は、彼らの「住居は（鳥が飛ぶにまかせる）荒地にとどまるべし」と規定した[52]。都市法が家の破壊を一種の究極的処罰として許容していたのなら、君主による都市の破壊がなぜ諸都市の間でもっと激しい反対を引き起こさなかったのかも想像がつく。それは、破壊が持つ決定的な司法的機能と結びついているのだ。恐るべき「見せしめ」（エクセンプルム）の機能がそれである。

　公の、そして後に皇帝のプロパガンダは、低地地方の都市自立主義に君主権力を押しつけるため、リエージュの破壊とヘントへの部分的干渉に訴えた。これが生じた過程は、同時期に一般的犯罪の抑制が権力のデモンストレーション

とプロパガンダのための道具となっていった点を思い起こさせずにはいない。司法的論拠の発展同様に、ここでもまた個人に生じうることが共同体の次元に投影されたのである。さしあたりこの経緯を念頭に置きつつ、法制史の領域を離れて歴史人類学の方へと向かおう[53]。

## 征服すること、支配すること：
## 政敵の完全な、あるいは部分的な破壊

　1452年、フランス国王シャルル7世〔在位1422-61〕は、ブルゴーニュ家フィリップ善良公と、その公国最大の都市であり、当時公に対する反乱と戦争を繰り広げていたヘントとの仲裁を試みるため北方へと使節団を送った。和平をもたらすこの試みは失敗したが、フランスの使者たち（二人の大物貴族ルイ・ド・リュクサンブールとルイ・ド・ボーモン、二人の法学者ギィ・ベルナール師とパリ高等法院代訴長官ジャン・ドヴェ）はわれわれに精緻なテクストを残した。ヘントに対する一種の有罪宣告文である。このテクストの一部は、ヘントが服すべき処罰を詳らかに綴ったものだった。第8条項ではブルゴーニュ家代表団がとった視点がひじょうに明快に表れており、引用に値する。

　　「当該都市ヘントは、今後再建され居住されることなきよう、破壊・解体され、取り壊された末に、犂をかけて耕作されるよう更地に戻されるべきであり、そうなされんことを。少なくともこの都市が、今後決して要塞化され防備を施されることなく、農村的な都市として、そのままにとどまるべく、市門、塔、市壁、その他あらゆる防備施設は解体され、取り壊されるべきであり、堀は埋められるべしと決定されんことを。最低限のこととして、決して再生・再建されることなきよう、ヘントの者たちがアウデナールデを包囲しに出征した際に通過したこの都市の二つの市門と、ルーペルモンデに出征した際に通過した反対側の別の市門が、塔、市壁やこれら市門に付随するその他防備施設とともに、破壊・解体されんことを。さらに、この都市の別の市門と市壁上にあり、「騎士」と呼ばれる複数の石槍もまた破壊され、完全に取り外されんことを。そしてもはやこれらをそ

こには設置しえず、してはならぬことを」[54)]。

　使節らが、都市を罰するためにその外形に打撃を与えることが必要だと考えていたのは明らかである。その結果は、できるだけ長く目に見える形でとどめられねばならなかった。政敵の象徴資本を攻撃することは、中世後期には多くの権力示威行為と同じく儀礼の問題に属する[55)]。入市式、パレード、射手兄弟団や修辞家集団による祝祭のような平和的な示威行為であれ、そうでない場合であれ、中央権力がその儀礼を都市に押しつけ、あるいは都市儀礼をコントロールしえたさまをみれば、国家形成のプロセスがどれほど進展していたかを知ることができる[56)]。都市を儀礼的に貶めるためには、都市空間あるいはその活用をコントロールする必要があるのだが[57)]、都市破壊は、この空間支配のもっとも極端な、あるいはじつに暴力的なヴァリエーションと考えられる。しかし、その他多くの方法も可能であり、事実考案されたのである。

　そうした戦略のひとつとして、市門のように高度な象徴的価値を帯びた建築物を破壊するか、一時的にその機能を喪失させるといったものがある。フィリップ善良公に対するブルッヘの反乱で、もっとも劇的なシーンが幾度か展開された場である市門ブーフェリーポールトには、1438年に後者の策が適用された。市門は閉鎖され、以後ブルゴーニュ貴族リラダン領主の死を記念する礼拝堂として使用されねばならなかった。それは、この領主が公の軍勢とブルッヘ市民の軍事衝突の際、まさにこの市門で命を落としたためであった。都市ブルッヘは、ヘントの反乱の間、公に忠実であったことの見返りとして、1452年に再びこの門を開け放ちその本来の機能を再生させることを許されたが、ここからこの措置が象徴的意味を担っていたことが証明される[58)]。市門は、1438年から1452年の間、「記憶(メモリア)」の場として従来とはまったく異なる宗教的な機能を担った。ブルゴーニュ家は都市景観に政治的勝利の痕跡を残すよう配慮したのであり、この措置それ自体が反乱都市を罰する一手段だったのである[59)]。都市の印璽にも確認されるように、市門そのものは「全体を代表する一部pars pro toto」として都市の象徴的存在とされることも多く、干渉を加える対象としては理想的だった[60)]。君主のみならず都市もまた、他都市を征服せんとするとき、敵の市門を標的にした。こうして1382年、ヘントの指導者フィリップ・

ファン・アルテフェルデはヘントの方を向いたブルッヘへの市門を、この都市に対する支配の象徴として破壊させたのである[61]。

これに似た象徴的価値を有する他のモニュメントもまた、干渉を加えられるならば同様な役目を果たすことになった。1468年、シャルル突進公がリエージュに破壊の処罰を下すに至るまでの経緯は次のとおりであった。1467年10月28日のブルステムの戦いの後に、まず市門と市壁が解体されるよう命令が下された。その後、シャルルはさらなる処罰としてリエージュ共同体のもっとも象徴的なモニュメントである、いわゆる「ペロン perron」〔広場に設置されたモニュメント〕を取り除き、それをブルッヘで見世物にするよう命じた[62]。このペロンの転置こそが公による政治的メッセージを露骨に表明したものだったということは、またもや兵士たちの唱歌から明らかになる。「塔、市壁、市門／公はこれらを破壊され、／すべて城塞をも破壊されし／さらには、これにとどまらじ／つまりは、彼奴等が起こせし騒乱を／皆の口の端に上らせんと／フランドルの地に運ぶため／公はペロンを取り除かせし」[63]。ほどなくして、リエージュはまたもや反乱を起こしたが、これは紛れもない反抗の行為、じつに傲慢不遜の行為としかみなされなかった。この時代の戦争法に従えば、残された策は唯一破壊という究極の制裁だった[64]。

この唱歌によって、リエージュからペロンを運び去る措置が、かつて反乱を起こし、将来再び反乱を起こすかもしれないとの嫌疑を掛けられた他都市への警告を意味していたことがわかる。公のプロパガンダは、この意味でリエージュの目をみはるような一件を意識的に活用したものだった。シャルル突進公の書簡からは、リエージュの破壊につづく数日の内には公国内のすべての主要都市がこの事件について知らされていたことがわかる。「フランドルの三者」ヘント、ブルッヘ、イープルといった大都市には直接に情報がもたらされたか、あるいは彼らの代表団が目撃報告を送るためリエージュの現場にいたのである[65]。1468年11月末、フランドルの大都市からの公式使節たちはブリュッセルの館に戻った公を出迎え、卑しくへつらいつつ敬意を表した[66]。公が望むままに都市政府を改造し、ギルドの旗を放棄する、さらには市門をいくつか閉鎖するといった服従行為を申し出ることで、ヘントは自らが公のメッセージを十分に理解していることを訴えた[67]。ニュルンベルクやフランクフル

ト・アム・マインといったドイツ都市は、アーヘンやケルンの都市参事会員にリエージュの末路について問い合わせたが、こうした反応は、リエージュ危機に対するシャルル突進公の対処がどれほど強くドイツ都市を不安にさせ、どれほど強い印象を彼らに与えたかを如実に物語っている[68]。彼らが受け取った返事には、教会の略奪、住民の虐殺や溺死、さらには「民族浄化」の行為さえ記されていた。この話がドイツ都市の心胆を寒からしめたことは間違いなく、ブルゴーニュ公のテリトリーに近い諸都市は大急ぎで恭順の意を表した。かくして、1469年4月4日、都市ケルンは、「子供とともに教会で施しを乞い求める無数の女性や哀れな人々」であったにせよ、リエージュからの避難民を受け入れたことに対し、シャルル突進公に詫びを入れる文書をしたためた[69]。都市アーヘンは、自発的にシャルルに都市の鍵を提供した（彼は、じっさいには1473年の都市訪問の際にそれらを受け取った）。今度は、鍵が高度に象徴性を帯びた市門の「全体を代表する一部」となる。君主の入市儀礼では、鍵の引渡しはしばしば都市の服従を象徴するのである[70]。このように、リエージュに対するシャルルの情け容赦ない処罰は多くのドイツ都市に強い印象を与えた。しかし同時に、エルザス・スイス都市の間に広範な反ブルゴーニュ連合が形成されるのも促進してしまった[71]。エルザス地方における悪名高きブルゴーニュ権力の手先ピエール・ド・アジャンバックが都市ミュルーズを脅迫した手口は、リエージュの末路を露骨に口にすることだった[72]。

　都市の歴史的遺産を物理的に破壊すること、あるいはその一部の機能をドラスティックに変化させること。ブルゴーニュ・ハプスブルク家の支配者たちが反乱都市に対処した方法は、これだけではなかった。ヘントやリエージュのような都市の破壊あるいは服従は大いにブルゴーニュ家の宣伝となったが、これらの都市には国家権力の侵食に見舞われやすい名声、司法システム、そして集合アイデンティティを生み出す諸要素（団体的な示威運動、プロセッション〔＝宗教行列〕、兄弟団）も備わっていたのである。1382年のユスタシュ・デシャンによる嘆きの詩や、1540年のロデウェイク・ファン・スホーレによる告発は、都市の存在基盤となる特権文書か都市名がヘントから剥奪されるべしときっぱり断言している。この政策は、君主絶対主義の名高き創設者の一人とされるフランス国王ルイ11世により実行された。ブルゴーニュ公にあまりに忠実だっ

たために罰せられた都市アラスがその名を剥奪されるべしと国王によって宣告されたのは、1479年のことである。すべての住民が追放された後、新たな移民が都市に招来され、この都市は以後〔都市に与えられる自由を意味する〕「フランシーズ Franchise」と呼ばれることになった。アラスに関連するすべて（名前と住民）を取り除こうというこの試みは、都市の現実の破壊もなく、それゆえ市場や経済インフラも手付かずのままにされたため完全な失敗に終わった。1482年、アラスの和約により元の住民は帰還を許されたのである[73]。

都市法も都市アイデンティティを構成する一要素であり、都市の観念あるいは理念そのものを破壊しようと目論む君主が干渉の手を伸ばす恰好の標的だった。シャルル突進公によるリエージュ破壊プログラムには、リエージュ法の廃止が含まれていた。この法は、完全にローマ法に取って代わられたのである。もっとも、この措置はその立案者の生命が絶えるとともに潰えることになったのだが[74]。

パレード、プロセッション、その他都市空間を集団的に活用するあらゆる示威行為も、都市アイデンティティを一時的に構築する手段だった。したがって、都市の抑圧と将来的な反乱の予防は、必然的にこの種の空間の集団的活用を掌握することにより実現された[75]。カール5世がヘントの処罰でみせた方法は、その申し分のない例である。法学者ロデウェイク・ファン・スホーレは、大逆罪のゆえにヘントは有罪であるとの見解を示し、都市カルタゴのそれに類した破壊で断罪すべしと提起した。この計画は反対に遭い、またしても古い策が実行に移された。1540年8月30日の法令「カールの特赦 Concessio Carolina」は、カール5世がどれほど強くヘントの公共生活を全面的に改造しようと望んだかを吐露している。この際とられた措置からは、都市空間で展開されるあらゆる集団的示威行為を統制しようとする試みが明らかとなる。地方聖人である聖リーヴェンのプロセッションが禁止されただけでなく（カール5世の曽祖父シャルル突進公は、これがどれほどに反ブルゴーニュ公的な政治的憤慨の表明に発展しうるかを身をもって経験していた）、四旬節の第四日曜日に行われるギルド市民軍のパレードや織布工の聖母プロセッション、そして武装をともなうあらゆる集団的示威行為も禁じられたのである[76]。

皇帝カールは都市自立主義に対する勝利の印を刻むため、都市景観に明白な

痕跡を残したいと望んだ。少しさかのぼって1537年、参事会教会に作り変えられ、最古の教区教会シント・ヤン教会に移されたシント・バーフの古い修道院は、イタリアのモデルに従って軍事要塞に改築されることになった（いわゆる「スペイン人の城」となる）[77]。その新しい建築用石材を供給するため、数多くの市門と市壁を破壊するよう皇帝が命じたのは象徴的である[78]。ある証人は、皇帝自身が新しい城塞の建設のために古い修道院の地を選んだ理由を語っている。「都市ヘントを抑圧し服従させておくのに、また都市の大部分を大砲で砲撃するのに最適の場所がここであった」[79]。多少なりとも紋切り型の、古典の例を持ち出した動機も存在する。この場所に、かつてユリウス・カエサルがケルト人のネルヴィ族に対する砦を建設したと考えられるというのである。しかし、同じ証人が聖リーヴェンのプロセッションについて展開する詳細な叙述はさらに興味深い。このプロセッションでは同修道院が重要な役割を演じているが[80]、その際に執り行われるしきたりが（1540年の低地地方の文派ではその非難は重大なものであるが）、「いとも奇妙な、あたかもマホメット教か偶像崇拝のような」ものと呼ばれているのである。カトリック的大義の擁護者たる皇帝カールは、この半ば異教的なプロセッションを廃止するものと期待された。プロセッションに活発に参加した諸ギルドは、カールによるこの抑圧活動のためにすべての政治権力を失うこととなる[81]。1540年のヘントの処罰は、理念的レヴェルでの干渉と実際の物理的干渉がいかに手を携えたものであったのかを証明している。

けれども、カール5世は革新者ではなかった。シャルル突進公はすでに、1467年の入市式が聖リーヴェンのプロセッションの帰還と衝突したことを理由に、ヘントを処罰する計画を抱いていた。その処罰の中身とは、罰金を科し都市制度を改編するのみならず、シント・バーフ修道院の地に城塞を建てることだったのである[82]。この作戦には、少し前にリエージュで同様な作戦を立ち上げていた彼の顧問ギィ・ド・ブリムが関わっていた[83]。なぜシャルル突進公が1469年にシント・バーフの地を選んだのかは明らかではない。しかし、聖リーヴェンのプロセッションについての苦い経験を考えれば、彼もまたこの聖人崇拝に狙いを定めていたと考えてよいのかもしれない。また今しがた触れたように、公シャルルの治世期、都市への干渉はヘントが最初の事例ではなかっ

た。リエージュの破壊直後、そこにも君主権力を象徴する砦が建てられたのである。1469年10月にリエージュの総督に任命されるであろうギィ・ド・ブリムは、すでに同年2月に「街の島 Ile de la cité」として知られるムーズ川の島を占拠し、この機会に「リエージュ近郊の公の島 Isle le duc lez Liege」と改名してしまった。そして、島の上には都市を支配するための城塞が建設された[84]。この事例は、破壊された都市を再建する過程で政治的干渉が担う役割についての考察を促すのである。

## 都市抑圧者から都市建立者へ：都市再建における政治的目論見

　すでに、完全にあるいは部分的に都市が破壊されていようとも、君主は都市自立主義との争いをさらにクライマックスに導くなかから己が利益を引き出しえた。公のプロパガンダは、ある都市の破壊を他都市に印象づけ恐怖心さえ刻み込ませる手段としたが、同時に、破壊を実行した張本人の君主を正義と公共秩序の究極的な源泉として描くために、やすやすとこの状況を利用することもできたのだ。

　君主が反抗的な都市を赦すとき、この都市が破壊されるに値するが辛くもそれを免れていたならば、君主はすでに放蕩息子を今一度喜んで受入れる善き父を演じたことになる。集団的過失が個々の犯罪者に適用される刑法からの借用語で表現されたのと同じく、集団的恩赦には明白に個人向け恩赦状に照らした語が用いられた[85]。都市に対する集団的処罰に続く入市式は、しばしば君主を善き父として演出している（1440年ブルッヘ、1458年ヘント）。君主を「公共善 bien publique」というきわめて重要な政治的観念と結びつけるいかなる機会も、貪欲にものにされた。この観念は往々にして君主・都市間の議論の核になったため、後者もまた公共の福利の擁護者を自任したのである[86]。

　破壊された都市の再建は、君主を「公共善」の守護者として描くのに、都市破壊のときよりもはるかに相応しい機会を提供した。都市の再建に秘められた経済的動機はきわめて明白だが、政治的メッセージを伝達する機会も等しく重要だったのだ。リエージュの事例では都市景観の特定の要素に力点が置かれた

が、これにより君主がその政治的目論見のままに都市空間を再整理することが可能になるのである。都市が破壊される最中、宗教建築、とくに教会は略奪されたにもかかわらず組織的に保存されるという措置がすでにとられていたのだが、これはまたしても公家の総督ギィ・ド・ブリムにより監督された作戦である[87]。リエージュの再建はこれら教会建築の周辺で集中的に組織され、市庁舎あるいはペロンの周辺ではたとえ可能であったとしても行われなかった。すぐれて都市抵抗の象徴だったペロンの再建は1477年の後ようやく実現されたが、それはシャルル突進公の突然の死がブルゴーニュ政庁を狼狽させたこのときを待たねばならなかったのである。その間、慈悲深い父として振る舞ったシャルル突進公は、リエージュの聖ランベール教会に聖ジョルジュと自身をかたどった有名な金の聖遺物匣を奉納した。そこにはクッションに跪いた完全武装の公が表現されており、首回りには金羊毛騎士団の徽章をあしらったネックレスがみられる。聖人もまた武装しているが、挨拶のためにその兜を掲げている。彼の姿は著しく公に似ている[88]。

　1467年11月、リエージュに対して最初の勝利を収めた直後、公シャルルがリエージュの守護聖人ランベールの聖遺物に詣でるために大聖堂を訪問したことが宮中会計簿から明らかになっている。聖遺物匣の製作は、ジェラール・ロワィエに依頼された。この男は、1467年リエージュに処罰が科せられた直後に、公の肖像を用いて、しばしば彼の軍事行為に関連した数多くの奉納物を製作したリルの金細工師である。その一年後の、破滅へと通じる新たな反乱は公を驚かせた。教会の宝物庫の中身は、異母兄弟の「大私生児」と綽名されたアントワーヌに分配されたにもかかわらず、都市の略奪が展開された激動の日々の間、公は個人的に聖ランベールの聖遺物を保護下に置いていたと言われる。聖遺物を内蔵する小像は、とうとう1471年まで都市に返還されなかった。かくのごとく振る舞い、その間都市の聖人により聖なるものと認可された権威と秩序を押しつけることで、公シャルルは聖人、教会、そして都市の守護者としての自身の役割を強く打ち出したのである。都市のもっとも貴重な聖遺物の帰属を決定しうる君主は、神的権力の代理人として都市の生死にも決定を下すことができる。かくして、彼は「都市は滅びうる」の原則を実行へと移したのだった。

　一処罰法としての都市景観への意図的な干渉は、ブルゴーニュ期のうちに政

治的コミュニケーションの一手段となっていた。こうした行為は、公の高位役人たちにも模倣されたのである。宗教建築について言えば、官房長ニコラ・ロランにより建設されたボーヌの施療院が思い浮かべられようが、これは、神的・世俗的権力の双方と結びついていたがゆえに特権を享受していたのである[89]。

　都市の破壊あるいは破壊の脅しは15世紀の低地地方でひとつの統治手段となったが、この事態は中央権力と都市の間の権力関係が根本的に作り変えられる近世の宗教戦争末期まで続く。フランスの王権イデオロギーに染まったヴァロワ・ブルゴーニュ公家のような支配家系は、そのもっとも重要な内部の政敵である、自立主義を掲げる都市に対する優位を明確に示さねばならなかった。その野望を実現するため、都市の破壊を究極的な処罰と貶めの手段とする政治的言説が立ち上がってきたのである。この論拠を説得的なものとするためには、破壊は少なくとも一度は原則から実行へと移されねばならなかった。言説それ自体は、法益被剥奪者の住居を破壊することを可能にした都市慣習法によって影響されていた部分もある。しかし、より根本的には、ローマ法学において表明されたような君主主権の原則により、強力に構築されていたのである。歴史的な正当化については、聖書や古典の範例が基盤を提供した。フィリップ善良公、シャルル突進公双方の治世とも、この言説の発展にとって決定的であったことに疑いはない。これは偶然ではなかった。なぜなら、ブルゴーニュ国家の政治的エネルギーが、新たに獲得された公家支配領域の地固めと、主権、さらには国王権力の獲得にさえも向けられたのは、まさにこれらの公の治世下だったからである。都市破壊および都市空間への部分的干渉の冷静な計画立案は、そうした公の政策にみられる合理性に対応している。ゆえに、都市を破壊すること、あるいは都市に損傷を加えることはそれ自体が目的であるだけではなかった。それは、コミュニケーションとプロパガンダの方策でもあったのだ。またそれゆえに、同時代の観察者が完全破壊と都市の象徴資本に向けられた部分的干渉を結びつけている点が重要である。市庁舎、市門、象徴的建築物、さらには都市法、都市の名前そのもの、住民、その宗教的伝統と象徴。いまや、そのいずれもが、君主による都市支配を告げるために、「全体を代表

する一部」として機能しうるのであった。


注
1) R. Vaughan, *Charles the Bold. The Last Valois Duke of Burgundy* (London, 1973), p. 40.
2) W. Blockmans, "Voracious States and Obstructing Cities: an Aspect of State Formation in Preindustrial Europe", in *Cities and the Rise of States in Europe, A.D. 1000 to 1800*, eds. C. Tilly, W. Blockmans (Boulder-San Francisco-Oxford, 1994), pp. 228-29, 233, 237.
3) 財政的支配の例については、次の文献を参照。W. Blockmans, "De tweekoppige draak. Het Gentse stadsbestuur tussen vorst en onderdanen, 14de-16de eeuw", in *Qui valet ingenio. Liber amicorum Johan Decavele*, eds. J. De Zutter, L. Charles, A. Capiteyn (Gent, 1996). 司法的・経済的支配の例として、次の文献を参照(ヘントとドゥエの場合の都市スターペル特権が示唆されている)。M. Boone, "Droit de bourgeoisie et particularisme urbain dans la Flandre bourguignonne et habsbourgeoise (1384-1585)", *Belgisch Tijdschrift voor Filologie en Geschiedenis* LXXIV (1996), pp. 707-726; M. Howell, M. Boone, "Becoming Early Modern in the Late Medieval Low Countries. Ghent and Douai from the Fourteenth to the Sixteenth Century", *Urban History* 23 (1996), pp. 300-324.
4) P. Stabel, "'Te vuur en te zwaard'. Typologie, oorzaken en consequenties van de verwoestingen in de kleinere Vlaamse steden tijdens de late middeleeuwen", in *Verwoesting en wederopbouw van steden, van de middeleeuwen tot heden, 18de Internationaal Colloquium, Spa, 10-12.IX. 1996*, Brussel, 1999, pp. 97-126.
5) M. Boone, M. Prak, "Rulers, Patricians and Burghers: the Great and the Little Traditions of Urban Revolt in the Low Countries", in *A Miracle Mirrored. The Dutch Republic in European Perspective*, eds. K. Davids, J. Lucassen (Cambridge, 1995), pp. 99-134.
6) J. Dumolyn, *De Brugse opstand, 1436-1438* (Kortrijk, 1997). また、次の報告も参照。P. Arnade, "The Honorable Amend: Humiliating Townspeople in late Medieval Bruges", (The 28th International Congress on Medieval Studies, Kalamazoo, 1993における報告)。
7) 武力により紛争が決着する前の1452年にリールで行われた最初の交渉の際、公の顧問団およびヘント市民の両陣営ともブルッヘの事例に言及した。M. Boone, "Diplomatie et violence d'Etat. La sentence rendue par les ambassadeurs et conseillers du roi de France, Charles VII, concernant le conflit entre Philippe le Bon, duc de Bourgogne, et Gand en 1452", *Bulletin de la Commission Royale d'Histoire* 156 (1990), p. 18.

8) Vaughan, *Charles the Bold*, pp. 10-11.
9) General Archives of the Realm (Brussels), Trésor de Flandre, 1e series, nr. 2230. これは部分的に次の文献で引用されている。W. Blockmans, "La répression de révoltes urbaines comme méthode de centralisation dans les Pay-Bas bourguignons", *Publications du Centre Européen d'Etudes Bourguignonnes (XIVe-XVIe siècles). N°28, Rencontres de Milan (oct. 1987)*, (Neuchâtel, 1988), p. 8.
10) 「私がそれを破壊した後、一体誰が別のものを私に返してくれましょうか。これが陛下の遺産にして家産であれば、陛下は異なるように感じられましょう」。L. P. Gachard, *Etudes et notices historiques concernant l'histoire des Pays-Bas*, vol. 2 (Brussels, 1890), p. 407.
11) Bibliothèque Nationale de France (Paris), manuscrits français, nr. 5036 f° 8r°-v°:「1466年8月25日、聖バルテルミの祝日のあくる日、晩課の6時頃、都市ディナンはブルゴーニュ公閣下とその息子シャロレー伯殿に屈し、その御意向が実現されることとなった。この都市は徹底して取り壊され、火に掛けられ、廃墟に帰され、その市壁も市門もすべては取り壊されん、というのがその御意向であった」。
12) Gachard, *Collection de documents inédits concernant l'Histoire de la Belgique*, vol. 2 (Brussels, 1834), pp. 392-99.
13) *Ibidem*, pp. 375-92. この会計簿は、「都市ディナンが存在していた場所」について語っている。
14) W. Paravicini (ed.), *Der Briefwechsel Karls des Kühnen (1433-1467). Inventar 1* (Frankfurt, 1995), p. 337.
15) 宮廷修史官にして宮内次官であったオリヴィエ・ド・ラ・マルシュの叙述分析については、以下の文献を参照。なお、この宮内次官の職務こそが、彼をして繰り返しブルゴーニュ宮廷の示威行為における舞台監督にならしめたのである。K. Heitmann, "Zur Antike-Rezeption am burgundischen Hof: Olivier de La Marche und der Heroenkult Karls des Kühnen", in *Die Rezeption der Antike: zum Problem der Kontinuität zwischen Mittelalter und Renaissance (Wolfenbutteler Abhandlungen zur Renaissanceforschung 1)*, ed. A. Buck (Hamburg, 1981), pp. 97-118. ホイジンガの古いヴィジョンに対する明晰な論駁が次の文献で展開されている。A. J. Vanderjagt, "Classical Learning and the Building of Power at the Fifteenth-Century Burgundian Court", in *Centres of Learning. Learning and Location in Pre-Modern Europe and the Near East*, eds. J. W. Drijvers, A. A. Macdonald (Leiden, 1995). 古代の英雄たちの模倣は、ブルゴーニュ宮廷のために注文されたタペストリーに明らかに示されている（現在ベルンに保管されている、カエサルのタペストリー・シリーズを参照）。J. Chipps Smith, "Portable Propaganda, Tapestries as Princely Metaphors at the Courts of Philip the Good and Charles the Bold", *Art Journal* 48: 2 (1989), pp. 123-29.

16) L. Smolderen, "Médailles et jetons", in *L'ordre de la Toison d'Or, de Philippe le Bon à Philippe le Beau (1430-1505): idéal ou reflet d'une société?*, eds. P. Cockshaw, C. Van Den Bergen-Pantens (Brussels, Turnhout, 1996), p. 168.
17) W. Paravicini, *Guy de Brimeu. Der burgundische Staat und seine adlige Führungsschicht unter Karl dem Kühnen* (Bonn, 1975), p. 89.
18) C. Thiry, "Les poèmes de langue française relatifs aux sacs de Dinant et de Liège", in *Liège et Bourgogne. Actes du Colloque tenu à Liège les 28, 29 et 30 octobre 1968, (Bibliothèque de la faculté de Philosophie et Lettres de l'Université de Liège, fasc. CCIII)*, (Paris, 1972), p. 118. 補足として以下の文献がある。*Idem*, "Une complainte inédite sur le sac de Dinant (1466)", *Handelingen van de Koninklijke Commissie voor Geschiedenis* 138 (1972), pp. 1-38. 1468年のリエージュと1471年のアミアンに関して同様なテクストが次の文献に収録されている。D. D. Brouwers (ed.) *Mémoires de Jean, Sire de Haynin et de Louvignies 1465-1477*, vol. 2 (Liège, 1906), pp. 237-44.
19) J. Devaux, *Jean Molinet indiciaire bourguignon, (Bibliothèque du XVe siècle LV)*, (Paris, 1996), pp. 431-44. この研究は、サントゥッチの次の文献よりも、モリネの姿勢を肯定的に評価している。M. Santucci, "Gand et les Gantois vus par Molinet chroniqueur et poète", *Rencontres médiévales en Bourgogne (XIVe-XVe siècle)* 1 (1991), pp. 43-69. モリネはまた、ブルゴーニュ公家が称揚される道徳劇を書いた。J. Devaux, "Molinet dramaturge: une moralité inédite jouée lors du chapitre valenciennois de la Toison d'Or (1473)", *Revue du Nord* 78 (1996), pp. 35-47.
20) Thiry, *Les poèmes de langue française*, p. 121. ここでは、テルアンヌの包囲（1553）、メヘレンの略奪（1572）、ティルモンとレウヴェンの略奪（1635）、そしていわゆる「マザリナード」Mazarinades〔フロンドの乱（1648-56）期に流布されたパンフレット類〕に関するテクストが引用されている。
21) ブルゴーニュ期低地地方に関するその類の文学テクストが収録されている写本は、（いくらか誤解を招くタイトルがつけられているけれども）次の文献に編纂されている。A. J. V. Le Roux de Lincy, *Chants historiques et populaires du temps de Charles VII et de Louis XI* (Paris, 1857).
22) De Queux de Saint-Hilaire, *Eustache Deschamps, œvres complètes* (Paris, 1884), vol. 1, pp. 94-97, 201-02; vol. 4, pp. 56, 285-86, 313, 329-30. もっとも手の込んだテクストは、「都市ヘントへ」と題するバラッドで間違いなかろう。「傲慢な樹の下には、不実の草と／あらゆる裏切りの根が蔓延り、／ありとあらゆる嘘偽りの技が絡むその上には、／文句の葉が茂り、野次怒号の花と果実が満ちる／（これらがみな）大いなる反乱の元凶ときっかけ……／神に背く異端の思想に酔い痴れる、……／神はおまえに裁きを下された。／気をつけるがいい、虚栄都市ヘントよ。……神に背いて、おまえは侵略者の側に立った。／王に背を向け、おまえは謀を企んだ。／しかもおまえは主君を尊ぶこともしなかった。

/主君に傅く身でありながら。/街も自治も財産も没収されるのだ。/殿下に背いたからには、定めの法に従って。/悪事のおかげで、おまえは他者に引き渡された。/卑しい者から高貴な者まで、おまえたちは打ち滅ぼされよう。/おまえは名を喪失し、反逆者として塩を撒かれよう。/気をつけるがいい、虚栄都市ヘントよ」。「大逆罪」による破壊という神的かつ世俗的な混成的処罰のテーマは、ここにはっきりと提示されている。

23) H. Krefeld (ed.), *Der Archipoeta* (Berlin, 1992), pp. 74-80 中の編者によるコメントおよび次の文献を参照。*Die Gedichte des Archipoeta* (Heidelberg, 1958), pp. 127-38.

24) 次の文献に引用された「戴冠せる獅子」lyon couronné の無名作者を参照。G. Melville, "Vorfahren und Vorgänger. Spätmittelalterliche Genealogien als dynastische Legitimation zur Herrschaft", in *Die Familie als sozialer und historischer Verband. Untersuchungen zum Spätmittelalter und zur frühen Neuzeit*, ed. P.-J. Schuster (Sigmaringen, 1987), p. 204.

25) E. Dhanens, "De Blijde Inkomst van Filips de Goede in 1458 en de plastische kunsten te Gent", in *Actum Gandavi. Zeven bijdragen in verband met de Oude Kunst te Gent* (Brussels, 1987), pp. 77-81; J. D. Hurlbut, "The City Renewed: Decorations for the 'Joyeuses Entrées' of Philip the Good and Charles the Bold", *Fifteenth Century Studies* 19 (1992), pp. 73-84.

26) Melville, "Vorfahren und Vorgänger", pp. 203-309 は、ブラバントに関する限り次の文献によって補完されるべきである。R. Stein, "Brabant en de Karolingische traditie. Over het ontstaan van een historiografische traditie", *Bijdragen en Mededelingen betreffende de Geschiedenis der Nederlanden* 110 (1995), pp. 329-51. ブルゴーニュ宮廷文学における古典参照の役割については、次の文献を参照。C. Raynaud, "Le prince ou le pouvoir de séduire", in *Les princes et le pouvoir au Moyen Age. XXIIIe congrès de la S.H.M.E.S. Brest mai 1992* (Paris, 1993), pp. 261-84.

27) このトピックについての豊富な文献目録は、次の著作にみられる。J.-M. Cauchies, *Louis XI et Charles le Hardi. De Péronne à Nancy (1468-1477): le conflit* (Brussels, 1996), pp. 61-68. ブルゴーニュ諸公、とりわけフィリップ善良公の王権政策に関する一連の重要な論考が再編集されたばかりである。P. Bonenfant, *Philippe le Bon. Sa politique, son action*, ed. A.-M. Bonanfent-Feytmans (Brussels, 1996).

28) 金羊毛騎士団については次の文献を参照。M. Tanner, *The Last Descendant of Aeneas. The Hapsburgs and the Mythic Image of the Emperor* (Yale, London, 1993), pp. 146-61.

29) 引用は、『エレミア書』1章10節。次の文献で引用され、背景が説明されている。J. Krynen, *L'empire du Roi. Idées et croyances politiques en France XIIIe-XVe siècles* (Paris, 1993), pp. 390-95. 次の文献も参照。A. Guery, "Le roi est Dieu, le roi et Dieu", in *L'Etat ou le Roi. Les fondations de la modernité monarchique en France (XIVe-XVIIe siècles)*, eds. N. Bulst, R. Descimon, A. Guerreau (Paris, 1996), pp. 27-47.

30) 両法学者については、次の文献を参照。A. Black, *Political Thought in Europe 1250-1450* (Cambridge, 1992), pp. 115-16, 127-29. バルトルスは以下の議論でも重要である。その経歴は次の文献に記されている。F. Calasso, "Bartolo de Sassoferrato", in *Dizionario biografico degli Italiani* VI, (Rome, 1964), pp. 640-69. 都市政府に関する彼の著作の最新版は、次の文献。D. Quaglioni, *Politica e diritto nel Trecento Italiano. Il 'De Tyranno' di Bartolo da Sassoferrato (1314-1357) con l'edizione critica dei trattati 'De Guelphis et Gebellinis', 'De Regimine Civitatis' et 'De Tyranno'* (Firenze, 1983).
31) Dumolyn, *De Brugse opstand*, p. 294.
32) F. Autrand, *Charles V le Sage* (Paris, 1994), pp. 714-42. これは次の文献と対照されるべきである。R. Vaughan, *Philip the Bold. The Formation of the Burgundian State* (London, 1979), pp. 192-95.
33) M. Boone, "Chancelier de Flandre et de Bourgogne (1385-1530)", in *Les institutions du gouvernement central des Pays-Bas Habsbourgeois (1482-1795)* 1, eds. E. Aerts, M. Baelde, H. Coppens, H. De Schepper, H. Soly, A. K. L. Thijs, K. Van Honacker (Brussels, 1995), pp. 209-25.
34) A. J. Vanderjagt, *Laurens Pignon, OP: Confessor of Philip the Good. Ideas on Jurisdiction and the Estates. Including the Texts of his Treatises and Durand of St. Pourçain's 'De Origine Iurisdictionum'* (Venlo, 1985).
35) A. J. Vanderjagt, "Frans-Bourgondische geleerde politici in de vijftiende eeuw", *Theoretische Geschiedenis* 16 (1989), pp. 408-11. この知的問題への関心は、もちろんすでにシャルル突進公治世以前のブルゴーニュ宮廷サークルに存在していた。そこでの見解では、公は「公共事」la chose publiqueの究極的な保証人だった。このヴィジョンは、ホイジンガが『中世の秋』で展開した、ルネサンスの到来を待ちながら、過去の中世的理念に満たされたブルゴーニュ宮廷のイメージと際立った対照をなしている。次の文献を参照。A. J. Vanderjagt, *"Qui sa vertu anoblist". The Concepts of 'Noblesse' and 'Chose publique' in Burgundian Political Thought* (Groningen, 1981), pp. 45-74. シャルルの政治的見解に多くの影響を与えた官房長ユゴネについては、次の文献。W. Paravicini, "Zur Biographie von Guillaume Hugonet, Kanzler Herzog Karls des Kühnen", in *Festschrift für Hermann Heimpel zum 70. Geburtstag*, vol. 2 (Göttingen, 1972), p. 448. ユゴネはイタリアで法学を学び、彼のキャリアを通じてイタリアの人文主義者たちと連絡をとりつづけた。
36) M. Van Gelderen, *The Political Thought of the Dutch Revolt 1555-1590* (Cambridge, 1992), p.30.
37) M. Boone, "State Power and Illicit Sexuality: the Persecution of Sodomy in Late-Medieval Bruges", *Journal of Medieval History* 22 (1996), pp. 135-53. 官房長ユゴネは、この事例でも直接介入した。

38) ブルゴーニュ宮廷の十字軍的理想については、次の文献を参照。H. Müller, *Kreuzzugspläne und Kreuzzugspolitik des Herzogs Philipp des Guten von Burgund* (Göttingen, 1993), pp. 13-31.

39) P. F. X. de Ram, *Documents relatifs aux troubles du pays de Liège sous les princes-évêques Louis de Bourbon et Jean de Horne 1455-1505* (Brussels, 1844), p. 238.

40) General Archives of the Realm (Brussels), Audiëntie, 1627$^3$, (以下のタイトルがつけられた史料集) 'declaration des abuz commis par ceulx de Gand en l'an XVcXXXIX', f° 9v°.

41) ド・グランヴェル枢機卿の書簡における言及を参照。E. Poullet, *Correspondence du Cardinal de Granvelle 1563-1583*, vol. 2 (Brussels, 1880), p. 475 (1567年5月30日の書簡)。次の文献も参照。G. Marnef, *Antwerpen in de tijd van de Reformatie. Ondergronds protestantisme in een handelsmetropool 1550-1577* (Antwerpen-Amsterdam, 1996), p. 153.

42) もっとも有名なヘントに対する処罰の記録は、カール5世が都市の政治機構を一新したいわゆる「カールの特赦」(1540年4月30日)である。このひじょうに重要な文書とは別に、ヘントを「不忠、不服従、協定違反、蜂起、反乱の罪および大逆罪により有罪」とする告発文も考察に値する。J. Lameere, H. Simont (eds.), *Recueil des ordonnances eds. Pays-Bas (1537-1543)*, vol. 4 (Brussels, 1907), p. 179.

43) A. Black, "The Individual and Society", in *The Cambridge History of Medieval Political Thought c. 350-c. 1450*, ed. J. H. Burns (Cambridge, 1988), p. 603. バルトルスからの引用は、彼の論文 *De Regimine Civitatis* からのものである。次の文献も参照。J. Coleman, "The Individual and the Medieval State", in *The Individual in Political Theory and Practice*, ed. J. Coleman (Oxford, 1996), p. 5.

44) B. Ubaldus, *De Pace Constantie* (Lyons, 1585), V° Imperialis, f° 87v°, n°8.

45) G. Leyte, *Domaine et domanialité publique dans la France médiévale (XIIe-XVe siècles)* (Strasbourg, 1996), pp. 87, 221-39.

46) F. Wielant, *Verzameld werk I: corte instructie in materie criminele*, ed. J. Monballyu (Brussels, 1995), p. 188.

47) M. H. Keen, *The Laws of War in the Late Middle Ages* (London-Toronto, 1965), pp. 68-69, 73, 75, 77-81.

48) Vaughan, *Charles the Bold*, pp. 11-36; Paravicini, *Guy de Brimeu*, pp. 147, 281.

49) 注9を参照。ブルゴーニュ家に関するいくつかの事例を含め、君主の経済的役割については次の文献を参照。H. Dubois, "Le pouvoir économique du prince", in *Les princes et le pouvoir au Moyen Age. XXIIIe congrès de la S.H.M.E.S. Brest mai 1992* (Paris, 1993), pp. 229-46.

50) Leyte, *Domaine et domanialité*, pp. 392-95.

51) R. C. Van Caenegem, *Geschiedenis van het strafrecht in Vlaanderen van de XIe tot de XIVe eeuw* (Brussels, 1954), pp. 175-90. フランドル以外については、次の文献があ

る。P. Godding, "Les ordonnances des autorités urbaines au moyen âge. Leur apport à la technique législative", in *Peasants and Townsmen in Medieval Europe. Studia in honorem Adriaan Verhulst*, eds. J.-M. Duvosquel, E. Thoen (Ghent, 1995), p. 199.

52) その他のヘントの事例とともに次の文献に引用されている。M. Boone, M. C. Laleman, D. Lievois, "Van Simon sRijkensteen tot Hof van Ryhove. Van erfachtige lieden tot dienaren van de centrale Bourgondische staat", *Handelingen der Maatschappij voor Geschiedenis en Oudheidkunde te Gent,* new series 44 (1990), pp. 60-61.

53) R. Muchembled, *Le temps des supplices. De l'obéissance sous les rois absolus XVe-XVIIIe siècles* (Paris, 1992), pp. 7-13.

54) Boone, "Diplomatie et violence d'Etat", p. 35.

55) P. アルナーデは、これまで人類学的観点からブルゴーニュ公とヘントの関係を研究してきた。彼の手になる以下の研究を参照。*Realms of Ritual: Burgundian Ceremony and Civic Life in Late Medieval Ghent* (Cornel Univ. Press, 1996); Idem, "Crowds, Banners and the Marketplace: Symbols of Defiance and Defeat during the Ghent War of 1452-1453", *Journal of Medieval and Renaissance Studies* 24 (1994), pp. 471-97.

56) フランスの影響は重大なものだった。近年の概観は次の文献に見出される。R. Descimon, "Le corps de ville et le système cérémoniel parisien au début de l'âge moderne", *Statuts individuels, statuts corporatifs et statuts judiciaires dans les villes européennes (moyen âge et temps modernes), Actes du colloque tenu à Gand les 12-14 octobre 1995. Individual, corporate and judicial status in European cities (late Middle Ages and early modern period), Proceedings of the colloquium Ghent, October 12th-14th 1995,* eds. M. Boone, M. Prak (Leuven-Apeldoorn, 1996), pp. 73-128; 低地地方に関しては、次の文献を参照。Soly, *Plechtige intochten,* pp. 341-61, *passim.*

57) シャルル突進公によるヘントの入市式および地方聖人聖リーヴェンのプロセッションとの衝突から巻き起こった紛争については、次の文献がある。P. Arnade, "Secular Charisma, Sacred Power: Rites of Rebellion in the Ghent Entry of 1467", *Handelingen der Maatschappij voor Geschiedenis en Oudheidkunde te Gent,* new series 45 (1991), pp. 69-94. ヘントの事例を、より広い時間枠に位置づけたものとして次の文献。M. Boone, T. de Hemptinne, "Espace urbain et ambitions princières: les présences matérielles de l'autorité princière dans le Gand médiéval (12e siècle - 1540)", in *Akten des 4. Symposium 'Zeremoniell und Raum (1200-1600)', Potsdam, Schloss Cecilienhof, 26-27 September 1994,* ed. W. Paravicini, Residenzenkommission der Akademie der Wissenschaften zu Göttingen (Sigmaringen, 1997), pp. 279-304.

58) ブルッヘに科せられた「公然告白の刑〔＝儀礼的謝罪〕」amende honorable については、次の文献を参照。Dumolyn, *De Brugse opstand.* pp. 293-95.

59) 1452年のリール和平協議でフランス使節により計画されたヘントの処罰においても、

同様であった（有罪宣告の20条と21条）。「ヘントの者らが公殿ならびにシャロレー伯殿に相見えよう場所あるいは位置に、取り決められしことが永遠に認知され記憶されんがため、彼らにより、彼らの負担によりて、できる限り迅速に、指示されし通りに、像や似姿により豊かに装飾された美しい石造りの十字架が作成、建立され、高く掲げられるよう命じられん」。Boone, "Diplomatie et violence d'Etat", pp.42-43. この問題に関するブルゴーニュ家の政策全般については次の文献を参照。H. Kamp, "Amortisation und Herrschergedenken im Burgund des 15. Jahrhunderts", *Memoria als Kultur*, ed. O. G. Oexle (Göttingen, 1995), pp. 253-84.

60) 全66のフランドルおよびアルトワ都市のうち、24の都市の印璽で市門が都市を象徴している（残存する367の印璽のうちでは、67に上る）。未刊行の研究からこの情報を提供してくれたN.ウートスタット女史に感謝する。また次の文献も参照。R. Van Uitven, "Architecturale vormen en stedelijke identiteit in de middeleeuwen", *Sporen en spiegels, beschouwingen over geschiedenis en identiteit*, ed. J. C. Dekker (Tilburg, 1995), p. 17.

61) 徹底して遂行された干渉を、後にブルッヘに課されたコストの面から検討したものとして、次の文献がある。M. Ryckaert, "De Gentse opstand (1379-1385)", in *De witte kaproenen. De Gentse opstand (1379-1385) en de geschiedenis van de Brugse Leie* (Gent, 1979), pp. 23-24.

62) リエージュ地方の諸都市にみられるペロン全般については、次の文献を参照。Van Uytven, *Architecturale vormen*, p. 20. リエージュの処罰決定に際して、シャルル突進公は、1408年オテの戦い後ジャン無畏公〔在位1404-18〕がリエージュに処罰を科した方法を考慮に入れた。Vaughan, *Charles the Bold*, p. 24. ペロンについては、次の文献を参照。H. Pirenne, "Le conflit liégois-bourguignon et le *perron* liégois", *Annales du Congrès de Liège 1932 de la Fédération Archéologique et Historique de Belgique* (Liège, 1933).

63) Le Roux de Lincy, *Chants historiques*, p. 142.

64) J. L. Charles, "Le sac des villes dans les Pays-Bas au XVIe siècle. Note sur les règles de guerre", *Publication du Centre Européen d'Etudes burgundo-médianes. N°12-rencontres de Groningue, 1970* (Genève, 1970), pp. 53-61.

65) Paravicini, *Der Briefwechsel*, pp. 335-39.

66) 「歓迎し、相応しく敬意を払うこと」、都市イープルの会計簿にはこう記してある。また、ヘントの会計簿には明瞭に以下のような文面が読み取れる。「彼〔＝公〕に従い、その不満から恩赦を引き出すため」。W. P. Blockmans, *Handelingen van de Leden en van de Staten van Vlaanderen (1467-1477). Excerpten uit de rekeningen van de Vlaamse steden, kasselrijen en vorstelijke ambtenaren* (Brussels, 1971), pp. 51-52.

67) 次の史料に記されている出来事を参照。*Dagboek van Gent van 1447 tot 1470 met een Vervolg van 1477 tot 1515* vol. 2, ed. V. Fris (Ghent, 1904), pp. 217-20.

68) 書簡は次の文献中に編纂されている。E. Fairon, *Régestes de la cité de Liège. Tome*

*IV: 1456 à 1482* (Liège, 1939), pp. 307-12.
69) *Ibidem*, p. 325.
70) この問題については、ホラント伯領の事例で体系的に調査されてきた。ひとたびブルゴーニュ公が権力の座に就くや、この慣習が重要性を獲得したことは驚くに値しない。J. G. Smit, *Vorst en onderdaan. Studies over Holland en Zeeland in de late Middeleeuwen* (Louvain, 1995), pp. 287-89.
71) Cauchies, *Louis XI et Charles le Hardi*, p. 33.
72) *Ibidem*, p. 97.
73) 次の古典的研究を参照。H. See, *Louis XI et les villes* (Paris, 1891), pp. 287-90. 近年の評価については次の文献。D. Potter, *War and Government in the French Provinces. Picardy 1470-1560* (Cambridge, 1993), pp. 54-55.
74) R. C. Van Caenegem, "Bookish Law and Customary Law: Roman Law in the Southern Netherlands in the Late Middle Ages", in *Law, History, The Low Countries and Europe*, eds. L. Milis et. al. (London, 1994), pp. 132-33.
75) W. Prevenier, M. Boone, "Les villes des Pays-Bas méridionaux au bas moyen âge: identité urbaine et solidarités corporatives", *Bulletin du Crédit Communal* 183 (1993), pp. 36-38. パリのケーススタディでも、同様な事態が証明されている。J. Chiffoleau, "Les processions parisiennes de 1412. Analyse d'un rituel flamboyant", *Revue historique* 114 (1990), pp. 68-71. 上記の注56におけるR. デシモンの論考も参照。
76) 「カールの特赦」のテクストは、次の文献に収録されている。A. Du Bois, L. De Hondt, *Les Coutumes de la ville de Gand*, vol. 2 (Brussels, 1887), p. 172.
77) この作戦の重要性は、近年次の文献によって証明された。M. C. Laleman, "Woord, beeld en materie. Het Sint-Baafsdorp in Gent", in *Qui valet ingenio. Liber amicorum Johan Decavele*, eds. J. De Zutter, L. Charles, A. Capiteyn (Ghent, 1996), pp. 289-317. イタリアでの事例は、1450年直後ミラノでフランチェスコ・スフォルツァにより建設された城である（この城は、マキャヴェリの『君主論』20章において批判されている）。P. Boucheron, "Les expressions monumentales du pouvoir princier à Milan au temps de Francesco Sforza (1450-1466)", in *Les princes et le pouvoir au Moyen Age. XXIIIe congrès de la S.H.M.E.S. Brest mai 1992* (Paris, 1993), pp. 122-123.
78) C. Steur, *Mémoire sur les troubles de Gand de 1540* (Brussels, 1834), pp. 151-52.
79) L. P. Gachard (ed.), *Relation des troubles de Gand sous Charles-Quint par un Anonyme, suivie de trois cent trente documents inédits sur cet événement* (Brussels, 1846), p. 101.
80) *Ibidem*, pp. 102-07.
81) 聖リーヴェンの崇拝がヘントの社会機構において重要だった様子は、「リーヴェン」というクリスチャン・ネームが中世後期のギルド構成員たちの間で三番目に人気のある

名前だったという事実によって証明される。中世後期の間にこの点で地方聖人がますます重要性を失っていたにもかかわらず、こうした一般的傾向が確認されるのである。次の文献を参照。M. Boone, I. Schoups, "Jan, Johan, en alleman: voornaamgeving bij de Gentse ambachtslieden (14de-15de eeuw), symptoom van een groepsbewustzijn?", in *Qui valet ingenio*, eds. J. De Zutter e.a., pp. 52-53.

82) 1467年の事件をみよ。Arnade, *Secular Charisma, Sacred Power*, pp. 69-94.

83) 都市を罰する計画が議論されていたとき、ド・ブリムーはヘントに滞在していた。公の所有物をいくつか再建するなかでも、「ヘント近郊シント・バーフ付近、多くの防御建造物をめぐらせ、いとも精妙にして卓越した造りの大きな城塞を備えたある場所、囲い地」が話題にされている。Paravicini, *Guy de Brimeu*, p. 461.

84) Paravicini, *Guy de Brimeu*, pp. 302-07.

85) カール5世が1540年のヘントの反乱を叩き潰した後ヘント周辺領域の小都市に発給した集団的恩赦状のいくつかは、次の文献にまとめられている。Gachard, *Relation*, p. 399 ff. (no. 250: Oudenaarde; no. 256: Ninove; no. 257: Kortrijk). 犯罪に恩赦を与えるためのブルゴーニュ公の権利については、次の文献を参照。M. Boone, ""Want remitteren is princelijck". Vorstelijk genaderecht en sociale realiteiten in de Bourgondische periode", in *Liber amicorum Achiel Devos* (Evergem, 1989), pp. 53-59. 個人に対する恩赦の一例として、イープルの市民ヘリン・デーレ・ワッレのそれが挙げられよう（1453年3月23日）。ヘリンは、ヘントの反乱を支持するよう市民を扇動したとして、フランドル司法長官により投獄されていた。「とりわけ、余が都市バイユールとその教区、ならびにヌーヴェグリーズの教区を焼かんとするつもりだなどと言い広め、この言行のゆえに嘆願者は余の囚人とされし」。General Archives of the Realm (Brussels), Chartes du sceau de l'Audience, no. 254.

86) W. Schulze, *Vom Gemeinnutz zum Eigennutz. Über den Normenwandel in der ständischen Gesellschaft der frühen Neuzeit* (Munich, 1987).

87) Paravicini, *Guy de Brimeu*, pp. 198-207.

88) 小像についての詳細は、もっとも包括的な次の最新研究に拠っている。H. Van der Velden, "Charles' the Bold's Votive Gift to the Cathedral of St. Lambert in Liège", *Journal of the Warburg and Courtauld Institute* (in press).

89) H. Kamp, *Memoria und Selbstdarstellung. Die Stiftungen des burgundischen Kanzlers Rolin* (Sigmaringen, 1993), pp. 268-69. この研究は、ボーヌの施療院建立と1438年に反乱を起こした都市と公の和解をもたらそうとした試みに関連を見出している。

# 第4部
# 祈る人・戦う人と平和

「暴力と平和」(ピエール・サルモンの『書』, フランス国立図書館蔵)。
左の絵:(ピエールの)忠告を聞かずに暴力の犠牲になる君主(オルレアン公ルイ)。右の絵:君主はピエールを通じて修道士の言葉を聞きいれ, 悪魔は追放されて平和が支配する。
Fr. 23279, ff° 64v° et 65 (Bibliothèque nationale de France)

# 第 11 章

# 俗人と「神の平和」

ジョルジュ・デュビー

高木　啓子　訳

●解題●・・・・・・・・・・・・・・・・・・・・・・・・・・・・・・・・

　本章は、Georges Duby, "Les laïcs et la paix de Dieu", in: *I laici nella "societas christiana" dei secoli XI e XII,* atti della terza Settimana internazionale di studio, mendola, 21-27 agosto 1965, Milan, 1968, pp. 448-461（Id., *Hommes et structures du moyen âge,* Paris, 1973, pp. 227-40に再録）の訳である。

　著者ジョルジュ・デュビーは、1919年パリに生まれ、リヨン大学で歴史学と地理学を学んだあと、エクサン＝プロヴァンス大学教授を経て、1991年に退官するまでコレージュ・ド・フランス教授をつとめた。マルク・ブロックに私淑し、リュシアン・フェーヴルの影響も大きく、「アナール」派の代表的な中世史家として知られる。1987年よりアカデミー・フランセーズ会員。1996年に世を去るが、その活発な研究・執筆活動は晩年まで続いた。著書・著作は多数にのぼるが、マコネ地方を舞台に封建社会の形成期を活写した*La Société aux XI^e et XII^e siècles dans la région mâconnaise,* Paris, 1953（1971年改訂）お

よび、デュメジルの職能論の影響を受けた*Les Trois Ordres ou l'Imaginaire du féodalisme*, Paris, 1978が代表的であり、本章との関わりも深い。邦訳も多く、『十二世紀の女性たち』（新倉俊一・村松剛訳、白水社、2003年）などの女性史関係の著作や、自らの方法論について語った『歴史家のアトリエ』（阿部一智訳、新評論、1991年）などを日本語で読むことができる。

　デュビーは1950年代末ごろから心性史へと関心を広げ、イメージやイデオロギーが社会に対して持つ力を重視するようになった。この傾向は本論文にも色濃くあらわれ、ここでは、「神の平和」運動は、グレゴリウス改革的な理想の実現を目指した聖職者たちによる運動であり、その影響下でキリスト教的理念にもとづく騎士身分が確立していったとされ、「神の平和」がヨーロッパ中世の心性や秩序の成立に果たした役割が高く評価されている。平和という理念によって、暴力的紛争（フェーデ）が頻発する現実を変えようとしたこの運動は、当事者たちを主体としたそれとは異なったアプローチでの紛争解決の試みであったといえよう。なお、この論文は古典に属するものであり、細部においてはすでに乗り越えられている部分も多い。「神の平和」研究の現状については、次章を参照されたい。

・・・・・・・・・・・・・・・・・・・・・・・・・・・・・・・・・・・・

　「主の受難から千年目の年のことであった」とラウール・グラベールは、『歴史』の第4巻で書いている。司教と修道院長たちが「まずアキテーヌ地方で、住民すべてを教会会議に集め始めた。そこには多くの聖人の遺物を満載した無数の聖遺物櫃が持ち込まれた。そこからはじまってアルル大司教管区、ついでリヨン大司教管区、さらにブルゴーニュ地方を経てフランスの辺境までのあらゆる司教区で、教会会議を所定の場所で開催するという布告が出された。そして、平和の再生と信仰の確立のために、その地域のすべての高位聖職者と諸侯が集められた」。

　このテキストは、「神の平和」運動についてかなり正確なイメージを与えてくれる。実際、今日現存する文書の全体からは、以下のことが確認できる。第一に、平和運動が非常に大きな教会会議の形で展開し、それはたくさんの人を集めるためにしばしば町の外の野原で開催され、そしてそこでは、聖遺物の顕

示がまちがいなく重要な役割を演じていたということである。次に、その主導権は司教や修道院長、とりわけクリュニーのオディロンにあったらしいということである。高位聖職者たちは、地域の上級貴族を自分たちの主張に何とか引き入れることに成功した。あるいは少なくとも、彼らの同席のもとで平和会議を主催するという約束をとりつけ、彼らを運動に関与させようと努めた。最後に、運動は現実に南ガリア、すなわちアキテーヌ地方とナルボンヌ地方で生じ、北部に向かってローヌ渓谷とソーヌ渓谷を越え、1033年にはフランス王国の北限に達したということである。ただし、この運動は現実には、上に引用したグラベールのテクストから感じられるよりも、ずっと、ゆるやかな速度で広がった。現在の史料状況からは、989-990年のシャルーとナルボンヌが出発点であったと考えられる。そして、1000年前後までにまずアキテーヌ全域に拡大する。さらに1023年から1025年のあいだにブルゴーニュに浸透し、それからすぐに北フランスに広がった。そして盛り上がりの第二段階が始まるのである。この段階の運動は、グラベールの描写にしたがえば、1033年ごろに形が整うとされるが、むしろガリア全域に1027年から1041年にかけてかなり大きく展開した。ただ南部のほうが運動の勢いは、より盛んだった[1]。つまり、半世紀の間、この現象はアキテーヌとプロヴァンスを中心としたガリアに限定されていたのである。この間、運動が教会の発案と司教の指導により生じたものだったのは明らかだと思われる。では俗人の状況は、運動がつくりだした法規によって、また運動が惹起した心理的表象によって、どの程度変わったのだろうか。

　この問いにうまく答えるためには、次の点に留意するのが有効であると私には思われる。宗教史上のすべての出来事と同じように、「神の平和」運動は、実際には二つの局面のもとであらわれる。あるいはこのように言ってよければ、この時代の知識人や教会人の思想的な図式においてはっきりと対立すると考えられていた、二つの水準に位置づけられる。すなわち信仰の水準と世俗の水準である。信仰の水準では、平和の諸制度は完徳と救済の熱望に応じて構想され、打ち立てられた。それは、神の王国を実現するためのひとつの手段としてあらわれ、そのための道徳的な価値をもたらすものであった。それゆえにこ

の水準では、運動は教会の内側での俗人のありかたを変化させる方向にはたらく[2]。しかしもう一方の世俗の水準では、この運動は、教会が世俗世界の問題と変化の核心にある程度組み込まれた状況に対応したものでもある。つまり、社会構造の固有の発展が運動を前へと推し進めたのであり、実際のところ、運動自体がこの発展の力から生まれたのである。この運動は、この時代の俗人社会における権力と富の関係や政治的社会的関係の新しい形態を表現し、固定化し、ある程度までは聖化した[3]。俗人という観念の刷新の要因と考えられる「神の平和」運動は、言いかえれば、11世紀末にいわゆるグレゴリウス改革と十字軍において頂点に達する、西欧キリスト教世界を激変させた大きなうねりの最初のあらわれのひとつであり、その動因でもあった。同時に、平和運動はいわゆる封建社会の到来に寄与し、その輪郭を固定するのに大きく貢献した。私の考えでは、「神の平和」運動をこの二つの側面から同時に考えることが重要である。以下では、その発展、すなわち11世紀中に三段階を経て起こった深化に即して観察することによってこの課題に応えようと思う。

\*\*\*　　\*\*\*　　\*\*\*

『歴史』を書いたときラウール・グラベールは、平和運動を、教会を世俗の圧力から解放し、それによって支配的な地位につけ、さらにはかつて国王が担っていた、救済へと神の民を導くという使命を引き受けようとする教会上層部の努力全体と結びつけた。ラウールの見方は正鵠を射たものであった。その発展の初めの頃には、平和運動はまさしくこの方向を目指しており、その直前にみられた政治的勢力の進展によってこうした方向性が決定づけられたからである。たしかに、最初の平和会議の時期、つまり10世紀の最後の10年は、ガリア南部においてカロリング的な公的制度の解体が終結した時期と一致しているように思われる。

990年代、西洋のこの地域では、王権はあらゆる権力、すなわち地方有力者たちに対する影響力を完全に失っていた。いまや地方有力者たちは、かつて君主によって委任された命令権であるレガリアを世襲権によって保持し、自分の名において自分の利益のために行使するようになった。そのときから、裁き罰

することは、人々から租税を集めて利益を得る、すなわち「慣習的賦課」を集める機会となった。その権利を世襲する俗人領主は、みな権利の拡大をめざし、とりわけ教会の土地と領民にこの負担を要求した。本来、教会の土地や領民は、〔かつて国王が与えた〕不輸不入特権によって守られているはずだったにもかかわらず、国王の権威の失墜によって、〔特権を保障してくれていたはずの〕証書は効力を失っていたのである。また当時、レガリアは伯の私的な世襲財産に組み込まれるようになっていたのだが、ガリア南部ではその中に高位聖職者を任命する権利と、司教座と修道院長の職を所有しかつ処分する権利があった。こうして、二つの側面から、世俗の権力は教会の自由を脅かすようになった。すなわち990年には、一方では神と聖人の財産が、他方では司牧の職が、国王の場合のようには聖別されていない、純粋に慣習的かつ私的な権威の支配と運営のもとに入るに至ったのである。こうした私的な権威に隷属させられてしまった霊性をそこから解放することが懸案となった。少なくともそれが、あまり聖職売買の慣習に染まっていない一部の高位聖職者たちと、とりわけまさにこの頃に平和理念が広がったのと同じ地域で盛んであったクリュニー運動に心を動かされた修道士たちの願いだった。

　それゆえ、初期の教会会議の条項は非常に簡単だった。それらは単刀直入に、暴力と、激しい競争の中で対立していた形成途上の新しい俗人権力の侵奪から、「神聖なもの」、つまりまず聖域、次に神の僕、最後に貧者を守ることを目指していた。テクストはこのことをはっきりと示している。ここで私が平和運動の初期段階とみなす時期の最初と最後の二つの例を見ておこう。すなわち989年には、シャルーで三種類の暴力が禁止された。まず教会を侵害しそこで強奪した者、次に武器を持たない聖職者を襲った者、最後に「農民その他の貧者から」略奪した者は破門の罰を受けるとされた[4]。そして、1031年のリモージュでは、司教ジョルダンが、「聖域を侵害し、そこに委ねられていた貧者たちや教会の司祭を〔暴力行為で〕打ちのめしている」自分の管区の「俗人領主」を告発している[5]。

　たしかに、以上の点について、平和会議の決定が古い法規、とりわけカロリング時代の勅令や法令の言葉からの借用だということは以前より指摘されては

きた[6]。しかし、平和会議の決定には重大な修正も含まれていたことに注目すべきだろう。9世紀のテキストがいう平和は、神の平和でも司教の平和でもなかった。それは国王の平和であった。一人国王だけが、「貧者、孤児、寡婦、神の教会」を守る義務を負っており、この保護を侵した者は、60ソリドゥスの罰金を国王に支払わされた。たとえば、シャルル禿頭王〔西フランク王：在位843-877〕は857年に、聖なる教会の不輸不入特権を尊重すること、修道女、寡婦、孤児、貧者を決して虐げないこと、彼らの財産が略奪されないよう目を光らせることを巡察使(ミッシー)に命じている。したがって、「神の平和」運動の初期の条項が何を示しているかといえば、それは、国王の権威が漸次低下することによって引き起こされた変化が、紀元千年前後に迎えた終着点にほかならない。そもそも、他のどこにもまして国王の存在が希薄な地方において、司教たちは、見る影も力もない君主に代わってその固有の機能を引き受けようとしたのではなかったか。彼らは聖なるものすべてが自分たちの肩にかかっていると感じ、自ら立ち上がって、台頭する世俗権力からそれを守ろうとしたのである。俗人たちは、教会会議の決定が主張していたほどには乱暴でも貪欲でもなかったが、聖別されていないがゆえに、聖職者たちの目には不法と映ったのである。司教たちは霊的制裁を用いて自らの手で「神の平和」の支配をおしすすめた。1011-14年の第一ポワティエ会議の決定にあるように、彼らは「平和と正義の回復」[7]という、すぐれて国王的な使命を実践したのである。

　こうして平和運動は、聖性と俗性をあわせ持つ国王の権威が低下したのを一時的に穴埋めする試みとしてあらわれた。この試みはそこから、公や伯の俗権に司教の霊的権力を対抗させるというところに行きつく。それはしたがって（これが重要な点だが）、社会生活において、また法的地位という点において、以前よりも〔在俗〕聖職者と修道士から俗人を厳密に分け隔てるという結果をもたらしたのである。その点では、平和の回復(レスタウラーティオー・パーキス)は、実はもっとずっと大きな熱望のまさに一部だと言ってよい。すなわち、国王の人格のうちに教会とキリスト教信仰がもつれるように混じり合い、ついには区別がつかなくなってしまったカロリング的構造に対する反動であり、その意味では、〔聖と俗とを峻別する〕グレゴリウス改革的な態度を予告する運動の中に位置づけられるのである。この点では、前出の第一シャルー会議の命令、そして同時代のフルリ修道

院長アボンが金銭欲に憑かれた聖職者や俗人のように戦う聖職者に対して放った非難、この二つを関連づけたロジェ・ボノ゠ドラマールの卓見は賞賛に値する[8]。第一ポワティエ会議の立法が、教会財産を脅かす暴力だけでなく、聖職売買や司祭の内縁関係を禁じていることにも同じく注目すべきである[9]。すべてがつながっているのだ。いまや教会は、語の厳密な意味において、自立を志向する「団体」となる。教会は特別な保護に与る権利が認められ、そしてこの保護権は金銭的な制裁ではなく、霊的な制裁によって保障される。しかし、同じ時期に、しかも同じ観点から、従来は修道士にしか課されなかった禁止事項を在俗聖職者も共有すべしという気運が高まる。聖職者の団体の内部で、カロリング的な社会観の図式における二つの主要な身分、つまり在俗聖職者と修道士が単独の身分(オールドー)として混じり合い、俗人身分からこれまでよりも厳格に区別される傾向が生まれた。かくして、「神の平和」の立法はまず、二つの集団、すなわち俗人と教会人のはっきりした分離という結果をもたらしたのである。

　しかしながら、「神の平和」は、俗人社会の中にさえも新しい区別を導入することになる。神の財産をよりよく守り、またル・ピュイ会議の規定にあるように、とくに教会の土地が「何らかの悪しき慣習によって汚される」[10]ことを阻止しようとする努力を通じて、在俗聖職者と修道士の裁判者であり保護者である司教は、実際には俗人の一部、すなわちかつては国王が守る使命を負った人々をも同じように自らの保護のもとに置くことになった。したがってこれ以降、霊的権力にとって、俗人は二つのカテゴリ、すなわち守られるべき人々と攻撃的な行為を抑制されるべき人々に分けられる。前者は貧者である。第一シャルー会議では、「貧者」とはまず農民を意味した。農夫(アグリクルトーレース)[11]や村人(ウィラーニー)[12]が、教会が責任を引きうけようとした人々である。1038年にブールジュ会議で、教会が平和の防衛のために動員したのも彼らであった。1023-25年の平和誓約のテクストでは、農民のほかに、商人、巡礼者、貴族の女性も守られるべき人々の列に加えられた[13]。彼らの共通点とは、みな武器を持たないことである。1038年にブールジュ司教が、大きな不利が見込まれたにもかかわらず、平和に違反した騒擾者たちとの対決に率いていったのも、武器を手にしない民衆、すなわち「丸腰の大勢の民 multitudo inermis vulgi」であった。さて、こうした貧者(パウペレース)に、テクストがときに乱暴に対置させているのが「貴族」

である[14]。ただ、もっと明確にいうなら、ここでいう「貴族」とはミーリテース milites、すなわち「騎士」のことである。リモージュ司教ジョルダンが彼らを破門したのも、武器と馬という、彼らの騒擾の道具と社会的地位のしるしを呪ってのことだった[15]。それはなぜかといえば、暴力、強奪、不当徴収といった、教会や神の僕および貧者に対する有害な企ては、実際、職業的戦士の階級、すなわち新しい社会構造の中で戦闘行為という特権を保持するようになった者たちの仕業だったからである。現に、武器を帯びるか否かで、俗人の間で騎士（ミーリテース）と農民（ルースティキー）への分離が生じた。この区分こそまさしく根本的な身分の対比であり、その境界線は平和会議の決定が俗人の間に画することになるものに他ならない。ところで、きわめて重要な年代の一致を指摘しなければならない。教会会議の決定の語彙において騎士と農民が区別されはじめたとき、南ガリアで書かれた証書でも、やはりこの同じ社会的カテゴリを対置することに力が注がれていたのである。つまり、騎士（ミーリテース）という言葉が法的・社会的な意味を持つようになったのが、980年代なのである。こうして起こった俗人社会の二つの階級への事実上の分割は、紀元千年前後の50年間に、バン領主制の成立によっていわば制度化されることになる。というのも、バン領主制のもとでは、騎士（ミーリテース）は領主の慣習的賦課租と抑圧的な裁判から免除され、逆に農民（ルースティキー）はそれらに服従させられてしまい、前者は特権の保持者に、後者は搾取される者に振り分けられてしまったからである。「神の平和」の規定は、俗人の中に新たに導入されつつあったこの分割を補完し、いわば合法化した。なぜならば結局のところ、平和会議の立法とそれを生じさせた壮大な運動が10世紀の最後の数十年にわたってもたらしたものは、創造主によって分割されたキリスト教社会（ソキエタース・クリスティアーナ）の諸身分（オールディネース）を新たに配置しなおすことだったからである。それは〔修道士・在俗聖職者・俗人の三身分に分かれていたカロリング時代同様〕三身分には変わりないのだが、これからはひとつの教会身分とふたつの世俗身分となる。たしかにこの図式は、宗教思想の一部においては最初の平和会議に先立って存在していた。しかし、アダルベロンが国王ロベール〔敬虔王：在位996-1031〕のために書いた〔新しい三身分を提示した〕詩が初期の平和会議とまさしく同時代であることは、〔年代的証拠として〕正当に評価しなければならない。同じく、カンブレ司教ジェラールが、自分の地方では国王自らが平和を保障することができるという理由

で「神の平和」の喧伝者たちに反対して、「人間は原初から祈る人、戦う人、耕す人の三つの集団に分けられてきた」[16]と答えたのも、実際には教会会議の法規が提示した社会のモデルを、自分の意見としてくり返したのにほかならないのである。

*** 　　*** 　　***

　騎士(ミーリテース)に対して、初期の平和会議は戦う権利を否定はしなかった。実際、戦うことは彼らの天職であった。彼らの携帯する武器は神の意志によって委ねられたものである。武器は彼らに権力、とりわけ裁きかつ罰する権力を与えた。当初から、「神の平和」の立法が世俗の暴力から保護される対象として想定していたのは、犯罪をはたらいてはおらず、それゆえ財産を奪われるにはあたらない「貧者」だけであった[17]。1054年のナルボンヌ会議は次のように言明した。「誰も農民の財産を奪ってはならない。ただし、その農民が犯した罪のゆえにその身柄を拘束する場合は別である。誰も無理やり権力に服従させてはならない。ただし、そうする権利があれば別である」[18]。非難されるのは不正な略奪である。逆に、司法の罰金や正規に徴収される賦課租は正当となる。バン領主への領民の服従、土地領主すなわちその地所の領主(ドミヌス・ロキー)に対する農民の服従(ルースティキー)、あるいは体僕(ホミネース・プロプリイ)の主人に対する服従は、平和令の規定からは合法である。他方で、騎士は危険人物であると同時に脅威にさらされることもあるが、敵が同じように武装している場合には、たとえその敵が聖職者であったとしてもやはり、敵に立ち向かい攻撃する完全な権利を持つ。「神の平和」が無防備な聖職者だけを守るものであったことを思い出すべきだろう。戦闘、とりわけテクストが私戦(ウェラ)[19]という言葉で呼んでいるフェーデは、決して非難されてはいない。初期の平和会議はただ制裁と集団的な誓約のシステムによって、あくまでもこの合法的な活動を一定の限度内におさめることをめざしたにすぎない。このシステムは、特定の土地や社会集団を攻撃や略奪から守り、騎士たちによる騒乱に対してはこれを禁じる安全地帯の境界を定めたのである。戦争行為はひとつの社会集団の特権となり、これからはもはやその外側にあふれだすことはなくなった。「神の平和」は、当初は単に軍事的暴力をキリスト教徒の一部に、すなわち剣と盾を持ち馬に乗る人々の内側に閉じ込めようとしたのである。

しかしながら、改革の意図が熟し、発展するにつれて、一部の高位聖職者たちはすぐに、神の王国の建設にはもっと根本的な方法が必要だと考えるようになった。教会が国王にかわって人々を正しい道へと導くようになると教会は世界の罪を根絶するための仕事をさらに引き受けなければならなかった。南フランスではこの不安定な時代に封建社会の土台が形成されていき、1020年ごろ完成に達した。教会はもはや、平和運動の初期の時代のように、封建社会の革新に適応したり、そこから自己を防衛したり、自分たちに好ましく、信仰の不可侵を守る方向で革新の実現を早めたりする必要はなくなった。もっと先に行けるようになったのである。そうしてこのとき、平和の観念を新しい方向に広げていく最初の決定があらわれた。

すでに述べたように、平和の要求はその誕生のときから、より一般的な霊的浄化の意志の中に含まれていた。10世紀末には、改革運動の先頭にいた一部の聖職者は、戦うこと、すなわち武器を持つこととそれを用いることは、金銭欲や性的行為と同じようにけがれであると考え始めた。ずっと以前から、修道士になるということは、金や女と同じく剣も捨てることだった。神の僕たちの団体においては、俗人に対置されて、在俗聖職者身分と修道士身分が互いに近づく傾向が生まれ、その結果司祭たちは、修道生活のような禁欲と浄化をわが身に課すように促されていたが、そこでは平和への意思が、やがてグレゴリウス改革派に代表されることになるであろう、純潔と清貧をともなう理想と結びついた。当時はまだ、兜をかぶった高位聖職者や戦争の訓練を受けた聖堂参事会員があちこちで見かけられた。彼らにとって、戦うとは、神に仕えることだけを意味するのではないのだ。こうした聖職者が初期の平和会議の定める制裁によって守られることは決してなかった。だが、フルリ修道院長アボンはすでに〔11世紀初頭までに〕、彼らがその身分の使命に従ってふるまっていないという考えを表明していた。この考え方は、「神の平和」の制度によって導かれつつ発展する。すなわち貧者とは、その定義からして武器を持たない者をさすのであり、司祭も純潔にして真に自分の身分にふさわしくあるためには、修道士のように貧しく集団生活をすることを求められるようになるのである。そこから間もなく、司祭も修道士のように武器を捨て、非武装者の列に加わるべきだ

と考えられるようになる。この考え方が成功をおさめたことは、11世紀中に平和決議の定型文が変化したことからはっきりとうかがえる。この11世紀末の史料も、相変わらず聖職者を攻撃することを禁じてはいるが、もはや、守られるのは武器を持たない聖職者のみであるとは明言していない。この時代すでに、聖職者は普通、武器を持たないようになっていたからである[20]。

　しかし、同様の理想は、救いのための贖罪の誓いとして、すぐに俗人に対しても提示されることになる。実際、1020年以降の平和会議は、これまで以上にはっきりと贖罪的な性質をおびるようにみえる。これらの平和会議は、贖いの力を持った聖遺物櫃のまわりに人を呼び寄せ、集まった俗人たちに集団的に禁欲の誓願を課すことによって、神の怒りを遠ざけ、災いに打ち勝ち、飢饉や疫病を終息させることを目指すのである。おそらく、こうした贖罪というはっきりした意図は、主の受難から千年目への接近と、少なくとも集合意識のレベルにある終末待望によって引き起こされた世界浄化のプロパガンダという脈絡の中に位置づけて理解する必要もあろう。いずれにせよ、ラウール・グラベールは、明確にこの視点から平和運動を捉えていた。彼はこれを、当時社会のあちこちで巡礼者の群れを増大させていた大きな回心の動きと結びつけた。同じく、1028年にアデマール・ド・シャバンヌが年代記を書いたときも、彼の頭の中には、当時猛威を奮っていた疫病、その疫病の災厄を祓う聖遺物のはたらき、さらに平和回復（レフォールマーティオー・パーキス）の宣教との間には密接な結びつきが明らかに存在していた[21]。

　このとき、「神の平和」はその性質を変えた。それはもはや、単に霊的な制裁という脅しによって強固にされる社会的な協定ではない。はっきりと神との協定という性格を帯びるのである。それは自発的な禁欲の約束によって神を鎮めるということであり、神の怒りを前にして、己の罪を浄化するということである。つまり、修道請願の例にしたがうのだ。罪人は、この世の財を放棄し、純潔に身を捧げ、贖いの巡礼の旅に出るのと同時に、公的な贖罪の儀式によってまず前もって武器を捨てるのである。かくして、1033年ごろ教会は、その身分ゆえに武装している俗人、すなわち貴族と騎士（ミーリテース）に、禁欲という自分たちと共通の業（わざ）に加わるよう求めた。彼らはもはや、軍事活動や領主権の行使において教会、神の僕、貧者への損害を避けるという、かつての平和規定を守るだけ

で満足してはならない。権利上許されてはいても、しかし魂にとっては危険であるとみなされはじめたその活動分野において、戦闘と略奪という楽しみを自制することを受け入れねばならないのである。騎士たちは特定の期間、民衆が贅沢な食物を絶つのと同じように（その期間は騎士と時に重なるが）、同じ清貧の精神において、戦争を控えることを求められた。実際、平和立法の新しい条項は、当時の年代記作者がよく感じとっていたように、贖罪の要求の厳格化と、とりわけ断食の強化と不可分であったようである[22]。

　つまり、平和宣誓は変化したのだ。公的共同体の弱者の守護者であったかつての国王の平和を引き継いだ「神の平和(パークス)」に、いまや一定期間の全般的な戦闘の禁止をうたう休戦(トレウガ)が追加される。戦争は罪の源とみなされ、拒否すべき楽しみとなる。決まった日時には、戦争を生業(なりわい)とする階級も、修道士同様の回心によって戦争を自制しなくてはならない。この新しい転換を準備した最初の教会会議の条項は、1023-25年に作成された平和誓約のブルゴーニュ版テクストと北フランス版テクストに見出される。ボーヴェ司教ガランの提示した版では[23]、「神の平和」の規定が貧者に約束していた保護を、四旬節の間自発的に武装を解いた騎士にも広げることになっている。したがって、誰もその騎士を攻撃してはならない。これは自然な措置だったといえる。というのも、罪を贖おうとする騎士は武器を放棄して貧者の仲間入りをし、清貧の精神によって非武装者(イネルメース)のグループに加わったのであり、それによって自身もまた、彼らと同じく安全を保障される権利を持つことになるからである。しかし、この規定は革新的でもあった。なぜなら、戦いの自制を救済のための行為とみなし、四旬節の贖罪期間中はそれを実践するという、おそらくは新しい傾向が戦士の間にあらわれたといえるからである。4年後のエルヌ会議が日曜日ごとの休戦を打ち出す[24]。この措置も、やはりいたって自然なものであった。というのも、聖なる日の農奴の労働は非合法とみなされており、すでにカロリング時代の勅令で、フェーデはそれと同列に扱われていたからである[25]。これら先駆けとなる条項には、軍事行為は断罪されるべき楽しみであるという非難を公的意識に訴えかけようとする精神が秘められていた。この精神はやがて、1037-41年のアルル会議で初めてまとまった条文を持った休戦立法を成立させることとなろう。アルルの決議では、水曜日の夜から月曜日の朝まで、キリストとその誕生、

受難、埋葬、復活を記念して、「あらゆるキリスト教徒の間に、友であれ敵であれ、隣人であれよそ者であれ」平和が支配するべきであるとされたのである。

かくして、平和の理念に続いて休戦の理念が生じた。休戦は独自の方法で平和を引き継ぎ、かつ深化させた。この休戦の理念は、いまや新しい社会の中にはっきりと確立された騎士階級に対し、その身分(オールドー)の機能にふさわしいある種の禁欲を提示する。貧者にすすんで領主の支配に服するように求めたのと同じ道徳が、贖罪する騎士という理想を称賛するのである。騎士は、武器を持たないキリスト教徒への攻撃と略奪を慎むことだけではなく、キリストへの愛のために、聖なる時間には決して剣を抜かないということも名誉とする。このように、神の休戦は、戦士の倫理をキリスト教化しようとする封建時代の教会の努力のひとつである。休戦立法は、現在の研究状況ではまだ容易に見極めがたいところではあるが、いずれ騎士叙任式に対する教会の影響の進展を後押しすることになるものなのである。

\*\*\*　　\*\*\*　　\*\*\*

しかし、平和と、何よりも休戦によって騎士の攻撃性を抑圧した瞬間から、その攻撃性に別のはけ口を用意することが重要になる。実際に、平和会議の条項の中には十字軍提唱の萌芽が見られる。平和会議はこれまで、はじめは特定の場所と特定の社会集団、次には贖罪と主の栄光に捧げられた特定の期間という具合に、戦いを禁じる領域を神の民の間に次第に広げてきた。そしてついに、キリスト教徒の間での戦闘は、完全に非難されるに至る。1054年のナルボンヌ会議の、休戦に関する最初の条文が、この非難を明確に表現している。「すべてのキリスト教徒は、同じキリスト教徒を殺してはならない。キリスト教徒の殺害がキリストの血を流すに等しいということは明々白々だからである」[26]。ところが、騎士は神から戦う使命を受けている。したがって、彼らはもはやキリスト教共同体の外部、つまり、キリストの身体の外部で、しかも信仰の敵に対してしか、戦うことは許されないということになる。信仰のための戦い、いまや唯一真に正当なものとなった戦いのために、騎士たちは平和会議の説くモラルに従って、騎士叙任式において司祭が祝福したその同じ武器をま

るごと捧げなければならない。この頃に登場した騎士向けの文学がたえまなく彼らに語りかけたように、彼らは「キリストの兵士」となったのである。〔十字軍を提唱した〕1095年のクレルモン会議は、第一に平和会議であった。(ここで平和理念は成熟の第三段階に達する)。なぜなら、第一にそこでは、贖罪の命令がやはり決議に盛り込まれ[27]、次に、それまでは地方レベルであった神の休戦の規定に普遍的な価値が与えられ[28]、最後に、とりわけ教皇の介入によって、これまで貧者や武器をもたぬ俗人に保障されていた特権が聖地へ贖罪の旅をしようとする人すべてに敷衍されたからである[29]。十字軍は間違いなく、「神の平和」の要求を実現へと導いたのである。なぜなら、かつて1038年にブールジュ司教によって多くの非武装の民衆が率いられたように、十字軍によって貧者たち(パウペレース)は、エルサレムすなわち神の国に向かって出発し、自信に満ち、平和を標榜し、武器をもたぬが押しとどめがたい行軍を開始したからである。この新たな出エジプトを率い、かつ守り、必要ならば異教徒と戦って道を進ませるのにふさわしいのは、贖罪した騎士にほかならない。十字軍にかかわる定型表現は、暴力に対する防波堤および防衛とアジールの指標としての十字架のシンボルに至るまで、どれもかつての南ガリアの教会会議の規定からの借用であった[30]。エルサレムへの旅では、実際に平和の回復という理念が実現したのである。

　平和の回復は、王権の制度の衰退と、戦闘活動を特定の階級の特権とする社会の変化によって課題となった。実際、こうした改革を目指す平和会議の条項は、ことごとく、この新しい階級と彼らが担っている攻撃的な権力に矛先を向けていた。まずその権力から身を守り、それを規律化し、よい方向へと導くよう努力する必要があった。ゆえに、俗人の一部すなわち騎士集団(ミーリテース)だけが、平和の諸制度の影響を直接受けることになった。だがその影響は深いところにまでおよんだ。教会会議によって布告された法規は、この社会集団の輪郭をまず固定し、一貫性を与えた。戦士集団を身分として成立させたのがこうした法規だったのである。次にこの身分のために、特別な道徳が案出された。12世紀はじめには、聖別された武器を帯びた新しい騎士身分(ノウァ・ミーリティア)に、相互に結びついた二つの仕事がわりあてられるだろう。それは誰よりも聖ルイ〔フランス国王：ルイ9世〕が引き受けようとした「貴紳(プリュドム)」の任務である。第一に、教会と貧者を守

ること、第二に、キリストの敵と戦うこと、すなわち、現実に「神の平和」の支配を行きわたらせるという任務である。

注
1) B. Töpfer, *Volk und Kirche zur Zeit der beginnenden Gottesfriedensbewegung in Frankreich*, Berlin, 1957 (B.テップファー（渡部治雄訳）、『民衆と教会』、創文社、1975年) によって確定された年代は、R. Bonnaud-Delamare, *Les institutions de paix en Aquitaine au XI^e siècle, La Paix, I*, (Société Jean Bodin XIV), Bruxelles, 1962によると修正される可能性がある。
2) この側面は、R. Bonnaud-Delamare, 《Fondement des institutions de paix au XIe siècle》, dans éd. CH. -E. Perrin, *Mélanges d'histoire du Moyen Age dédiés à la mémoire de Luois Halphen*, Paris, 1951. pp. 19-26で明らかになった。
3) 平和のイデオロギーと社会構造の関係は、テップファーの前掲書で明らかにされた。
4) 不完全ではあるが、L. Huberti, *Studien zur Rechtsgeschichte der Gottesfrieden und Landsfrieden*, Ansbach, 1892 所収のテクストの集成が最も有用である。私が参照したのも同書である。ここはHuberti, p. 35.
5) Huberti, p. 212.
6) Töpfer, p. 35, n. 26; p. 88; Bonnaud-Delamare, *Paix*, p. 422.
7) Huberti, p. 136. これが本当に高位聖職者の役割であろうか。1023年にこの運動が帝国の辺境まで届いたとき、王権がその機能を十分に果たせていたようにみえる地域では、逆のことを言った者もいる。カンブレ司教ジェラールは次のように諫めの言葉を述べた。「国王のなすべきことは、反乱を鎮圧し、戦争をおさめ、平和な関係を広げることである。司教に関しては、彼らはただ、国王に国の安全のために戦うようすすめ、その勝利のために祈るべきである。」Huberti, p. 162.
8) Bonnaud-Delamare, *Paix*, pp. 425-426.
9) Bonnaud-Delamare, *Paix*, p. 447.
10) Huberti, p. 124.
11) Huberti, p. 35.
12) Huberti, pp. 123, 166.
13) Huberti, pp. 123, 124.
14) Huberti, p. 183.
15) Huberti, p. 214.
16) Huberti, p. 206.
17) Huberti, p. 35.

18) Huberti, p. 320.
19) Huberti, p. 166.
20) Huberti, pp. 406, 417.（1095年のクレルモン会議；フルク・ダンジューとトゥレーヌの有力者の平和誓約）
21) Bonnaud-Delamare, *Paix*, p. 432.
22) Huberti, p. 241: 1027年のエルヌ会議の立法は、暴力とともに近親相姦や離婚も罰するとしている。*Ibid.* pp. 203, 205, ラウール・グラベールとその同時代の年代記作者たちが示すところでは、1033年前後の教会会議では、平和を回復することと同時に、木曜日にワインを断つことと、金曜日に肉を断つことが命じられた。
23) Huberti, p. 167.
24) Huberti, p. 240.「誰であろうと、土曜日の第9時課から月曜日の第1時課の間には敵を攻撃してはならない。」
25) 813年の勅令。Huberti, p.246.
26) Huberti, p. 317.
27) Huberti, p. 406.（および、とくに断食の命令）
28) Huberti, p. 406.
29) Huberti, p. 411. 1037-41年のアルル会議では、神の休戦の間に犯した殺人の罰として、エルサレムへの巡礼が命じられた。*Ibid.*, p. 273.
30) Huberti, p. 408.

# 第 12 章

# 近年の研究が照らしだす「神の平和」運動

ハンス゠ヴェルナー・ゲッツ

宮坂　康寿　訳

●解題・・・・・・・・・・・・・・・・・・・・・・・・・・・・・・・・・・

　本章はHans-Werner Goetz, "Die Gottesfriedensbewegung im Licht neuerer Forschungen", in: *Landfrieden: Anspruch und Wirklichkeit*, hrsg. von Arno Buschmann und Elmar Wadle, Paderborn-München-Wien-Zürich, 2002の訳である。著者ハンス゠ヴェルナー・ゲッツは1947年生まれ。ボーフム大学に学び、1976年に9世紀末から10世紀初めにかけての大公位に関する概念史的・国制史的研究で学位を取得。同年よりボーフム大学で教鞭をとり、現在はハンブルク大学で中世史の教授を務めている。ゲッツの研究は、中世初期から盛期を中心に広範な領域をカヴァーしているが、とりわけ心性史や歴史叙述の分野に重点が置かれており、すでに『中世の日常生活』（轡田収他訳、中央公論社、1989年）および『中世の聖と俗』（津山拓也訳、八坂書房、2004年）という二つの邦訳がある。他に主要な著書として、*Das Geschichtsbild Ottos von Freising: ein Beitrag zur historischen Vorstellungswelt und zur Geschichte des 12. Jahrhunderts*, Köln-Wien, 1984; *Geschichtsschreibung und Geschichtsbewußtsein im hohen*

*Mittelalter*, Berlin, 1999; *Moderne Mediävistik: Stand und Perspektiven der Mittelalterforschung*, Darmstadt, 1999; *Europa im frühen Mittelalter 500-1050*, Stuttgart, 2003 などが挙げられる。

　本章の論文は、コンスタンツ中世史研究会主催による中世の平和問題全般を扱った二度の研究集会（1991年・1992年）を受けて、1999年にケスター・ホイスラー財団支援のもとに開かれた、ラント平和をめぐる研究集会の成果報告書に収められている。ゲッツ論文は報告書の編者の意向に即して「神の平和」運動に関する研究動向を概観したものである。本論文はラント平和との関連を十分に意識しながら神の平和の特色をトータルに描き出しており、前章のデュビー論文と合わせ、中世における平和運動全体の理解に資すると考えられる。ゲッツは叙述に際して、法制史的視点にかたよったドイツの伝統的な平和運動研究の弊害を自戒しつつ、フランスを中心とする多様な視点に立脚した諸研究との接合を試みている。そのうえでゲッツは、教会勢力と世俗勢力の協働、フェーデの禁圧ではなく統制という目的など、「神の平和」理解に関する数々の提言を行っており、なかでも神の平和とラント平和の連続性の提唱に本論文の眼目があると言えよう。

・・・・・・・・・・・・・・・・・・・・・・・・・・・・・・・・・・・・・・・・・・・・・・

　このたび私は光栄にも、本書〔『ラント平和：要求と現実』〕の焦点になっている「ラント平和」理解のためのいわば序章として、その「先駆け」である神の平和に一瞥を与え、おもに近年の研究状況について執筆するよう依頼を受けた。しかし、この依頼に応えるのはそれほど容易ではないし、また必ずしも独創的に応えられるわけでもない。なぜなら、すでに重要な「研究動向」がいくつも提出されているからである。たとえば、近頃刊行された神の平和をめぐる論集にフレデリック・パクストンが寄稿している論考[1]や、本書の編者の一人であるエルマー・ヴァドレ自身によるもの[2]などが挙げられる。私の意図はそれらの論考とは異なった叙述を行い、さらにこの中で神の平和に関してできる限り包括的な印象を残すことによって、ラント平和との比較を可能にすることにある。それゆえ本稿ではもはや、旧来およびとりわけ近年の、神の平和に対する個々の「立場」について述べるつもりはない。むしろ私が試みるのは、今日の研究に照らしながら、いくつかの観点に区分して「神の平和」運動の特

色を描き出すことである。その際、神の平和に内在する解釈上の諸問題を取り上げ、研究に関するさまざまな議論が自ずとそれらの問題に組み込まれるようにしたい。このようなアプローチと本稿で用いられる歴史学的視点から（必然的に）、フランスにおける平和運動の初期段階に大きなウエートが置かれることになる。というのも、ある種の批判を込めてあらかじめ指摘しておくならば、ドイツにおける「神の平和」研究は行き詰まりをみせているからである。周知のように、ドイツでは神の平和はきわめて短命に終わったため、ドイツ法制史は早くから裁判権と立法の発展に対する平和運動の意義を見通していた[3]。そしてフランスの神の平和については、それ自体の解明を目的としてではなく、ほとんどもっぱら——ヨアヒム・ゲルンフーバーの独特の表現を引用すれば[4]——「ラント平和の前段階」として考察してきたのである（本稿もある意味ではラント平和を扱った本来の諸論考に先行する簡略な序文であり、この伝統に分類される）。その際平和運動の種々の法的側面に関心が向かったのは当然と言えよう。それとは対照的に（国際的な）歴史学は、ラント平和よりもはるかに神の平和、主としてフランスの神の平和に注目し、これをもとに新たな解釈を次々に提示してきている。したがって、ドイツとフランスの間で——摩擦面が存在するためというよりは、むしろそれが欠けているがゆえに——神の平和をめぐる視点と解釈に隔たりがみられるのは驚くにあたらない。本稿の狙いはせいぜい、神の平和に関する多様な研究の伝統をつき合わせることである。しかし、現段階ではそれすら至難の業であろう。

　はじめに研究の発展について瞥見しておこう。神の平和は久しく以前より、歴史研究と法制史研究の双方に共通のテーマであった。これと結びついた研究として、おもだった名前のみ挙げるなら、19世紀については同時期に公刊されたアウグスト・クルックホーン[5]とエルネスト・セミション——後者は社会発展の諸段階で平和運動が果たした役割を高く評価した[6]——の研究がある。そしてなにより、はじめて全史料を網羅的に精査したルートヴィヒ・フベルティの浩瀚な博士論文（1892年）を忘れてはならない[7]。20世紀前半においてもフランスとドイツで数々の貴重な成果が現れた。ジョルジュ・モリニエ（1912年）[8]やルートヴィヒ・クヴィッデ（1929年）[9]、スペインの神の平和とラント平和を扱ったオイゲン・ヴォールハウプター[10]らの研究がそれである。

そして研究史の重要な画期をなすのがロジェ・ボノ＝ドラマールと東ドイツの歴史家ベルンハルト・テップファーの研究である。ボノ＝ドラマールは、それまでのほぼまったく法制史的な視点に代えて宗教的視点に重点を置き[11]、テップファーは1957年の論文において、徹底して民衆運動としての平和運動の背景を追究した[12]。これに対して、先に挙げたゲルンフーバーの法制史的視点にもとづく研究（1952年）は、まさに「ラント平和」運動に関する基本文献と考えてよい。とはいうものの、大きな影響力を持ったフィクトール・アハターの小論（1955年）[13]、さらにとりわけハンス・ハッテンハウアーの博士論文（1958年）[14]によって相当な修正を余儀なくされた。歴史研究の側からはフランスの神の平和について、ハルトムート・ホフマンが1964年の著作で再検討を行った。彼は史料と事件を包括的に扱ってはいるが、解釈の面ではきわめて控えめである[15]。以上で「古典的」な研究状況は素描したことになるであろう[16]。これ以後、私自身の論文も含め[17]多くの中小の研究がおおやけにされてきた。それらは個々の観点について探求すると同時に、旧来の見解に修正を加え、あるいはそれを発展させて新たな見通しも提示している[18]。ヴァドレの研究はドイツの「神の平和」運動に従来とは異なる視点を導入した[19]。その他、ここではさしあたり最近このテーマに関して出版された次の二つの論集を思い起こしておくことで十分であろう。すなわち1988年に刊行されたフランスの研究集会報告書[20]と、なかんずくトマス・ヘッドとリチャード・ランデスによって編纂された既発表と書き下ろしの論考を含む1992年の論集[21]である。それ以後に発表された研究からは、とくにジェーン・マーティンデール[22]、クリスティアン・ローランソン＝ロザ[23]、ドミニク・バルテルミ[24]、そして最後にジェフリー・ボウマン[25]とヘッド[26]らの諸論文が挙げられる。

　神の平和に関する新たな展望の中でもっとも刺激的なのは、間違いなく民衆運動——この点についてはあらためて取り上げる——および社会秩序という観点をめぐるものである。たとえば早くも1966年に、ジョルジュ・デュビーは神の平和を社会の二極化——保護を必要とする人々と彼らを虐げる人々——の中に位置づけた[27]。このようなテーゼはすでに神の平和を社会に組み入れる幅広い可能性を示している。したがって忘れてならないのは、神の平和は決してラント平和を促す影響のみを与えたのではないということである。神の平和は

一方で、むろん一般的な平和理念[28]の文脈や戦争・平和との関連でも（そのような研究はむしろ稀であるとしても）考察されうるし[29]、他方では（カール・エルトマン以来）十字軍と直接関連づけられ[30]、（すでにセミションにみられるように）——ただし私見では誇張に思えるが——都市的誓約団体の成立に果たした模範としての役割が繰り返し主張されたのである[31]。ルートヴィヒ・シュムッゲは神の平和が巡礼の発展に対して持つ意義を強調した[32]。神の平和の影響力とそれに関する研究の多様さについて、本書の文脈ではこれ以上詳細に跡づける余裕はない。しかしその多様性は常に意識しておかなければならない。以下では平和運動のいくつかの問題に内容を限定する。論点は次の七つである。1. 平和運動の発生と経過、2. 平和運動の原因・担い手・目標、3. 平和運動の民衆運動としての性格、4. 平和運動と同時代の法の関係、5. 平和運動の発展、6. フランスとドイツの神の平和の関係、7. 神の平和とラント平和の関係。叙述に際しては研究に関する比較の観点を取り入れたい。すなわち、旧来の研究と近年の研究、歴史学的視点と法制史的視点、マルクス主義的な見方と「ブルジョワ的」な見方、およびドイツ、フランス、イギリス、アメリカの立場を対照させつつ論を進めることにする。

## 「神の平和」運動：発生と経過

　（後になって）pax deiと呼ばれた神の平和は、周知のように10世紀末頃フランス南部（オーヴェルニュ地方）において、騒擾と社会変革を背景に、領域内の平和回復を目指す自力救済行為として発生した[33]。この神の平和は、個々の規約は先例を意識的に継承し、とりわけ教会会議の決議やカロリング時代の勅令に立ち戻るものであったとはいえ、新たな現象とみなされるべきである。すなわちこれは教会会議（多くの場合——しかしそれのみというわけではないが——大司教主催による地方教会会議）での出席者による決議の後、司教たちによって各司教区で強制されることになった諸規約なのである。これら規約の内容は特定の集団、集落ないし場所および物を保護するものであり、それはたとえば、史料に残された初のポワティエ伯領シャルーの平和決議（989年）にすでにはっき

り示されている。そこでは次の三つの違反行為が破門という脅威によって規制されていた。1) 教会への暴力的侵入と教会財産の略奪、2) 農民と貧者たちからの家畜の窃盗、3) 無防備な聖職者への攻撃[34]。これら三つの観点はその後のあらゆる平和令の基礎となったが、規約そのものは後代ますます詳細に定められるようになっていった[35]。ここでは神の平和の特徴をわずかに指摘するに留めざるをえない[36]。平和令は紀元千年頃に至るまでアキテーヌ、セプティマニア、ブルゴーニュ地方で矢継ぎ早に発令され、その重心はアキテーヌ西部とオーヴェルニュにあった。1020年代には第二の波がブルゴーニュから発して、はじめて北フランス、南部ではバルセロナ伯領にも到達し、その後（1027/28年）ようやくブルゴーニュから再びアキテーヌへ打ち返した。1030年代初めには、再度南フランス（ヴィク1033年）から発した平和運動は新たな段階に入り、いわゆる「神の休戦」が加わった。これは神の平和を補足するものであり、すべての教会の大祝祭日（たいていは徹夜の祈祷も含む）、四旬節、特定の聖人の祝日ならびに特定の週日（たとえば木曜日から日曜日まで）における一切の戦闘行為を禁止し、それによってフェーデを抑制することで、一定の期間を全般的な平和保護のもとに置いた[37]。数多くの平和令が発令され、やっと世紀も半ばを過ぎた頃平和運動が全体としてピークを迎えたのに対し、南フランスではまもなく再び下火となった。そして1080年代になってようやく、いわゆる叙任権闘争の諸対立の真っ只中に「神の平和」運動は、リエージュ（1082年）、ケルン（1083年）[38]の平和令、そして王国全体に妥当すべき普遍的規範として発せられたマインツの平和令（1085年）によって、ドイツにまで波及した。しかしドイツでは、「神の平和」運動はまもなくラント平和と混ざり合い、後者に完全に取って代わられた。

## 「神の平和」運動の原因・担い手・目標

　従来の研究と比べた場合、現在の研究水準からすれば「神の平和」運動を厳密に特徴づけるのは容易ではない。むしろ「神の平和」運動の本質ではなかったことの方がより明瞭に規定できるかもしれない。

(1)「神の平和」運動は、国王から遠く離れたフランス南部における「封建的無政府状態」への反応として生じたものではなかった[39]。この（旧来の）見解は運動の担い手に関する考察と密接に結びついており、今なおローランソン＝ロザらによって主張されているにせよ[40]、運動の担い手を大雑把に一括りに考えている点で、今日もはや支持することはほとんどできない[41]。その証拠に、かつて南フランスでは政治的無政府状態が支配したことは一度もなく、むしろこの地域では、カール・フェルンディナント・ヴェルナーや最近のフランス地域史研究が証明したように、強力な諸侯権力がまったく合法的な「国家的」権力として成長していたのである（もっとも、その諸侯権力も今度はさまざまな在地権力による圧迫を受けることになった）。しかも世俗諸侯たちはこぞって「神の平和」運動に参加し、遅くとも1030年代にはフランス国王もこの理念に着目した。旧来の見解に反し、平和運動はあくまでも政治的・社会的変革との関連の中に位置づけられなければならないであろう。この変革はまさに11世紀末頃南フランスにおいて頂点に達したように思われる。現在フランス、イギリス、アメリカでは、紀元千年がある種の社会的または「封建的」革命を意味したのか、あるいはとくに古代の終焉を意味したのかをめぐって激しい議論がなされている[42]。たとえそのような一般化が誇張され、大方論駁されたにせよ[43]、中世史家たちは長きにわたり、まさにフランス南部について（諸侯権力、城塞建設、騎士身分、領域的分裂、城主権、「インカステラメント」〔地中海地方に特有の集村化現象。近年内陸部のそれとは区別される傾向にある〕に関する議論を通じ）、この時代の変革と危機的性格を主張してきた[44]。権力関係の無秩序ではなく変革が平和運動の背景をなしているのである。その際、ボウマンがつい最近カタルーニャ地方の状況に即して示したように、個々の平和令の持つ固有の地域的背景が考慮されなければならない[45]。この点でヘッドの近業は、アキテーヌ地方の初期の平和運動（シャルー、リモージュ、ポワティエ）を伯・副伯・その他の領主間の現実の政治的紛争という具体的背景の中に組み込むことができた[46]。すなわち、平和令は交渉と和解の複雑な網の目に覆われていたのである[47]。

　(2)「神の平和」運動はまた、無能な国家権力に取って代わろうとする教会側の「対抗運動」ではなかった[48]。ホフマンの考えではさらに、聖職者たちはこの運動で本来世俗権力に委ねられるべき任務を引き受けていた[49]。このよう

な解釈の問題性はそもそも、平和運動の重点が台頭しつつある諸侯権力の領域に置かれていた点に現れている。現実には、神の平和はむしろ世俗勢力および教会勢力の協働によって特徴づけられているのである[50]。司教たちはこの運動の中で、平和維持という伝統的任務を王国内で国王の委託によって引受けていた[51]。だがそればかりではない。この任務はラインホルト・カイザーが明らかにしたように、まさに南フランスではしばしば地域的世俗権力ときわめて緊密に結びつき、あるいは世俗権力の家産的権限の一部とさえみなされていたのである[52]。その点では、はじめて世俗勢力の関与を指摘したボノ゠ドラマールの叙述[53]と異なり、平和運動はその主導権をめぐる聖俗両権力の「闘争」と捉えることもできない。むしろ世俗権力と教会権力は手を携えたのである[54]。神の平和によって地域秩序は回復され[55]、同時にむろん地方独自の力も強化されることになった。とはいえ、平和令は例外なく教会会議で発令され、出席した司教たちの教区において強制されることになった点で、組織的には教会の制度であった。

　(3) 神の平和はさらに、大土地領主に対する「反封建的」な運動ではなかった。私は以前、平和令の規約をもとに、神の平和によって教会から与えられた保護が、まったく教会本位の目的を追求するものであったことを示そうとした[56]。それらのテーゼはドイツでもフランスでも肯定的に受け入れられており[57]、シャルーの基本規約からも説明できる。すなわち規約の中心に据えられていたのは、教会の建物・所領の保護と並んで——ちょうどボウマンもヴィク司教オリバの発令したカタルーニャ地方の平和令について再確認したように[58]——なにより（俗人に対する、より正確には、俗人の権力乱用に対する）教会の自己防衛であった[59]。そして、無抵抗な者たちの保護——最初は無防備な者たちのみが保護の対象とされていた——とともに、とりわけ聖職者の保護が定められていた（聖職者たちには、改革が進む中で同時に武器の携行が禁じられた）[60]。その後ようやく他のグループ（修道士、商人、一人旅の女性、武装していない騎士）も次第に平和保護のもとに置かれた。ただしその際、常に保護の基準となったのは抵抗するすべを持たないということであり、社会的身分ではなかった。そして三つ目の要素である家畜と収穫物の窃盗の禁止は、仔細に見れば、「農民の保護」ではなく食物の確保を目的としていたことがわかる。これは平和会議の開催が

往々にして飢饉や疫病と関連していただけになおさら明白である。神の平和は明らかにそのような災厄を除去するための措置のひとつでもあった。それに対応して、平和誓約の中で農民は（無抵抗な者ウィッラーニーとして）聖職者たちと一緒に保護されるようなことはなく、むしろ（生産者として）家畜と併せて保護の対象にされたのである。そのうえ農民たちは他人の土地を耕作していたため、農奴か少なくとも隷属民[61]であったとみなしてもかまわないであろう。ボーヴェの誓約[62]においてもたしかに、彼らは「主人たちの争いによって」被害を受けないものとされていた。しかしその背後に「反封建的」な運動を推測することはできない。なぜなら、自己の所有物に関する領主の権利は（ル・ピュイの平和令などにみられるように）はっきり認められたからである（「各々、自分の土地または封についてはその限りではない」）[63]。それゆえ神の平和では、まさに領主権とその収益も保護されることになった[64]。総じて、既存の社会秩序を侵害しないこと、社会の「現状」維持が、平和令の特徴でさえあったのである。平和令の規約には付帯条件が実に詳しく記されている。印象的なのは、これらの規約が地域ごとに顧慮された事柄を証明してくれることである。ル・ピュイ（994年）では、たとえば農民を保護するにあたり、科料を徴収する場合（「単に罰金のために」）や、紛争の相手である他人の土地を耕す農民、そしてむろん自己の土地・封を持つ農民はその対象から除外された[65]。ヴィエンヌでは、夫を同伴せずに旅する貴族の女性は、「何らかの罪を犯していないか他人に不正をはたらいていない場合に限り」保護された[66]。戦争や裁判訴追のような「公的」（国王の）権利はどのみち神の平和とは関わりのないものであったし、ケルン（1083年）のように、いくつかの平和令では明確に規約から除かれていた。同様に当然のことながら、平和と法自体を犯す者はいかなる保護の享受も許されなかったのである（さもなくば規約はまったく意味を失ってしまったであろう）。もっとも、これらの規約は後にますます厳密かつ詳細に定められ、それによって最終的に社会全体を射程に入れたと断言してもよいであろう。このことが中世盛期の歴史において平和令に重要な位置を与えているのである。結局のところ、「教会」が「俗人」から、もしくは「無抵抗な者」が「騎士」から保護されたのではなく、武器を所有する階層、すなわち騎士身分ミーリテースが自己束縛を通じて平和の維持を義務づけられたのである。自己束縛なくしてそのような平和維持の方法は

およそありえない。平和運動はこれによって騎士身分のキリスト教化および
キリスト教的戦士（ミーレス・クリスティアーヌス）というイメージの形成にも寄与した[67]（ピエール・ヴィアルは、
まさに戦う者（ベッラトーレス）を感化し社会を再編することが、教会による平和の目的であったと考えて
いる[68]）。ただ、その裏に確固たるキリスト教化の「プログラム」の存在を実
証するのは困難である。他方で、平和運動はテップファーの見解[69]と異なり、
聖職者と民衆による対貴族同盟ではない。またホフマンの推測とも異なり、平
和運動はもっぱら下級貴族に向けられた[70]のではなく、あらゆる階層の平和
令違反者に向けられたものだったのである[71]。

　(4) したがって、これまでたえず主張されてきた[72]のとは異なり、フェー
デの撲滅が神の平和の主要目標であったわけでもない。主眼はむしろ被害の
補償にあった。それはすでにアハターが的確に指摘した通りである[73]。フェー
デは平和規定が発令されるきっかけのひとつであったかもしれない。そして
フェーデはどのような場合でも規約によって抑制されていた。神の休戦という
戦闘から解放される期間はなおさらである。しかし合法的な自力救済としての
フェーデは、「戦争」ではなく正当な要求であった（そのためフェーデは簡単に禁
止することができなかったのである）。それゆえ、フェーデが部分的に規定の対象
外にさえなり、平和令違反を意味しなかったのは、特異であると同時に当然と
も言える[74]。ケルン（1083年）[75]では、たしかに休戦期間中の戦闘行為の禁止
はとくにフェーデの遂行者（首謀者）（ファイドーシー）にも命じられた。だがそれによって彼ら
のフェーデ権ははっきり容認されることにもなった（第2項）。したがってこの
平和令は、まさにフェーデの首謀者たち自身に身の安全を保障しなければな
らなかったのであるが（第12項）、それは規約の主旨と齟齬をきたすことにも
ならなかったのである。まったく同じように、神の休戦においても城塞の攻囲は
許されたが、攻撃は禁じられた。フランスの神の平和では、しばしば城塞が平
和規定の対象から明確にはずされることすらあった。さらにマインツの帝国ラ
ント平和令（1103年）では、よく知られているように、公道での敵対者への戦
闘行為は公然と認められさえしたのである：「公道にて敵対者と遭遇する場合、
可能であるならば危害を加えてもかまわない」[76]。

　(5) 最後に神の平和は、一般的見解とは反対に、決して実効性に乏しい世俗
法を教会法によって排除したり置き換えたりしようとしていたのではない。

むしろ最初から一貫して、同時代の（世俗）法に教会的な処罰を付加することで新たな効力を備えさせ、同時に世俗の裁判権を援用しようとしたのである（これは従来の見解とは異なり、決してドイツの平和令にはじめてみられる特徴ではない[77]）。たとえばポワティエ（1000/14年）ではすべての紛争を裁判に持ち込もうとした。つまり教会会議は、世俗の法廷が事態を収拾しきれない場合にのみ介入したのであって、世俗の法廷の存在もまた必要とされたのである[78]。

さまざまなテーゼに反し、神の平和が目論んだのは（上からあるいは下からの）革命ではなく、危機にさらされている現状を新たな教会的、そして世俗的な処罰によって回復させ、宗教的環境の中で平和と法を保護することであった。その際次の3点に特色があるように思われる。

第一に（平和令において繰り返し表明され、復興運動としての性格を帯びた）改革思想。つまり神の平和は新たな秩序の創設を意図したのではなく、古来の秩序の再生を望んでいた（もちろんそれは変化を排除するものではない）。それに対応して、神の平和は教会改革の目標と明白な近親性を持っていた。すなわち平和会議の多くは改革会議であり、平和運動はまさしく教会改革の一部をなしていたのである[79]。エイミー・リーメンスナイダーは聖職者の純潔理想を求める努力との関連に留意すべきことを強調している。つまりその理想からの逸脱は何であれ平和令違反とみなされたのである[80]。

第二に法的関連。神の平和の本質的目標は、弊害の除去にとどまらず、教会的処罰によって（世俗）法の復活もしくは普及を図ることであった[81]。

最後第三に、なかんずくボノ＝ドラマールが注目させた、神の平和を包み込んでいた宗教的雰囲気（まさに「神の平和」）[82]。このことはたとえばラウール・グラベールの有名な叙述にありありと描かれており、それによれば人々は（1033年頃に）、杖と手を神と人間の結びつきの象徴としてシンボリックに天に差し伸べ、群集は平和への叫びを上げた[83]。「神の」平和が重要であることは十分自覚されていた。平和は神に対して誓約され、聖なる規定として布告された。平和はいわば現世のみならず永遠の安寧にとっても不可欠であった。「なぜなら平和がなければ誰も神を見ることはないと思われるからである」。ル・ピュイの平和令（994年）にはそう記されていた[84]。歴史神学的には神を見ることは永遠の幸福を意味している[85]。「平和」は常に宗教の問題であり、「神の平和」

は永遠の生の中に（永遠の平和として）約束されていたことを、この世で萌芽的・予兆的に広めようとする宗教運動だったのである。

　神の平和は（要約すれば）、私の見るところ、宗教的動機から法と秩序の再生を目指して教会改革の目標に取り組んだ復興運動であった[86]。そこまでは合意が得られるかもしれない。しかしこれらの諸要素の何をいわば起点とみなすべきかについては、議論の余地が残されている。私の――規約にもとづいた――解釈の当否はここでは保留にしておく。パクストンが主張するように、私の解釈は社会的現実に根ざした原因を考慮していないし、そのように限定された目標では、なぜ「神の平和」運動がこれほど盛況をきわめたのか説明することができない[87]。ここに従来の視点を広げる近年の諸研究のもっとも重要な出発点がある。ただし、それらの研究は決して完全に本稿の叙述と一致するわけではないが。

## 民衆運動としての「神の平和」運動

　聖俗諸侯の担い手以上に評価が困難なのは、「神の平和」運動において民衆が果たした役割である。ローレン・マッキニーは1930年にはじめて民衆の活動に注目を促し[88]、ゲルンフーバーは「大衆の活性化」を「神の平和」運動の本質的特徴と呼んだ[89]。その後、テップファーが周知のようにこの見方をマルクス主義的視点から中心に据え、平和運動と聖人・聖遺物崇拝ならびに奇蹟信仰との関連を指摘した。これらの崇拝・信仰が神の平和を真に新しい要素である大衆運動へと変質させることになったのである[90]。それ以来、この要素は再三再四、最終的にはとくにアメリカの研究で取り上げられ掘り下げられた。ダニエル・キャラハンが聖人崇拝の意義、なかでもリモージュの聖マルティヌスがアキテーヌ地方の平和運動に対して持つ意義を指摘したのはもっともである[91]。ヘッドは、フルーリのアンドレによる『聖ベネディクトゥスの奇蹟』に映し出されたブールジュの平和運動（1038年）を、勢力を増しつつある民衆の「共同行為」とみなした[92]。そしてランデスは民衆の推進力に着目して、平和運動・宗教的熱狂・聖遺物崇拝・異端・千年王国説の間の関連を強調した[93]。紀元千

年頃および1030年代にみられた終末待望との関連については、これもすでにボノ＝ドラマールが注意を喚起していた[94]。

　これらの諸要素によって、平和運動は心性史的解釈を受けることになった[95]。それゆえ、神の平和は国制と法の要素、また同時に政治的手段の一要素であるばかりでなく、社会的背景を持った民衆運動にも支えられていたのである。そのような経緯については、たしかに平和決議そのものからはごくわずかにしか知りえず、むしろ付随史料、主として聖人伝史料に依拠せざるをえない。だがそれらは少なくとも、神の平和と宗教的「民衆運動」が同時発生的であったことを裏づけてくれる。もっとも、そのような集団現象としての印象は拭えないにせよ、平和令そのものが政治的・教会諸権力によって教会会議の場で発令され、種々の法制度を通じて維持された事実に変わりはない。そのためランデスは、教会・政治勢力が民衆運動を手なずけることによって、「神の平和」運動は「神聖化された平和」から「制度化された平和」へ転換したと考えている[96]。

　民衆の「神の平和」運動への関与は、近年得られた重要な知見であり、ほとんど否定しえない。ただし、民衆に指導的役割もしくはイニシアチブを認めることができるのか、平和令は民衆によって「強要」されたのか、については異論の余地があり、私はむしろ疑わしいと考えている。それについては平和決議の主旨と文言が反証を与えてくれる。たしかなのは、平和決議がテップファーとその支持者であるランデスの見解[97]とは異なり、単純に民衆運動をあるべき方向へ導くための教会または（聖俗）権力者の方策であったわけではないということである。平和決議はむしろ宗教的革新の表明であった。私には、社会史研究も心性史研究もこの点において、最終的には証明不可能な想定から出発しているように思われる。すなわち一方（社会史）では、神の平和の中で噴出した民衆と貴族の（階級）対立（しかし実際には「神の平和」運動は貴族に対抗するための民衆と教会の同盟ではなかった）を前提とし、他方（心性史）では民衆と教会の信仰心を厳格に対照させることから出発している。ここでそうした区別の受け入れをはっきり認めるにしても、まさに（千年王国説の核心的証言である）ラウール・グラベールなどの史料は、かの時代の知識階級が終末待望のようないわば民衆的観念に、いかに深くとらわれたかをも示している。近頃バルテル

ミがこの二つの理論を痛烈に批判した。すなわち神の平和は、ジャン゠ピエール・ポリー[98]やピエール・ボナッシー[99]の見解とは違って、社会的危機やとくに「封建革命」から生じた反領主制的運動ではないし——神の平和はむしろ教会の領主権を擁護した[100]——、民衆主導のもとで発生したのでもなければ、終末論的な民衆運動でもなかった[101]。バルテルミによれば、平和運動の社会的性格は、終末待望をこの時代にも民衆にも限定しようとしない曖昧なもの[102]なのである[103]。その点についてはほぼ同意できるように思われる。

ドイツの歴史学は平和令について制度的視点にかたよった考察をし、民衆的性格からの評価が少なすぎる、というアメリカの研究者たちの批判（それは私に対する批判でもある）は、一面で核心をついている。なぜなら私たちドイツの研究者はまさに、旧来の法制史によるあまりに図式的な見方を乗り越えようとしているからである。しかしその批判は、平和の保護が現実には「国家的」秩序の中核をなしていた事実を軽視している。それゆえ制度的視点・民衆的性格の両面を考慮しなければならないであろう。そしてさらに、この平和運動の制度的特徴を心性史の立場から、すべての階層の平和への憧憬を踏まえつつ解明することによって、さまざまな観点をもっともよく調和させることができるであろう。

## 神の平和と（世俗）法

法の維持が（制度化された）神の平和の目標——あるいは少なくとも優先的な目標のひとつ——であり、平和を実現するのにふさわしい手段であった以上、神の平和はしばしば強調された、中世における平和と法の緊密な結びつきを今一度証明してくれる[104]。平和と正義 *Pax et iustitia*、このアウグスティヌス的な二つの中心概念は、禁令からなる神の平和の規約でよく繰り返される言い回しであった（この慣用句は早くも最初期の神の平和に現れ、そして1235年のマインツの帝国ラント平和令にもなおみられる）。平和令の維持がもっぱら「内なる」平和に寄与するものであったことは、ボーヴェ、ヴェルダンの誓約またはケルンの神の平和において、規約が「国王の敵」への抵抗や公的な軍事行動に対し

ては適用外とされたことを見れば明らかである。

　法制史ではこれに関連して、わけても三つの問題が幾度にもわたり議論された。これらは徹底的に再検討される必要があると思われる。第一の問題は神の平和とラント平和の法的性格に関わる。両者は「法」と「盟約」(アイヌング)のいずれであったのだろうか。とりわけゲルンフーバーは——少なくともドイツに関して——法としての性格を主張した[105]。だがこの(近代的な)区別は中世にそぐわないものであり、そのことはすでにハッテンハウアーが指摘した。つまり、中世には「法」と「盟約」の区別は存在しなかったのである[106]。したがって教会会議で宣言される神の平和は、おしなべて法的拘束力を強く帯びた「盟約」であったと言う方が正鵠を射ていよう。とはいえ、神の平和は前述の通り新しい法を生み出すものではなかった。むしろ同時代の法をもう一度行き渡らせようとしたのである[107]。しかしその手段はますます厳格になり、最終的には平和令の違反だけでなく、はじめから平和誓約を拒んだり、平和令違反者と交わることも破門によって規制された。

　第二の論点は平和令の規約の性格に関連する。すなわち、アハターが述べたように、(後期の)神の平和は古い贖罪金制度を排除したがゆえに、「刑罰の誕生」を意味したのであろうか[108]。これはおそらく、きわめて長期にわたるプロセスを考慮すれば認められることであろう。しかし実際は、神の平和において違反行為は処罰の対象とされなかった。少なくとも初期の平和令での最優先の目標は、違反行為の防止ではなく、生じた被害の補償にあった。制裁規定、なかでも破門という脅しは、犯された法違反が「償われ」なかった場合にようやく実行に移された(補 償(サティスファクティオー)は決定的な文言である。賠償(エメンダーレ)や補 償(サティスファケレ)が問題にされない神の平和はほとんど存在しなかった)。したがって平和令違反とされたのは、平和規定に対する違反ではなく、むしろ違反の贖いを拒否することだったのである。現に贖罪金の支払いは各地で自明とされ、後には(ヴィクでは1033年、ナルボンヌでは1054年)倍増された。またアハターと同じく、(今まさに生じつつある)「法の神聖化」を話題にすることも許されないであろう[109]。(すでにそれ以前から神聖であった)法はここでは更新されたにすぎないのである。

　第三の論点は誓約に関わる[110]。すなわち、テオドーア・ケルナーは——私見ではなお根拠は不十分だが——神の平和は(わずかに例外はあるものの)誓約

によって保証されたのではなく、「約束」でしかなかったことを示そうとした[111]。だがここでも、平和を確立すること、約束すること、誓約することの間に区別を設け、近代的な細区分にとらわれている（神に約束するという表現が現れる場合はとくにそうである）。それゆえ大多数の研究と同様に、（これからも）神の平和は誓約によって保証されたことを前提にしてかまわないであろう[112]。1083年のケルンの平和令では、誓約は聖務停止によって強制されさえした[113]。ここには再び平和令の「法的・盟約的性格」も示されている。つまり誓約は平和を義務づける一方、それ自身は「命令」されたのである。

　総括すれば、これらの論点はすべて、私自身には誤りと思われる吟味不十分な前提を出発点としている。すなわち神の平和、それ以上にラント平和は、法として諸改革（たとえば贖罪金に代わる刑罰、身体刑、身分別の刑罰の廃止など）をはじめて導入したと考えられている。実際このような印象は、とりわけラント平和令が、部分的には私たちが参照しうるこの種の法史料で唯一のものであるだけに、容易に生じてしまう恐れがある。それに対して、平和令自体は盟約として法制度の変化に組み込まれており、この変化を反映しているということは、私の知る限りこれまで検討されたことがない。これについては、ここで詳しく説明することはできない。いずれもっと厳密に、しかも法史料だけに頼ることなく跡づけなければならないであろう。その他の研究上の欠陥についても注意を喚起することしかできない。すなわち、もし神の平和を盟約と理解するならば、この点でも神の平和を（神の平和とラント平和という）二つに「分離」することをやめて、オットー・ゲルハルト・エクスレが「誓約による平和」に関する論考で取り上げたような「盟約」または「誓約共同体」の歴史の中に位置づけなければならない。ただし、エクスレがそこで扱ったのはギルドとコミューンのみであり、神の平和は無視してしまっているのであるが[114]。

## 「神の平和」運動の発展

　「神の平和」運動は伝統的に、南フランスから途切れることなく波及・拡大した統一的な運動とみなされる。フベルティは早くに、平和令が発令されるた

びに強まってゆく、連続した——しかし実際には重複している——四つの段階を区別しようとした[115]。それに反し、教会会議に出席した司教に従って平和令の適用区域をそれぞれ仔細に検討してみると——そしてこの点については十分な証拠が存在する——、フランスでの初期の平和運動はまったく異なった様相を呈していたことが浮き彫りとなる。すなわち、平和運動は一方において、地域ごとに異なる密度で広がり、他方、時期ごとに地域的重心を変えつつ進展したのである[116]。第一段階（1000年まで）は、アキテーヌ地方とオーヴェルニュ地方に重心を置き、リヨンとナルボンヌを末端地域としていた[117]。第二段階（1019/1033年）は、ブールジュ大司教区の南部、ブルゴーニュ公領、サンスおよびランスの北フランスにある大司教区の諸部分への拡大によって特徴づけられる。しかしその他の点では再び第一段階と似たような経過をたどった。11世紀の半ばを過ぎると、平和運動はその発祥地域である南フランスへと完全に後退した。そして多くの議論がなされてきた、「神の平和」（特定の人的集団、場所、物のみの安全）から「神の休戦」（すべての人々の安全。ただし特定の期間のみの安全）への発展という図式も誤解を招いている。たしかに1030年代以来、神の平和の構成要素に休戦規約が一貫して加わるようになった。だがそれはあくまでも神の平和に組み込まれたままであり、新たな平和運動ではなく、運動の拡大・発展をもたらすものであった[118]。神の平和の実効性について評価することも結局のところ困難である[119]。教会会議で発令された規約はもちろんひとつの規範にすぎず、それが施行されたかどうか私たちにはほとんどわからない。新たな平和令がたえず発せられたのはむしろ逆に、平和令が実地面では、少なくとも長期間にわたって秩序を維持できなかったことを示唆している。

　平和運動の継続的な発展と拡大は上述の内容を踏まえれば問題となりえない。それゆえマーティンデールが地域的視点にもとづく考察の強化を訴えたのは至極当然である[120]。議論をより厳密に整理するには、明らかにもっと研究を積み重ねる必要があろう。しかしかつての見方に反して、「神の平和」運動に特徴的と思われるのは継続的な拡大ではない。特徴的なのはむしろ、一方では個々の地域において時期ごとに異なる集中度であり、他方で中身のさらなる発展（もしくは単なる変化）なのである。だがそれとともにまた、長い間安易に想定されてきたフランス〔の神の平和〕からドイツのラント平和への「発展」に

ついても吟味しなければならない。

## 「フランス」と「ドイツ」の神の平和

　ドイツの神の平和にとって「典型的」とみなされる1083年のケルンの平和令をフランスの伝統に組み入れようとする私の試みは、管見の限り広く受け入れられてきた[121]。1082年のリエージュの平和令に直接連なる[122]ケルンの平和令は、平和運動の初期段階とかけ離れた姿で現れる。たしかにこのケルンの平和令は初期段階後半の南フランスの平和令と明らかな違いをみせてはいるが、同時期の北フランスの平和令（ラン1040年頃、カン1042/43年、テルアンヌ）とはきわめて密接な関係にある[123]。しかしこれは、フランスとドイツの神の平和には明白な差異が存在するという、おもに法制史によって作り上げられた一般的イメージと矛盾する。このイメージは一見実際に規約の文言に姿を現しているようにみえる。たとえばゲルンフーバーは、フランスの神の平和を盟約とみなし、ドイツの神の平和を法とみなそうとしていた[124]。だがこのテーゼは容易に論駁できる。エルザス地方の平和令などは盟約（コンユーラートーレース）にすぎなかった。もっとも明瞭に両者の区別を主張したのはアハターである。彼によれば、フランスでは新たな宗教的秩序が問題となったのに対し、ドイツの神の平和は既存の法的秩序の維持に努め、ドイツではフランスほど法的秩序の崩壊が生じることはなかった[125]。このテーゼも堅持しえない[126]。これまで強調したように、フランスの神の平和は当初より（世俗）法を強化し再生させることを意図していたからである。宗教的な動機も双方に共通していた。したがってこれらの点に相違点を見出すことはできない。アハターの第二の観点である世俗的もしくは身体的刑罰の導入[127]についても同様である。それらの刑罰もすでにフランスで（ただし初期段階においてではないが）確認されているからである。より厳密に比較すれば違いが生じてくるのは、実のところフランスとドイツの対比からではなく、原初の平和令からの隔たり方、つまり——上述した——時代的な発展からなのである。その際ケルンの平和令でとくに目を引くのは、平和を保障する秩序組織と度重なる保障のための配慮であるように思われる[128]。その配慮は平和

の保障と平和令違反の有効な防止に対する願望、そしておそらくそれらが必要不可欠であったことをも示している。最後に忘れてならないのは、当然かつて何度も確認されたように、神の平和がドイツにおいても、いわゆる「叙任権闘争」と二重王権期の内戦というまさに無秩序と変革の時代に根ざしていたのは、決して偶然ではなかったということである[129]。

## 神の平和とラント平和

11世紀から12世紀への転換期に、地域的なラント平和令が次々と発せられた（シュヴァーベン1093年、バイエルンおよびエルザス1094年、シュヴァーベン1104年）。その後周知のように、1103年にはマインツでハインリヒ4世〔在位1054-1106〕による最初の（いわゆる）帝国ラント平和令が発令され[130]、以後ほぼすべての国王による平和令がさらに続いた。遅くともゲルンフーバー以来、神の平和はすでに冒頭で述べたように「ラント平和の前段階」[131]とみなされ、神の平和においてあらかじめラント平和のあらゆる基本思想が形作られたと考えられてきたのである[132]。神の平和はフランスに由来し、ラント平和はドイツに由来するとフベルティは考えていた[133]。しかしこの見解の当否は定義次第である。たとえばフベルティ自身に従って神の平和を教会の平和、ラント平和を世俗の平和と定義すれば、フランスの平和令のいくつかも「ラント平和令」と呼ばなければならないであろうし、この見解は自家撞着に陥る。フランスの神の平和とドイツの神の平和の区別と同じように、神の平和とラント平和に対しても、両者を区別する相違点が法制史の側から繰り返し主張されてきた。だがこれも歴史的に見れば疑わしいように思われる。ゲルンフーバーとハッテンハウアーは、ラント平和の中にはじめて身体刑をともなう刑法[134]または違反行為の犯罪化[135]を見出そうとするが、彼らは誤りを犯している。いずれも神の平和でとっくに開始されているのである[136]。もっとも顕著な――また実際もっとも頻繁に主張された――相違は平和運動の主導者に関するものである。すでにゲルンフーバーはその違いを中心に据え、それ以外の相違をすべてそこから導き出そうとしていた[137]。ハッテンハウアーはその違いを旧来の見解全体に対

置させ、唯一根本的な相違であることを証明した[138]。しかしこの基準も先述した世俗・教会勢力の協働によって相対化され、それゆえすべての場合に矛盾なく適用できるわけではない。それを受け入れるにしても——そうすることはともかく可能ではあろう——、その主導者の相違という基準はあくまでもまったく外面的なものであり、いくら強調しても足りないくらいであるが、内容上の相違と結びつけることはできない。初期のドイツの神の平和とラント平和を一瞥すれば——ヴァドレは初期のラント平和についてじっくり腰を据えて取り組んだ[139]——いつでもそのことは実証されるし、いかなる反論も具体例によって容易に論駁できる[140]（ヴァドレ自身は神の平和とラント平和の区別を保持しながら、1093年から94年にかけての教会から世俗の運動への変化を自明のものとみなしている。ただ、運動の目標が終始同一であったと指摘している点は正しい）[141]。1103年にはじめてドイツ国王によって発せられた真の平和令は、明らかに神の平和の流れを継承しており[142]、またラント平和にも世俗と教会の有力者全員が関与していた。現実には、（異論の余地のない）内容上の差異は、11世紀末の移行段階においてではなく、長期的発展の中で捉え直すことによってようやく明白になる。すなわち長期的に見れば、（刑罰に関する）身分間の平等化[143]、国家権力による介入の増大、違反行為の犯罪化[144]、身体刑（死刑、四肢切断、膚髪刑[145]）への流れが確認されるということなのである。

　実を言えば、私たちは「神の平和」および「ラント平和」はいずれも近代的な概念であり、提案された分離基準すべてを体系づけるための分類カテゴリーであることをはっきり認識しなければならない[146]。そして私は、中世の同時代人にとってそもそも神の平和とラント平和の相違が自覚されていたのか大いに疑問を感じる。いずれにせよ、その相違は言及されることもなければ、用語に示されることもないし——史料には普通ごく簡単に平和(パークス)と記される——、間接的に推測することもできない。したがってここでも、私が示唆したかったように、神の平和とラント平和をひとつながりのものとみなし、——さまざまな相違は同時代的な神の平和とラント平和の間で際立つのではなく、初期の平和令と後期の平和令の間で顕在化する——発展と見る方が適切である[147]。ハッテンハウアーはそのような見方をすでに提案している。彼はラント平和が現れるのは神の平和が終息する場合であることに気づいており、双方を時間的に連続した

ひとつの運動として、つまり「神の平和からラント平和への」発展として理解した[148]。おそらくこうした分類を放棄する方がすっきりするのであろう（だがこの作業は困難以外のなにものでもないと思われる）。しかし少なくとも私たちはこれまでの考察から、次のことを学ぶことができたと言えよう。すなわち、神の平和とラント平和の区別はきわめて外面的、さらに言えば法的文面にこだわったものであり、むしろ両者は互いに密接に結びついているのである。平和と法の維持が（優先的な）目標である点において、神の平和とラント平和はもともと一致していた。このような認識には別の決定的な利点があると思われる。つまりそうした認識の方が中世人の考え方と一致しているのではないだろうか。

　近年の「神の平和」研究は重要な要素をいくつも浮かび上がらせ、新たな方向性を示した。その際部分的に誇張しすぎている点もあるが、平和運動（あるいはまたその他種々の運動）の多様性（もしくは少なくとも多様である可能性）とそれが中世盛期の社会に根づいていることに注意を促した。今後はこのような立場に立って出発しなければならないであろう。平和運動の背景と動機にしてもまだ決してはっきり解明されてはいないのである。神の平和はいずれにせよ（もはや）教会による対抗運動とみなすことは許されないし、絶対に反封建的な（民衆）運動と考えてはならない。むしろ平和運動への世俗勢力の参入をも承認し、異論の余地のない民衆の関与を秩序回復に対する全般的要求の中に位置づけなければならない。また宗教的手段によって法と社会の「改革」が行われなければならなかったのである。同様に平和令の法的性格と平和令の法の変化への寄与に関する一般的見解も、フランスとドイツの平和令または神の平和とラント平和の間に一線を画そうとするテーゼと同じように、修正の必要があると思われる。加えてとりわけドイツの研究の二つの欠陥が見直されなければならないであろう。すなわち一方では、神の平和（と「神の平和」研究）をより大きな関連に統合しなければならない。つまり、平和理念と盟約の歴史、法および社会的変容の発展、宗教的な観念・心性ならびに教会改革とそれによる社会的変化の発展、これらのテーマに神の平和を統合する必要がある。神の平和はこれまで単独で扱われるか、個々の要素に限定して論じられるかのいずれかであった。平和運動の目標と性格は、証明されるというよりはむしろたいてい

主張もしくは前提とされ、またしばしば誇張されてきた。他方、平和運動は従来よりもはるかに強力にその発展という視点から考察されなければならない。このような観点に立つことによって、この研究集会報告書との関連の中で私が強調したかったように、神の平和とラント平和の関係も新たな姿を示すのである。

注

1) Paxton, F.S.: History, Historians, and the Peace of God. In: *The Peace of God. Social Violence and Religious Response in France around the Year 1000*, hrsg. v. T. Head and R. Landes, Ithaca-London 1992, S. 21-40. パクストンはこの中で、関連諸研究を手がかりに「神の平和」研究の発展を追っている。なお本文献は、パクストンが以前に発表した次の論考に修正を加えたものである。The Peace of God in Modern Historiography: Perspectives and Trends. In: *Historical Reflections* 14,3, 1987, S. 385-404.

2) Wadle, E.: Gottesfrieden und Landfrieden als Gegenstand der Forschung nach 1950. In: *Funktion und Form. Quellen- und Methodenprobleme der mittelalterlichen Rechtsgeschichte*, hrsg. v. K. Kroeschell u. A. Cordes (Schriften zur Europäischen Rechts- und Verfassungsgeschichte 18) Berlin 1996, S. 63-91. この文献は、「古典的」な研究者たちの業績と近年の諸成果を特定の視点から取り上げている。

3) これはヴァドレが強調するように、とりわけ平和概念が旧来のドイツ法制史に対して持っていた意義から生じている。Wadle, ebd. S. 64.

4) Gernhuber, J.: *Die Landfriedensbewegung in Deutschland bis zum Mainzer Reichslandfrieden von 1235* (Bonner Rechtswissenschaftliche Abhandlungen 44) Bonn 1952, S. 41.

5) Kluckhohn, A.: *Geschichte des Gottesfriedens*, Leipzig 1857 (ND. Aalen 1966).

6) Semichon, E.: *La paix et la trêve de Dieu. Histoires des premiers développements du Tiers-État par l'Eglise et les associations*, Paris 1857 ($^2$1869).

7) Huberti, L.: *Studien zur Rechtsgeschichte der Gottesfrieden und Landfrieden I. Die Friedensordnungen in Frankreich*, Ansbach 1892.

8) Molinié, G.: *L'organisation judiciaire, militaire et financière des associations de la paix. Étude sur la paix de la trêve de Dieu dans le midi et le centre de la France*, Thèse Toulouse 1912.

9) Quidde, L.: *Histoire de la paix publique en Allemagne au Moyen Âge*, Paris 1929.

10) Wohlhaupter, E.: *Studien zur Rechtsgeschichte der Gottes- und Landfrieden in*

*Spanien* (Deutschrechtliche Beiträge 14,2) Heidelberg 1933.

11) Vgl. Bonnaud-Delamare, R.: Fondement des institutions de paix au XI$^e$ siècle. In : *Mélanges d'histoire du Moyen Âge Louis Halphen*, Paris 1951, S. 19-26. 本論文は1945年にパリ大学へ提出された未刊行の博士論文 L'idée de paix au XI$^e$ et XII$^e$ siècleの要約として執筆されたものである。後に Ders.: Les institutions de paix en Aquitaine au XI$^{me}$ siècle. In: *La Paix*, Bd. 1 (Recueils de la Société Jean Bodin 14) Brüssel 1961, S. 415-487.

12) Töpfer, B.: *Volk und Kirche zur Zeit der beginnenden Gottesfriedensbewegung in Frankreich* (Neue Beiträge zur Geschichtswissenschaft 1) Berlin 1957（ベルンハルト・テップファー〔渡部治雄訳〕『民衆と教会 ―フランスの初期「神の平和」運動の時代における―』創文社、1975年）; Ders.: Reliquienkult und Pilgerbewegung zur Zeit der Klosterreform im burgundisch-aquitanischen Gebiet. In: *Vom Mittelalter zur Neuzeit. Festschrift Heinrich Sproemberg* (Forschungen zur mittelalterlichen Geschichte 1) Berlin 1956, S. 420-439.

13) Achter, V.: *Über den Ursprung der Gottesfrieden*, Krefeld 1955. 次も参照。Ders.: Art. Gottesfrieden, *Handwörterbuch zur deutschen Rechtsgeschichte* 1, 1971, Sp. 1762-1765.

14) Hattenhauer, H.: Die Bedeutung der Gottes- und Landfrieden für die Gesetzgebung in Deutschland, Diss. (jur.) Marburg 1958/60.

15) Hoffmann, H.: *Gottesfriede und Treuga Dei* (Schriften der MGH 20) Stuttgart 1964.

16) Sister Kennelly, D.: The Peace and Truce of God: Fact or Fiction?, Diss. Univ. of California, Berkeley 1962. ケネリーの包括的研究は内容的に目新しいものは少ないが、平和令の実効性（の欠如）の問題について注意を促している。さらに同時期の注目すべき研究としては以下のものが挙げられる。Gleiman, L.: Some Remarks on the Origin of the Treuga Dei. In: *Études d'histoire littéraire et doctrinale* (Université de Montréal. Publication de l'Institut d'études médiévales 17) Montréal 1962, S. 117-137（本論文は神の休戦の起源について論じている）; Cowdrey, H.E.J.: The Peace and the Truce of God in the Eleventh Century. In: *Past and Present* 46, 1970, S. 42-67.

17) Goetz, H.-W.: Kirchenschutz, Rechtswahrung und Reform. Zu den Zielen und zum Wesen der frühen Gottesfriedensbewegung in Frankreich. In: *Francia* 11, 1983, S. 193-239; Ders.: La paix de Dieu en France autour de l'an Mil: fondements et objectifs, diffusion et participants. In: *Le roi de France et son royaume autour de l'an Mil. Actes du colloque Hugues Capet 987-1987*, hrsg. v. M. Parisse u. X. Barral i Altet, Paris 1992, S. 131-145. 私がこれらの中で提示したいくつかの着想は次の研究によってさらに展開されている。Magnou-Nortier, E.: The Enemies of the Peace: Reflections on a Vocabulary, 500-1100. In: *The Peace of God* (wie Anm. 1) S. 58-79. これ以前のものとしては、Dies.: *La société laïque et l'église dans la province ecclésiastique de Narbonne (zone cispyrénéenne) de la fin du VIII$^e$ à la fin du XI$^e$ siècle* (Publications de l'Université de Toulouse-Le Mirail.

Série A, t. 20) Toulouse 1974, S. 292-312; Dies.: La place du Concile du Puy (v. 994) dans l'évolution de l'idée de paix. In: *Mélanges offerts à Jean Dauvillier*, Toulouse 1979, S. 489-506; Dies.: Les évêques et la paix dans l'espace franc (VI$^e$- XI$^e$ siècles). In: *L'évêque dans l'histoire de l'Église* (Actes de la Septième rencontre d'Histoire Religieuse tenue à Fontevraud les 14 et 15 octobre 1983) (Publications du Centre de Recherches d'Histoire Religieuse et d'Histoire des Idées 7) Angers 1984, S. 33-50.

18) たとえば以下の文献を参照。Kaiser, K.: Selbsthilfe und Gewaltmonopol. Königliche Friedenswahrung in Deutschland und Frankreich im Mittelalter. In: *Frühmittelalterliche Studien* 17, 1983, S. 55-72; Werner, K.F.: Observations sur le rôle des évêques dans le mouvement de paix au X$^e$ et XI$^e$ siècles. In: *Mediaevalia Christiana. XI$^e$-XIII$^e$ siècles. Hommage à Raymonde Foreville de ses amis, ses collègues et ses anciens élèves*, hrsg. v. C. É. Viola, Tournai 1989, S. 155-195; Hartmann, W.: Gottesfriede–Königsfriede–Landfriede. In: Ders.: *Der Frieden im früheren Mittelalter. Zwei Studien* (Beiträge zur Friedensethik 12) Barsbüttel 1992, S. 19-46; Vollrath, H.: Die deutschen königlichen Landfrieden und die Rechtsprechung. In: *La giustizia nell'alto medioevo* (secoli IX - XI)(SSCI 44/1) Spoleto 1997, S. 591-619. 神の平和に関しては、ebd. S. 594ff. 平和維持の理論と実践についてはゼラートによる次の概説を参照。Sellert, W.: Friedensprogramme und Friedenswahrung im Mittelalter. In: *Wege europäischer Rechtsgeschichte. Festschrift Karl Kroeschell* (Rechtshistorische Reihe 60) Frankfurt am Main-Bern-New York-Paris 1987, S. 453-467.

19) Wadle, E.: Heinrich IV. und die deutsche Friedensbewegung. In: *Investiturstreit und Reichsverfassung*, hrsg. v. J. Fleckenstein (Vorträge und Forschungen 17) Sigmaringen 1973, S. 141-173; Ders.: Frühe deutsche Landfrieden. In: *Überlieferung und Geltung normativer Texte des frühen und hohen Mittelalters. Vier Vorträge, gehalten auf dem 35. Deutschen Historikertag 1984 in Berlin*, hrsg. v. H. Mordek (Quellen und Forschungen zum Recht im Mittelalter 4) Sigmaringen 1986, S. 71-92.

20) *La Paix de Dieu, X$^e$-XI$^e$ siècles. Actes du Colloque organisé au Puy en septembre 1987 par le Conseil général du département de Haut-Loire*, Le Puy-en-Velay 1988.

21) *The Peace of God* (wie Anm. 1). ここに収録されている論文の一部は次の文献に初出。Essays on the Peace of God: the Church and the People in Eleventh-Century France, hrsg. v. T. Head u. R. Landes. In: *Historical Reflections* 14,3, 1987, S. 381-549.

22) Martindale, J.: Peace and War in Early Eleventh-Century Aquitaine. In: *Papers from the fifth Strawberry Hill Conference (1990)* (Medieval Knighthood 4) Woodbridge 1992, S. 147-176.

23) Lauranson-Rosaz, C.: La Paix populaire dans les montagnes d'Auvergne au X$^e$ siècle. In: *Maisons de Dieu et hommes d'Église. Florilège en l'honneur de H. Duranton, J. Giraud et N. Boutier* (Centre Européen de Recherches sur les Congrégation et Ordres

Religieux) St. Etienne 1992, S. 289-333; Ders.: Peace from the Mountains: The Auvergnat Origins of the Peace of God. In: *The Peace of God* (wie Anm. 1) S. 104-134.

24) Barthélemy, D.: La paix de Dieu dans son contexte (989-1041). In: *Cahiers de civilisation médiévale* 40, 1997, S. 3-35; Ders., *L'an mil et la paix de Dieu. La France chrétienne et féodale 980-1060*, Paris 1999.

25) Bowman, J.A.: Councils, Memory and Mills: the Early Development of the Peace of God in Catalonia. In: *Early Medieval Europe* 8, 1999, S. 99-129.

26) Head, T.: The Development of the Peace of God in Aquitaine (970-1005). In: *Speculum* 74, 1999, S. 656-686.

27) Duby, G.: Les laïcs et la paix de Dieux. In: *I laici nella "societas christiana" dei secoli XI e XII. Atti della terza Settimana internazionale di studio* (Mendola, 21-27 agosto 1965), Milano 1966, S. 448-461 (本書第11章、ジョルジュ・デュビー〔高木啓子訳〕「俗人と『神の平和』」。以下にも所収。Ders.: *La société chevaleresque. Hommes et structures du moyen âge* I. *Recueil d'articles*, Paris 1988, S. 54-69). 神の平和と騎士身分の成立を結びつけることへの批判については、次の要約を参照。Martindale (wie Anm. 22), S. 174.

28) Vgl. Prutz, H.: *Die Friedensidee. Ihr Ursprung, anfänglicher Sinn und allmählicher Wandel*, München-Leipzig 1917; Justus, W.: *Die frühe Entwicklung des säkularen Friedensbegriffs in der mittelalterlichen Chronistik* (Kollektive Einstellungen und sozialer Wandel im Mittelalter 4) Köln-Wien 1975; Renna, T.: The Idea of Peace in the West 500-1150. In: *JmedH* 6, 1980, S. 143-167; Oexle, O.G.: Formen des Friedens in den religiösen Bewegungen des Hochmittelalters (1000-1300). In: *Mittelalter. Annäherungen an eine fremde Zeit*, hrsg. v. W. Hartmann (Schriftenreihe der Universität Regensburg n.F. 19) Regensburg 1993, S. 87-109; Ders.: Friede durch Verschwörung. In: *Träger und Instrumentarien des Friedens im hohen und späten Mittelalter*, hrsg. v. Johannes Fried (Vorträge und Forschungen 43) Sigmaringen 1996, S. 115-150. 現在、より大きな関連の中で捉えているのは、Arnold, K.: *Mittelalterliche Volksbewegungen für den Frieden* (Beiträge zur Friedensethik 23) Stuttgart-Berlin-Köln 1996. フォルラートは平和概念における宗教的内容と現実的措置の緊張関係を強調している。Vollath, Landfrieden (wie Anm. 18) S. 591ff.

29) たとえば以下の文献を参照。Görris, G.C.W.: De denkbeelden over oorlog en de bemoeiingen voor vrede in de elfde eeuw, Diss. Leiden. Nijmwegen 1912; Contamine, P.: *La guerre au moyen âge* (Nouvelle Clio 24) Paris 1980, S. 433ff. 最後に付け加えるならば、*Oorlog in de middeleeuwen*, hrsg. v. A.J. Brand (Middeleeuwse Studies en Bronnen 8) Hilversum 1989. ヴィアルは戦争に関する神学的解釈から平和運動を解明している。Vial, P.: Le Chevalier, le Clerc et la Paix. In: *La paix* (wie Anm. 20) S. 63-73.

30) Erdmann, C.: *Die Entstehung des Kreuzzugsgedankens* (Forschungen zur Kirchen-

und Geistesgeschichte 5, 1935), ND. Stuttgart 1955, S. 66ff. 次も参照。Contamine, *Guerre* (wie Anm. 29) S. 444. 事実、1095年のクレルモンにおける十字軍の召集は平和会議の場で発令された。「神の平和」運動の過程で生じた騎士身分のキリスト教化については、次を参照。Althoff, G.: Nunc fiant Christi milites, qui dudum extiterunt raptores. Zur Entstehung von Rittertum und Ritterethos. In: *Saeculum* 32, 1981, S. 317-333; Flori, J.: L'église et la guerre sainte. De la „paix de Dieu" à la croisade. In: *Annales* 47, 1992, S. 453-466. 神の平和の目的は戦争を禁じることではなく、戦士をモラル化することであった。Ebd. S. 456. それとは別の見解を示しているのは、Martindale (wie Anm. 22) S. 174.

31) Vgl. Winterfeld, L. v.: Gottesfrieden und deutsche Stadtverfassung. In: *Hansische Geschichtsblätter* 52, 1927, S. 8-56; Vermeesch, A.: *Essai sur les origines et la significa-tion de la commune dans le nord de la France (XI$^e$ et XII$^e$ siècles)* (Etudes présentés à la Commission internationale pour l'histoire des assemblées d'Etats. Studies Presented to the International Commission for the History of Representative and Parliamentary Institutions 30) Heule 1966; Kennelly, D.: Medieval Towns and the Peace of God. In: *MedHum* 15, 1963, S. 35-53. これに対する批判として、Goetz, H.-W.: Gottesfriede und Gemeindebildung. In: *Zeitschrift der Savigny-Stiftung für Rechtsgeschichte. Germ. Abt.* 105, 1988, S. 122-144.

32) Schmugge, L.: „Pilgerfahrt macht frei" - Eine These zur Bedeutung des mittelalterlichen Pilgerwesens. In: *RQA* 74, 1979, S. 16-31.

33) 最古の記録である989年のシャルー教会会議決議の端緒あるいはすでにそれ以前の先駆け、とりわけル・ピュイ司教グイドーが中心となった975年の集会については、多くの議論がなされてきた。オーヴェルニュ地方における平和運動（クレルモン958年、オーリャック972年、ラブラード978/80年、コレ980年頃、サン・ポーリアン993/94年）の先駆けあるいは端緒については次を参照。Lauranson-Rosaz, Paix populaire (wie Anm. 23) S. 304ff. これに対する批判的評価として、Roux, M.: Le plaid de Saint-Germain-Laprade, le concile de Saint-Paulien et la Paix de Dieu en Velay. In: *La paix* (wie Anm. 20) S. 75-85. それに対し、バッハラハは北に照準を合わせて南フランスの平和運動との相違を指摘している。Bachrach, B.S.: The Northern Origins of the Peace Movement at Le Puy in 975. In: Essays on the Peace of God (wie Anm. 21) S. 405-421.

34) Mansi, J.D.: *Sacrorum conciliorum nova et amplissima collectio* Bd. 19, Sp. 89f.

35) ヘッドは、たいていは一様に解される初期の平和令もまた、その目的と方法を漸次的に発展させていったことを強調している。Head, Development (wie Anm. 26). オーヴェルニュとアキテーヌの平和令はその際相互に影響を与え合ったが、教会会議決議の手続きとその決議内容の表明の仕方では異なっていた。Ebd. S. 675.

36) 詳細な概観については次を参照。Huberti (wie Anm. 7) und Hoffmann (wie Anm. 15).

37) 神の平和と神の休戦の違いについては、Cowdrey (wie Anm. 16).

38) ケルンに関しては以下を参照。Goetz, H.-W.: Der Kölner Gottesfriede von 1083. Beobachtungen über Anfänge, Tradition und Eigenart der deutschen Gottesfriedensbewegung. In: *Jahrbuch des Kölnischen Geschichtsvereins* 55, 1984, S. 39-76.
39) ホフマンも同様の主張を行っている。Hoffmann (wie Anm. 15) S. 11ff.
40) Lauranson-Rosaz, Paix populaire (wie Anm. 23); Ders.: Le Velay de l'an mil. In: *La paix* (wie Anm. 20) S. 9-25. 詳しくは次も参照。Gaussin, P.-R.: La paix de Dieu. In: *La paix*, ebd. S. 37-47. ゴサンは南フランスのある地域における「国家の弱体」を強調している。
41) Vgl. Goetz, Kirchenschutz (wie Anm. 17) S. 203ff. この点を現在ではボウマンがカタルーニャ地方の平和令について確認しており (wie Anm. 25)、このような試みが長く伝統的に行われてきたことを指摘している。
42) Vgl. Bois, G.: *La mutation de l'an mil. Lournand, village mâconnais, de l'Antiquité au féodalisme*, Paris 1989 (dt. *Umbruch im Jahr 1000. Lournand bei Cluny – ein Dorf in Frankreich zwischen Spätantike und Feudalherrschaft*, Stuttgart 1993); Bonnassie, P.: *From Slavery to Feudalism in South-Western Europe* (Past and Present Publications) Paris-Cambridge 1991.
43) 一般化に対する批判については以下を参照。Guerreau, A.: Lournand au X$^e$ siècle: histoire et fiction. In: *MA* 96, 1990, S. 519-537; *L'an mil: Rhythmes et acteurs d'une croissance*, hrsg. v. M. Bourin. (Médiévales 21, 1991); Barthélemy, D.: La mutation féodale a-t-elle eu lieu? In: *Annales* 47, 1992, S. 767-777; Verhulst, A.: Die Jahrtausendwende in der neueren französischen Historiographie: theoretische Konstruktion und historische Wirklichkeit. In: *Économie rurale et Économie urbaine au Moyen Âge. Landwirtschaft und Stadtwirtschaft im Mittelalter*, hrsg. v. A. Verhulst und Y. Morimoto, Gent-Fukuoka 1994, S. 81-87; T. Reuter, C. Wickham u. T. N. Bisson, Debate: The „Feudal Revolution". In: *P & P* 155, 1997, S. 177-225.
44) これらの議論を整理しているものとして次を参照。T. Head/R. Landes: Introduction. In: *The Peace of God* (wie Anm. 1) S. 1-20, bes. S. 9ff. 城主権に関する議論については、André Debord: The Castellan Revolution and the Peace of God in Aquitaine, ebd. S. 135-164.
45) Bowman (wie Anm. 25).
46) Head, Development (wie Anm. 26). 970年代の「転換点」については659頁以下、シャルー (989年) については666頁以下、リモージュ (994年) については674頁以下、そしてポワティエ (1000年頃) については680頁以下を参照。
47) 要約については、ebd. S. 686.
48) 旧来の研究は司教の政治的介入に正当性を与える理由を探し求めていた。これについては次を参照。Goetz, Kirchenschutz (wie Anm. 17) S. 205 Anm. 74. 世俗の運動から教会の運動への発展に今なお固執しているのはローランソン＝ロザである。Lauranson-Rosaz,

Paix populaire (wie Anm. 23) S. 293ff.
49) Hoffmann (wie Anm. 15) S. 246.
50) Vgl. Werner (wie Anm. 18) S. 166.
51) ヴェルナーは上記文献の同じ箇所においてこのことを指摘している。司教の平和維持の任務についてはハルトマンも参照。Hartmann (wie Anm. 18) S. 24ff.
52) Vgl. Kaiser, R.: *Bischofsherrschaft zwischen Königtum und Fürstenmacht. Studien zur bischöflichen Stadtherrschaft im westfränkisch-französischen Reich im frühen und hohen Mittelalter* (Pariser Historische Studien 17) Bonn 1981. 要約は624頁以下。
53) Bonnaud-Delamare: Institutions (wie Anm. 11). たとえばアキテーヌ公の猛烈な反動については437頁、アキテーヌ公の勝利については447頁を参照。
54) さしあたり次を参照。Head, Development (wie Anm. 26) S. 686:「なによりも神の平和は、世俗権力と教会権力の差異、すなわちより明確に言えば、ポワティエ伯の法廷の裁判権と天上の法廷のそれとの区別を曖昧にした」。
55) Vgl. Werner (wie Anm. 18) S. 169.
56) Goetz, Kirchenschutz (wie Anm. 17). この解釈に対してハルトマンは、平和令が教会財産の保護のみならず、救貧活動の端緒となることを意図していたと指摘している（しかし平和令の文書には、この問題に関する明確な言及はみられない）。Hartmann (wie Anm. 18) S. 22f.
57) とくに次を参照。Magnou-Nortier, Enemies (wie Anm. 17) S. 69ff.; Barthélemy, Paix de Dieux (wie Anm. 24) S. 18.
58) Bowman (wie Anm. 25) S. 109ff., 123.
59) したがってル・ピュイでは後に、俗人による教会財産の収奪を抑制しようとし、教会財産に関する越権行為を禁止した。その他の措置については次を参照。Goetz, Kirchenschutz (wie Anm. 17) S. 210f.
60) Vgl. Goetz, Kirchenschutz (wie Anm. 17) S. 212ff. この関連については現在マーティンデールも強調している。Martindale (wie Anm. 22) S. 165ff.
61) それに対してマニュ＝ノルティエはさらに、「農奴」も領主制の存在を抜きには考えられないと指摘している。Magnou-Nortier, Enemies (wie Anm. 17) S. 72. 彼女によればむしろ農業に関わる略奪全般が問題となっていたのであり、これを78頁以下で軍制に関する検討と関連づけて論じている（教会のイムニテート保持のための徴発制限）。
62) フベルティによって編纂されている。Huberti (wie Anm. 7) S. 165ff.
63) Mansi (wie Anm. 34) Bd. 19, Sp. 271f. テップファーも参照。Töpfer, *Volk* (wie Anm. 12) S. 110f.
64) すでにテップファーが指摘している。Ebd. S. 86f.
65) Mansi (wie Anm. 34) Bd. 19, Sp. 271. そのような「付帯条件」についてはさしあたり以下を参照。Magnou-Nortier, Enemies (wie Anm.17) S. 70ff.; Vollrath, Landfrieden (wie

Anm. 18) S. 614f.

66) Ed. G. de Manteyer: *Les origines de la Maison de Savoie en Bourgogne (910-1060)*. T. 3: *La Paix en Viennois (Anse [17 juin?] 1025) et les additions à la Bible de Vienne (ms. Bern A 9)*, Grenoble 1904 (ND. Genf 1978) S. 95.

67) 騎士身分のキリスト教化については、アルトホーフ、フロリ(wie Anm. 30)とならんで次も参照。Fleckenstein, J.: Rittertum zwischen Krieg und Frieden. In: *Träger und Instrumentarien des Friedens* (wie Anm. 28) S. 151-168.

68) Vial (wie Anm. 29) S. 63ff.

69) Töpfer, *Volk* (wie Anm. 12) S. 81ff., 107ff.

70) Hoffmann (wie Anm. 15) S. 247.

71) 「平和令違反者」という用語に関しては次を参照。Magnou-Nortier, Enemies (wie Anm. 17) S. 60ff.

72) 具体例については、Goetz, Kirchenschutz (wie Anm. 17) S. 205f. Anm. 75.

73) Achter, *Ursprung* (wie Anm. 13) S. 17.

74) Vgl. Goetz, Kirchenschutz (wie Anm. 17) S. 222ff.

75) Ed. L. Weiland, *MGH Const.* 1, Nr. 424, S. 602-605.

76) *MGH Const.* 1, Nr. 74, S. 125f.: *Si in via occurrerit tibi inimicus tuus, si possis illi nocere, noceas*. Vgl. Vollrath, Landfrieden (wie Anm. 18) S. 604ff. 1235年においてもなおフェーデ権は自明の前提とされ、それに優先されたのは通常の裁判手続きのみであった。すなわち、裁判で正当性を認められなかった場合にようやくフェーデが実行されることになった（ちなみにそのような規約は、すでにおよそ180年前、ナルボンヌ（1054年）における南フランスの神の平和に現れている：「判決前に復讐を行ってはならない」）。

77) 本文343頁以下を参照。

78) Mansi (wie Anm. 34) Bd. 19, Sp. 265ff. ここでは平和令違反は当該地域の有力者またはパーグス（伯管区）自体の裁判官によって裁かれた。それが不首尾に終わった場合、諸侯や司教が「教会会議」を開いて問題の処理にあたり、更生するまで平和令違反者を追及した。現在、かつての自由人による裁判集会への復帰に対する願望を民衆運動から読み取ろうとするのは次の研究である。Lauranson-Rosaz, Paix populaire (wie Anm. 23) S. 299ff.

79) Vgl. Goetz, Kirchenschutz (wie Anm. 17) S. 229ff. ドイツの平和令に関しては、Wadle, Heinrich IV. (wie Anm. 19) S. 152. 私はクリュニーの影響をどちらかといえば消極的に評価したが、その影響は現在パコーによって再び強調されている。Pacaut, M.: Odilon de Cluny et la violence. In: *La paix* (wie Anm. 20) S. 49-61.「戦争の神聖化」を介した関連については次も参照。Rosenwein, B.H.: Feudal War and Monastic Peace: Cluniac Liturgy as Ritual Aggression. In: *Viator* 2, 1971, S. 129-157. これに対し、ブレデローは神の平和と教会改革の関連、さらに神の平和の意義そのものについても異論を唱えている。Bredero,

A.H.: *Christenheit und Christentum im Mittelalter*, Stuttgart 1998 (オランダ語版初版は、*Christenheid en christendom in de Middeleeuwen. Over de verhouding van godsdienst, kerk en samenleving*, Kampen-Kapellen 1986), S. 90-101 („Die Gottesfrieden der Bischöfe: Markierung eines gesellschaftlichen Umschwungs").

80) Remensnyder, A.G.: Pollution, Purity, and Peace: An Aspect of Social Reform between the Late Tenth Century and 1076. In: *The Peace of God* (wie Anm. 1) S. 280-307.

81) アハターはすでに、神の平和の動機は法の実効性の欠如にあると考えていた。Achter, *Ursprung* (wie Anm. 13). 法を復活させるという動機はゴサン (wie Anm. 40) も強調している。

82) 次も参照。Gaussin (wie Anm. 40). オーギュスト・リヴェは次の文献のあとがきでまさに「平和の神学」について語っている。*La paix* (wie Anm. 20) S. 97f. ケネリーは「神の平和」運動を宗教運動と呼んでいるが、実利的目標を持たないものではなかったと考えている。Kennelly, Peace (wie Anm. 16) S. 142.

83) Rodulfus Glaber, *Historiae* 4, 5, 16, ed. Maurice Prou, 1886, S. 104.

84) Mansi Bd. 19, Sp. 271f.: *quia sine pace nemo videbit Deum*.

85) ラウール・グラベールの神学については次を参照。Ortigues, E./Iogna-Prat, D.: Raoul Glaber et l'historiographie clunisienne. In: *Studi medievali* 26, 1985, S. 537-572.

86) 要約については、Goetz, Kirchenschutz (wie Anm. 17) S. 238.

87) Paxton (wie Anm. 1) S. 39:「平和令は社会的宗教的かつ制度的法的な運動である」。より辛辣であった旧版 (*Historical Reflections*, wie Anm. 21, S. 402) においてパクストンは、私がドイツの法制史的伝統から抜け出せないでいると主張した。これは省察に値することであり、さまざまな考察方法に対する示唆を与えてくれる。というのも、結局私にとって問題となるのは、ゲルンフーバー流の法制史の立場を調整することだからである。

88) MacKinney, L.C.: The People and Public Opinion in the Eleventh-Century Peace Movement. In: *Speculum* 5, 1930, S. 181-206.

89) Gernhuber (wie Anm. 4) S. 47ff.

90) Töpfer, *Volk* (wie Anm. 12) S. 81ff., bes. S. 94ff.

91) Callahan, D.F.: Adémar de Chabannes et la paix de Dieu. In: *Annales du Midi* 89, 1977, S. 21-43; Ders.: The Peace of God and the Cult of the Saints in Aquitaine in the Tenth and Eleventh Centuries. In: *The Peace of God* (wie Anm. 1) S. 165-183 (初出は Essays on the Peace of God, wie Anm. 21, S. 445-466).

92) Head, T.: The Judgment of God: Andrew of Fleury's Account of the Peace League of Bourges. In: *The Peace of God* (wie Anm. 1) S. 219-238 (これは以下の文献に加筆を行ったものである。Ders.: Andrew of Fleury and the Peace League of Bourges. In: Essays on the Peace of God, wie Anm. 21, S. 513-529).

93) Landes, R.: La vie apostolique en Aquitaine en l'an mil. Paix de Dieu, culte des reliques et communautés hérétiques. In: *Annales* 46, 1991, S. 573-593. 次も参照。 Ders.: The Dynamics of Heresy and Reform in Limoges: A Study of Popular Participation in the „Peace of God" (994-1033). In: Essays on the Peace of God (wie Anm. 21) S. 467-511; Ders.: Between Aristocracy and Heresy: Popular Participation in the Limousin Peace of God, 994-1033. In: *The Peace of God* (wie Anm. 1) S. 184-218; Ders.: *Relics, Apocalypse, and the Deceits of History. Ademar of Chabannes, 989-1034* (Harvard Historical Studies 117) Cambridge/Mass.-London 1995. 神の平和については、ebd. S. 28-37. 異端については (ただし異説を唱えるすべての敵対者への中傷についても) 次を参照。Lobrichon, G.: The Chiaroscuro of Heresy: Early Eleventh-Century Aquitaine as Seen from Auxerre. In: *The Peace of God* (wie Anm. 1) S. 80-103 (初出はDers.: Le clair-obscur de l'hérésie au début du XI$^e$ siècle en Aquitaine. Une lettre d'Auxerre. In: Essays on the Peace of God, wie Anm. 21, S. 423-444).

94) Bonnaud-Delamare, Fondement (wie Anm. 11) S. 21.

95) 心性史への組み込みについては次も参照。Bredero (wie Anm. 79).

96) Landes, Vie apostolique (wie Anm. 93) S. 587.

97) Töpfer, *Volk* (wie Anm. 12) S. 82; Landes, Between Aristocracy (wie Anm. 93) S. 210f.:「結局のところ、平和会議は社会におけるもっとも高位の伝統的権力保持者、すなわち司教、大修道院長、国王、大公、伯らによって組織・主宰された。これらは平和を手なずけ、ともすれば陥りがちな政治的・宗教的危機から平和を回避させ、神聖化された平和を制度化された平和へ転換させようとした」。この議論はビッソンを踏襲している。彼は「制度的」な平和を「観念的」な平和と区別していた。Bisson, T.N.: The Organized Peace in Southern France and Catalonia, ca. 1140–ca. 1233. In: *AHR* 82, 1977, S. 290-311. ゴサン(wie Anm. 40)は民衆運動から騎士による運動への神の平和の変化を想定している。

98) Poly, J.-P.: Le commencement et la fin. La crise de l'an mil chez ses contemporains. In: *Georges Duby. L'écriture de l'Histoire*, hrsg. v. C. Duhamel-Amado u. G. Lobrichon (Bibliothèque du Moyen Âge 4) Brüssel 1996, S. 191-216.

99) Bonnassie, P.: Les paysans du royaume franc au temps d'Hugues Capet et de Robert le Pieux (987-1031). In: *Le roi de France* (wie Anm. 17) S. 117-129.

100) Barthélemy, Paix de Dieux (wie Anm. 24) S. 17ff. 要約は25頁。現在ボウマン(wie Anm. 25)も同じような主張を行っている。カタルーニャ地方の平和令は政治的もしくは社会的運動に関連していたというよりも、むしろ地方の諸制度と関わりを持っていた。

101) Barthélemy, Paix de Dieu (wie Anm. 24) S. 25ff.

102) Ebd. S. 21.

103) バルテルミはポリーとランデスに対し、「そのテクストのあまりに逐語的な読み方」

を非難している。Ebd. S. 32.
104) Vgl. Janssen, W.: Art. Friede. In: *Geschichtliche Grundbegriffe* Bd. 1, Sp. 543-591. ここではSp. 546.
105) Gernhuber (wie Anm. 4) S. 44f. この議論に関しては、ラント平和についてのみであるが、Wadle, Gottesfrieden (wie Anm. 2) S. 85ff.
106) Hattenhauer (wie Anm. 14) S. 118ff. 彼は神の平和も少なくとも近代的な法への発展途上にあるとみなした。にもかかわらず、ハッテンハウアーにとってもラント平和令は最初の法であった。Ebd. S. 205. ラント平和令についてもその法としての性格に現在異議を唱えるのはフォルラートである。Vollrath, Landfrieden (wie Anm. 18). 次も参照。Dies.: Ideal and Reality in Twelfth-Century Germany. In: *England and Germany in the High Middle Ages*, hrsg. v. A. Haverkamp u. Ders., Oxford 1996, S. 93-104. しかしこの議論も近代的な法概念を基準にしている。
107) Wadle, Heinrich Ⅳ. (wie Anm. 19). 彼はとくに158頁以下で、神の平和において決定的であったのは、新たな法や法的手続きではなく、それらが支配者による発議要求と誓約団体を通じて施行された点であることを強調している。
108) Achter, V.: *Geburt der Strafe*, Frankfurt/M. 1951. 彼は12世紀半ばの南フランスにおける変化に注目した。(ラント平和に関する)議論については以下を参照。Wadle, Gottesfrieden (wie Anm. 2) S. 89f.
109) Achter, Gottesfrieden (wie Anm. 13) Sp. 1763.
110) (ラント平和に関して)次を参照。Wadle, Gottesfrieden (wie Anm. 2) S. 87ff.
111) Körner, T.: *Iuramentum und frühe Friedensbewegung (10.-12. Jahrhundert)* (Münchener Universitätsschriften. Juristische Fakultät. Abhandlungen zur rechtswissenschaftlichen Grundlagenforschung 26) Berlin 1977. 例外はヴェルダンとボーヴェの平和誓約である。しかしまさにこのことから明らかとなるのは、他の平和令については誓約文書が存在せず、教会会議の決議と歴史叙述による記録しか残されていない以上、私たちの誓約に関する知識は、伝承をめぐる問題にすぎないということである。
112) Vgl. Achter, Gottesfriede (wie Anm. 13) Sp. 1762f.(「誓約された決議」); Wadle, Heinrich Ⅳ. (wie Anm. 19) S. 164f.(「誓約による自己束縛」)。ケルナーへの批判については、Goetz, Kirchenschutz (wie Anm. 17) S. 194f. mit Anm. 7.
113) Vgl. Goetz, Kölner Gottesfriede (wie Anm. 38) S. 64f.
114) エクスレは以下の文献において、神の平和を「規定された平和」にさえ分類し、それによって神の平和を「誓約による平和」から際立たせている。Oexle, Friede durch Verschwörung (wie Anm. 28); Ders., Formen des Friedens (wie Anm. 28).
115) Huberti (wie Anm. 7) S. 225ff.
116) 具体的事例および地図と併せて次を参照。Goetz, Paix de Dieu (wie Anm. 17).
117) この時期について現在詳しく論じているのは、Head, Development (wie Anm. 26).

118) とくに次を参照。Cowdrey (wie Anm. 16)

119) 実効性について述べているのは（懐疑的であるが）、Kennelly, Peace (wie Anm. 16).

120) Martindale (wie Anm. 22) S. 153. 同様に個々の平和令の地域的特性を強調するのはローランソン＝ロザである。Lauranson-Rosaz, Paix populaire (wie Anm. 23). 彼は323頁以下で、オーヴェルニュ地方における平和運動の発生を、不毛で森林の多い地域、農民の民衆宗教および農民の抵抗と絡めつつ明らかにしている。カタルーニャ地方についてはボウマンを参照。Bowman (wie Anm. 25).

121) Vgl. Wadle, Gottesfrieden (wie Anm. 2) S. 81; Hartmann (wie Anm. 18) S. 40; Vollrath, Landfrieden (wie Anm. 18) S. 595f. mit Anm. 10.

122) リエージュの平和令と、司教と公の競合および皇帝の利害へのその政治的組み込みについては以下を参照。Kupper, J.-L.: *Liège et l'église impériale. XI$^e$-XII$^e$ siècles* (Bibliothèques de la Faculté de Philosophie et Lettres de l'Université de Liège, Fasc. 228) Paris 1981, S. 457ff. 彼以前については、Joris, A.: Observations sur la proclamation de la Trêve de Dieu à Liège à la fin du XI$^e$ siècle. In: *La Paix* (wie Anm. 11) Bd. 1, S. 503-545.

123) 次の要約を参照。Goetz, Kölner Gottesfriede (wie Anm. 38) S. 70ff.

124) Gernhuber (wie Anm. 4) S. 44f. 本稿340頁を参照。

125) Achter, *Ursprung* (wie Anm. 13) S. 26; Ders., Gottesfriede (wie Anm. 13) Sp. 1764f.

126) このテーゼに対する反論としてはすでに次の文献がある。Hattenhauer (wie Anm. 14) S. 161.

127) Achter, *Ursprung* (wie Anm. 13) S. 23; Ders., Gottesfriede (wie Anm. 13) Sp. 1764. 刑罰の導入の背景については次を参照。Willoweit, D.: Die Sanktionen für Friedensbruch im Kölner Gottesfrieden von 1083. Ein Beitrag zum Sinn der Strafe in der Frühzeit der deutschen Friedensbewegung. In: *Recht und Kriminalität. Festschrift Friedrich-Wilhelm Krause*, Köln-Berlin-Bonn-München 1990, S. 37-52.

128) Vgl. Goetz, Kölner Gottesfriede (wie Anm. 38) S. 74f.

129) Vgl. Wadle, Heinrich IV. (wie Anm. 19).

130) Vgl. ebd. S. 172f. ヴァドレによれば、ハインリヒ4世は王国および帝国の外で生まれた平和理念に着目し、それを包括的な法秩序を念頭に置きつつ帝国のために役立てたという。それ以後、平和維持はほとんどもっぱら国王の手に委ねられ続けた。Vgl. ebd. S. 157f.

131) Gernhuber (wie Anm. 4) S. 41. クルックホーンはこの二つの運動をさらに厳密に分離しようとし、ラント平和を平和維持という国王大権ゆえに、神の平和よりも古い段階とさえみなしていた。Kluckhohn (wie Anm. 5) S. 78ff., 85f. それとは異なった見解を示したのがニッチュであり、彼は司教による神の平和から諸侯によるラント平和への移行をひとつの発展と捉えた。Nitzsch, K.W.: Heinrich IV. und der Gottes- und Landfrieden. In: *Forschungen zur Deutschen Geschichte* 21, 1881, S. 269-297. ここではS. 285f. 両者

を仲介したのがヘルツベルク゠フレンケルである。彼はラント平和はたしかに神の平和に由来するが、神の平和では種々の立法と帝国国制の別の側面が機能していると見た。Herzberg-Fraenkel, S.: Die ältesten Land- und Gottesfrieden in Deutschland. In: *Forschungen zur Deutschen Geschichte* 23, 1883, S. 117-163. フベルティによれば神の平和は契約にもとづき、ラント平和は法にもとづいていた。 Huberti (wie Anm. 7) S. 20.

132) Gernhuber (wie Anm. 4) S. 57ff.
133) Huberti (wie Anm. 7) S. 20.
134) Gernhuber (wie Anm. 4) S. 50; Hattenhauer (wie Anm. 14) S. 126.
135) Gernhuber (wie Anm. 4) S. 56. 次も参照。Holzhauer, H.: Art. Landfrieden II (Landfrieden und Landfriedensbruch). In: *Handwörterbuch zur deutschen Rechtsgeschichte* 2, 1978, Sp. 1465-1485. ここではSp. 1468.
136) 身体刑はすでに、1080年代のリエージュ、ケルン、ザクセンの神の平和において確認されている。ちなみに1179年以降確認される追放刑は、それ以前の教会による破門と同一の機能を果たした。すなわち、もし期限までに法に従っていなければ、(普通ずっと後になってから)平和令違反者に対し刑が執行された。したがって、依然として被害の補償が目標であったのである。
137) Gernhuber (wie Anm. 4) S. 41f. すでに試みていたフベルティも参照。Huberti (wie Anm. 7) S. 20.
138) Hattenhauer (wie Anm. 14) S. 140ff. 彼によれば旧来の見解に反し、「立法者個人」、裁判権の担い手(民衆)、休戦、法(旧法・新法)との関係、有効期間、教会が行った刑罰による威嚇は、運動の担い手の問題に帰すことができないため、根本的な相違とはみなしえないとしている。ホルツハウアーの厳密な規定によれば(大変細かい議論であるが、中世にはそぐわない)、神の平和がラント平和と区別されうるのは、神の平和が教会による世俗支配に由来するからではなく、霊的権力から導き出されるためなのである。Holzhauer (wie Anm. 135) Sp. 1468.
139) Wadle, Heinrich IV.; Ders., Frühe deutsche Landfrieden (ともに wie Anm. 19).
140) したがって私たちはここで(ヘルツベルク゠フレンケルが言うように)二つの異なった立法を扱っているのではない。両方とも既存の法にもとづいているのである。休戦に対する支持さえ12・13世紀のラント平和に見出される(敵対者の追撃を月曜日から水曜日までに制限)。また教会に特有の刑罰である破門は、すでに1084年のザクセンの神の平和において廃止されているが、1158年のロンカリアにおけるラント平和で再度現れている。ホフマンは、神の平和とラント平和の境界をまったく自由裁量に委ねられる問題と称した。Hoffmann, *Gottesfriede* (wie Anm. 15) S. 4f.
141) Wadle, Heinrich IV. (wie Anm. 19) S. 150f. 次も参照。Hartmann (wie Anm. 18) S. 36ff.
142) Vgl. Kaiser, Selbsthilfe (wie Anm. 18) S. 68.
143) すなわちケルン(1083年)では、自由身分の者は追放および財産の没収、不自由身分

の者は斬首（殺人の場合）、四肢切断（傷害の場合）もしくは膚髪刑（詐欺・搾取の場合）に処せられた。しかし間もなく、刑罰は身分上の差別が撤廃され、犯罪行為に応じて区別された。1152年のフリードリヒ・バルバロッサによるラント平和令では、一般に殺人は死、傷害は手首切断、殴打は罰金をもって罰せられた。もともと不自由身分に対してのみ適用された身体刑は、これによって平和令違反者全員にまで適用が拡大された。

144) 繰り返し挙げられた犯罪行為は、殺人、放火、監禁、襲撃、傷害、押し入り、略奪・窃盗であった。これらの列挙からすでに明らかなのは、初期の神の平和とは異なり、この時点ではもはや保護下に置かれた場所・人間・時間に対する「平和令違反」ばかりでなく、法違反そのものも処罰の対象とされるようになったことである。次第に暴力をともなわないその他の違反も平和規定の中に取り込まれた。たとえば侮辱に対する刑罰の脅し（ザクセン1084年）、客人饗応義務に関する規定（ザクセン1084年）、旅の途上、馬の飼料を道に片足を置いたまま届く範囲に限り農地から刈り取ることを許可し、何も持ち去ってはならないという規定（ラインフランケン1179年）などが現れた。

145) Vgl. Wadle, E.: Die peinliche Strafe als Instrument des Friedens. In: *Träger und Instrumentarien des Friedens* (wie Anm. 28) S. 229-247; Willoweit (wie Anm. 127).

146) ルイ6世によるフランス国王の平和令（1108/37年）が、史料では神の平和 pax Dei として現れることも思い起こしてほしい。Vgl. Kaiser, Selbsthilfe (wie Anm. 18) S. 65.

147) 近年の諸研究の大半は当初より年代順に進められることによってこれに合致している。フランスに関してすでにこの発展を強調しているのは次の研究である。Cowdrey (wie Anm. 16); Graboïs, A.: De la trêve de Dieu à la paix du roi. Étude sur les transformations du mouvement de la paix au XII$^e$ siècle. In: *Mélanges offerts à René Crozet*, hrsg. v. P. Gallais u. Y.-J. Riou, Bd. 1, Poitiers 1966, S. 585-596.

148) Hattenhauer (wie Anm. 14) S. 162ff.

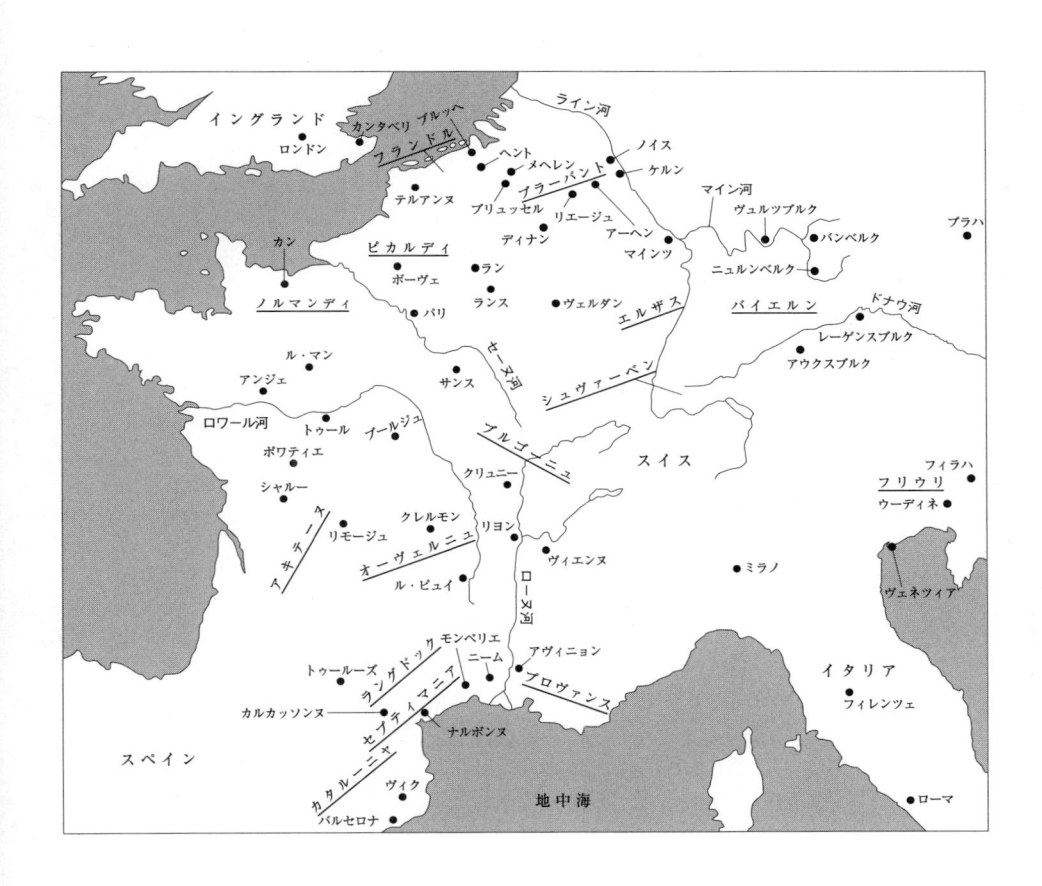

関連地図

# 索　引

## 事項索引

### ア行

アジール（プロスフュギオン）　vi, 190, 197, 217～223, 225～229, 240, 243, 244, 247, 248, 250, 251, 256, 323

印璽　70, 75, 291, 306

ヴィギエ　11, 18, 268

エシュヴァン管区　265

王令　260, 262, 276
恩赦　vi, 190, 201, 259～264, 273, 285, 296, 306, 308
　──状　vi, 258～265, 271, 273, 274, 276, 296, 308
　赦し　vi, 38, 96, 259, 262, 264, 272

### カ行

嫁資　32, 45
神の平和　vi, vii, 262, 311, 315～321, 323, 324, 327～331, 333～347, 349～351, 353～360
　「──」運動　vii, 121, 311～313, 315, 327, 329～332, 337, 338, 341, 342, 348, 351, 355
　神の休戦　vii, 322, 323, 325, 331, 335, 342, 348, 351
慣習　iii～v, 6, 9, 11, 22, 28, 31, 32, 41, 43, 46～48, 76, 92, 98, 101, 108, 119, 124, 125, 137, 145, 154, 161, 167, 170, 196, 199, 204, 205, 219, 222, 231, 240, 255, 261, 307, 314, 316, 317,
　──法　ii, 276, 298
　──法書　24, 261, 263, 269
慣行　6, 12, 17, 25, 26, 95, 96, 107, 193, 202, 226, 239, 247, 257, 277
習慣　6, 20, 40, 59, 60, 68, 71, 73, 81, 195, 196, 207, 267

偽証　77, 78
貴族　iii～vii, 7, 11, 18, 19, 24, 28, 62, 70, 74, 80, 84, 90～94, 97, 111, 139, 145, 151～156, 158～162, 165～173, 176, 177, 182～199, 201～208, 211, 212, 246, 284, 290, 291, 312, 316, 317, 320, 334, 335, 338
　城主──　181, 182, 186～188, 194～196, 198, 212
　封建──　v, vi, 181～183, 185～189, 196, 198～201, 207,
宮廷　14, 99, 107, 108, 129, 136, 152, 153, 159, 166, 167, 187, 189, 279, 280, 284, 300, 302～304
　──集会　98, 100, 102, 104～106, 114
教会　vi, vii, 8, 17, 19, 27, 29, 31, 37, 38, 52, 61～68, 70, 71, 73～75, 79, 83, 85, 118, 121～123, 131, 134, 139～142, 149, 152, 154, 163, 165, 169, 206, 217～230, 234, 237, 238, 240～252, 254, 257, 270, 271, 283, 285～287, 293, 295, 297, 312～317, 319, 320, 322～324, 327, 331～336, 338, 339, 344～346, 348, 352, 353, 359
　──改革　68, 80, 152, 336, 337, 346, 354
　──会議　65, 68～69, 225, 226, 247, 248, 251, 252, 254, 311, 314, 315, 317, 318, 321, 323, 325, 330, 333, 336, 338, 340, 342, 351, 354, 357
　──法　217, 219, 222, 224, 235, 237, 247～249, 285, 335
儀礼　iii, v, 5, 16, 38, 39, 73, 91, 97, 124, 125, 135, 140, 141, 150, 183, 184, 189, 190, 204,

211, 263, 279, 280, 282, 286, 291, 293, 305
平伏——　100, 101

クラン　　v, 185, 187～196, 198～208, 210
グレゴリウス改革　　vii, 311, 313, 315, 319,
郡（ハンドレッド）　59, 74, 75, 122
　——代（ベイリフ）　70, 139

刑事　　i, 9, 76, 185, 229, 246, 248, 265, 267～
269, 288
刑罰　　149, 206, 218, 220～223, 225, 227, 240,
242, 249, 258, 259, 264, 340, 341, 343, 345,
358～360
決闘　　28～30, 34, 37, 39, 48, 56, 135～137,
149, 187, 204, 206, 207, 213, 214

合意　　ii, 11～13, 25, 34～40, 42, 49, 50, 52,
54, 77, 96, 98, 102, 108, 206, 227, 228
強姦　　138, 139, 219, 262, 264
絞首刑（しばり首）　94, 137, 197, 262, 268,
270, 271
交渉　　ii～v, 11, 42, 69, 91, 95～98, 102, 104～
108, 120, 135, 140, 153, 154, 157, 158, 160,
164, 167, 171, 197, 264, 280, 299, 332
公然告白　　270, 305
強盗　　154, 229, 268
　略奪　　154, 155, 163, 165, 168, 169, 183,
184, 198, 256, 268, 279, 293, 297, 301, 314,
315, 318, 321, 322, 331, 353, 360
高等法院　　8, 262～264, 266～268, 270～272,
275, 276, 290
拷問　　163, 165, 189, 259, 260, 262, 267, 269,
276
告訴　　30, 35, 124, 156～158, 164, 227
コモン・ロー　　60, 81, 116, 131, 132, 135, 138

サ行

裁判　　i～vi, viii, 4, 5, 8, 9, 11, 16, 18, 28～30,
33, 35, 36, 58～60, 63, 64, 73～76, 79, 80,
84, 85, 91～93, 95, 96, 99, 101～104, 106～
108, 111, 112, 114, 128, 130, 137, 138, 140,
148, 154, 158, 160～162, 164, 166, 168, 170,
171, 193, 195, 196, 211, 242, 243, 246, 260,

261, 265～267, 269, 270, 272, 277, 288, 316,
317, 336, 354
　——官　　6, 11, 24, 28, 30, 35, 36, 55, 76, 86,
132, 137, 138, 158, 159, 161, 196, 197, 199,
218, 224, 226～228, 230, 234, 236, 237, 246,
265, 266, 269～271, 289, 354
　——権　　9, 10, 16, 19, 31, 129, 185, 186,
194, 261, 328, 336, 353, 359
　——訴追　　334
　——手続き　　29, 30, 36, 37, 58, 59, 80, 92,
98, 99, 108, 109, 113, 354

死刑　　vi, 95, 217, 220, 222, 223, 227, 250, 259
～262, 264～266, 268～272, 276, 345
四肢切断　　345, 360
示談　　259, 263～264, 266, 274
写字室（スクリプトリウム）　　63
シャトレ　　262, 265, 267, 269, 271
赦免状（シュンパテイアス・グランマ）
221, 222, 227, 257
州（シャイア）　　61, 69, 73～75, 122, 123, 146,
222, 226, 228, 246, 248
　——長官（シェリフ）　　70, 71, 75, 122～
124
重罪私訴追（アピール・オブ・フェロニ）
135, 137, 149
十字軍　　vii, 5, 19, 104, 126, 139, 287, 304,
313, 322, 323, 330, 351
　アルビジョワ——　　5, 19
巡回裁判　　137
証書写本集　　27, 51, 54, 66～68
証人　　16, 24, 28, 29, 32～36, 39, 42, 45, 46, 62
～76, 83, 129, 140, 253, 295
贖罪　　114, 118, 142, 149, 237, 239, 240, 251,
257, 320～323
　——金　　78, 288, 341
　——金制度　　340

贖罪行（エピティミア）　　218, 220, 222, 225,
226, 237～240, 242, 243, 245, 248, 249, 254,
256, 257
叙任権闘争　　331, 344
自力救済　　iii, vi, 26, 41, 125, 155, 244, 249,
330, 335
身体刑　　vi, 227, 259, 260, 267, 272, 341, 344,

345, 359, 360
神判　　28, 37, 39, 48, 56, 140, 149, 266, 269
新不動産占有侵奪（ノヴェル・ディシージン）
　　　　138, 139

聖遺物　　140, 297, 311, 320, 337
聖人　　31, 44, 118〜120, 123〜125, 150, 266,
　　　294, 295, 297, 305, 308, 311, 314, 331, 337
　　──伝　　v, 118, 120, 121
　　──伝史料　　338
聖務停止　　255, 341
雪冤宣誓　　267
窃盗　　69, 77, 79, 262, 265, 271, 331, 333, 360
戦士　　vii, 90, 139, 140, 154, 317, 321〜323,
　　　335, 351

## タ行

代官（リーヴ）　　69, 70, 75, 77, 139
大逆罪　　262, 263, 271, 287, 294, 302, 304
代闘士　　29, 37

仲裁　　i, iii, iv, 4, 5, 8, 10, 12, 13, 15〜18, 21,
　　　24〜27, 34, 40, 54, 91, 93, 98, 106, 107, 113,
　　　114, 120, 121, 130, 134, 139, 140, 160, 164,
　　　188, 192, 197, 203, 259, 290
　　──者　　vi, 5, 10, 12〜17, 21, 25, 26, 34, 36,
　　　38, 42, 48, 49, 92, 101, 102, 104, 105, 108,
　　　110, 118, 130, 143, 169, 264

追放刑　　202, 249, 261, 265, 271, 359
　追放宣告（アハト）　　93, 103, 104

デーンロー　　76

ドゥームズデイ　　122, 123, 146
　──・ブック　　61, 72, 78, 121, 122, 146
トレスパス（侵害）　　132, 135, 137, 149

## ナ行

入市式　　261, 282, 285, 291, 295, 296, 305

ノルマン征服　　v, 58, 62, 71, 74, 78, 116, 124

## ハ行

バイイ　　18, 267, 268, 273, 274, 276
　──管区　　260, 268, 276
陪審　　137
ハイド　　66, 67, 83
バイル　　18
バシリカ（法典）　　217, 222, 223, 235
罰金　　19, 38, 78, 255, 272, 282, 288, 295, 315,
　　　318, 334, 360
パトロン＝クライアント関係　　186, 188, 208
破門　　16, 63, 66, 70, 73, 119, 225, 227, 243,
　　　314, 317, 331, 340, 359
判決文書（プラキタ）　　60
バン領主（制）　　vii, 317, 318
判例　　58, 61, 80, 212, 269

フェーデ　　iii, v〜vii, 24, 38, 91, 93〜104, 107,
　　　114, 116, 117, 119, 120, 124〜131, 133, 135,
　　　136, 138〜141, 143〜145, 147, 150, 152〜
　　　156, 158, 160, 163〜170, 172, 173, 176〜
　　　182, 185〜189, 191, 194〜196, 198, 201〜
　　　203, 205, 206, 208, 318, 321, 327, 331, 335,
　　　354
　　──権　　335, 354
復讐　　77, 130, 143, 154, 168, 182, 191, 204,
　　　206, 212, 246, 256, 259, 264, 354
　ヴェンデッタ　　v, 182, 190, 195, 197, 199,
　　　202〜207, 213
　血讐　　124
　報復　　v, vi, 117, 119〜122, 124〜126, 130,
　　　133, 136, 137, 139, 140, 142〜145, 163, 164,
　　　168, 182, 190, 197, 202〜205, 220, 227, 232,
　　　264
膚髪刑　　345, 360
プレヴォ　　16, 31, 33, 35, 265〜269, 271, 273
　──管区　　265
紛争　　i〜viii, 4, 5, 7, 8, 10〜13, 23〜31, 33,
　　　34, 36〜44, 46, 48, 49, 51, 52, 54, 58, 60〜
　　　68, 70, 72〜80, 82, 84, 90〜93, 95〜99, 101,
　　　102, 104〜106, 108, 110, 117, 127, 130, 131,
　　　134, 138, 139, 141, 152, 155, 156, 159, 166〜
　　　168, 171〜173, 181, 182, 185, 194, 203, 204,

207, 264, 272, 279, 281, 299, 305, 311, 332, 334, 336
――解決　i〜iv, vi, viii, 5, 7, 8, 17, 26〜28, 31, 33, 34, 36, 37, 40, 41, 43, 46, 48, 49, 54, 58, 62, 71, 74, 75, 81, 91〜95, 99〜103, 108, 109, 112, 140, 146, 171, 210, 244, 259, 260, 272, 311
――当事者　i, ii, iv, 4, 5, 12, 25, 27, 46, 49, 96, 118, 131, 134, 136, 140, 158, 172, 208, 264
係争　i, iv, 58, 118, 123, 134, 135, 138, 197

ベイラ（法典）　226〜229, 234, 236, 244, 251, 256
平和運動　vii, 145, 311, 313〜315, 319, 320, 327〜333, 335〜339, 342〜344, 346, 347, 350, 351, 358
平和会議　312〜315, 317〜320, 322, 323, 333, 336, 351, 356
平和決議　320, 330, 338
平和誓約　316, 321, 325, 334, 340, 357
平和理念　314, 323, 330, 346, 358

法廷　vi, 5, 7〜13, 16〜20, 24〜26, 28〜37, 39〜45, 48, 49, 51, 53, 61, 68, 72, 74〜77, 80, 84, 85, 93, 123, 128, 131, 132, 135〜138, 140, 147, 154, 160, 162, 167, 170, 171, 192, 195, 217, 218, 224, 226〜229, 239, 244, 248, 249, 251, 256, 262, 264, 272, 276, 286, 336, 353
エクディケイオン（聖職者法廷）　224〜226, 248, 251
朋友　5, 12〜15, 25, 34, 42, 123, 126, 128, 136, 141, 142, 144, 189, 192, 206, 263
――関係　128, 186, 187, 193, 208
朋輩　34, 43, 269
暴力　iii, vi, 8, 14, 26, 38, 41, 53, 55, 91, 125, 130, 131, 134, 139, 140, 143, 149, 184, 189, 190, 194, 196, 197, 200, 202〜204, 208, 217, 221, 229〜232, 244, 245, 258, 260, 264, 268, 272, 291, 311, 314, 316〜318, 323, 325, 331, 360
保護　vi, vii, 34, 65, 133, 187, 189, 190, 194〜196, 198, 199, 211, 219, 222〜228, 243〜247, 255, 256, 297, 315, 316, 318, 321, 329〜331, 333, 334, 336, 339, 353, 360
補償　12, 15, 24, 25, 36, 44, 108, 119, 124, 132, 134〜136, 140, 228, 250, 335, 340, 359
――金　119

マ行

盟約（アイヌング）　37, 38, 90, 340, 341, 343, 346

ラ行

ラント　v, 160, 162, 169, 170, 172,
――法　160, 170, 180
ラント平和　vii, 155, 162, 327〜331, 335, 339〜342, 344〜347, 357〜360,
「――」運動　329

流血犯罪　263, 264, 269

令状（リット）　70, 71, 85, 276
レガリア　313, 314

ローマ法　vi, 5, 10, 16, 17, 26, 139, 217, 220, 222, 227, 234, 240, 248, 285, 294, 298

ワ行

和解　i, iii〜vi, 4, 5, 8, 10, 11, 13, 15, 16, 21, 24〜26, 28, 34, 36〜46, 48〜50, 56, 65, 66, 77, 78, 84, 91, 92, 96〜98, 100〜102, 104〜106, 108, 109, 118〜120, 130, 134, 142, 154, 158〜161, 164〜168, 183, 190, 192, 203, 205, 206, 227, 228, 249, 259, 263, 264, 274, 279, 285, 308, 332
割印証書（カイログラフ）　71, 74, 85

# 地名索引

## ア行

アヴィニョン　275
アウクスブルク　102, 107
アキテーヌ　311, 312, 331, 332, 337, 342, 351
アグド　9
アルル　311, 321, 325

イープル　281, 292, 306, 308
イーリ（修道院）　61, 71, 72, 74, 76, 79～82

ヴァンドーム　27, 29, 30, 32, 34～37, 39, 51
ヴィエンヌ　334
ヴィク　331, 340
ウィンチェスタ　122, 142
ウースタ　61～69, 73, 77, 79, 83, 136
ウーディネ　182, 183, 185～188, 190, 192, 200, 203, 208
ウェセックス　61, 71, 84, 127
ヴェネツィア　v, vi, 181～189, 191～196, 198～203, 205～207, 210, 212, 213
ヴェルダン　339, 357
ヴュルツブルク　103

## カ行

カルカッソンヌ　7, 10, 18, 268
カルタゴ　248, 251, 284, 287, 288, 294
カン　343
カンタベリ　61, 63～66, 70, 74, 85, 143

クリュニー　354
クレルモン　323, 325, 351
グロスタ　136
グロスタシァ　137

ケルン　279, 293, 331, 334, 335, 339, 341, 343, 352, 359

コンク　11, 15
コンスタンティノープル　217, 222, 223, 226, 228, 229, 242, 249

## サ行

ザクセン　99, 103, 104, 106, 165, 359, 360
サンス　342
サン・ドニ　16, 263, 275

シャトーダン　27
シャルー　312, 314～316, 330, 332, 333, 351, 352
シャルトル　51, 271
シュヴァーベン　94, 97, 111, 344
シント・バーフ（修道院）　295, 308

セプティマニア　12, 331

ソーヌ　312

## タ行

ディナン　279, 283, 284, 287, 300
テルアンヌ　301, 343

トゥール　27
トゥールーズ　11, 20, 21

## ナ行

ナルボンヌ　7, 8, 10, 17, 18, 20, 21, 312, 318, 322, 340, 342, 354

ニュルンベルク　v, 152, 153, 156～169, 171～173, 175, 178, 292

ノーサンブリア　127

## ハ行

バイエルン　104, 105, 163, 165, 172
パリ　8, 16, 18, 263～268, 272, 273, 275, 276, 290, 307

バルセロナ　331
ハンプシァ　122

フィラハ　201
ブールジュ　316, 337
ブールジュ（大司教区）　316, 342
プラハ　157, 159～161, 165, 166, 180
フランドル　107, 140, 145, 201, 279～281, 284, 286, 287, 292, 304, 306
ブルゴーニュ　20, 50, 279, 283, 288, 293, 297, 298, 300～304, 311, 312, 321, 331, 342
フルリ（修道院）　315, 319
ブルッヘ　281～284, 286, 289, 291, 292, 296, 299, 305, 306
プロヴァンス　312
ブロワ　27, 29～31

ベジエ　8, 11
ヘリフォード　61
ヘント　278～282, 284, 285, 287～296, 299, 301, 302, 304～308

ボーヴェ　321, 334, 339, 357
ボヘミア　152, 158～160, 162, 165, 172, 173
ポワティエ（伯領）　315, 316, 330, 332, 336, 352

## マ行

マーシア　61, 62, 80, 83

マインツ　114, 331, 335, 339, 344
マルムティエ（修道院）　iv, 24, 27～42, 44, 45, 47～49, 51～55

メヘレン　282, 283, 289, 301

モンペリエ　20, 266, 271

## ラ行

ラムジ（修道院）　61, 71, 78～80
ラン　8, 268, 343
ラングドック　5, 9, 12, 18～20, 25, 26, 40
ランス　265, 267, 276, 277, 342

リエージュ　279, 283, 284, 287, 289, 292～297, 301, 306, 331, 343, 358, 359
リモージュ　314, 332, 337, 352
リヨン　311, 342

ル・ピュイ　316, 334, 336, 353
ル・マン　27

レーゲンスブルク　102, 105, 163

ローヌ　312
ロチェスタ　69～73, 75, 77, 79, 84

# 人名索引

## ア行

アルヴィーゼ・モチェニーゴ（ヴェネツィアの元首）　206
アルフレッド大王（ウェセックス王）　61, 76, 79, 84, 86, 129
アルブレヒト2世（神聖ローマ皇帝、チェコ王、ハンガリー王）　94, 157, 159, 160, 164
アンドロニコス2世パライオロゴス（ビザンツ皇帝）　242, 255
アンナ・コムネナ（ビザンツ皇女）　223

ウィリアム1世（征服王）（イングランド王）　61, 122

エゼルレッド2世（イングランド王）　61, 70, 71, 73, 75, 79, 81, 83, 85, 129
エドガ（イングランド王）　61, 69, 73, 75～

77, 80, 81, 146
エドマンド1世（イングランド王）　129, 130
エドワード兄王（ウェセックス王）　71, 84
エドワード証聖王（イングランド王）　122

オファ（マーシア王）　61, 62, 66, 67

## カ行

カール5世（神聖ローマ皇帝）　280, 285, 287, 288, 294, 295, 304, 308
カール大帝　97
カエサル（ローマの政治家）　vi, 281, 284, 285, 295, 300
カヌート（イングランド王）　61, 75, 80, 129
カレル4世（神聖ローマ皇帝、チェコ王）　170, 180

グレゴリオス2世（総主教）　242

コンスタンティノス7世ポルフュロゲネトス（ビザンツ皇帝）　218〜223, 228, 240, 244, 250, 256
コンラート3世（神聖ローマ皇帝）　92, 93, 101〜106, 113

## サ行

ジクムント（神聖ローマ皇帝、ハンガリー王、チェコ王）　157〜159, 162, 178
シャルル禿頭王（西フランク王）　315
シャルル5世（フランス王）　260, 261, 263, 267, 268, 286
シャルル6世（フランス王）　261, 266, 268, 274
シャルル・ダンジュー（ナポリ・シチリア王）　198
シャルル突進公（ブルゴーニュ公）　279, 280, 282〜286, 292〜295, 297, 298, 303, 305, 306

## ハ行

ハインリヒ獅子公（ザクセン公）　92, 93, 99, 100, 103〜106, 112, 113
ハインリヒ4世（神聖ローマ皇帝）　344, 358
ハインリヒ6世（神聖ローマ皇帝）　106, 107, 114
ハインリヒ傲慢公（ザクセン公）　92

フィリップ3世（フランス王）　8
フィリップ豪胆公（ブルゴーニュ公）　281, 286
フィリップ善良公（ブルゴーニュ公）　281〜287, 290, 291, 298, 302
フリードリヒ3世（神聖ローマ皇帝）　153, 156, 159〜161, 166, 167, 169, 171, 172, 177
フリードリヒ・バルバロッサ（神聖ローマ皇帝）　92, 96, 98, 100, 104〜107, 112, 284, 360

ヘンリ1世（イングランド王）　78, 134
ヘンリ2世（イングランド王）　60, 81

ボードワン5世（エノー伯）　106, 107

## マ行

マクシミリアン1世（神聖ローマ皇帝）　200, 284, 285
マヌエル1世コムネノス（ビザンツ皇帝）　217, 218, 221〜225, 227, 228, 242, 243, 247, 248, 250, 255, 257

## ヤ行

ユスティニアヌス（ローマ皇帝）　219, 220, 222, 242, 243, 247, 255

ヨハネス2世コムネノス（ビザンツ皇帝）　223, 250

ラ行

ラディスラフ（ハンガリー王、チェコ王）
　　　160, 171

ルイ6世（肥満王）（フランス王）　133,
　　　134, 148, 360

ルイ7世（フランス王）　133, 134
ルイ9世（聖ルイ）（フランス王）　20, 323
ルイ11世（フランス王）　263, 279, 293

レオン6世（ビザンツ皇帝）　219

ロベール敬虔王（フランス王）　317

## 編訳者紹介

**服部 良久**
1950年生。1977年、京都大学大学院文学研究科博士課程中途退学。1990年、京都大学文学部助教授、1995年、同教授、1996年より京都大学大学院文学研究科教授。
主要著作:『ドイツ中世の領邦と貴族』創文社、1998年。『西欧中世史（中）（下）』（共編著）ミネルヴァ書房、1995年、他。翻訳：ペーター・ブリックレ『ドイツの臣民』ミネルヴァ書房、1990年、他。

## 訳者紹介

**図師 宣忠**
1975年生。佛教大学非常勤講師。
主要業績：「中世南フランスにおける誓約の場——トゥールーズ伯領の王領への編入から——」『都市文化研究』4号、2004年。

**轟木 広太郎**
1966年生。京都女子大学他非常勤講師。
主要業績：「西部・中部フランス封建社会における領主裁判」『史林』86巻5号、2003年。

**中村 敦子**
1969年生。豊田工業高等専門学校講師。
主要業績：「11・12世紀アングロ＝ノルマン王国における貴族社会の研究——チェスター伯家についての検討から——」（博士論文、京都大学）、1999年3月。

**西岡 健司**
1976年生。京都大学大学院文学研究科博士後期課程。
主要業績：'How did "balance of new and old" change? The royal court in the reigns of David I and Malcolm IV', M.Phil. dissertation (University of Glasgow, 2005).

**藤井 真生**
1973年生。日本学術振興会特別研究員。
主要業績：「13世紀チェコにおける貴族共同体の展開と王権」『史林』83巻4号、2000年。

**高田 良太**
1977年生。京都大学大学院文学研究科博士後期課程。日本学術振興会特別研究員。
主要業績：「中世後期クレタにおける教会とコミュニティ」『史林』89巻2号、2006年。

**橋川 裕之**
1974年生。日本学術振興会特別研究員。
主要業績："Byzantine Monks and the Union of Lyons", M.Phil.dissertation (University of Birmingham, 2004).

**青谷 秀紀**
1972年生。日本学術振興会特別研究員。
主要業績：「中世低地地方の歴史記述——フランドルとブラーバントにおけるその展開——」（博士論文、京都大学）、2003年3月。

**高木 啓子**
1974年生。京都大学大学院文学研究科聴講生。

**宮坂 康寿**
1973年生。京都大学大学院文学研究科研修員。
主要業績：「14世紀ケルン大司教領におけるアムトの質入れと領域政策」『史林』85巻4号、2002年。

Fredric L. Cheyette, "Suum cuique tribuere", Ⓒ 1970 by Fredric L. Cheyette.
Gerd Althoff, "Konfliktverhalten und Rechtsbewußtsein. Die Welfen im 12. Jahrhundert", Ⓒ 1997 by Gerd Althoff.
Miloslav Polívka, "Sebeuvědomění české šlechty na pozadí českoněmeckých vztahů na sklonku doby husitské", Ⓒ 1995 by Miloslav Polivka.
 Japanese translation rights arranged through Yoshihisa Hattori, Kyoto.

Stephen D. White, "*Pactum...Legem Vincit et Amor Judicium* : The Settlement of Disputes by Compromise in Eleventh-Century Western France", Ⓒ 1978 by Temple University School of Law.
Patrick Wormald, "Charters, law and the settlement of disputes in Anglo-Saxon England", Ⓒ 1986 by Cambridge University Press.
Paul R. Hyams, "Feud in Medieval England", Ⓒ 1992 by Paul Hyams.
Frio Bianco, "Mihi vindictam : Aristocratic Clans and Rural Communities in a Feud in Furiuli in the Late Fifteenth and Sixteenth Centuries", Ⓒ 1994 by Cambridge University Press.
Ruth J. Macrides, "Killing, Asylum, and the Law in Byzantium", Ⓒ1988 by MEDIEVAL ACADEMY.
Claude Gauvard, "Grâce et exécution capitale : les deux visages de la justice royale francais à la fin du moyen âge", Ⓒ 1995 by École Nationale des Chartes.
Marc Boone, "Destroying and Reconstructing the City : The Inculcation and Arrogation of Princely Power in the Burgundian-Habsburg Netherlands(14th-16th Centuries)", Ⓒ 1997 by Egbert Forsten.
Hans-Werner Goetz, "Die Gottesfriedensbewegung im Licht neuerer Forschungen", Ⓒ 2002 by Ferdinand Schöningh.
 Japanese translation rights arranged thröugh Japan UNI Agency, Inc., Tokyo

紛争のなかのヨーロッパ中世
ふんそう　　　　　　　　　　　　ちゅうせい

平成18（2006）年7月15日　初版第一刷発行

|編訳者|服部　良久|
|---|---|
|　|はっ　とり　よし　ひさ|
|発行者|本山　美彦|
|発行所|京都大学学術出版会|

京都市左京区吉田河原町15-9
京大会館内（606-8305）
電話　075(761)6182
FAX　075(761)6190
http：//www.kyoto-up.or.jp/

印刷・製本　亜細亜印刷株式会社

Ⓒ Yoshihisa HATTORI *et al.* 2006.　　　Printed in Japan
ISBN4-87698-684-3　　　定価はカバーに表示してあります